I 45
.9.

~~L 1264~~
~~6 Ag 2.16~~

COLLECTION
DES MÉMOIRES
RELATIFS

A L'HISTOIRE DE FRANCE.

HISTOIRE DES CROISADES, PAR GUILLAUME DE TYR,
TOME I.

IMPRIMERIE DE A. BELIN.

COLLECTION
DES MÉMOIRES

RELATIFS

A L'HISTOIRE DE FRANCE,

DEPUIS LA FONDATION DE LA MONARCHIE FRANÇAISE JUSQU'AU 13ᵉ SIÈCLE;

AVEC UNE INTRODUCTION, DES SUPPLÉMENS, DES NOTICES
ET DES NOTES;

Par M. GUIZOT,

PROFESSEUR D'HISTOIRE MODERNE A L'ACADÉMIE DE PARIS.

A PARIS,

CHEZ J.-L.-J. BRIÈRE, LIBRAIRE,

RUE SAINT-ANDRÉ-DES-ARTS, N°. 68.

1824.

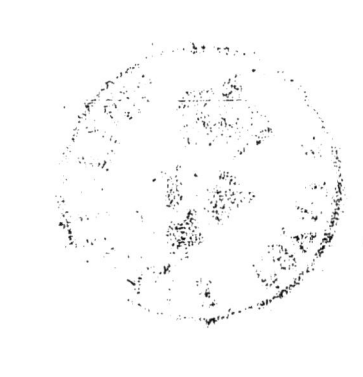

HISTOIRE

DES

FAITS ET GESTES

DANS LES RÉGIONS D'OUTRE-MER,

DEPUIS LE TEMPS DES SUCCESSEURS DE MAHOMET JUSQU'A L'AN 1184
DE JÉSUS-CHRIST ;

Par GUILLAUME DE TYR.

NOTICE
SUR GUILLAUME,
ARCHEVÊQUE DE TYR.

———

L'EUROPE toute entière a pris part aux Croisades; mais c'est à l'histoire de France bien plus qu'à toute autre que se rattache celle de ces grandes expéditions. Un pélerin français, Pierre l'ermite, a prêché la première Croisade; c'est en France, au concile de Clermont, qu'elle a été résolue; un prince dont le nom est demeuré français, Godefroi de Bouillon, l'a commandée; le royaume de Jérusalem a parlé la langue de nos pères; les Orientaux ont donné à tous les européens le nom de Francs; pendant deux siècles, la conquête ou la défense de la Terre-Sainte se lie étroitement à tous les sentimens, à toutes les idées, à toutes les vicissitudes de notre patrie; un roi de France, Saint-Louis, est le dernier qui ait rempli l'Orient de sa gloire. Enfin, parmi les historiens des Croisades, la plupart et les plus illustres, Jacques de Vitry, Albert d'Aix, Foulcher de Chartres, Guibert de Nogent, Raoul de Caen, Ville-Hardouin, Joinville et tant d'autres sont des Français.

Quelques savans ont soutenu que Guillaume de Tyr l'était également; d'autres ont revendiqué pour l'Allemagne l'honneur de lui avoir donné naissance. L'une et l'autre prétention paraissent mal fondées. En plusieurs endroits de son livre, notamment dans sa préface, Guillaume parle de la Terre-Sainte comme de sa patrie; Hugues de Plagon [1], son continuateur, le fait naître à Jérusalem, et Étienne de Lusignan, dans son *Histoire de Chypre*, le dit parent des rois de Palestine. On s'est étonné à tort de ces incertitudes et du silence des chrétiens d'Orient sur l'origine et la vie du prince de leurs historiens. C'est à des temps de loisir et de paix qu'il appartient de recueillir avec soin de tels détails et de veiller à la mémoire d'un écrivain. Presque étrangers dans leur nouvelle patrie, assiégés dans leur royaume comme des bourgeois dans les murs de leur ville, sans cesse en proie aux plus cruelles souffrances et à des périls croissans, les chrétiens d'Orient ne pensèrent jamais qu'à se recruter et se défendre; la vie de ce peuple, la durée de cet Empire fut un long accès de

---

[1] C'est le nom que lui donne Meusel dans sa *Bibliotheca historica*, tom. 2, part. 2, pag. 294. Selon d'autres, c'est Bernard *le trésorier*. Nous en parlerons en publiant son ouvrage, ainsi que de Jean Hérold, autre continuateur de Guillaume de Tyr.

dévotion et de gloire ; l'accès passé, l'Empire tomba, le peuple lui-même périt; et tant qu'il vécut, toute sécurité dans le présent, toute confiance dans l'avenir lui fut inconnue. Une société ainsi violente et transitoire peut avoir ses historiens ; les grandes choses n'en manquent jamais; mais l'historien lui-même est sans importance aux yeux de ceux qui l'entourent, et nul ne songe à conserver des souvenirs qui n'intéressent que lui.

Aussi est-ce uniquement de Guillaume de Tyr lui-même que nous recevons quelques renseignemens sur sa vie; il les a semés dans son ouvrage, sans dessein et par occasion, pour indiquer comment il a été informé des événemens qu'il raconte. Nous y voyons qu'il était enfant, vers l'an 1140, et qu'en 1162, au moment du divorce du roi Amaury et d'Agnès d'Édesse, il étudiait les lettres en Occident, probablement à Paris. De retour à Jérusalem, il obtint la faveur d'Amaury, et dut à sa protection, en 1167, l'archidiaconat de la métropole de Tyr. Mais, en l'élevant aux dignités ecclésiastiques, le roi n'avait point l'intention de se priver de son secours dans les affaires civiles. Dans le cours de la même année, il l'envoya en ambassade à Constantinople, auprès de l'empereur

Manuel Comnène, pour conclure avec ce prince l'alliance qu'il avait lui-même proposée à Amaury contre le sultan d'Égypte. Après s'être acquitté de cette mission, Guillaume, se livrant aux devoirs de son archidiaconat, eut quelques différends avec Frédéric, archevêque de Tyr, et se rendit à Rome, en 1169, pour les faire juger. Ce fut à son retour de Rome que le roi Amaury lui confia l'éducation de son fils Baudouin, alors âgé de neuf ans [1]. Ce prince étant monté sur le trône à la mort de son père, en 1173, le crédit de Guillaume devint plus grand encore; dans le cours de cette même année, il fut nommé chancelier du royaume, à la place de Rodolphe évêque de Bethléem, et au mois de mai 1174, les suffrages du clergé et du peuple l'élevèrent, avec l'assentiment du roi, à l'archevêché de Tyr [2]. On verra, dans son histoire même,

---

[1] Dans la *Biographie universelle*, à l'article *Guillaume de Tyr*, article rédigé d'ailleurs avec beaucoup d'exactitude et de soin, M. Michaud rapporte à l'an 1167 l'élévation de Guillaume aux fonctions de gouverneur du prince Baudouin. Il ne peut les avoir reçues qu'en 1169, car Baudouin était né en 1160, et Guillaume dit lui-même (liv. 21) qu'il avait neuf ans lorsqu'il lui fut confié. On voit d'ailleurs que, de 1167 à 1169, Guillaume fit plusieurs voyages à Constantinople et à Rome, voyages qu'il n'eût guère pu concilier avec l'éducation du jeune prince.

[2] Dans l'article que je viens de citer, M. Michaud place en 1173 l'élévation de Guillaume à l'archevêché de Tyr. Cela ne se peut;

quelle part importante il prit dès lors aux affaires publiques, et avec quelle fermeté il défendit le pouvoir du roi son élève contre d'ambitieux rivaux. En 1178, il s'éloigna de la Terre-Sainte pour aller à Rome assister au troisième concile de Latran : « Si quelqu'un, dit-il, veut connaître
« les statuts de ce concile, les noms, le nombre
« et les titres des évêques qui y ont assisté, qu'il
« lise l'écrit que nous en avons soigneusement
« rédigé, à la demande des Saints-Pères qui s'y
« trouvaient présens, et que nous avons fait dé-
« poser dans les archives de la sainte église de
« Tyr, parmi les autres livres que nous y avons
« apportés. » Le concile fini, il se mit en route pour la Palestine, avec le comte Henri de Champagne qui s'y rendait suivi d'un nombreux cortége de chevaliers. Mais à Brindes, Guillaume s'en sépara et passa à Constantinople pour y traiter, avec l'empereur Manuel, les affaires, soit du royaume de Jérusalem, soit de sa propre église. Il y demeura sept mois et son séjour fut grandement utile, dit-il, aux intérêts dont il était chargé. De retour en Syrie, il s'acquitta, tant auprès du roi

---

Baudouin IV fut couronné le 15 juillet 1173, et Guillaume dit formellement qu'il fut nommé archevêque de Tyr au mois de mai de l'année suivante.

que du patriarche de Jérusalem, de diverses missions qu'il avait reçues de l'empereur, et rentra à Tyr après vingt-deux mois d'absence.

Ici Guillaume cesse de nous fournir aucun renseignement sur sa vie; son histoire s'arrête en 1183, et, à partir de cette époque, les faits épars que nous recueillons d'ailleurs sur ce qui le concerne sont pleins de contradictions et d'incertitudes. D'après l'un de ses continuateurs dont nous publierons l'ouvrage à la suite du sien, il eut de violens débats avec le patriarche de Jérusalem, Héraclius, dont il avait combattu l'élection et refusait de reconnaître l'autorité. Guillaume se rendit à Rome pour faire juger sa querelle, et il y fut si bien accueilli du pape et des cardinaux qu'Héraclius, craignant que son rival n'obtînt sa déposition, envoya secrètement à Rome un de ses médecins avec ordre de l'empoisonner, ce qu'il exécuta. Ce fait, s'il était vrai, ne pourrait guère être placé plus tard que vers l'an 1184; or, on trouve, en 1188, Guillaume, archevêque de Tyr, prêchant la Croisade aux rois de France et d'Angleterre, Philippe-Auguste et Richard Cœur-de-Lion, sous le fameux ormeau dit *de la conférence*, entre Gisors et Trie. Tout porte à croire que ce Guillaume est le même que notre historien, et qu'après la prise de Jérusalem par Saladin, il avait passé les mers pour solliciter les secours des princes d'Occident. C'est là, du reste, la dernière trace qu'on rencontre de son existence. Quelques savans ont prétendu qu'il mourut octogénaire à Tyr, en 1219. Mais leur opinion est victorieusement repoussée par une charte de l'an 1193 qui nous apprend qu'un autre prélat occupait alors le siége de Tyr. Guillaume était donc mort à cette époque. Nous n'avons aucune autre donnée qui détermine avec plus de précision le terme de sa vie et nous fasse connaître ses derniers travaux.

Il avait écrit, nous dit-il lui-même, deux grands ouvrages, entrepris l'un et l'autre à la sollicitation du roi Amaury qui avait fourni à l'historien tous les secours dont il avait pu disposer. Le premier comprenait l'histoire des Arabes, depuis la venue de Mahomet jusqu'en 1184 [1]; livre précieux sans doute, puisque Guillaume avait eu connaissance d'un grand nombre de ma-

---

[1] M. Michaud dit que cette histoire s'étendait « depuis le règne « de Mahomet jusqu'au temps des Croisades. » Guillaume dit formellement, dans sa préface, « qu'elle allait depuis le temps du « séducteur Mahomet jusqu'à la présente année, qui est l'an 1184 « de l'incarnation de Notre-Seigneur, embrassant ainsi un espace « de 570 ans, » espace compris en effet, à peu de chose près, entre la date de l'hégyre et l'an 1184 de Jésus-Christ.

nuscrits arabes qu'il ne nomme point, mais où il avait dû puiser des renseignemens importans. Soit que cet ouvrage ait été perdu, soit qu'il existe encore ignoré dans la poussière de quelque grande bibliothéque, il n'a jamais été publié. Le second est l'*histoire des Croisades* depuis le temps des successeurs de Mahomet jusqu'à l'an 1183, dont nous donnons ici la traduction. Il est divisé en 23 livres. Dans les quinze premiers qui vont jusqu'en 1142, l'historien raconte des événemens qu'il n'avait point vus, mais sur lesquels il avait recueilli les traditions les plus circonstanciées et les plus exactes. Les huit derniers renferment l'histoire de son propre temps.

Il est difficile de déterminer avec précision à quelle époque Guillaume entreprit ce grand travail. On peut conjecturer cependant que ce fut vers l'an 1169, au moment où le roi Amaury lui confia l'éducation de son fils. Il suspendit et reprit deux fois son ouvrage, interrompu sans doute par les missions dont il fut chargé, soit à Constantinople, soit en Occident. Arrivé à l'époque où le royaume de Jérusalem penchait vers sa ruine, où chaque événement lui portait un coup qui semblait et qui présageait en effet le coup mortel, une profonde tristesse s'empara de l'historien, et il l'exprime, en commençant son vingt-troisième livre, avec un amer pressentiment de maux plus grands encore que ceux dont il se prépare à parler. Soit que cette tristesse ou des circonstances extérieures l'aient empêché de continuer, le vingt-troisième livre s'arrête au premier chapitre, et l'archevêque de Tyr, qui eut la douleur de voir Jérusalem retomber aux mains des infidèles, s'épargna du moins celle de le raconter.

C'est avec raison qu'on s'est accordé à lui donner le titre de Prince des historiens des Croisades. Nul n'a décrit avec plus de détails et de vérité, d'une façon à la fois plus simple, plus grave et plus sensée, ces brillantes expéditions, les mœurs des Croisés, les vicissitudes de leur sort, tous les incidens de cette grande aventure. Chrétien sincère et partageant du fond du cœur les croyances et les sentimens qui avaient poussé les Chrétiens à la conquête de la Terre-Sainte, Guillaume raconte leurs triomphes ou leurs revers avec une joie ou une tristesse patriotique; et assez éclairé cependant pour ne point s'abuser sur la marche des événemens, il ne dissimule ni les vices ni les fautes des hommes, et les expose avec sincérité, sans jamais croire que la sainteté de la cause chrétienne en soit altérée, en sorte qu'on trouve à la fois dans son livre une conviction ferme et un jugement qui ne manque ni d'impartialité ni de droiture. Son érudition historique et géographique, quoique fort défectueuse, est supérieure à celle des autres écrivains de la même époque ; sa crédulité est moins absolue ; on reconnaît aisément qu'il n'a pas, comme tant d'autres, passé en pélerin sur les lieux où les événemens se sont accomplis, qu'il a recueilli des récits divers, et jugé les faits après avoir assisté à leurs conséquences. On peut dire enfin de lui que, de son temps, nul n'a fait aussi bien, et que son livre est encore, pour nous, celui où l'histoire des Croisades se fait lire avec le plus d'intérêt et de fruit.

Il fut publié, pour la première fois, à Bâle, en 1549, in-folio, par Philibert Poyssenot de Dôle. Henri Pantaléon en donna une nouvelle édition dans la même ville en 1564, et y joignit l'un des continuateurs de Guillaume, Hérold, dont nous parlerons ailleurs. Enfin, Bongars, après en avoir revu le texte sur plusieurs manuscrits, l'inséra dans le tome II de ses *gesta Dei per Francos*. C'est sur cette édition qu'a été faite la traduction que nous publions aujourd'hui.

En 1573, Gabriel Dupréau en donna à Paris

une version française, sous le titre de *Franciade orientale*; mais cette version, pleine de fautes et maintenant illisible, n'a jamais obtenu ni mérité aucune estime. Nous avons joint à la nôtre un assez grand nombre de notes, géographiques surtout, pour faire connaître la position et le nom actuel des principaux lieux dont Guillaume de Tyr fait mention. C'est la partie la plus obscure de l'histoire des Croisades, et malgré nos recherches, nous regrettons de n'avoir pu résoudre toutes les difficultés.

Nous avons laissé subsister dans le texte les noms orientaux tels que les a écrits l'historien, mais en ayant soin d'indiquer dans de courtes notes, autant du moins que nous l'avons pu et que le permet l'incertitude de l'orthographe, les noms véritables. Nous avons également relevé les principales erreurs de chronologie et d'histoire, non dans le dessein de rectifier pleinement les inexactitudes du récit de Guillaume de Tyr, mais pour faire disparaître les lacunes et les méprises qui en rendraient l'intelligence difficile au lecteur.

La bibliothèque du roi possède un beau manuscrit de Guillaume de Tyr, et dix-huit exemplaires d'une version française qui mérite d'être consultée. Il en existe également deux traductions italiennes, l'une de Joseph Horologgi, publiée à Venise, in-4°., en 1562; l'autre de Thomas Baglioni, publiée aussi à Venise, in-4°., en 1610, et inférieure, dit-on, à la précédente. Nous regrettons de n'avoir pu nous les procurer.

F. G.

PRÉFACE

DE

GUILLAUME DE TYR.

Qu'il soit périlleux et grandement difficile de raconter les actions des rois, c'est ce dont aucun homme sage ne peut douter. Sans parler des travaux, des recherches, des longues veilles qu'exige une telle entreprise, les historiens marchent entre deux précipices, et ils ont grand'peine à éviter l'un ou l'autre. S'ils veulent fuir Charibde ils tombent dans Scylla, qui, avec sa ceinture de chiens, n'est pas moins féconde en naufrages. Ou ils recherchent en effet la vérité sur tous les événemens, et alors ils soulèvent contre eux la haine de beaucoup de gens; ou, pour échapper à toute colère, ils dissimulent une partie de ce qui s'est passé; et c'est là bien certainement un grave délit, car on sait que rien n'est plus contraire à leur office que de passer artificieusement sous silence et de cacher à dessein ce qui est vrai; or, manquer à son office, c'est à coup sûr une faute, puisque l'office de chacun c'est la conduite qui lui convient selon sa situation, les mœurs et les lois de sa patrie.

Mais, en revanche, rapporter sans aucune alteration tout ce qui s'est fait et ne jamais s'écarter de la vérité, c'est une chose qui excite communément la colère, selon ce vieux proverbe : « La « complaisance procure des amis, et la vérité en- « fante la haine. »

Ainsi, ou les historiens manqueront au devoir de leur profession en montrant une complaisance illégitime ; ou, s'ils demeurent fidèles à la vérité, ils auront à supporter la haine dont elle est la mère ; ce sont là les deux périls qu'ils encourent et qui les travaillent tour à tour péniblement. Notre Cicéron dit en effet: « La vérité est fâcheuse, « car elle enfante souvent la haine, ce poison de « l'amitié; mais la complaisance est plus fâcheuse « encore, car, par notre indulgence pour les vices « d'un ami, nous le laissons courir à sa ruine. » Paroles qui se rapportent évidemment à celui qui, par complaisance et contre son devoir, passe sous silence la vérité.

Quant à ceux qui par flatterie mêlent impudemment des mensonges à leurs récits, c'est, comme on sait, une action si détestable qu'ils ne méritent pas d'être comptés au nombre des historiens; si l'omission de la vérité est en effet une faute contraire au devoir de l'historien, combien plus grave sera le péché de mêler le faux au vrai et de transmettre à la postérité crédule le mensonge au lieu de la vérité?

Il est encore un autre écueil, autant et peut-être même plus redoutable, que les historiens doivent fuir de tout leur pouvoir; c'est que la dignité des actions ne soit obscurcie et abaissée par la sécheresse du langage et la pauvreté du récit; les paroles doivent convenir aux choses dont il s'agit, et il ne faut pas que le langage de l'écrivain demeure au dessous de la noblesse du sujet. Il faut donc prendre bien garde que la grandeur du sujet ne disparaisse par suite de la faiblesse de l'ouvrier, et que des faits grands et importans en eux-mêmes ne deviennent petits et misérables par le vice de la narration; car, ainsi que le dit l'illustre orateur dans le premier livre de ses Tusculanes: « Confier à l'écriture ses pensées quand on ne sait « ni les bien disposer, ni les présenter avec éclat, « ni attirer le lecteur par le charme de la pa-« role, c'est la conduite d'un homme qui abuse « follement des lettres et de son loisir. »

Nous nous sommes trouvé dans le présent ouvrage particulièrement exposé à ces périls nombreux et contradictoires; nous y avons rapporté en effet, sur le caractère, la vie et les habitudes des rois, et à mesure que la série des événemens nous a paru l'exiger, beaucoup de choses soit louables, soit blâmables, que leurs descendans liront peut-être avec humeur, et ils s'irriteront injustement contre l'historien, ou le jugeront menteur et haineux, vice que, Dieu le sait, nous nous sommes efforcé d'éviter comme une peste fatale. Nous ne saurions nier, d'ailleurs, que nous avons audacieusement entrepris un ouvrage au dessus de nos forces, et que notre langage n'est point au niveau de la grandeur des événemens; ce que nous avons fait est pourtant quelque chose. De même, en effet, que les hommes peu exercés à peindre, et qui ignorent les secrets de l'art, ont coutume de tracer seulement les premiers linéamens du tableau, et de n'y mettre que des couleurs ternes auxquelles une main plus habile vient ensuite ajouter l'éclat et la beauté, de même nous avons posé avec grand soin, et en observant scrupuleusement la vérité, des fondemens sur lesquels un plus savant architecte pourra élever avec art un bel et grand édifice.

Parmi tant de difficultés et de périls, il eût été plus sûr de demeurer en repos, de nous taire et de laisser notre plume oisive; mais l'amour de la patrie nous pressait, de la patrie pour laquelle un homme de bien, si la nécessité l'exige, est tenu de donner sa vie. Cet amour nous commandait, avec l'autorité qui lui appartient, de ne pas laisser ensevelir dans le silence et tomber dans l'oubli les choses qui se sont passées autour de nous durant un espace d'environ cent ans, de les raconter avec soin et d'en conserver le souvenir pour la postérité; nous avons donc obéi et avons mis la main à une œuvre que nous ne pouvions honnêtement refuser, nous inquiétant peu de ce que la postérité pensera de nous, et de l'éloge ou du blâme que, dans un si brillant sujet, pourra mériter notre récit; nous avons obéi; et plaise à Dieu que ce soit avec autant de succès que de zèle, avec autant de mérite que de dévouement! Nous avons cédé au doux plaisir de parler de notre terre natale, bien plutôt que nous n'avons mesuré nos forces avec le travail que nous entreprenions, nous confiant non dans notre génie, mais dans la ferveur et la sincérité de nos sentimens.

A ces motifs sont venus s'ajouter les ordres du seigneur roi Amaury, d'illustre et pieuse mémoire, dont puisse l'ame jouir du repos éternel! Ce sont ses instances répétées qui nous ont surtout déterminé à cette entreprise. C'est aussi à sa demande et à l'aide des écrits arabes qu'il nous a fournis, que nous avons composé une autre histoire depuis le temps du séducteur Mahomet jusqu'à cette année qui est la 1184ᵉ depuis l'incarnation de N. S., ouvrage qui comprend un espace de 570 ans et dans lequel nous avons principalement suivi pour guide le vénérable Seith[1], patriarche d'Alexandrie. Quant à l'histoire dont il s'agit ici, n'ayant pour nous guider aucun ouvrage grec ni arabe, et instruit seulement par les traditions, à l'exception de quelques événemens que nous avons vus de nos propres yeux, nous avons com-

[1] Seïd-ben-Batrik, plus connu sous le nom d'Eutychius.

mencé notre récit au moment du départ des vaillans guerriers et des princes chéris de Dieu, qui, sortant à la voix du seigneur des royaumes d'Occident, se sont emparés, le glaive à la main, de la Terre-Promise et de presque toute la Syrie. Nous avons continué avec grand soin notre histoire depuis cette époque jusqu'au règne du seigneur Baudouin IV, qui, en comptant le seigneur duc Godefroi, premier possesseur du royaume de Jérusalem, est monté le septième sur le trône, ce qui fait un espace de 84 ans.

Afin que rien ne manque au lecteur curieux pour la pleine connaissance de l'état des pays d'Orient, nous avons exposé d'abord et en peu de mots à quelle époque et combien durement ces contrées ont subi le joug de la servitude; quelle fut alors, au milieu des infidèles, la condition des fidèles qui les habitaient, et à quelle occasion, après un si long esclavage, les princes des royaumes d'Occident, s'armant pour leur délivrance, entreprirent ce pélerinage lointain et laborieux.

Que si le lecteur considère nos travaux, et combien ils pèsent sur nous en grand nombre, soit pour l'illustre métropole de Tyr dont nous occupons le siége, non à cause de notre mérite, mais par la seule grâce du Seigneur, soit pour les affaires du seigneur roi, dans le palais duquel nous remplissons les fonctions de chancelier, soit pour tant d'autres nécessités qui chaque jour s'élèvent plus pressantes que de coutume, il sera porté à l'indulgence s'il rencontre dans le présent ouvrage quelque faute dont il ait droit de s'offenser. L'esprit occupé d'un si grand nombre d'objets devient plus lent et plus faible dans l'examen de chacun en particulier, et, se partageant entre tous, il ne peut donner à chacun autant de soin qu'il le ferait s'il recueillait toutes ses forces vers un seul but et se dévouait tout entier à une seule étude. A ce titre, nous obtiendrons plus facilement l'indulgence.

Nous avons divisé cet ouvrage en vingt-trois livres et chaque livre en un certain nombre de chapitres, afin que le lecteur trouve plus facilement ce qu'il jugera à propos de chercher dans les diverses parties de notre histoire. Nous avons dessein, si Dieu nous donne vie, d'ajouter à ce que nous avons déjà écrit le récit des faits qu'amèneront de notre temps les vicissitudes de l'avenir, et d'augmenter le nombre des livres selon que l'exigera le sujet.

Nous tenons pour assuré et sommes bien certain de ne pas nous tromper en ceci que nous produisons dans cet ouvrage un témoin de notre impéritie; nous révélons en écrivant une faiblesse que nous aurions pu cacher en gardant le silence; mais nous nous acquittons d'un devoir de charité et nous aimons mieux qu'on nous trouve dépourvu de la science qui enorgueillit que de la charité qui édifie. Plusieurs qui ont manqué de la première n'ont pas laissé d'être admis au festin et jugés dignes de s'asseoir à la table du roi; mais celui qui, sans posséder la seconde, s'est rencontré au milieu des convives, a mérité qu'on lui adressât ces paroles: « Comment êtes-vous entré en ce « lieu sans avoir la robe nuptiale¹? » Que le Seigneur miséricordieux écarte de nous ce mal, car lui seul le peut!

Sachant néanmoins que « les longs discours ne « seront point exempts de péché², » et que la langue des misérables mortels, toujours en péril d'erreur, devient aisément coupable, nous invitons fraternellement et exhortons pieusement notre lecteur, s'il trouve dans cet ouvrage un juste sujet de blâme, de ne s'y livrer qu'avec mesure et charité, afin qu'en nous reprenant, il acquière lui-même des droits à la vie éternelle. Qu'il se souvienne de nous dans ses prières et obtienne du Seigneur que toutes les fautes qu'ici nous pourrons avoir commises ne nous soient pas imputées à mort; que bien plutôt le Sauveur du monde, dans son inépuisable et gratuite bonté, nous accorde sa clémence; misérable et inutile serviteur dans sa maison, nous nous courbons avec respect à la voix d'une conscience qui nous accuse, et redoutons avec grande raison son tribunal.

¹ Evang. sel. S. Matth. chap. 22, v. 22.
² Proverb. chap. 10, v. 19.

HISTOIRE DES CROISADES.

LIVRE PREMIER.

On lit dans les histoires anciennes, et les traditions des Orientaux rapportent également, qu'au temps où l'empereur Héraclius gouvernait l'Empire romain [1], la doctrine empestée de Mahomet, ce premier-né de Satan, qui s'était dit faussement prophète envoyé par le Seigneur, et avait séduit les contrées de l'Orient et principalement de l'Arabie, s'était déjà répandue de tous côtés : en même temps toutes les provinces de l'Empire étaient tombées dans un tel état de langueur et de faiblesse que les successeurs de Mahomet, renonçant aux exhortations et à la prédication, n'employaient plus que le fer et la violence pour imposer aux peuples leurs erreurs. L'empereur Héraclius, revenant victorieux de son expédition en Perse et rapportant en triomphe la croix du Seigneur, s'était arrêté en Syrie : il avait ordonné à Modeste, homme vénérable qu'il venait de nommer évêque de Jérusalem, de faire relever les églises que le méchant satrape de Perse, Cosdroé [2], avait renversées,

---

[1] De l'an 610 à l'an 641.
[2] Chosroès.

et s'était chargé de pourvoir à toutes les dépenses de leur restauration. Omar, fils de Catab, troisième successeur du séducteur Mahomet, héritier de ses erreurs et de son royaume, et suivi de troupes innombrables d'Arabes, avait déjà occupé de vive force la belle ville de Gaza en Palestine. De là, ayant franchi les frontières du pays de Damas, avec ses légions et la multitude de peuple qu'il traînait à sa suite, il avait mis le siége devant Damas, tandis que l'empereur attendait encore en Cilicie l'issue de cette entreprise. Lorsqu'on annonça à celui-ci que les Arabes, enflés d'orgueil et se confiant en leur nombre, ne craignaient pas même d'envahir les frontières de l'Empire et de s'emparer des villes qui lui appartenaient, l'empereur reconnaissant qu'il n'avait point assez de troupes pour s'opposer à de si nombreuses bandes et réprimer leur insolence, prit le parti de se retirer en sûreté chez lui, pour ne pas se livrer aux chances incertaines de la guerre, avec des forces aussi disproportionnées. Celui qui était tenu de prêter son assistance aux citoyens affligés s'étant ainsi retiré, la violence des Arabes ne fit que s'accroître, et en peu de temps ils occupèrent tous les pays qui s'étendent depuis Laodicée de Syrie jusqu'en Égypte. J'ai exposé avec soin dans un autre écrit ce qu'avait été ce Mahomet, d'où il était, et comment il en était venu à ce degré de folie de se dire faussement prophète, et d'oser s'annoncer pour envoyé de Dieu; j'ai dit quelles furent sa vie et ses paroles, combien de temps il avait régné et en quels lieux, et enfin quels avaient été ses successeurs; j'ai raconté aussi comment ils avaient infecté le monde presque entier de sa doctrine, et quels étaient ceux qui l'avaient adoptée; la suite du présent ouvrage servira à prouver encore mieux tout ce que j'ai rapporté ailleurs [1].

D'autres événemens avaient concouru au succès des entreprises de ces peuples. Peu d'années auparavant, le même Cosdroé, dont je viens de parler, était entré à main armée en Syrie, renversant les villes, portant le fer et le feu dans les campagnes, détruisant les églises et réduisant les peuples en captivité : les portes de la ville sainte avaient été brisées, trente-six mille citoyens y avaient péri sous le glaive de l'ennemi qui, en se retirant, avait transporté en Perse la croix du Seigneur et emmené l'évêque Zacharie, suivi des débris de toute la population, tant de la cité que de tout le pays environnant. Ce très-puissant roi de Perse épousa Marie fille de l'empereur Maurice (avec lequel le bienheureux pape Grégoire était tellement lié qu'il tint un de ses enfans sur les fonts de baptême) : en faveur de ce mariage, le roi reçut le sacrement de régénération et demeura ami intime des Romains, tant que vécut l'empereur son beau-père. Celui-ci ayant été traîtreusement assassiné par le César Phocas, qui lui succéda dans l'Empire, le roi des Perses ayant en horreur la perfidie de ceux qui souffraient la domination d'un homme si criminel, encore couvert du sang de son maître, s'avouant ainsi en quelque sorte coupables avec lui d'une alliance secrète, et se sentant complices de son forfait, médita, à l'instigation de sa femme, de venger la mort de son beau-père; il entra à main armée sur le territoire de l'Empire, et répandit partout ses fureurs : après avoir

[1] Voir la notice sur Guillaume de Tyr.

subjugué les autres contrées soumises à la domination romaine, il occupa enfin la Syrie, ainsi que nous l'avons dit plus haut, et détruisit la population soit par le fer, soit en emmenant de nombreux captifs en Perse.

Les Arabes entrés en Syrie et la trouvant dépeuplée, saisirent cette facile occasion de s'en rendre maîtres. La ville chérie de Dieu, Jérusalem, fut en proie aux mêmes calamités [1] ; ils épargnèrent la faible population qui s'y trouvait encore, pour la rendre tributaire à des conditions très-onéreuses, et lui permirent d'avoir son évêque, de rebâtir l'église qui avait été renversée, et de continuer à pratiquer librement la religion chrétienne.

L'empereur Héraclius, lorsqu'il s'arrêta dans cette ville, ainsi que je l'ai rapporté, s'informa avec grand soin auprès de tous les citoyens, et en particulier auprès d'un homme vénérable, Sophronius, alors évêque (qui venait de succéder à Modeste de pieuse mémoire), du lieu même où avait été le temple du Seigneur, que le prince romain Titus avait détruit en même temps que la ville. On lui en fit voir l'emplacement, où l'on reconnaissait encore quelques vestiges de cet antique monument : l'empereur en ordonna la reconstruction et assigna des fonds suffisans pour la dépense [2] ; on convoqua des ouvriers, on rassembla une grande quantité de matériaux, des marbres et des bois de toute espèce. Cet ouvrage fut heureusement terminé en peu de temps, selon les intentions du fondateur, et tel qu'on le voit encore aujourd'hui à Jérusalem : l'empereur le dota d'un

---

[1] En 638. — [2] En 628.

nombre infini de possessions, afin que ceux qui seraient chargés du service du temple eussent toutes les ressources convenables pour conserver à perpétuité les toitures dans le même état, pour renouveler tout ce qui viendrait à vieillir, et pour entretenir les luminaires. Presque tout le monde sait quelle est la forme de ce temple, on connaît l'élégance du travail, en sorte qu'il n'est pas nécessaire que j'en parle en détail. On trouve encore dans cet édifice, intérieurement et au dehors, des monumens très-anciens, en lettres de l'idiome arabe, à la façon des mosaïques, et l'on croit que ces monumens remontent à l'époque de la construction : ils font connaître avec certitude quel en fut l'auteur, quelles sommes on y dépensa, en quelle année commença le travail et en quelle année il fut terminé.

La ville agréable et spécialement consacrée à Dieu se trouvant ainsi, en expiation de nos péchés, soumise à la domination des infidèles, subit pendant quatre cent quatre-vingt-dix ans le joug d'une injuste servitude, et fut travaillée de souffrances continuelles, cependant avec de grandes vicissitudes. Elle changea fréquemment de maîtres, par suite de l'extrême mobilité des événemens; suivant les dispositions de chacun d'eux, elle eut quelquefois des intervalles lucides, d'autres fois des jours chargés de nuages, et, comme un malade, elle était oppressée ou respirait plus librement, selon l'état du temps. Il était impossible qu'elle se relevât jamais complétement, tant qu'elle avait à gémir sous la domination violente des princes infidèles et d'un peuple qui n'avait pas de Dieu.

La nation du Seigneur recouvra cependant la tranquillité du vivant de cet homme admirable et digne de louanges, Haroun, surnommé Raschid, qui gouverna tout l'Orient[1], dont aujourd'hui encore tout l'Orient admire la libéralité, l'extrême douceur, les mœurs singulièrement recommandables, et qu'il célèbre par des éloges immortels. Ces bons traitemens étaient dus à l'intervention d'un homme très-pieux et d'immortelle mémoire, l'empereur Charles. Ces deux souverains s'adressaient mutuellement de fréquens messages; ils vécurent constamment en bonne intelligence, et consolidèrent leur amitié par un traité admirable. Cette faveur de leur prince fut pour les habitans de Jérusalem une source de grandes consolations, si bien qu'on eût dit qu'ils vivaient sous la domination de l'empereur Charles, plus que sous celle de leur souverain. Voici ce qu'on lit dans la vie glorieuse de cet homme[2] : « Il fut lié d'une amitié si
« intime avec Haroun, roi des Perses, qui gouver-
« nait tout l'Orient, à l'exception de l'Inde, que ce-
« lui-ci préférait ses bonnes grâces à la bienveillance
« de tous les rois et princes du monde, et le jugeait
« seul digne de ses respects et des actes de sa muni-
« ficence. Aussi, lorsque les ambassadeurs que Char-
« les avait envoyés avec des présens au sépulcre
« très-sacré de Notre-Seigneur et Sauveur, et au lieu
« même de la résurrection, furent arrivés chez Haroun,
« et lui eurent fait part du désir de leur maître, non
« seulement il permit de faire ce qu'on lui deman-
« dait, mais même il voulut que le lieu sacré, ber-

[1] De l'an 786 à l'an 809.
[2] Dans la *Vie de Charlemagne* par Éginhard, page 139.

« ceau du salut, fût placé sous l'autorité de Charles :
« lorsque les ambassadeurs repartirent, Haroun leur
« adjoignit les siens, et envoya à Charles de super-
« bes présens en vêtemens, en aromates et en toutes
« les richesses que produit la terre de l'Orient. Peu
« d'années avant, il lui avait envoyé un éléphant, que
« Charles lui avait demandé, le seul qu'il eût en ce
« moment. »

Charles consolait fréquemment par ses largesses et par ses œuvres pieuses non seulement ceux des fidèles qui vivaient à Jérusalem sous la domination des infidèles, mais encore ceux qui, en Égypte et en Afrique, étaient soumis aux impies Sarrasins. On lit dans sa vie le passage suivant : « Plein de zèle pour le soulagement
« des pauvres, il prenait soin de répandre ses libérali-
« tés, que les Grecs ont appelées ἐλεημοσύνη (aumônes),
« non seulement dans sa patrie et dans son royaume,
« mais encore au-delà des mers, en Syrie, en Égypte,
« en Afrique, à Jérusalem, à Alexandrie, à Car-
« thage ; partout où il parvenait à découvrir des Chré-
« tiens vivant dans la pauvreté, il prenait compassion
« de leurs maux, et leur envoyait souvent de l'ar-
« gent. Il recherchait l'amitié des rois d'outre-mer,
« surtout dans l'intention que les Chrétiens soumis
« à leur domination pussent obtenir quelque soula-
« gement et quelques secours[1]. »

Ceux qui desireront connaître avec plus de détail tout ce que la ville de Dieu et la contrée environnante eurent à souffrir durant cette période intermédiaire, et par suite des nombreuses vicissitudes de

---

[1] Voyez la *Vie de Charlemagne* par Éginhard, pag. 151.

temps, d'événemens et de dominations, n'ont qu'à lire l'histoire que nous avons écrite, après bien des soins et des fatigues, sur les *faits et gestes des princes de l'Orient*, depuis la venue du séducteur Mahomet jusqu'au temps actuel, l'an 1182 de l'incarnation de N. S. Cette histoire embrasse une période de 570 ans.

Durant ce temps, les Égyptiens et les Perses soutinrent avec acharnement une longue querelle de rivalité et de puissance; leurs haines mutuelles étaient entretenues et animées par l'attachement de chacun de ces peuples à des traditions contradictoires. Aujourd'hui encore, par suite de ces croyances diverses, chacun des deux traite l'autre de sacrilége; ils n'ont aucune relation entre eux, et vont jusqu'à vouloir aussi être distingués par des noms divers. Ceux qui suivent la superstition des Orientaux s'appellent dans leur langue *sunni;* ceux qui préfèrent les traditions des Égyptiens se nomment *siha*, et ceux-ci paraissent s'accorder mieux avec notre foi. Il serait hors de notre sujet d'exposer leurs différentes erreurs [1].

Avec le temps, le royaume d'Égypte s'étant fort accru, et ayant enfin occupé les provinces et toutes les contrées qui s'étendent jusqu'à Antioche, la ville sainte tomba aussi en son pouvoir, et fut soumise à la loi commune. Elle commença, sous ce nouveau gouvernement, à respirer un peu de ses longues angoisses, comme il arrive parfois aux captifs de trou-

---

[1] Les *Shiites*, ou sectateurs d'Ali, pensent que si Mahomet est l'apôtre de Dieu, Ali est son vicaire, et que les trois premiers Califes, Abubeker, Omar et Othman ont été des usurpateurs. Les *Sonnites* regardent Abubeker, Omar, Othman et Ali comme légitimes successeurs du prophète, mais pensent que l'ordre de sainteté a déterminé l'ordre de succession, et ne placent par conséquent Ali que le dernier.

ver quelque adoucissement à leur sort. Mais enfin la méchanceté toujours croissante des hommes appela le règne du calife Hakem en Égypte[1]. Il se montra beaucoup plus pervers que tous ses prédécesseurs et ses successeurs, et il est devenu un objet de scandale pour tous ceux qui ont pu lire l'histoire de ses folies. Son impiété et sa méchanceté l'ont tellement distingué entre tous les autres, que sa vie, également odieuse à Dieu et aux hommes, ne pourrait être racontée que dans un ouvrage tout particulier. Entre plusieurs ordres également funestes qu'il fit exécuter, il prescrivit de détruire de fond en comble l'église de la Résurrection du Seigneur, qui avait été construite par le vénérable Maxime, évêque de Jérusalem, d'après les ordres de l'empereur Constantin, et que le respectable Modeste avait fait réparer sous le règne de l'empereur Héraclius. Un de ses intendans, gouverneur de Ramla[2], et nommé Hyaroe, ayant reçu le rescrit par lequel cette destruction était ordonnée, exécuta les volontés royales, et fit raser l'église[3]. A la même époque, cette église était gouvernée par le vénérable Oreste, oncle maternel de ce méchant roi. On dit que ce prince se porta à cette mesure pour donner à ses peuples infidèles un gage de son infidélité ; on lui reprochait d'être chrétien, parce qu'il était né d'une mère chrétienne. Voulant repousser cette inculpation, il ne craignit pas de commettre ce

[1] Hakem Bamrillah, troisième calife Fatimite en Égypte qui régna de l'an 996 à l'an 1021.
[2] Ville située près de Jaffa, qu'il ne faut point confondre avec l'ancienne Rama sur le mont Éphraïm, et dont l'antiquité ne remonte pas au-delà du commencement du huitième siècle.
[3] En 1009.

sacrilége, et pensa que la calomnie n'aurait plus rien à dire contre lui, et que ses rivaux ne trouveraient plus aucun sujet de l'attaquer, aussitôt qu'il aurait détruit cette source de la religion chrétienne et ce berceau de la foi catholique.

Dès lors la condition des fidèles de Jérusalem commença à empirer beaucoup, tant à cause de la juste douleur que leur donnait la ruine de la sainte église de la Résurrection, que par suite de toutes les vexations et charges auxquelles ils furent chaque jour plus exposés. En outre des énormes impôts et des tributs qu'on exigeait d'eux, fort au-delà des usages et malgré les priviléges qui leur avaient été accordés par les prédécesseurs du roi, ce monarque leur interdit l'exercice des solennités que jusqu'à ce jour ils avaient pratiquées sous d'autres princes assez librement, tantôt en secret, tantôt tout-à-fait ouvertement. Plus un jour était célèbre, plus ils étaient tenus étroitement enfermés dans leurs habitations; ils n'osaient paraître en public; leurs maisons mêmes ne leur offraient pas un refuge tranquille : on leur jetait des pierres et toutes sortes d'ordures; on les attaquait avec violence, et ces persécutions étaient constamment plus actives dans les jours des plus grandes solennités. Outre cela, sur la moindre indiscrétion de parole, sur la plus légère suggestion d'un accusateur quelconque, les fidèles étaient enlevés, traînés à la croix et au supplice, sans que jamais on fît connaître aucun motif; on confisquait leurs biens, on les dépouillait de tout ce qu'ils possédaient. Les fils et les filles étaient enlevés à la maison paternelle; tantôt le fouet, tantôt les flatteries et les promesses les entraînaient à l'apostasie, ou bien on les suspendait à la potence. Le patriarche qui vivait alors à Jérusalem était le premier à subir lui-même toutes ces injures, toutes ces violences ; il exhortait les fidèles à la patience, en public et plus encore en secret, et leur promettait des couronnes éternelles pour les maux temporels qu'ils avaient à endurer. Avertis par ses paroles et son exemple, méprisant pour l'amour du Christ leurs souffrances passagères, ils se consolaient réciproquement par des œuvres de charité. Il serait trop long de raconter tous les tourmens que ces serviteurs de Dieu eurent à supporter dans leurs propres personnes, pour hériter de la maison du Seigneur, et demeurer fidèles aux lois de leurs ancêtres. Entre des milliers d'exemples que je pourrais citer, j'en choisirai un seul qui suffira pour montrer sur quels frivoles prétextes on les envoyait au dernier supplice.

Un citoyen de la classe des infidèles, animé d'une haine insatiable contre les nôtres, homme perfide et méchant, cherchant un moyen de jeter la mort dans leurs rangs, vint en secret déposer le cadavre d'un chien à la porte d'un temple [1]. Les gardiens et tous les habitans de la ville mettaient un grand prix à conserver cette entrée pure de toute souillure. Le lendemain matin, ceux qui se rendaient à ce temple pour la prière ayant rencontré ce cadavre immonde et puant, devinrent presque fous, et remplirent toute la ville de leurs clameurs. Un peuple immense accourt aussitôt, et de toutes parts on affirme que ce sont les chrétiens qui ont commis ce crime. Qu'est-il besoin d'en dire davantage? On déclare qu'un tel forfait ne peut être

[1] Une mosquée.

expié que par la mort; on ordonne que tous les fidèles subiront le supplice. Ceux-ci, se confiant en leur innocence, étaient tout préparés à périr pour le Christ. Tandis que les soldats armés de leurs épées s'avançaient pour donner la mort aux chrétiens, un jeune homme plein de courage dit à ses compagnons : « Mes « frères, il serait trop dangereux que l'Église toute « entière vînt à périr; il est plus convenable qu'un « seul meure pour le peuple, et que la race soit sau- « vée. Promettez-moi d'accorder tous les ans des bé- « dictions à ma mémoire, et de rendre éternellement « à ma famille les honneurs qui lui seront dus. Pour « moi, avec l'aide de Dieu, je vais détourner le car- « nage de vos têtes. » Les fidèles accueillent ces paroles avec reconnaissance, et lui promettent d'accomplir ce qu'il a demandé. En conséquence, ils arrêtent que, pour conserver éternellement sa mémoire, les gens de sa tribu porteront désormais dans la procession solennelle, et au milieu des rameaux de palmier, l'olive qui est le signe de Notre-Seigneur Jésus-Christ. Aussitôt le jeune homme se présente devant les magistrats, et se déclarant coupable, affirme en même temps l'innocence de tous les autres. Les juges ayant entendu sa déposition, prononcent l'acquittement de tous les fidèles, et envoient le jeune homme à la mort. Renonçant à la vie pour le salut de ses frères, il s'endormit avec piété, car il avait choisi la meilleure part dans le sein du Seigneur [1].

Cependant la clémence divine, prenant en compassion les maux des affligés, leur envoya quelque con-

---

[1] Est-il nécessaire d'avertir que c'est là le fait qui a fourni au Tasse l'admirable épisode d'Olinde et Sophronie ?

solation dans cet état déplorable : le méchant prince Hakem sortit de ce monde. Les souffrances cessèrent en partie sous le règne de son fils Daher[1]. Il permit aux fidèles de rebâtir l'église de la Résurrection, sur les instances que lui adressa l'empereur de Constantinople, Romain, surnommé l'Héliopolitain[2], avec lequel il s'était lié d'amitié, après avoir rétabli les articles d'un traité d'alliance que son père avait violé. La race des fidèles qui habitaient Jérusalem, ayant obtenu cette autorisation, mais reconnaissant en même temps que ses ressources trop modiques ne pouvaient lui permettre d'exécuter une telle entreprise, envoya des députés au successeur de l'empereur Romain dont je viens de parler, le seigneur Constantin Monomaque qui portait alors le sceptre[3]. Ceux-ci, lui adressant humblement la parole, et porteurs des prières de leurs frères, lui dirent que le peuple avait vécu dans la douleur et la désolation depuis la destruction de l'Église, et le supplièrent de leur tendre une main libérale, et de déployer sa munificence impériale pour aider à relever l'édifice renversé. Cette députation était conduite par Jean, surnommé Carianite, né à Constantinople, noble selon la chair, mais plus noble encore par les mœurs. Il avait renoncé aux dignités du siècle pour suivre le Christ, et prenant l'habit religieux, il était allé vivre pauvre à Jérusalem pour l'amour du Seigneur. Envoyé à Constantinople, et déployant avec activité son zèle et sa sollicitude auprès

---

[1] Daher Ledinillah, quatrième calife fatimite en Égypte qui régna de l'an 1021 à l'an 1036.

[2] Romain Argyre, empereur de l'an 1028 à l'an 1034.

[3] Empereur d'Orient de l'an 1042 à l'an 1054.

de l'empereur, il accomplit fidèlement sa mission, et obtint de ce souverain agréable à Dieu qu'il donnât l'ordre de fournir de son propre trésor toutes les sommes nécessaires pour la reconstruction de l'église. Les vœux du peuple fidèle ainsi accomplis, Jean retourna avec joie à Jérusalem. Le récit qu'il fit de l'heureux résultat de son voyage ranima tout le clergé et le peuple, comme un convalescent se relève à la suite d'une grave maladie. L'Église était, à cette époque, gouvernée par un homme vénérable, le patriarche Nicéphore. Le trésor impérial ayant fourni les sommes dont on avait besoin, ainsi que l'empereur l'avait promis, on fit construire l'église de la Sainte-Résurrection, telle qu'on la voit maintenant à Jérusalem, l'an 1048 de l'incarnation, cinquante et un ans avant la délivrance de la ville, et trente-sept ans après la destruction de l'ancienne église. Les fidèles trouvèrent dans cet événement une consolation à tous leurs maux et à tous les dangers qui menaçaient leur vie. Ils n'avaient pas cessé en effet d'être en butte à toutes sortes d'affronts; on inventait sans cesse de nouveaux tourmens, on leur crachait au visage, on les battait, on les chargeait de fers, on les jetait dans les cachots; enfin le peuple de Dieu était affligé sans relâche de calamités de toute espèce. Les fidèles qui occupaient les villes de Bethléem et de Thécué [1], étaient soumis aux mêmes tribulations. Toutes les fois qu'il arrivait un nouveau gouverneur, ou que le calife envoyait un autre intendant, on imaginait de nouvelles calomnies, de nouveaux moyens d'exaction. Lorsqu'on voulait faire subir quelque violence au patriarche ou au

---

[1] Thécué ou Thekoa, à deux lieues environ de Bethléem, vers le sud-est.

peuple, si, par hasard, ceux-ci mettaient le moindre délai à se soumettre, ils étaient aussitôt menacés de la destruction de l'église. Ces menaces se renouvelaient presque tous les ans, et les gouverneurs feignaient toujours d'avoir en main des ordres expédiés, disaient-ils, par le souverain lui-même, par lesquels il leur était enjoint de raser les églises si les chrétiens s'avisaient d'opposer quelque résistance ou le moindre retard au paiement des tributs et de toutes les autres charges qu'on leur imposait.

Tant que les Perses ou les Égyptiens eurent la prééminence dans l'Orient, les fidèles eurent cependant moins à souffrir que lorsque les Turcs, ayant étendu leur empire, commencèrent à se rapprocher des frontières de ces peuples : enfin, lorsque les Turcs se furent emparés de la ville sainte, et pendant les trente-huit années qu'ils la conservèrent, le peuple de Dieu fut encore plus cruellement persécuté, et en vint à trouver léger le joug qu'il avait eu précédemment à supporter.

Comme, dans le cours de cet ouvrage, j'aurai souvent à parler de ce qu'ont fait les Turcs contre les nôtres et des grands et magnifiques exploits que les nôtres ont faits contre eux, comme d'ailleurs ils ne persévèrent que trop audacieusement à nous attaquer, il ne sera pas hors de propos d'insérer ici quelques détails sur l'origine de ce peuple, et sur la marche des événemens qui l'ont fait parvenir au degré de puissance qu'il occupe depuis longues années.

La race des Turcs ou Turcomans (car ils ont la même origine) était, dans le principe, une nation septentrionale, tout-à-fait barbare et sans résidence fixe.

Les Turcs vagabonds se transportaient çà et là, cherchant partout de bons pâturages, n'ayant nulle part ni ville, ni établissement, ni cité permanente. Lorsqu'ils voulaient partir, ceux de la même tribu s'avançaient ensemble, ayant à leur tête un des hommes les plus considérables de leur tribu, comme une sorte de prince : toutes les contestations qui s'élevaient dans la même tribu lui étaient soumises, l'une et l'autre des parties intéressées obéissaient à sa décision, et nulle d'elles n'aurait impunément tenté de s'y soustraire. Dans leurs émigrations, ils transportaient avec eux toutes leurs richesses, leurs haras, leur gros et leur menu bétail, leurs esclaves, hommes et femmes : c'était ce qui composait leur fortune. D'ailleurs, en aucun lieu ils ne s'adonnaient à l'agriculture ; ils ignoraient complétement les contrats de vente et d'achat, et ne se procuraient que par voie d'échange tout ce qui pouvait être nécessaire à leur subsistance. Lorsque de bons herbages leur inspiraient le désir de dresser leurs tentes en un lieu, et de s'y arrêter quelque temps sans être troublés, ils avaient coutume d'envoyer quelques-uns de ceux qu'ils jugeaient les plus sages dans leur tribu, au prince du pays où ils arrivaient ; ils concluaient des traités sous les conditions agréées réciproquement, s'engageaient à payer au prince certaines redevances stipulées, et alors ils demeuraient là selon les conventions, vivant au milieu des pâturages et des forêts.

Une multitude innombrable de ces Turcs, ayant marché en avant, et séparée du reste de la population, arriva sur les frontières de la Perse, et y trouva un pays qui lui convenait parfaitement. Ils payèrent au roi qui gouvernait alors le tribut dont ils étaient convenus dès leur arrivée, et y demeurèrent pendant quelques années, plus long-temps qu'ils n'avaient coutume de faire. Leur population s'accrut considérablement, et il n'y avait pas de raison pour qu'elle n'augmentât à l'infini. Le roi et les indigènes, ayant en quelque manière le pressentiment de l'avenir, commencèrent à redouter cet accroissement. On tint conseil, et on résolut de les expulser à main armée des frontières du royaume. Cependant on changea bientôt d'avis : on jugea qu'il serait plus prudent de les fatiguer par toutes sortes d'exigeances, et d'ajouter de nouvelles charges irrégulières à celles qu'on leur imposait d'habitude, jusqu'à ce qu'ils prissent d'eux-mêmes le parti de se retirer. Pendant plusieurs années, ils supportèrent tous ces affronts et l'énorme fardeau des tributs qu'on leur arrachait ; mais enfin, ils arrêtèrent dans leurs conseils de ne plus s'y soumettre, et le roi de Perse en ayant été informé, leur envoya un héraut, avec l'ordre d'avoir à sortir de ses États dans le délai qui leur fut assigné. Ils traversèrent le fleuve Cobar[1], qui de ce côté formait la limite de l'empire, et ce fut pour eux une occasion de voir plus facilement, et mieux qu'ils n'avaient pu jusqu'alors, l'immensité de leur population : comme ils avaient toujours vécu séparés les uns des autres, ils ne connaissaient ni leur nombre, ni leur puissance. Ils s'étonnèrent alors qu'un peuple aussi considérable eût pu supporter les mépris d'un prince quelconque, et se soumettre à tant de persécutions,

---

[1] Entre la Mésopotamie et la Perse ; c'est le fleuve auprès duquel, selon l'Écriture, Ézéchiel eut ses visions. (Ézéchiel, chap. 1, v. 1.)

à des tributs si onéreux. Ils reconnurent avec certitude qu'ils n'étaient inférieurs en nombre ni en force au peuple de Perse, ni à aucune autre nation ; qu'enfin il ne leur manquait, pour occuper à main armée les pays voisins, qu'un roi tel que les autres peuples en avaient. S'étant donc arrêtés d'un commun accord au projet de se donner un roi, ils firent une revue complète de leur immense population, et y reconnurent cent familles plus illustres que les autres. Ils ordonnèrent alors que chacune de ces familles apporterait une flèche, et on forma ainsi un faisceau de cent flèches. Le faisceau fut recouvert ; on fit venir un jeune enfant innocent, on lui prescrivit de passer la main sous le voile, et d'en retirer une seule flèche, après avoir publiquement arrêté que celle que le sort amènerait désignerait la famille dans laquelle on prendrait le roi. L'enfant tira la flèche de la famille des Seljouk. Il fut alors convenu entre tous, conformément à la décision préliminaire, que le roi futur serait pris dans cette tribu. Puis on décida de la même manière que l'on élirait dans la même tribu les cent hommes qui seraient reconnus élevés au dessus des autres par leur âge, leurs mœurs et leurs vertus; que chacun d'eux apporterait sa flèche, avec son nom inscrit au dessus : on forma un nouveau faisceau qui fut recouvert avec beaucoup de soin : l'enfant (le même ou peut-être un autre) reçut également l'ordre de retirer une flèche, et celle qu'il amena portait encore le nom de Seljouk[1]. Seljouk était un homme très-considérable, noble et illustre dans sa tribu,

---

[1] Il s'agit ici de Togrul-Bey, fils de Michel, fils de Seljouk, qui fut en effet le premier sultan des Turcs, et régna sur eux de 1038 à 1063.

d'un âge avancé, mais conservant encore toute sa vigueur; il avait une grande expérience militaire, et, par son bel extérieur, possédait la majesté d'un grand prince. Les Turcs le mirent à leur tête d'un consentement unanime, l'élevèrent sur le trône royal, lui rendirent aussitôt tous les témoignages de respect qui sont dus aux rois, et chacun adoptant le traité d'union, vint s'engager de sa personne, et par serment, à obéir aux ordres du nouveau souverain. Celui-ci usant sans retard du pouvoir qui venait de lui être conféré, expédia de tous côtés des hérauts, et fit proclamer que l'on eût à repasser le fleuve; qu'après l'avoir traversé, toutes les légions eussent à occuper à main armée le pays des Perses, qu'on avait abandonné peu auparavant, et à s'emparer en même temps de tous les royaumes environnans, de peur que le peuple ne fût forcé de nouveau à errer dans des régions éloignées, et à subir le joug insolent d'une autre nation. En peu d'années ils conquirent, non seulement le royaume des Perses, mais même tous les autres royaumes de l'Orient; car ils domptèrent les Arabes et les autres nations en possession de l'empire. Ainsi un peuple vil et abject parvint rapidement au plus haut degré de puissance, et domina dans l'Orient.

Ces événemens arrivèrent environ trente ou quarante ans avant que nos princes d'Occident entreprissent le pèlerinage dont je vais écrire l'histoire. Et afin qu'il y eût au moins une différence de noms entre les hommes de cette race qui, s'étant donné un roi, avaient obtenu une gloire immense, et ceux qui, n'abandonnant pas leur ancienne manière de vivre, étaient restés dans leur grossièreté primitive, les premiers prirent le nom de Turcs, les autres conservèrent leur ancien nom de Turcomans.

Les Turcs, après avoir subjugué tout l'Orient, firent une invasion dans le puissant royaume d'Égypte; ils descendirent en Syrie, s'emparèrent de vive force de Jérusalem[1] et de quelques autres villes maritimes; et, comme je l'ai déjà dit, les fidèles qu'ils y trouvèrent furent soumis à un joug beaucoup plus dur et subirent des vexations et des exactions bien plus cruelles que celles qu'ils avaient éprouvées jusque-là.

Ce n'était pas seulement en Orient que les fidèles étaient ainsi opprimés par les impies; en Occident et presque dans le monde entier, principalement parmi ceux qui s'appelaient fidèles, la foi avait failli et toute crainte de Dieu avait disparu. Il n'y avait plus de justice dans les affaires du monde, l'équité avait fait place à la violence qui seule régnait au milieu des peuples. La fraude, le dol, la fourberie s'étaient établis de toutes parts; toute vertu s'était retirée et paraissait presque devenue inutile, tant la méchanceté avait pénétré partout; il semblait que le monde tendît à son déclin et que la seconde arrivée du Fils de l'Homme dût être prochaine. La charité d'un grand nombre d'hommes s'était éteinte; on ne trouvait plus de foi sur la terre; la confusion des rangs confondait toutes choses; on eût dit que le monde allait rentrer dans l'antique chaos. Les plus grands princes, qui étaient tenus de gouverner leurs sujets dans les voies de la paix, oubliant les termes de leur alliance, se

[1] En 1076

querellant à l'envi sur les plus frivoles motifs, livraient des contrées entières à la flamme, exerçaient çà et là leurs rapines et sacrifiaient les biens des pauvres aux fureurs de leurs impies satellites. Au milieu de tant de périls nul n'avait ses richesses en sûreté; aussitôt qu'un homme était présumé posséder quelque chose, c'était un prétexte suffisant pour le traîner dans les cachots, le charger de fers et lui faire subir dans sa personne les plus indignes tortures. Les biens des églises et des monastères n'étaient pas mieux à l'abri : les priviléges accordés par des princes pieux ne conféraient plus aucun avantage aux propriétés des saints; elles n'étaient plus admises à revendiquer leurs premières immunités et leur dignité passée. Le sanctuaire même était brisé par la violence; on enlevait de vive force tous les objets consacrés à l'usage du ciel; des mains sacriléges ne distinguaient plus le sacré du profane, et, dans cette confusion, les voiles de l'autel, les vêtemens des prêtres, les vases du Seigneur étaient livrés en proie à tout venant. Ceux qui se réfugiaient au centre même de la maison de Dieu, dans le sanctuaire impénétrable, dans les porches des basiliques, en étaient arrachés avec violence pour être traînés à la mort et aux supplices; les routes publiques étaient de tous côtés couvertes de brigands armés, qui tendaient des embûches aux voyageurs et n'épargnaient ni les pélerins, ni les religieux. Dans les villes et dans tous les lieux fermés on n'était pas plus à l'abri de l'insulte; les rues, les places, infestées d'assassins, ne pouvaient plus être fréquentées par les honnêtes gens; plus un homme était innocent, plus il se trouvait exposé à toutes sortes de trahisons. De tous côtés on se livrait impunément et sans aucune retenue à tous les dérèglemens du libertinage, comme si c'eût été une chose tout-à-fait permise. Les liens du mariage n'étaient plus sacrés, même entre les parens et les alliés. La chasteté, vertu chérie des esprits célestes et de Dieu, avait été expulsée de partout comme stupide et sans valeur. L'économie et la sobriété ne pouvaient plus trouver place lorsque le luxe, l'ivrognerie, la passion insatiable du jeu occupaient toutes les avenues et pénétraient dans l'intérieur de toutes les maisons. Le clergé ne se distinguait pas du peuple par une vie plus régulière, selon les paroles du prophète : *Le prêtre sera comme le peuple* [1]. Les évêques étaient devenus négligens, vrais chiens muets qui ne savaient plus aboyer, faisant acception des personnes, arrosant leur tête de l'huile des pécheurs, et comme des mercenaires livrant aux loups dévorans les brebis qui leur étaient confiées, oubliant ces paroles du Seigneur, qui a dit : *Donnez gratuitement ce que vous avez reçu gratuitement* [2]. Ils ne fuyaient point les œuvres hérétiques de la simonie, et se souillaient de toutes sortes d'ordures. Enfin, et pour tout dire en un mot : *La terre était corrompue devant Dieu et remplie d'iniquités* [3]. Les prodiges menaçans que le Seigneur faisait apparaître dans le ciel et sur la terre ne pouvaient même arrêter ceux qui se précipitaient ainsi dans le mal. On voyait régner partout la peste et la famine ; on apercevait d'effrayans météores ; on éprouvait en tous lieux des tremblemens de terre et

---

[1] Osée, chap. 4, v. 9.
[2] Év. sel. S. Math. chap. 10, v. 8.
[3] Genèse, chap. 6, v. 11.

tous les autres fléaux que le Seigneur énumère avec soin dans l'Évangile¹ ; s'obstinant dans leurs œuvres mortes, comme le pourceau dans sa fange², ils pourrissaient tels que les animaux dans leur fumier, et abusaient de l'extrême patience du Seigneur, semblables à ceux de qui il a été dit : *Vous les avez frappés, et ils ne l'ont point senti ; vous les avez brisés de coups, et ils n'ont point voulu se soumettre au châtiment*³.

La colère du Seigneur ainsi provoquée ne se contenta pas que les fidèles qui habitaient la Terre promise eussent à supporter le joug d'une pénible servitude et des persécutions presque au dessus des forces humaines ; elle fit plus, et suscita un puissant adversaire, fléau des peuples, enclume qui pesa sur toute la terre, contre ceux qui semblaient encore jouir de leur liberté et de qui l'on eût pu dire que tout prospérait selon leurs vœux. Tandis que Romain, surnommé Diogène, régnait sur les Grecs et gouvernait l'empire de Constantinople au sein d'une grande prospérité⁴, le puissant satrape des Perses et des Assyriens, nommé Belpheth⁵, sortit des frontières les plus reculées de l'Orient, traînant à sa suite une multitude de nations, dépourvues de toute croyance, qu'il serait impossible d'énumérer, et qui eussent pu suffire à couvrir la face de la terre. Suivi de ses chars et de ses chevaux, de gros et de menu bétail, marchant dans

---

¹ Ev. sel. S. Math. chap. 24, v. 7.
² IIᵉ. Épit. de S. Pierre, chap. 2, v. 22.
³ Jérémie, chap. 5, v. 3.
⁴ De 1068 à 1071.
⁵ Alp-Arslan, second sultan des Turcs, qui régna de 1063 à 1072.

un grand appareil de magnificence, le satrape s'avança vers les frontières de l'Empire, soumettant tout ce qui se présentait devant lui, depuis les campagnes et les villages jusqu'aux villes entourées de murs et aux places les plus fortes. Nul n'entreprenait de résister, nul ne cherchait à s'opposer à son passage, ni à combattre pour sa vie, sa femme et ses enfans, ni même (ce qui est bien plus précieux encore) pour sa liberté. Cependant on annonce à l'empereur le glaive qui le menace, la violence qui s'approche, l'armée ennemie qui dévaste l'empire chrétien. Inquiet du salut de l'État, l'empereur prépare des corps de cavalerie, rassemble des légions de fantassins; il en appelle autant que le danger imminent paraît l'exiger, autant que peut en fournir l'Empire tout entier. Les légions réunies, et une nombreuse cavalerie mise en mouvement, il marche à la rencontre de l'ennemi; celui-ci avait déjà franchi les frontières et s'avançait dans l'intérieur; l'empereur l'aborde, fort du nombre de ses troupes, mais dépourvu de l'assistance divine. Des deux côtés on combat avec ardeur, les forces sont à peu près égales, mais d'un côté on remarque une haine plus vive, telle que l'inspirent d'ordinaire la douleur du sacrilége et le zèle de la foi. Pourquoi m'arrêter plus long-temps ? L'armée chrétienne succombe, les rangs des fidèles sont renversés, le sang racheté par le sang du Christ coule sous le fer des impies, et, ce qui est plus déplorable encore, l'empereur est fait prisonnier. Ceux de l'armée qui ont pu s'échapper un à un reviennent et racontent leur désastre. Tous ceux qui l'apprennent sont consternés, s'abandonnent à la plus vive douleur et désespèrent de la vie et du salut. Cependant l'infidèle, déployant sa magnificence, le cœur enflé d'un tel succès, devenu plus orgueilleux à la suite de la victoire, ordonne que l'empereur se présente devant lui. A la honte du nom et de la foi des chrétiens, assis sur son trône royal, il veut que le captif se prosterne à ses genoux ; le corps même de l'empereur lui sert de marchepied pour descendre de son trône et pour y remonter en présence des princes assemblés : pour prix de tant de soumission il lui rend enfin la liberté et lui permet de partir avec quelques uns de ses grands, compagnons de sa captivité.

Les princes de l'Empire, ayant appris ces détails, se donnent aussitôt un autre souverain, jugeant que celui qui avait eu à supporter tant d'affronts en sa personne était devenu indigne de porter le sceptre et d'occuper le rang suprême : on lui arracha même les yeux, on le combla d'ignominies ; à peine lui permit-on de vivre désormais en simple particulier. Dès ce moment le prince ennemi, accomplissant sans obstacle ses desseins, occupe toutes les contrées qui s'étendent depuis Laodicée de Syrie jusqu'à l'Hellespont qui baigne les murs de Constantinople, dans un espace de trente journées de marche en longueur et de dix à quinze journées en largeur ; les cités tombent entre ses mains, et les peuples qui les habitent sont captifs. *Le Seigneur les livra entre les mains des nations, et ceux qui les haïssaient eurent l'empire sur eux*[1]. Parmi elles, la plus noble, la plus élevée, celle qui commandait à de nombreuses provinces, la cité prin-

---

[1] Psaum. 105, v. 39.

cipale, premier siége du prince des apôtres, succombe enfin, la dernière de toutes, et devient esclave des infidèles, à la charge de payer un tribut. A la suite de cette invasion, la Cœlésyrie, les deux Cilicies, l'Isaurie, la Pamphilie, la Lycie, la Pisidie, la Lycaonie, la Cappadoce, la Galatie, les deux Ponts, la Bithynie, une partie de l'Asie-Mineure, illustres provinces, riches en toutes sortes de biens, remplies de peuples fidèles, tombent en peu de temps au pouvoir du vainqueur ; les peuples sont déclarés captifs, les églises sont renversées, le culte chrétien est persécuté avec une fureur d'extermination. Sans doute si l'ennemi eût eu des vaisseaux à sa disposition, la ville royale elle-même n'eût point échappé à la conquête ; ses progrès avaient répandu une telle terreur parmi les Grecs qu'ils n'osaient se confier en leurs remparts ; la mer même qui les séparait leur semblait une défense insuffisante.

Tant d'événemens et tous les malheurs qui les suivirent mirent le comble à la misère des fidèles qui habitaient Jérusalem et les environs, et les plongèrent dans l'abyme du désespoir. Tant que l'Empire avait prospéré, ainsi que je l'ai dit tout à l'heure, la maison impériale ne laissait pas de leur fournir de puissantes consolations, au milieu de leurs maux : la bonne situation de l'Empire encore intact de toutes parts, l'état prospère des villes voisines et principalement d'Antioche, ranimaient en eux l'espoir de recouvrer tôt ou tard leur liberté. Maintenant accablés du poids de leurs propres maux et de ceux des autres, abattus à l'excès par les bruits sinistres qui se répandaient de tous côtés, desirant la mort plus que la vie, ils se consumaient misérablement dans leur douleur, comptant désormais sur une éternelle servitude.

Au milieu des dangers de toute espèce de cette époque de calamités, une multitude de Grecs et de Latins venaient par dévotion visiter les saints lieux. Après avoir échappé à mille chances de la mort et traversé des contrées ennemies, ceux qui se présentaient aux portes de la ville ne pouvaient y pénétrer s'ils ne payaient aux préposés une pièce d'or, exigée à titre de tribut. Mais ayant tout perdu en chemin, ne parvenant qu'avec beaucoup de peine à se sauver de leur personne, et à atteindre le terme si désiré, ils ne pouvaient avoir de quoi acquitter l'impôt. Il en résultait que des milliers de pélerins, rassemblés dans les environs de la ville, attendant la permission d'entrer, réduits bientôt à une nudité absolue, succombaient de faim et de misère. Les vivans et les morts étaient également un fardeau intolérable pour les malheureux citoyens de la ville. A peine pouvaient-ils suffire aux soins d'assurer aux vivans une nourriture quelconque ; il leur fallait encore faire de nouveaux efforts pour donner la sépulture aux morts ; tant de travaux étaient au dessus de leurs forces. Ceux qui, ayant acquitté le droit de péage, obtenaient la permission d'entrer, étaient encore pour leurs frères un sujet de plus vives sollicitudes. On craignait sans cesse qu'en se promenant sans précaution, comme pour visiter les lieux saints, ils ne fussent frappés, souffletés, conspués, ou même enfin assassinés ou étouffés en secret. Pleins de zèle pour prévenir ces malheurs, animés d'une sollicitude fraternelle, les citoyens suivaient sans cesse les traces des pélerins qui allaient visiter les lieux saints, pour veiller à leur sûreté et les défendre de toutes les embûches. Il y avait dans la ville le monastère des Amalfitains, surnommé aujourd'hui encore *monastère de sainte Marie Latine*, et à côté un hôpital où se trouvait un petit oratoire, fondé en l'honneur du bienheureux Jean Éleymon, patriarche d'Alexandrie, et confié aux soins de l'abbé du monastère. Les malheureux voyageurs recevaient en ce lieu quelques aumônes provenant soit du monastère, soit des largesses des fidèles. Sur mille pélerins, à peine un seul pouvait-il suffire lui-même à ses besoins, car ils avaient perdu toutes leurs provisions de voyage et ce n'était qu'avec peine qu'ils s'étaient sauvés de leur personne, à travers tant de dangers et de fatigues. Ainsi les citoyens n'avaient aucun repos ni dehors ni chez eux : la mort les menaçait chaque jour, et ce qui est pire qu'une mort quelconque, ils succombaient sous le poids d'une servitude intolérable. Enfin, pour mettre le comble à toutes ces misères, leurs églises qu'ils avaient réparées et conservées, non sans d'extrêmes difficultés, étaient chaque jour exposées à de violentes aggressions. Tandis qu'on célébrait le service divin, les infidèles, répandant la terreur parmi les chrétiens à force de cris et de témoignages de fureur, entraient inopinément, venaient s'asseoir jusque sur les autels, sans faire la moindre différence d'une place à une autre; ils renversaient les calices, foulaient aux pieds les vases consacrés au service du Seigneur, brisaient les marbres, accablaient le clergé d'insultes et de coups. Le seigneur patriarche lui-même était traité par eux comme une personne vile et abjecte; ils le saisissaient par la barbe ou par les cheveux, le précipitaient du haut de son siége et le renversaient par terre. Souvent encore ils s'emparaient de sa personne, et le traînant comme un vil esclave, ils le jetaient sans motifs au fond d'un cachot, afin d'affliger le peuple par les souffrances de son pasteur.

Telle fut la cruelle servitude que le peuple consacré à Dieu eut à souffrir dans cet intervalle de quatre cent quatre-vingt-dix ans que j'ai indiqué plus haut. Il la supporta avec une pieuse patience, élevant vers le ciel ses gémissemens et ses profonds soupirs, y joignant d'ardentes prières et criant au Seigneur, pour le supplier de vouloir bien dans sa clémence épargner ceux qui seraient corrigés et éloigner d'eux le fléau de sa colère. Ils étaient parvenus au comble des maux, et comme *l'abîme appelle l'abîme* [1], cet abîme de misères appelait un abîme de miséricordes. Ils méritèrent enfin d'être exaucés par celui qui est le Dieu de toute consolation. Du haut de son trône de gloire, le Seigneur daignant jeter sur eux un regard de compassion, résolut de mettre un terme à tant de souffrances, et se disposa dans sa paternelle bonté à leur envoyer les secours auxquels ils avaient aspiré. C'est pour en perpétuer le souvenir parmi les fidèles serviteurs du Christ que j'entreprends, dans cet ouvrage, de raconter le mode et tous les détails de cette puissante intervention, par laquelle Dieu voulut relever son peuple de ses longues douleurs.

Au temps donc où la ville agréable à Dieu était, comme je l'ai dit, en proie à tant de souffrances,

[1] Psaum. 41, v. 8.

parmi ceux qui allaient accomplir l'œuvre de la dévotion et de la prière, en visitant les lieux saints, un prêtre nommé Pierre, né dans le royaume des Francs et dans l'évêché d'Amiens, ermite autant de fait que de nom, attiré par la même ardeur, arriva à Jérusalem. C'était un homme de très-petite stature et dont l'extérieur n'offrait qu'un aspect misérable : mais une force supérieure régnait dans ce corps chétif. Il avait l'esprit vif, l'œil pénétrant, le regard agréable, et parlait avec facilité et abondance. Selon la loi commune imposée à tous les chrétiens qui voulaient entrer, il acquitta à la porte de la ville le tribut qu'on exigeait, et reçut l'hospitalité chez un fidèle qui était lui-même au nombre des confesseurs du Christ; s'informant avec empressement de la situation des chrétiens auprès de son hôte qui était aussi un homme actif et zélé, il apprit de lui non seulement tout ce qui se rapportait aux malheurs présens, mais encore tous les détails des persécutions que leurs ancêtres avaient eu à supporter depuis longues années; s'il manquait quelque chose à ce récit, le témoignage de ses propres yeux ne tarda pas à l'instruire complétement. Ayant fait quelque séjour dans la ville, et visitant toutes les églises, Pierre y trouva l'entière confirmation de tout ce que ses frères lui avaient raconté. Comme il apprit aussi que le patriarche de Jérusalem était un homme religieux et plein de la crainte du Seigneur, il desira conférer avec lui de l'état présent des affaires, et s'instruire plus en détail sur quelques autres points : il alla donc le trouver, lui fut présenté par un fidèle ami, et tous deux se réjouirent mutuellement de leurs conférences. Le

patriarche s'appelait Siméon : reconnaissant au langage de Pierre que c'était un homme de prudence, rempli d'expérience dans les choses du monde, puissant par les œuvres autant que par les paroles, il en vint bientôt à causer plus familièrement avec lui, et lui exposa en détail tous les maux qui affligeaient profondément le peuple de Dieu, habitant de la Cité Sainte. Pierre en l'écoutant se sentait ému d'une compassion fraternelle, et dans sa douleur il ne pouvait contenir ses larmes; puis il demanda avec sollicitude si l'on ne pouvait trouver aucune voie de salut pour échapper à tant de calamités? L'homme juste lui répondit : « Pierre, nos péchés sont l'unique obs-
« tacle à ce que le Seigneur juste et miséricordieux
« daigne entendre nos gémissemens et nos soupirs,
« et sécher nos larmes : nous n'avons point encore
« dépouillé complétement notre iniquité, aussi les
« fléaux du ciel continuent de nous frapper. Mais
« l'abondante miséricorde du Seigneur conserve en-
« core intactes les forces de votre peuple, et là fleurit
« de tous côtés un empire formidable à nos ennemis;
« si votre peuple, sincère serviteur de Dieu, animé
« d'une piété fraternelle, voulait compatir à nos ca-
« lamités et nous procurer quelque soulagement, si
« du moins il voulait intercéder pour nous auprès du
« Christ, nous conserverions encore quelque espoir
« de voir prochainement le terme de nos misères.
« L'Empire des Grecs, en effet, quoiqu'il soit beaucoup
« plus rapproché de nous, autant par les liens du sang
« que par les contrées qu'il occupe, et quoique les
« richesses y abondent, ne peut nous offrir ni sujet
« d'espérance ni motif de consolation. A peine se suf-

« fisent-ils à eux-mêmes : toute leur force s'est éteinte,
« ainsi que vous pouvez l'avoir entendu dire, mon
« frère, à tel point que dans l'espace de peu d'années,
« ils ont perdu plus de la moitié de leur Empire. »
Pierre lui répondit : « Apprenez, saint père, que si
« l'Église romaine et les princes d'Occident étaient
« instruits par un homme actif et digne de foi de
« toutes vos calamités, il est hors de doute qu'ils
« tenteraient d'y apporter remède autant par leurs
« paroles que par leurs œuvres. Écrivez donc au plu-
« tôt au seigneur pape et à l'Église romaine, aux rois
« et aux princes de l'Occident, et renforcez votre
« témoignage écrit de l'autorité de notre sceau. Moi,
« je ne me refuse point à m'imposer une tâche pour
« le salut de mon ame : avec l'aide du Seigneur, je
« suis tout prêt à les aller trouver tous, à les solli-
« citer, à leur représenter avec le plus grand zèle
« l'immensité de vos maux, et à les prier chacun
« de hâter l'époque de votre soulagement. » Cette
réponse fut accueillie avec joie et parut satisfai-
sante au patriarche, aussi bien qu'aux fidèles qui
l'entendirent. On rendit mille actions de grâces à
l'homme de Dieu, et le patriarche lui remit l'écrit
qu'il avait demandé.

Certes, vous êtes grand, Seigneur notre Dieu, et
vos miséricordes sont infinies ! Certes, bon Jésus,
ceux qui espèrent en vous ne tomberont point dans la
confusion ! D'où vient à ce pauvre pélerin, dénué de
toute ressource et transporté bien loin des frontières
de sa patrie, une confiance si grande qu'il ose essayer
une entreprise tellement au dessus de ses forces, et
espérer l'accomplissement de ses desirs ? si ce n'est

qu'il avait porté toute sa pensée vers vous, son protecteur, et qu'embrasé du feu de la charité, compatissant aux maux de ses frères, aimant son prochain comme lui-même, il lui suffisait d'accomplir la loi? Les forces sont peu de chose, mais la charité persuade. Ce que ses frères lui prescrivaient pouvait paraître difficile et même impossible, mais l'amour de Dieu et du prochain le lui rend léger, parce que *l'amour est fort comme la mort* [1]. C'est la foi animée de la charité qui sert auprès de vous [2] et les mérites que vous accueillez ne demeurent pas sans fruit. Aussi vous ne permettez pas que votre serviteur reste long-temps indécis; vous-même vous vous manifestez à lui; vous le fortifiez par votre révélation, afin qu'il ne vacille point, et lui inspirant votre esprit caché, vous faites qu'il se relève plus fort, afin qu'il accomplisse l'œuvre de charité. Un jour, tandis que ce serviteur de Dieu était animé d'une sollicitude plus vive que d'ordinaire, songeant à son retour dans son pays et à l'accomplissement de sa mission, il voulut recourir avec une entière dévotion à la source de toute miséricorde, et entra dans l'église de la Sainte-Résurrection. La nuit étant survenue, fatigué de ses oraisons et de ses longues veilles, et vaincu par cette fatigue, il s'étendit sur le pavé, pour s'abandonner au sommeil qui l'accablait. Lorsque son assoupissement fut parvenu au plus haut degré (comme il arrive toujours en une telle situation), il lui sembla que Notre-Seigneur Jésus-Christ était comme placé devant lui et lui donnait la même mission, disant :

[1] Cantique des Cantiques, chap. 8, v. 6.
[2] Épît. de S. Paul aux Galates, chap. 5, v. 6.

« Lève-toi, Pierre, hâte-toi : exécute avec intrépi-
« dité ce qui t'a été prescrit : je serai avec toi, car il
« est temps de purger les lieux saints et de secourir
« mes serviteurs. » Pierre s'étant levé, fortifié par
cette vision du Seigneur, plus ardent désormais à
l'obéissance et suivant les avertissemens divins, renonce à tout délai et se dispose à repartir. Après avoir
fait ses prières d'usage, pris congé du seigneur patriarche et reçu sa bénédiction, il se rend au bord de
la mer et y trouve un navire de marchands qui se
disposaient à mettre à la voile pour la Pouille. Il entre
dans le vaisseau et arrive à Pavie, à la suite d'une
heureuse navigation. De là il part pour Rome et trouve
dans les environs le seigneur pape Urbain ; il lui présente les lettres du patriarche et des fidèles de Jérusalem, lui expose leurs misères, les abominations que
commettent dans les lieux saints des nations impures,
et s'acquitte de sa mission avec autant de fidélité que
de prudence.

Quelques années auparavant, le pape Grégoire, pré-
décesseur d'Urbain, avait, après de longues contestations, vivement poursuivi Henri, roi des Teutons
et empereur des Romains, au sujet de l'anneau et de
la crosse des évêques défunts. Par suite d'une ancienne
habitude, invétérée surtout dans l'Empire, on envoyait à l'empereur l'anneau et la crosse pastorale,
après la mort des prélats de chaque église. Aussitôt, et sans attendre l'élection du clergé, l'empereur chargeait un homme quelconque, choisi par ses
familiers et ses chapelains, de remplir les fonctions de
pasteur dans l'Église vacante. Le pape jugeant qu'un tel
procédé était contraire à toute honnêteté et foulait

aux pieds les droits de l'Église, envoya trois avertissemens consécutifs à l'empereur, pour l'inviter à renoncer à cette détestable prétention. Après l'avoir ainsi prévenu par de salutaires conseils, ne pouvant le persuader, il l'enchaîna du moins par les liens de l'anathême. L'empereur, irrité de ce traitement, commença à persécuter l'Église romaine : il suscita un adversaire au pape dans la personne de Guibert, archevêque de Ravenne, homme lettré et extrêmement riche. Celui-ci se confiant aux forces de l'empereur et à l'immensité de ses richesses, déposséda par la violence l'homme vénérable qui occupait le siége apostolique, envahit le Saint-Siége même, et dépourvu de toute droiture d'esprit, il en vint à ce point de délire de se croire réellement élevé au rang qu'on lui attribuait par un impie mensonge. Comme le monde, livré au mal, ainsi que je l'ai dit, suivait alors des voies pleines de danger, et qui ne pouvaient porter aucun bon fruit, ce schisme nouveau le poussa encore plus dans ses mauvais penchans; il perdit entièrement tout respect de Dieu et des hommes, ne recherchant que ce qui était nuisible et rejetant tous les moyens de salut. On arrêtait les évêques; les prélats des églises, quels qu'ils fussent, poursuivis comme s'ils eussent été coupables d'homicide, étaient jetés dans des cachots et voyaient tous leurs biens confisqués, dès qu'ils refusaient d'approuver l'empereur dans sa perversité. Et ce n'était pas seulement des affronts passagers qu'ils avaient à subir, on les chassait pour toujours de leurs églises, on leur substituait des intrus. Le pape Grégoire, fuyant l'indignation de l'empereur, s'était retiré dans la Pouille. Il y avait été reçu honnêtement et traité avec bonté par Robert Guiscard, duc de ce pays, aux bons offices duquel il devait déjà d'avoir échappé aux mains de l'empereur. Puis s'étant rendu à Salerne, il y atteignit le terme de sa vie et y fut enseveli. Après Victor, qui n'occupa le siége que deux mois, il eut pour successeur Urbain, qui, pour échapper à la fureur de Henri, successeur de l'autre Henri, et persévérant dans les mêmes voies, vécut aussi caché dans des lieux forts, au milieu de ses fidèles, sans trouver nulle part un asile parfaitement sûr. Ce fut au sein même de ces adversités qu'il reçut et traita avec bonté Pierre l'ermite, lorsque celui-ci vint s'acquitter de sa mission : il lui promit au nom du Verbe, dont il était l'appui, de se montrer, au temps nécessaire, coopérateur fidèle de son dessein. Pierre, embrasé du zèle divin, parcourt toute l'Italie, franchit les Alpes, visite successivement tous les princes de l'Occident, se transporte en tous lieux, presse, gourmande, insiste avec fermeté et parvient, avec le secours de la grâce, à persuader à quelques-uns qu'il importe de se hâter pour subvenir aux pressans besoins de ceux de leurs frères qui succombent à l'oppression, et de ne pas souffrir que les lieux saints, que le Seigneur daigna illustrer de sa présence, demeurent plus long-temps exposés aux profanations et aux impuretés des infidèles. Il juge même qu'il ne suffit pas de porter ses avertissemens chez les princes, et qu'il convient de faire entendre les mêmes exhortations aux peuples et à tous les hommes de condition inférieure. Pieux solliciteur, il parcourt tous les pays, visite tous les royaumes, s'acquitte de sa mission auprès des pauvres et des hommes les plus obscurs, et évangélise de toutes parts. Le Seigneur, reconnaissant le mérite d'une foi si ardente, lui avait conféré tant de grâce qu'il était rare qu'il échouât complétement dans aucune de ses tentatives auprès des peuples. Il fut donc extrêmement utile au pape, qui avait résolu de le suivre sans délai par delà les monts. Remplissant les fonctions de précurseur, il prépara les esprits de ses auditeurs à l'obéissance, afin que celui qui entreprendrait de les persuader parvînt plus facilement à son but, et déterminât plus promptement toutes les volontés.

[1095.] L'an mil quatre-vingt-quinzième de l'incarnation de Notre-Seigneur, à la quatrième indiction, sous le règne de Henri IV, roi des Teutons et empereur des Romains (c'était la quarante-troisième année de son règne, et la deuxième de son élévation à l'empire); l'illustre roi des Francs, Philippe, fils de Henri, régnant dans le même temps en France; le seigneur pape Urbain, voyant que la méchanceté des hommes avait dépassé toute borne, que tout ordre était renversé, et que toutes choses ne tendaient plus qu'au mal, après avoir tenu à Plaisance un concile qu'il avait convoqué pour toute l'Italie (et qui, certes, était bien nécessaire pour réprimer les excès de tout genre), quitta l'Italie pour fuir le courroux de l'empereur, traversa les Alpes et entra dans le royaume des Francs. Il y reconnut, selon qu'il l'avait déjà entendu dire, que toutes les lois divines étaient foulées aux pieds, la doctrine de l'Évangile méconnue et méprisée, la foi, la charité et toutes les vertus éteintes dans les cœurs; qu'en même temps, l'empire de la puissance ennemie et du prince des ténèbres s'étendait de toutes parts. Cherchant avec anxiété, ainsi qu'il y était obligé par son office, les moyens de s'opposer à tant de vices monstrueux, à cette énorme quantité de péchés qui pullulaient en tous sens, et envahissaient le monde entier, il résolut de convoquer un concile général qui dut se rassembler d'abord à Vézelay, ensuite au Puy. Mais par une nouvelle décision, le collége sacré des évêques et des abbés, venus de toutes les divisions des provinces Transalpines, se réunit, par la grâce de Dieu, à Clermont, ville d'Auvergne, dans le mois de novembre. Quelques-uns des princes qui régnaient dans ces diverses contrées y assistèrent aussi. Après avoir, de l'avis des prélats et des hommes craignant Dieu, arrêté les décisions qui paraissaient les plus propres à relever l'Église chancelante, et promulgué les canons qui furent jugés les plus utiles pour l'édification des mœurs, pour la réforme des énormes délits, et surtout pour le rétablissement de la paix, qui semblait disparue de ce monde, comme le disait Pierre l'ermite, toujours zélé pour l'accomplissement de son œuvre, le seigneur Urbain adressa une exhortation au concile assemblé, et parla en ces termes :

« Vous savez, mes frères bien-aimés, et il con« vient que votre charité n'oublie jamais, que le Ré« dempteur du genre humain se revêtissant de chair
« pour le salut de tous, et devenu homme parmi les
« hommes, a illustré par sa présence la terre de pro« mission, qu'il avait jadis promise aux patriarches;
« il l'a rendue surtout célèbre par les œuvres qu'il y
« accomplit, et par la fréquente manifestation de ses
« miracles. L'ancien, comme le nouveau Testament,
« nous l'enseignent à chaque page, à chaque syllabe.
« Il est certain qu'il a accordé à cette portion infini-

« ment petite du globe un privilége tout particulier
« de prédilection, puisqu'il daigne l'appeler son hé-
« ritage, tandis que toute la terre et tout ce qu'elle
« contient lui appartiennent. Ainsi a-t-il dit par la
« bouche d'Isaïe : *Israël est ma maison et mon hé-
« ritage* [1], et encore : *la maison d'Israël est la vigne
« du Seigneur des armées* [2]. Et quoique, dès le prin-
« cipe, il eût spécialement consacré toute cette con-
« trée, cependant il adopta plus particulièrement
« encore la ville sainte, comme lui appartenant en
« propre, témoin le prophète qui dit : *Le Seigneur
« aime les portes de Sion plus que toutes les tentes
« de Jacob* [3]. C'est d'elle qu'on dit des choses glo-
« rieuses, savoir, qu'enseignant, souffrant, ressusci-
« tant dans cette ville, le Sauveur y opéra le salut au
« milieu de toute la terre. Elle était élue à travers les
« siècles pour devenir le témoin, le théâtre habituel
« de tant de miracles. Élue sans doute, car celui qui
« élit l'a attesté lui-même, en disant : *C'est de la
« ville de Jérusalem que j'ai élue, que vous vien-
« dra le Sauveur*. Quoiqu'en expiation des péchés
« de ses habitans, Dieu ait permis par un juste juge-
« ment qu'ils aient été souvent livrés aux mains des
« impies, et que la ville ait subi pour un temps le
« joug d'une dure captivité, il ne faut pas croire ce-
« pendant qu'il l'ait rejetée loin de lui, comme pour
« la répudier ; car il est écrit : *Le Seigneur châtie
« celui qu'il aime* [4]. Celui-là au contraire amasse des

---

[1] Isaïe, chap. 19, v. 25.
[2] *Ibid.* chap. 5, v. 7.
[3] Psaum. 86, v. 1.
[4] Épît. de S. Paul aux Hébreux, chap. 12, v. 6.

« trésors de colère, à qui il a dit : *Je ferai cesser
« mon indignation à votre égard ; mon zèle et
« ma jalousie se retirera de vous*[1]. Il l'aime donc tou-
« jours ; la ferveur de son amour ne s'est point éteinte
« envers celle à qui il a dit : *Vous serez une cou-
« ronne de gloire dans la main du Seigneur, et un
« diadême royal dans la main de votre Dieu. On
« ne vous appellera plus la répudiée, et votre terre
« ne sera plus appelée la terre déserte ; mais vous
« serez appelée ma bien-aimée, et votre terre la
« terre habitée, parce que le Seigneur a mis son
« affection en vous*[2]. Ce berceau de notre salut, cette
« patrie du Seigneur, cette mère de la religion, un
« peuple sans Dieu, le fils de l'Egypte esclave, l'oc-
« cupe par la violence. Les fils de la ville libre sont
« en captivité, ils subissent la plus dure condition,
« de la part de celui qui était tenu à juste titre de les
« servir. Mais qu'est-ce qui est écrit ? *Chassez cette
« servante avec son fils*[3]. La race impie des Sarra-
« sins, sectateurs de traditions mondaines, accable
« d'une cruelle tyrannie, et depuis de longues an-
« nées, les lieux saints, où ont posé les pieds du
« Seigneur. Elle a subjugué les fidèles et les a con-
« damnés à l'esclavage. Les chiens sont entrés dans
« les lieux sacrés, le sanctuaire a été profané, le
« peuple adorateur de Dieu a été humilié ; la race des
« élus subit d'indignes persécutions, le collége royal
« des prêtres sert dans la fange ; la cité de Dieu, la
« reine des nations a été soumise à un tribut. Quelle

---

[1] Ézéchiel, chap. 16, v. 42.
[2] Isaïe, chap. 62, v. 3, 4.
[3] Genèse, chap. 21, v. 10.

« ame ne serait émue, quel cœur ne se sentirait
« amolli, en pensant à toutes ces choses? Qui pour-
« rait, mes frères chéris, demeurer les yeux secs en
« apprenant tout cela? Le temple de Dieu, d'où le
« Seigneur, rempli de zèle, chassa les vendeurs et les
« acheteurs, pour que la maison de son père ne de-
« vînt pas une caverne de larrons, ce temple est de-
« venu la demeure des démons. Un fait semblable
« excita jadis un zèle louable chez Mattatthias-le-
« Grand, prêtre, père des saints Macchabées : *Le*
« *temple de la ville sainte*, disait-il, *est traité comme*
« *un homme infâme ; les vases consacrés à sa*
« *gloire ont été enlevés comme des captifs*[1]. La ville
« du roi des rois, qui transmit aux autres les pré-
« ceptes d'une foi pure, a été contrainte malgré elle
« de servir aux superstitions des Gentils. L'église de la
« Sainte-Résurrection, lieu de repos du Seigneur en-
« dormi, reçoit leurs lois, et est souillée des ordures
« de ceux qui ne participeront point à la résurrection,
« qui sont destinés à entretenir un incendie sans fin,
« à servir de paille au feu éternel. Les lieux véné-
« rables consacrés aux mystères divins, qui prêtèrent
« l'hospitalité au Seigneur revêtu de chair, qui virent
« ses miracles, qui éprouvèrent ses bienfaits dont
« chaque fidèle reconnaît la preuve dans la sincérité
« de sa foi, sont devenus les crèches des bestiaux, les
« étables des chevaux. Le peuple digne de louanges,
« que le Seigneur des armées a béni, gémit et suc-
« combe sous le poids des outrages et des exactions
« les plus honteuses. Ses fils sont enlevés, gage pré-
« cieux de l'Église leur mère ; on les excite à se sou-

---

[1] Macchabées, l. 1, chap. 2, v. 8, 9.

« mettre aux impuretés des autres peuples, à renier
« le nom du Dieu vivant, ou à le blasphêmer d'une
« bouche sacrilége ; ou bien, s'ils détestent l'empire
« de l'impiété, ils périssent sous le fer comme des
« brebis, dignes d'être associés aux saints martyrs. Il
« n'est pour ces hommes aucune différence, ni de
« lieux, ni de personnes : les prêtres et les lévites
« sont assassinés dans le sanctuaire, les vierges sont
« contraintes à se prostituer, ou périssent au milieu
« des tourmens, l'âge même ne met pas les matrones
« à l'abri de semblables injures. Malheur à nous qui
« sommes parvenus à l'excès de misère de ces temps
« pleins de périls, que le roi fidèle David, élu par
« le Seigneur, déplorait dans sa prévoyance prophé-
« tique, en disant : *O Dieu, les nations sont entrées*
« *dans votre héritage, elles ont souillé votre saint*
« *temple*[1], et ailleurs : *Ils ont, Seigneur, humilié et*
« *affligé votre peuple, ils ont accablé votre héri-*
« *tage*[2]. *Jusqu'à quand, Seigneur, vous mettrez-*
« *vous en colère, comme si votre colère devait être*
« *éternelle*[3] ? *Où sont, Seigneur, vos anciennes*
« *miséricordes*[4] ? Ce qui a été dit, n'est-il pas
« vrai ? *Dieu oubliera-t-il sa bonté compatissante ?*
« *Et sa colère arrêtera-t-elle le cours de ses miséri-*
« *cordes*[5]. *Souvenez-vous de ce qui nous est ar-*
« *rivé, considérez et regardez l'opprobre où nous*
« *sommes*[6] ? *Malheur à moi ! suis-je donc né pour*

[1] Psaum. 78, v. 1.
[2] Psaum. 93, v. 5.
[3] Psaum. 78, v. 5.
[4] Psaum. 88, v. 48.
[5] Psaum. 76, v. 9.
[6] Lament. de Jérémie, chap. 5, v. 1.

« *voir l'affliction de mon peuple, et le renversement*
« *de la ville sainte, et pour demeurer en paix, lors-*
« *qu'elle est livrée entre les mains de ses ennemis*[1] *!*
« Vous donc, mes frères bien-aimés, armez-vous du
« zèle de Dieu ; que chacun de vous ceigne ses reins
« d'une puissante épée. Armez-vous, et soyez fils du
« Tout-Puissant. Il vaut mieux mourir dans la guerre,
« que voir les malheurs de notre race et des lieux
« saints. Si quelqu'un a le zèle de la loi de Dieu, qu'il
« se joigne à nous ; allons secourir nos frères. *Rom-*
« *pons leur lien, et rejetons loin de nous leur joug*[2].
« Marchez, et le Seigneur sera avec vous. Tournez
« contre les ennemis de la foi et du nom de Christ,
« ces armes que vous avez injustement ensanglantées
« du meurtre de vos frères. Ceux qui commettent le
« larcin, l'incendie, le rapt, l'homicide, et d'autres
« crimes, ne posséderont point le royaume du ciel ;
« rachetez-vous par de bons services qui seront
« agréables à Dieu, afin que ces œuvres de piété,
« jointes à l'intercession de tous les saints, vous ob-
« tiennent promptement l'indulgence pour tous les
« péchés par lesquels vous avez provoqué la colère
« divine. C'est au nom du Seigneur, et pour la rémis-
« sion des péchés, que nous invitons et exhortons
« tous nos frères à prendre compassion des dou-
« leurs et des fatigues de leurs frères, cohéritiers du
« royaume céleste (car nous sommes tous et à l'envi
« *héritiers de Dieu et cohéritiers du Christ*[3]), qui
« habitent à Jérusalem et dans les environs, et à

[1] Macchab. l. 1, chap. 2, v. 7.
[2] Psaum. 2, v. 3.
[3] Épît de S. Paul aux Romains, chap. 8, v. 17.

« s'opposer, avec une haine bien méritée, à l'inso-
« lence des infidèles, qui s'efforcent de subjuguer les
« royaumes, les principautés, les puissances. Rassem-
« blez toutes vos forces pour résister à ceux qui ont
« résolu de détruire le nom chrétien. Si vous ne
« faites ainsi, il arrivera bientôt que l'Église de Dieu
« aura à subir un joug qu'elle ne mérite point, la foi
« décroîtra sensiblement, et la superstition des Gentils
« prévaudra. Quelques-uns de ceux devant qui nous
« parlons ont pu voir de leurs propres yeux l'ex-
« trême affliction de leurs frères ; cette lettre qui nous
« a été apportée de leur part, par un homme véné-
« rable, appelé Pierre, nous l'apprend encore mieux.
« Quant à nous, nous confiant aux miséricordes du
« Seigneur, et nous appuyant sur l'autorité des bien-
« heureux apôtres, Pierre et Paul, nous remettons
« aux chrétiens fidèles qui prendront les armes
« contre ces ennemis, et s'acquitteront de la tâche de
« ce pélérinage, les pénitences qui leur ont été im-
« posées pour leurs péchés. Que ceux qui seront
« morts dans ces lieux avec un véritable repentir ne
« doutent point qu'ils obtiendront indulgence pour
« leurs péchés, et qu'ils gagneront les fruits des ré-
« compenses éternelles. Pendant ce temps, ceux qui,
« dans l'ardeur de leur foi, auront entrepris cette ex-
« pédition, nous les recevons sous la protection de
« l'Église, des bienheureux Pierre et Paul, comme
« des enfans de la vraie obéissance, et nous les dé-
« clarons spécialement à l'abri de toute vexation, soit
« dans leurs biens, soit dans leurs personnes. Si ce-
« pendant quelqu'un avait la téméraire audace de les
« molester, qu'il soit frappé d'excommunication par

« l'évêque de son diocèse, que cette sentence soit
« observée de tous, jusqu'à ce que ce qui aura été
« enlevé soit restitué, et qu'il ait été satisfait aux dom-
« mages par une indemnité convenable. Qu'en même
« temps, les évêques et les prêtres, qui ne résiste-
« raient pas avec force à de telles entreprises, soient
« punis de la suspension de leurs fonctions, jusqu'à
« ce qu'ils obtiennent la miséricorde du siége apos-
« tolique. »

Il dit, et ordonne à tous les prélats des églises qui étaient présens de retourner dans leurs diocèses et d'appliquer toute leur sollicitude au soin d'exciter leurs peuples par les plus vives instances à suivre les mêmes voies. Le synode dissous, tous prennent congé les uns des autres et retournent chez eux; ils partent résolus, sur toute chose, à faire observer par tous les fidèles cette paix que tous les statuts du synode viennent de prescrire, et qu'on appelait dans le langage ordinaire *treuga*, la trêve de Dieu, afin que ceux qui voudront partir n'éprouvent aucun empêchement.

Ainsi le Seigneur accorda l'efficacité de la parole à son fidèle serviteur, en récompense du mérite de sa foi, car il allait évangélisant partout avec beaucoup de force; et ses discours, empreints d'une puissance sublime, paraissaient, à ceux qui les entendaient, dignes de toute confiance. On jugeait qu'une telle chose ne pouvait venir que du Seigneur, et, quelque difficile et périlleuse que pût être cette entreprise, les grands et les petits s'y portaient avec une égale ardeur. Non seulement ceux qui écoutaient Pierre, animés d'un zèle nouveau, préparaient leurs armes pour accomplir les desseins qu'il leur inspirait, mais encore l'effet de ses discours se propageait au loin et les absens éprouvaient aussi un ardent desir de satisfaire aux mêmes vœux. De leur côté les évêques se montraient, conformément au mandat qu'ils avaient reçu, fidèles coopérateurs des mêmes œuvres ; ils invitaient les peuples à suivre les voies qui leur étaient ouvertes, et parcouraient leurs diocèses, semant partout la parole de vie ; nulle part elle ne tombait sans produire de bons fruits, en sorte qu'on pouvait dire avec vérité que cette parole de Dieu s'accomplissait : « Je ne suis « pas venu apporter la paix, mais l'épée[1]. » Le mari en effet se séparait de sa femme, la femme de son mari ; les pères quittaient leurs fils, les fils leurs parens ; aucun lien d'amour n'était assez fort pour opposer un obstacle à ce zèle fervent ; du fond même des cloîtres, cachots où ils s'étaient enfermés volontairement pour l'amour du Seigneur, des moines sortaient en foule. Cependant le zèle de Dieu n'était pas pour tous l'unique motif d'une telle résolution, et la prudence, mère de toutes les vertus, n'était pas toujours consultée dans l'accomplissement de ces vœux. Quelques uns se réunissaient à ceux qui devaient partir pour ne pas quitter leurs amis ; d'autres pour éviter de paraître lâches ou paresseux ; d'autres encore, uniquement par légèreté, ou bien aussi pour échapper à leurs créanciers lorsqu'ils se sentaient trop pressés du poids de leurs énormes dettes. Dans tous les royaumes de l'Occident chacun semblait oublier son âge, son sexe, sa condition, son état ; nul ne se laissait détourner de son entreprise par aucune représentation ; tous indistinctement se donnaient la main, tous répétaient

[1] Évang. sel. S. Math. chap. 10. v. 34.

à l'unanimité, et de cœur et de bouche, le vœu du pélerinage : on voyait s'accomplir à la lettre ce qui est écrit dans Tobie : *Jérusalem, cité de Dieu, les nations viendront à toi des climats les plus reculés, et, t'apportant des présens, elles adoreront en toi le Seigneur, et considéreront ta terre comme une terre vraiment sainte, car elles invoqueront le grand nom au milieu de toi*[1]. Beaucoup d'entre ceux qui avaient assisté au concile entreprirent avec joie de répandre la parole qu'ils avaient recueillie ; le premier d'entre eux fut le seigneur Adhémar, de bonne mémoire, évêque du Puy, homme d'une vie honorable, qui, plus tard, ayant exercé les fonctions de légat du siége apostolique, se montra, dans le cours de cette expédition, chef prudent et fidèle du peuple de Dieu. On remarquait encore le seigneur Guillaume, évêque d'Orange, homme religieux et craignant Dieu. Les princes des deux royaumes, qui ne s'étaient pas présentés au concile, animés de la même ferveur, se disposaient aussi à se mettre en route et s'encourageaient les uns les autres par de fréquens messages ; ils assignaient entre eux des jours pour partir ensemble, après avoir rassemblé toutes les provisions nécessaires et convoqué tous leurs compagnons de voyage. Il semblait que toutes choses fussent préparées par l'intervention divine ; aussi pouvons-nous dire que le projet et la parole qui l'avaient fait naître étaient véritablement venus de Dieu. Les peuples accouraient en foule, dès qu'ils apprenaient que leur prince s'était consacré au même vœu, pour s'associer à sa marche ; ils invoquaient son nom sur toute la route et lui ju-

[1] Tobie, chap. 13, v. 14.

raient foi et obéissance. Et comme on répétait publiquement cette parole : « Que la gale reste en arrière, « il me serait honteux d'y être laissé, » tous s'empressaient à l'envi de se pourvoir de ce qui était nécessaire, desirant se dépasser les uns les autres. OEuvre véritablement venue de Dieu, car c'était le feu purifiant, devenu nécessaire pour expier les péchés trop nombreux déjà commis, l'occupation vraiment utile pour détourner les maux de l'avenir, alors qu'il n'y avait plus parmi les mortels ni respect de Dieu, ni crainte des hommes.

On était convenu de toutes parts, et les ordres du seigneur pape avaient également prescrit, que tous ceux qui se lieraient par le vœu d'entreprendre ce voyage porteraient sur leurs vêtemens, au dessous de l'épaule, le signe de salut, la croix vivifiante, en mémoire et en imitation de celui qui souffrit la Passion dans les lieux qu'ils allaient visiter, et qui, marchant au lieu de notre rédemption, *avait porté sur ses épaules la marque de sa principauté*[1]. C'est de lui aussi qu'on peut à juste titre entendre les paroles d'Isaïe : *Le Seigneur élèvera son étendard parmi les nations, il réunira les fugitifs d'Israël*[2]. Par là aussi se trouvait littéralement accompli ce précepte du Seigneur : *Si quelqu'un veut venir après moi, qu'il renonce à soi-même, et qu'il se charge de sa croix et me suive*[3].

Parmi ceux qui, dans l'un et l'autre royaume, s'étaient munis du signe de la croix en gage de leur pro-

---

[1] Isaïe, chap. 9, v. 6.
[2] Isaïe, chap. 11, v. 12.
[3] Évang. sel. S. Math. chap. 16, v. 24.

chain pélerinage, on remarquait l'illustre seigneur Hugues-le-Grand, frère du seigneur Philippe, roi des Francs; le seigneur Robert, comte de Flandre; un autre Robert, comte de Normandie, fils du seigneur Guillaume, roi des Anglais; le seigneur Étienne, comte de Chartres et de Blois, père du seigneur comte Théobald; le seigneur Adhémar, évêque du Puy; le seigneur Guillaume, évêque d'Orange; le seigneur Raimond, comte de Toulouse et de Saint-Gilles, suivi d'un grand nombre d'hommes très-nobles et très-illustres; le seigneur Godefroi, duc de Lorraine, homme vaillant et très-considérable, et ses frères, le seigneur Baudouin et le seigneur Eustache; un autre Baudouin, surnommé du Bourg, parent des précédens, et fils du seigneur Hugues, comte de Réthel; le seigneur Garnier, comte de Gray; Baudouin, comte de Hainaut; Isoard, comte de Die; Raimbault, comte d'Orange; Guillaume, comte du Forez; Étienne, comte d'Albemarle; Rotrou, comte du Perche; Hugues, comte de Saint-Paul. Parmi les hommes nobles et illustres, qui cependant n'étaient pas comtes et qui se présentèrent volontairement pour prendre part à cette expédition agréable à Dieu, les plus considérables étaient Henri de Hache, Raoul de Beaugency, Évrard de Puisaie, Centon de Béarn, Guillaume Amanjeu, Gaston de Béarn, Guillaume de Montpellier, Gérard de Roussillon, Gérard de Chérisi, Roger de Barnaville, Gui de Ponesse, Gui de Garlande, porte-mets du roi des Francs, Thomas de Feii, Galen de Calmon, et enfin Pierre l'ermite, suivi d'une multitude innombrable qu'il avait rassemblée, non sans de grandes fatigues, dans le royaume des Francs et dans l'Empire. Dans les environs des Alpes on remarquait le seigneur Boémond, prince de Tarente, fils du seigneur Robert Guiscard, duc de Pouille, le seigneur Tancrède, neveu du précédent par sa mère, et beaucoup d'autres encore dont nous n'avons pu conserver ni le nombre, ni les noms. Tous, attendant le temps favorable avec les troupes nombreuses qu'ils avaient sous leurs ordres, se disposaient à marcher comme une milice chrétienne, et se dévouaient avec ardeur aux fatigues de ce long pélerinage pour l'amour du nom du Christ.

L'hiver et ses frimas étant passés, dès qu'on reconnut les premiers signes du retour du printemps et d'une température plus douce, tous préparent leurs chevaux, leurs armes, leurs bagages, et s'adressent réciproquement des messages pour s'inviter au départ. On convient avec soin à l'avance du moment où il faudra que chacun parte, des points de réunion, et des routes par lesquelles il sera plus sûr et plus commode en même temps de s'avancer. Il eût été impossible en effet que ces milliers de voyageurs trouvassent en tout pays tout ce qui leur était nécessaire ; on arrangea donc avec soin que les princes les plus considérables conduiraient, chacun séparément, les légions qu'ils avaient à leur suite et prendraient des chemins divers. Aussi leurs armées ne se réunirent que lorsqu'elles furent dans les environs de Nicée. On verra plus tard que le général passa avec ses troupes par la Hongrie ; que le comte de Toulouse et l'évêque du Puy suivirent la route de la Dalmatie, les autres princes celle de la Pouille, et que tous arrivèrent à Constantinople par des chemins et en des temps divers.

On préparait cependant tout ce qu'on jugeait devoir
suffire pour une si longue route; tous cherchaient,
autant que possible, à proportionner leurs approvisionnemens à la longueur du trajet, ignorant que les
voies de Dieu ne sont pas dans la main des hommes,
car l'infirmité mortelle ne sait pas même ce que lui
prépare le lendemain. Dans ce nombre infini des provinces de l'Occident on ne voyait pas une seule maison en repos. Partout, et quelles que fussent les affaires
domestiques de chacun, selon sa condition, ici le
père de famille, là le fils, ailleurs même tous les habitans de la maison, se disposaient à entreprendre le
voyage. De tous côtés on s'envoyait fréquemment des
lettres par lesquelles ceux qui devaient partir ensemble s'invitaient mutuellement à se hâter, s'exhortaient à ne mettre aucun retard, ou se reprochaient
vivement le moindre délai. Ceux qui étaient désignés
comme chefs de bandes convoquaient tous les autres;
ils s'arrachaient des bras de leurs amis au milieu des
sanglots et des soupirs, et se disant les uns aux autres
un éternel adieu, ils se séparaient enfin après de
tendres embrassemens. La mère quittait son fils, la
fille son père, la sœur son frère, la femme son mari,
celle-ci portant son enfant dans ses bras ou suspendu
à son sein; toutes les femmes les accompagnaient,
versant des larmes, poussant des cris de douleur et
leur disant adieu; lorsqu'elles ne pouvaient suivre
plus long-temps leur marche, leurs regards demeuraient encore fixés sur eux.

[1096.] L'an 1096 de l'incarnation de N.-S., et le
8 du mois de mars, Gautier, surnommé *Sans-Avoir*,
homme noble et plein de force sous les armes, s'étant

mis le premier en marche, suivi d'une immense multitude de compagnies d'infanterie (il n'avait avec lui que très-peu de cavaliers), traversa le royaume des Teutons, et descendit en Hongrie. Le royaume de Hongrie est environné de vastes marais qui s'étendent de toutes parts, et de grands fleuves qui le rendent inaccessible, à moins qu'on n'obtienne l'entrée et la sortie de ce pays par certains passages qui sont eux-mêmes extrêmement resserrés. Il était alors gouverné par un homme très-chrétien, le roi Coloman, qui, instruit de l'arrivée de Gautier, connaissant son dessein et approuvant sa pieuse entreprise, le reçut avec bonté, lui permit de conduire ses troupes à travers tout le royaume, et ne lui refusa point la faveur de traiter publiquement dans les marchés pour les besoins qu'il pourrait avoir. Gautier traversa donc le royaume en toute tranquillité, et il arriva sans accident, avec toute sa suite, jusqu'au fleuve Maroé [1], qui, comme on sait, sert de limite à ce royaume du côté de l'Orient. Ayant passé le fleuve, il se trouva avec ses légions sur les confins du peuple Bulgare, vers la ville qui est appelée Belgrade. Lorsqu'il traversa le fleuve, au lieu nommé Malaville [2], il ignorait que quelques-uns des gens de sa suite étaient demeurés en arrière pour acheter des vivres et d'autres provisions de voyage. Les Hongrois, les ayant arrêtés, les dépouillèrent complétement, leur enlevèrent tout ce qu'ils avaient, les accablèrent de coups, et les renvoyèrent ensuite à leurs frères. Toute l'armée, remplie d'un zèle charitable, prit compassion de leurs maux, et chacun témoigna une

---

[1] La Morawa.
[2] Semlin.

grande affliction des souffrances de ses compagnons.
Cependant, croyant qu'il serait trop pénible et même
à peu près impossible de repasser le fleuve, et qu'il
y aurait des inconvéniens graves à retarder à cette occasion la marche de l'armée, tous jugèrent qu'il serait
plus convenable de dissimuler le ressentiment de
cette injure, que d'aspirer témérairement à une
vengeance qu'ils ne pourraient obtenir; ils espérèrent en celui pour lequel ils avaient résolu de combattre, que cette offense gratuite envers les serviteurs du Christ ne demeurerait pas impunie, et
qu'eux-mêmes en recevraient la récompense de
celui qui a dit : *Il ne se perdra pas un cheveu
de votre tête; c'est par votre patience que vous
posséderez vos ames* [1]. Ils poursuivirent donc leur
route, et arrivèrent à Belgrade, comme je l'ai dit.
Gautier, ayant fait demander au duc des Bulgares qui
commandait dans ce lieu la permission de faire des
achats, et n'ayant pu l'obtenir, établit son camp devant la ville, et ne pouvant contenir son armée qui
souffrait beaucoup du manque de vivres, il se trouva
bientôt exposé aux plus graves dangers. Voyant que
les Bulgares ne voulaient consentir à vendre aucune
denrée, quelque prix qu'on leur en offrît, l'armée
sortit de son camp pour chercher à se procurer des
alimens par un moyen quelconque, et échapper à la
détresse qui l'accablait. Les soldats rencontrèrent les
troupeaux des Bulgares, s'emparèrent de vive force
du gros et du menu bétail, et le ramenèrent au camp.
Aussitôt les Bulgares prennent les armes, et se mettent
à la poursuite de ceux qui leur enlevaient leurs bes-

[1] Évang. sel. S. Luc, chap. 21, v. 18, 19.

tiaux, dans l'espoir de les reprendre. Se trouvant bientôt en nombre supérieur, et ayant atteint une troupe de cent quarante Croisés qui s'étaient séparés imprudemment du reste de leurs compagnons, et qui se réfugièrent dans un oratoire pour se soustraire à la fureur de leurs ennemis, ceux-ci mettent le feu à ce bâtiment, brûlent tous ceux qui s'y étaient renfermés, et mettent les autres en fuite. Gautier, sachant bien qu'il traînait à sa suite des gens grossiers et dépourvus d'entendement, laissa en arrière ceux qui voulaient se conduire selon leurs caprices, et se montraient incorrigibles, poursuivit sa marche avec le reste de ses bataillons, traversa les vastes forêts de la Bulgarie, s'avançant avec beaucoup de prudence et de circonspection, et atteignit la belle ville de Stralicie, métropole de la Dacie méditerranée. Là, ayant porté plainte au gouverneur de la ville des outrages et des violences que le peuple de Dieu avait subis injustement de la part des Bulgares, il obtint une satisfaction complète. Le même chef, homme honnête et craignant Dieu, le reçut et le traita avec beaucoup d'humanité, lui permit de conclure des marchés selon les lois ordinaires, l'autorisa, ainsi que son peuple, à acheter tout ce qui serait nécessaire, à de bonnes mesures et à des prix raisonnables ; et, pour mettre le comble à tant de bons procédés, il lui donna des guides qui furent chargés d'accompagner l'armée jusqu'à la ville royale. Gautier, y étant arrivé, et ayant été présenté à l'empereur, obtint de sa munificence la permission d'établir son armée dans des lieux voisins de la ville, jusqu'à l'arrivée de Pierre, sur les ordres duquel il déclara s'être mis en route ;

et l'empereur, sur sa demande, lui accorda, pour lui et pour son armée, la permission de vendre et d'acheter.

Cependant Pierre, peu de temps après, ayant traversé la Lorraine, la Franconie, la Bavière, et le pays qui s'appelle Autriche, avec une armée considérable composée d'une multitude de gens rassemblés par lui chez tous les peuples, appartenant à des tribus et parlant des langues diverses, et s'élevant peut-être à quarante mille individus, arriva aussi sur les frontières de la Hongrie. Il envoya une députation au roi, et obtint sans difficulté la permission d'entrer dans le royaume, à la condition que l'armée se conduirait bien, et traverserait le pays paisiblement, sans y causer ni trouble ni scandale. Muni de cette autorisation, et ayant accepté la loi qui lui était imposée, Pierre entra en Hongrie à la tête de toutes les légions qui le suivaient. Elles marchèrent en bon ordre et fort tranquillement, trouvant une grande abondance de vivres, et achetant chez les indigènes tout ce qui leur était nécessaire à des prix modérés et sous de bonnes conditions; elles arrivèrent ainsi à Malaville [1], dont j'ai déjà parlé. Là, les troupes eurent connaissance des outrages et des actes d'impiété que les habitans du pays avaient commis contre ceux qui les avaient précédés sous la conduite de Gautier. On voyait encore leurs dépouilles et leurs armes suspendues aux murailles de la ville, en guise de trophées. Enflammés d'une juste colère, les soldats courent aux armes, et s'exhortent les uns les autres au combat : ils attaquent la ville de vive force, massacrent presque

[1] Semlin.

tous les habitans, ou les précipitent dans le fleuve voisin. On dit qu'en ce jour il périt plus de quatre mille Hongrois, en expiation de leurs péchés, et une centaine seulement de ceux qui suivaient l'expédition de Pierre. Après s'être ainsi emparés de la ville, ils y demeurèrent cinq jours de suite, à cause de la grande quantité de vivres qu'ils y trouvèrent. Le duc des Bulgares, nommé Nicétas, qui précédemment avait interdit l'accès de tous les marchés à Gautier et à ses légions, ayant appris que ceux qui les suivaient avaient résolu de lui faire expier, comme aux habitans de Malaville, les affronts qu'il avait fait subir à leurs frères, et ne se confiant pas aux fortifications de Belgrade qu'il occupait, sortit de cette ville et prit la fuite. Tous les habitans l'abandonnèrent aussi, chacun emmenant sa famille et ses bestiaux, et cherchant un refuge dans l'intérieur des terres et dans les profondeurs des forêts. Pierre, tandis qu'il demeurait encore dans la ville qu'il avait occupée, fut informé que le roi de Hongrie, indigné du massacre de ses sujets, rassemblait des troupes dans tout son royaume, et se disposait à la vengeance. Aussitôt Pierre fit réunir tous les bâtimens qu'on put trouver sur les deux rives du fleuve; les légions furent embarquées en toute hâte, et partirent, traînant à leur suite beaucoup de gros et de menu bétail et un immense butin, dépouilles enlevées en abondance dans la ville qu'on avait prise d'assaut. Tous ces trésors furent transportés sur la rive opposée du fleuve, et l'armée dressa son camp sous les murs de Belgrade que l'on trouva déserte. Là, on fit tout charger sur des chariots; on emmena tous les bestiaux; et, au bout de huit jours de marche, après avoir traversé de vastes forêts extrêmement touffues, les légions arrivèrent devant Nissa, ville fortifiée, garnie de tours et de murailles épaisses, et remplie d'une population vaillante et nombreuse. Elles traversèrent sur un pont de pierre le fleuve qui coule auprès de la ville, et dressèrent de nouveau leur camp. Mais déjà les provisions commençaient à manquer, et l'armée était menacée de disette. Pierre envoya une députation au gouverneur pour lui faire demander amicalement d'accorder à un peuple pélerin, consacré à une pieuse entreprise, la permission d'acheter toutes choses, et principalement les denrées nécessaires à la nourriture, sous de bonnes conditions et à de justes prix. Le gouverneur fit répondre qu'il ne pouvait y consentir, si l'armée ne s'engageait par avance, et en fournissant des otages, à ne faire aucune insulte ni violence aux indigènes. Ces conditions étant acceptées des deux parts, et les otages ayant été livrés, les citoyens sortirent de la ville, et apportèrent au camp toutes sortes de marchandises.

Tous ceux qui faisaient partie de l'expédition trouvèrent donc une grande abondance de vivres; des marchés de toute espèce attestèrent la bonne union des deux peuples; toute la nuit se passa dans la plus parfaite tranquillité, au milieu de ces témoignages réciproques de bienveillance. Le lendemain matin, les otages furent rendus, et l'armée se disposa à partir. Tandis qu'on faisait les derniers préparatifs, la plus grande partie de l'armée, et même presque toute l'armée étant déjà en marche, quelques brouillons dignes de la colère du ciel, se rappelant une querelle fort légère qu'ils avaient eue la veille avec un Bulgare, à l'occasion d'un marché, et se trouvant en arrière et à quelque distance du gros de l'armée, s'avisèrent de mettre le feu à sept moulins situés près du pont et sur la rive du fleuve ¹, et les bâtimens furent bientôt réduits en cendres. Ces fils de Bélial étaient Teutons, et au nombre d'environ cent hommes. Non contens de cet acte de frénésie, ils mirent en outre le feu à quelques autres bâtimens qu'ils trouvèrent en dehors des murs de la ville; puis, après avoir consommé leur crime, et comme s'ils n'avaient pas même la conscience de leur scélératesse, ils se hâtèrent de rejoindre leurs innocens compagnons. Le duc cependant qui, la nuit précédente, les avait tous bien reçus et bien traités, voyant comme on répondait mal à ses bons offices, et, par un jugement trop précipité, imputant à tous ce qui n'était que le crime de quelques-uns, considérant dès lors tous les gens de l'expédition comme des voleurs et des incendiaires, convoque tous les citoyens, et les invite à prendre les armes. Marchant lui-même à la tête de la multitude, il l'encourage par ses paroles et son exemple à poursuivre les légions, et à tirer d'elles la vengeance due aux sacriléges. Tous sortent de la ville, et courent sur les traces de l'armée; bientôt ils atteignent l'arrière-garde, et l'attaquent avec une horrible violence. D'abord ils rencontrent les malfaiteurs qui n'avaient pas encore rejoint le camp, et qui marchaient isolément, et leur font subir dans leur indignation la juste peine de leur crime. Bientôt, soit par hasard, soit avec intention, ils enveloppent le juste avec l'impie, et l'innocent succombe

¹ La Nissawa.

sous leurs coups comme le coupable. Ils enlèvent tous les chariots chargés de vivres et de toutes sortes d'instrumens de ménage; les vieillards, les malades, les femmes, les enfans et les jeunes filles qui ne peuvent suivre d'un pas égal la marche des troupes, sont arrêtés, chargés de fers, et emmenés en captivité; enfin, las de carnage, rassasiés de sang, et chargés de riches dépouilles, les vainqueurs s'arrêtent, et rentrent dans leur ville.

Pierre cependant, qui marchait en avant avec tous les bataillons et les hommes les plus considérables de l'expédition, ignorait complétement les malheurs qui s'étaient passés derrière lui et poursuivait sa route. Un homme, échappé du tumulte, presse un cheval vigoureux, arrive en toute hâte et lui rapporte le massacre de ses frères et la captivité de tous ceux qu'on a emmenés. Aussitôt, et sur l'avis unanime des hommes les plus sages, on reprend la route qu'on venait de suivre toute la journée; les légions qui marchaient en avant sont rappelées; tous apprennent avec douleur et en versant des torrens de larmes la mort de leurs frères, et se retrouvent le soir en face de la ville où la veille ils avaient dressé leurs tentes. Pierre et les hommes raisonnables qui étaient avec lui ne s'étaient arrêtés à cette résolution que dans des intentions pures et faciles à comprendre. Ils voulaient rechercher les premières causes de cette catastrophe, prévenir toute occasion de nouveaux scandales et rétablir une paix solide entre les deux peuples, afin de reprendre leur marche avec plus de sûreté, après avoir pourvu au salut des consciences. Ils envoyèrent donc des hommes prudens et honnêtes au gouverneur et aux principaux habitans de la ville, les chargeant de prendre toutes les informations nécessaires, et de reconnaître quels motifs avaient pu amener une si brusque attaque et l'effusion de tant de sang innocent. Après avoir bien constaté les faits, les députés jugèrent qu'un mouvement légitime d'indignation avait suffisamment autorisé les citoyens à prendre les armes, qu'il ne serait ni convenable ni opportun de demander vengeance des maux soufferts; et, tout bien considéré, ils se bornèrent à demander avec les plus vives instances que la paix fût rétablie, et que l'on rendît complétement le butin, les approvisionnemens, les prisonniers, enfin tout ce qu'on avait enlevé.

Tandis qu'ils travaillaient à ce traité et qu'ils étaient à peu près parvenus à en arrêter les bases d'un commun accord, un nouveau tumulte s'élève dans le camp, à la suite de l'ardeur inconsidérée de quelques hommes téméraires qui cherchent à venger par la violence l'affront qu'ils ont reçu. Pierre s'efforçant de les arrêter dans leur folie, et surtout d'écarter toute occasion de massacre, leur envoie aussitôt des hommes prudens et qui exerçaient une grande autorité dans l'armée, avec mission d'employer tous leurs soins pour arrêter les soldats dans leur violente aggression contre les citoyens. Voyant qu'on ne pouvait leur faire entendre les conseils de la sagesse, Pierre expédie aussitôt des hérauts qui ordonnent de sa part à toute l'armée, en lui rappelant son serment d'obéissance, de s'abstenir de prêter aucun secours à ceux qui, par un acte de témérité insensée, ont osé violer la paix entre les deux peuples. Toute l'armée se soumet à cette proclamation et s'arrête, attendant l'issue de la querelle et le résultat des négociations. Les députés qui étaient auprès du gouverneur, voyant que le premier tumulte, loin de s'apaiser, s'accroissait à tout moment et rendait impossible tout arrangement, rentrèrent au camp sans avoir terminé leur affaire, et s'occupèrent aussitôt avec Pierre, l'homme de Dieu, des moyens d'apaiser ces bandes de furieux; mais tous leurs efforts furent également infructueux : il y avait environ un millier d'hommes qui persistaient dans leur acharnement. Il sortit de la ville un nombre de citoyens à peu près égal, et sous les murs même on se battit des deux parts avec une grande fureur. Ceux qui étaient demeurés dans la ville, voyant qu'il y avait au dehors une sorte de schisme dans l'armée étrangère, espérèrent que le reste des troupes ne prendrait aucune part au combat, puisque Pierre l'improuvait hautement et faisait tous ses efforts pour l'arrêter, ouvrirent leurs portes, sortirent tous en même temps; et tombant à la fois sur les nôtres, ils en tuèrent environ cinq cents sur le pont même, et précipitèrent les autres dans le fleuve, où ils se noyèrent presque tous, faute de connaître les localités et les gués. L'armée cependant ne put supporter plus long-temps le spectacle d'un tel massacre; tous les soldats coururent aux armes; on se battit avec acharnement des deux parts, et l'on tua beaucoup de monde : en sorte que cette seconde catastrophe fut encore plus déplorable que la première.

Cependant ce peuple indocile, incapable de supporter le choc impétueux des Bulgares, ne tarda pas à prendre la fuite, et ceux qui combattaient le plus vaillamment, succombant bientôt à cet exemple, furent entraînés dans le tourbillon des fuyards. Toute l'armée se sauva à la débandade, tous les rangs furent rompus, nul ne songea plus à résister. Au milieu de tout ce désordre, Pierre perdit à peu près tout l'argent qu'il avait amassé, produit des largesses des princes fidèles, et qu'il destinait à secourir les pauvres et les indigens dans le cours de leur voyage. On enleva le chariot qui portait tout ce qu'il possédait. Les Bulgares, poursuivant leurs succès avec ardeur, tuèrent environ dix mille Croisés, enlevèrent tous les chariots et toutes les provisions, et firent prisonniers une immense quantité de femmes et d'enfans. Ceux qui avaient échappé au massacre s'enfuirent dans l'épaisseur des forêts, et suivirent des sentiers détournés; enfin le troisième jour, avertis par le son des clairons et des trompettes, ils se rassemblèrent autour de Pierre qui, de son côté, en avait rallié aussi un grand nombre, et tous se trouvèrent réunis sur une colline assez élevée.

Au bout de quatre jours et après la réunion de tous ceux qui s'étaient dispersés ou sortaient des lieux qui leur avaient servi de refuge, l'armée se reforma au nombre d'environ trente mille personnes. Elle avait perdu par son imprudence à peu près deux mille chars ou chariots, et quoique toutes les difficultés fussent par là redoublées, elle n'aurait pu se résigner à l'ignominie de renoncer à ses premiers projets et l'on résolut de poursuivre le voyage. Tandis qu'on faisait les derniers préparatifs de départ et que l'on commençait à éprouver déjà tous les maux d'une nouvelle disette, voici qu'il arrive au camp un messager de l'empereur, qui porte des ordres souverains à Pierre et aux autres capitaines de l'armée; il les rassemble et leur dit:

« Hommes nobles et illustres, la renommée a fait par-
« venir aux oreilles de l'empereur des rapports sinis-
« tres et des paroles mal sonnantes : on lui a dit que,
« dans le sein même de son Empire, vous aviez porté
« la violence parmi les habitans des contrées qui re-
« connaissent ses lois, et que vous aviez répandu par-
« tout le désordre et l'esprit de querelle. C'est pour-
« quoi au nom de son autorité, et si vous desirez en-
« core obtenir quelque grâce devant sa Majesté, nous
« vous enjoignons de ne plus vous arrêter au-delà
« de trois jours dans aucune des villes que vous
« rencontrerez, de continuer votre route en tenant
« une meilleure conduite, et de diriger au plus tôt votre
« expédition vers Constantinople. Nous marcherons
« devant votre armée et lui ferons fournir à de
« justes prix tout ce qui sera nécessaire pour son en-
« tretien. » Ces paroles relèvent le courage des soldats, près de succomber sous l'excès de la misère et
du dénûment : dès qu'ils apprennent les bons effets
de la clémence de l'empereur et les ordres suprêmes
qu'il a fait donner, ils reprennent l'espérance et cherchent, suivant l'occasion, à protester de leur innocence,
disant qu'ils ont supporté long-temps et patiemment
les insultes et les procédés injustes des Bulgares; ils
suivent leur nouveau chef, s'abstiennent avec soin de
tout désordre et arrivent d'une marche rapide à Constantinople.

Ils y trouvèrent Gautier qui attendait leur arrivée
à la tête de ses légions, et les deux armées, ainsi réunies, dressèrent leur camp aux lieux qui leur furent
assignés. Pierre est aussitôt mandé par l'empereur; il
entre dans la ville, se présente devant sa Majesté et

expose en homme rempli de courage et d'éloquence l'objet de son pélerinage et les motifs d'une si grande entreprise : il dit que les plus grands princes des contrées occidentales, dignes serviteurs de Dieu, arriveront incessamment à sa suite. Tant de force d'esprit, tant d'éloquence de langage, subjuguent tous les auditeurs; les princes du palais admirent le courage et la prudence de cet homme, et l'empereur lui-même en parle avec bienveillance. Il le comble de ses bontés, lui fait donner les plus riches présens et lui prescrit de retourner à son camp. L'armée se repose pendant quelques jours et se rétablit de ses fatigues, au milieu d'une grande abondance de vivres; et lorsque les vaisseaux que l'empereur a fait disposer sont prêts à la recevoir, elle s'embarque, traverse l'Hellespont, et aborde en Bythinie, première province du diocèse de l'Asie et limitrophe de la même mer : elle arrive ensuite en un lieu, situé sur les bords de la mer, nommé Civitot[1], et y établit son camp.

Cette ville se trouvait aussi placée sur les frontières des ennemis. L'armée y passa environ deux mois de suite, au milieu d'une grande abondance de toutes choses, ayant presque tous les jours des vivres frais, et se rétablissant de ses longues souffrances. Mais ce peuple misérable et dénué d'entendement, corrompu par l'opulence et l'oisiveté, poussé à l'insolence par le bien-être, commença bientôt à se former en bandes, en dépit des ordres de ses chefs, et ces bandes se mirent à parcourir le pays à plus de dix milles à la ronde, enlevant partout le gros et le menu bétail et le ramenant au camp. On avait reçu fréquemment des

[1] Aujourd'hui Ghio ou Gemlik sur le golfe de Mondania.

lettres, par lesquelles l'empereur ordonnait qu'on eût à attendre l'arrivée des princes qui devaient suivre les premières expéditions ; qu'on s'abstînt avec soin jusque-là de se répandre dans le pays et de provoquer les ennemis par aucun acte d'hostilité ; qu'enfin l'armée demeurât tranquillement dans les lieux qui lui étaient assignés et eût à se conduire avec prudence. Pierre cependant, plein de sollicitude pour le peuple confié à ses soins, était retourné à Constantinople, dans l'espoir d'obtenir des prix plus modérés et de meilleures conditions pour toutes les denrées qui étaient fournies aux soldats. Le peuple obstiné et mutin profita de son absence pour se livrer à de plus violens excès. Les complices d'une même faction se séparèrent du reste de l'armée et se réunirent au nombre d'environ sept mille hommes d'infanterie et trois cents cavaliers ; sourds aux prières et aux défenses de leurs compagnons, ils se formèrent en bataillons réguliers et partirent, dirigeant leur marche vers Nicée. Ils ramassèrent une grande quantité de bestiaux de toute espèce dans les environs de cette ville, et rentrèrent ensuite dans le camp, sains et saufs. Les Teutons et les hommes qui parlaient leur langue, voyant que les Latins avaient complétement réussi dans leur expédition, entraînés par l'amour du pillage, se réunirent de la même manière et formèrent le projet de tenter une semblable entreprise, afin de se faire un nom et d'accroître les ressources de leurs ménages. S'étant donc rassemblés au nombre d'environ trois mille hommes d'infanterie et deux cents cavaliers, tous de la même nation, ils prirent aussi la route de Nicée. Il y avait dans cette contrée une ville située au pied d'une montagne, à quatre milles environ de Nicée : ils arrivent auprès de cette ville, l'attaquent de toutes parts avec une grande impétuosité et en rassemblant toutes leurs forces; la plupart des habitans opposent une résistance opiniâtre, mais inutile; les Teutons s'en rendent maîtres de vive force et massacrent presque toute la population; puis s'étant emparés de tout ce qu'ils trouvent, séduits par la beauté et la richesse du pays, ils s'y établissent à demeure et dressent leur camp, résolus d'y demeurer jusqu'à l'arrivée des princes.

Soliman[1], prince et gouverneur de ce pays, ayant appris depuis long-temps l'expédition des Chrétiens, avait recruté dans toutes les parties de l'Orient une quantité innombrable de vaillans guerriers, employant tour à tour la prière, l'argent et toutes sortes d'autres moyens pour accroître la force de ses armées. Il était revenu ensuite dans le même pays, pour le mettre à l'abri des attaques de ses ennemis et y porter les secours nécessaires. Informé que les Teutons venaient de s'emparer d'une ville et comptaient s'y maintenir, Soliman arrive en toute hâte, attaque et force le camp des Teutons et fait passer au fil de l'épée tous ceux qui l'occupaient. Cependant le bruit de cette nouvelle se répand, et bientôt la renommée apprend aux Chrétiens que les cohortes Teutonnes, récemment sorties de leur camp, ont succombé presque entièrement sous les coups de l'ennemi. Tout le monde est consterné; les gémissemens et les larmes attestent la douleur générale, ainsi que la faiblesse

---

[1] Kilidge-Arslan, ou Soliman le jeune, sultan d'Iconium de l'an 1092 à l'an 1107.

d'esprit de ceux qui s'y livrent. Enfin, lorsque la triste vérité est plus complétement connue, il s'élève un tumulte extrême dans le camp et parmi cette foule de peuple; tous demandent à grands cris qu'on ne se montre point insensible au malheur de leurs frères, qu'on prenne les armes, et que fantassins et cavaliers s'empressent à l'envi d'aller venger leur désastre. Les principaux chefs de l'armée et tous ceux qui avaient une plus grande expérience, jaloux de se conformer aux ordres de l'empereur, font tous leurs efforts pour apaiser ces cris et calmer l'ardeur imprudente d'un peuple furieux; mais ce peuple se montre indomptable et se soulève bientôt contre eux; s'appuyant sur l'autorité d'un certain Godefroi, surnommé Burel, qui était à la tête de la faction, il va jusqu'à insulter les principaux chefs, disant que c'est lâcheté et non prudence, de ne vouloir pas poursuivre avec le fer vengeur les assassins de leurs frères.

L'avis des malintentionnés prévalut enfin; tous courent aussitôt aux armes et laissent tous les hommes faibles avec les femmes, les enfans et ceux qui n'avaient pas d'armes; ils se réunissent au nombre d'environ vingt-cinq mille hommes d'infanterie et cinq cents cavaliers bien cuirassés : puis s'étant formés en bataillons et en bon ordre d'armée, ils se dirigent à travers la forêt vers le flanc de la montagne, sur le pays où se trouve Nicée. A peine avaient-ils fait une marche de trois milles, que Soliman, suivi d'une multitude innombrable, pénètre dans la même forêt, hâtant sa marche pour aller attaquer le camp des nôtres, au lieu où il avait été établi. Lorsqu'il entendit des cris extraordinaires et

5.

apprit que nos légions avaient quitté leur camp pour marcher sur lui, il quitta aussitôt les montagnes et les bois et se porta en rase campagne. Les nôtres y arrivèrent aussi, sans se douter de l'approche des ennemis; mais dès qu'ils voient toute leur armée se développant dans la plaine, ils s'encouragent mutuellement, et se précipitant sur eux, les pressent vivement du fer meurtrier et leur redemandent le sang de leurs frères. Les ennemis, cependant, reçoivent cette première attaque, faite avec la plus grande impétuosité; chacun d'eux reconnaissant bientôt qu'il y va de la vie, tous résistent avec fermeté, animés d'une juste indignation et se confiant en leur nombre. Des deux côtés les cohortes combattent avec la plus grande valeur, mais bientôt les nôtres sont accablés par la masse innombrable qui se précipite sur eux, et ne pouvant soutenir plus long-temps le combat, ils rompent leurs rangs et se mettent en fuite. Les Turcs cependant les poursuivent vivement l'épée dans les reins, et les ramènent ainsi jusques au camp, en faisant un massacre effroyable. On vit périr dans cette affaire plusieurs des principaux nobles, qui avaient suivi Pierre l'ermite, Gautier *sans-avoir*, Rainauld de Bresse, Foulcher d'Orléans et un grand nombre d'autres. Sur vingt-cinq mille fantassins et cinq cents cavaliers qui étaient sortis du camp, à peine un seul put-il échapper à la mort ou à la captivité.

Maître de la victoire, et enorgueilli d'un si grand succès, Soliman entra de vive force dans le camp des Chrétiens : ceux qui y étaient demeurés sont massacrés, sans qu'aucun d'eux entreprenne même de résister; les vieillards, les malades, les moines, tout le clergé, les femmes parvenues à l'âge mur, périssent sous le fer ennemi ; le vainqueur n'épargne que les enfans et les jeunes filles, dont l'âge et les traits inspirent la pitié, et qu'il réserve pour les réduire en servitude. Il y avait tout à côté du camp des Chrétiens, et sur les bords de la mer, une vieille forteresse, à demi-ruinée, sans habitans, et qui n'avait pas même de portes ; poussés par la nécessité, espérant y trouver quelques moyens de défense, des pélerins s'y étaient transportés en toute hâte, et s'y trouvaient réunis au nombre de trois mille environ. Ils entassent aussitôt leurs boucliers, et une grande quantité d'énormes roches pour fermer l'entrée du fort, et font pour se défendre tous les préparatifs qu'exigeaient de si graves périls. Tandis que les Turcs les pressent vivement, et que de leur côté les assiégés font tous leurs efforts pour les repousser, combattant avec la plus grande ardeur, dans l'espoir de sauver leur vie et leur liberté, un messager se rend en toute hâte auprès de Pierre, lui annonce la déroute de son armée, et lui dit enfin que les débris de ce peuple malheureux se sont enfermés dans une forteresse à demi-ruinée, où les ennemis les enveloppent et les assiégent, et qu'ils y manquent à la fois d'armes et de vivres. Pierre se présente chez l'empereur, et obtient, à force de supplications et de prières, qu'on fera partir le plus promptement possible des troupes, pour délivrer ces infortunés du péril qui les menace. Les ordres donnés sont aussitôt exécutés. Les Turcs, à cette nouvelle, se retirent soudain de devant la forteresse ; ils entraînent à leur suite tous leurs prisonniers, les tentes et les pavillons, les chevaux les mulets, les riches dépouilles de nos immenses bagages, et rentrent à Nicée. Ainsi périt un peuple obstiné et intraitable, qui ne sut point écouter les conseils de la prudence, et qui se livrant à son impétuosité naturelle, succomba sous le fer de l'ennemi, sans retirer aucun utile fruit de ses longues fatigues; car il n'avait pas su se soumettre au joug salutaire de la discipline.

Peu de temps après que Pierre fut arrivé en Bythinie, un certain prêtre, nommé Gottschalk, Teuton d'origine, animé de la même ardeur, et desirant suivre ses traces, doué du talent de la parole, parvint à rassembler un grand nombre de Teutons, et à leur persuader d'entreprendre aussi le pélerinage. A la tête d'environ quinze mille hommes, il suivit la même route, arriva sur les frontières de la Hongrie, et obtint sans difficulté la permission de traverser ce royaume. En vertu des ordres du roi, cette armée trouva partout toutes sortes de marchandises qu'elle achetait à de bonnes conditions; mais les soldats abusant de cette grande abondance d'alimens, et se livrant à l'ivrognerie, ne tardèrent pas à se porter à toutes sortes d'excès contre les indigènes; ils pillaient de tous côtés; sur les marchés publics, ils enlevaient de vive force les denrées qu'on y apportait, et, oubliant toutes les lois de l'hospitalité, ils tuaient fréquemment un grand nombre de gens du pays. Dès que le roi en fut instruit, enflammé de colère, il fit sur-le-champ un appel à tout son royaume, et ordonna au peuple et aux grands de s'armer pour tirer vengeance de tant d'insultes. Dans un nombre infini de lieux, les soldats avaient commis, en effet, toutes sortes d'excès honteux, dont le récit même souillerait ces pages, et que le roi ne pouvait tolérer sans encourir la haine de ses sujets, et le reproche de lâcheté. Toute la milice du royaume fut donc convoquée comme pour marcher contre des ennemis dignes de la colère publique; et les Hongrois coururent aux armes d'un commun accord, pour venger dans le sang toutes les indignités qu'ils avaient subies. Enfin, près du lieu dit Belgrade, situé au centre même du royaume, ils trouvent cette multitude d'insensés en proie à la confusion : ceux-ci instruits de la prochaine arrivée du roi, et de la fureur qui l'animait, livrés aux angoisses de leurs consciences coupables, avaient pris les armes, et se disposaient à résister ouvertement, et à repousser la force par la force. Les Hongrois cependant, les voyant bien armés, et déterminés à se défendre avec vigueur, convaincus qu'ils ne pourraient remporter la victoire sans un grand massacre des leurs, car les Teutons étaient des hommes pleins de force, accoutumés au maniement des armes, et qui ne se seraient pas laissés vaincre impunément; les Hongrois, dis-je, selon leur coutume, essayèrent d'obtenir par la ruse ce qu'ils ne pouvaient espérer de vive force, et envoyèrent aussitôt une députation à Gottschalk, et aux principaux chefs de son armée.

Les députés s'avancèrent, portant artificieusement des paroles de paix, et dirent aux troupes : « Notre « roi a reçu de grandes plaintes de votre armée, et « on lui a rapporté que vous aviez commis les plus « graves excès contre ses sujets, oubliant injustement « la bonté avec laquelle vos hôtes vous avaient ac- « cueillis. Cependant le roi a reconnu, dans sa pru-

« dence, que vous n'étiez pas tous coupables des
« mêmes fautes; il est certain qu'il y a parmi vous des
« hommes prudens et craignant Dieu, auxquels des
« crimes aussi énormes ont déplu, et que c'est mal-
« gré leurs avis, et en dépit de leurs remontrances
« qu'ont été faites toutes les choses qui ont excité à
« juste titre l'indignation de notre roi. Craignant donc
« de faire peser sur tous la peine des crimes commis
« par une portion des vôtres, et ne voulant pas con-
« fondre le juste avec l'impie, le roi a résolu de
« mettre un frein à sa colère, et d'épargner pour le
« moment ses frères dans la foi chrétienne. Nous
« vous conseillons donc, afin que vous parveniez à
« apaiser complétement sa colère, de livrer sans au-
« cune condition, entre les mains du seigneur-roi,
« vos personnes, vos armes, et tous les approvisonne-
« mens que vous avez ici. Autrement, il n'est pas un
« seul de vous qui puisse échapper à la mort, puis-
« que vous trouvant au milieu de son royaume, et
« n'ayant que des forces très-inférieures, vous n'avez
« pas même le moyen de vous sauver par la fuite. »
Gottschalk et les principaux chefs des légions, auxquels les folies du peuple qu'ils conduisaient avaient
déplu dès le principe, et qui se confiaient aux bontés
du roi, s'abandonnant à la simplicité de leur cœur,
entraînèrent les soldats à leur avis, non sans leur
faire presque violence; car ceux-ci résistaient de
toutes leurs forces, et voulaient absolument se défendre en combattant : enfin, vaincus par leurs chefs,
ils se laissèrent persuader de se livrer à la discrétion
du roi, avec leurs armes et leurs bagages, et de s'offrir ainsi, corps et biens, en expiation de tous les

excès qui l'avaient offensé. Tous se soumettent en même temps, et viennent remettre leurs armes et leurs provisions de toute espèce aux principaux officiers, porteurs des ordres du roi; et, au lieu du pardon qu'ils espéraient, bientôt ils ne trouvent que la mort. Tandis qu'ils ne s'y attendaient nullement, et que, privés du secours de leurs armes, ils ne comptaient plus que sur la juste clémence du roi, les Hongrois se précipitent sur eux, et, confondant l'innocent avec l'impie, ils font un horrible massacre, à tel point que le lieu où ils se trouvaient demeura empesté du sang et des cadavres de tant de morts, et qu'il ne resta presque plus de traces de cette immense multitude de pélerins. Quelques-uns cependant, qui parvinrent, à l'aide de la miséricorde divine, à échapper au danger commun et au glaive des Hongrois, retournèrent dans leur pays, racontèrent le massacre de leurs frères, et rendirent plus circonspects, par ces sinistres avertissemens, ceux qui se disposaient à partir pour accomplir leur vœu. Ils les engagèrent à se méfier toujours de la malice et des ruses du peuple hongrois, à ne s'avancer qu'avec prudence, et à ne négocier qu'avec une extrême circonspection.

Vers le même temps, à très-peu d'intervalle de cette catastrophe, des bandes innombrables venues de l'Occident, marchant à pied, sans chefs et sans guides, s'avançaient et se répandaient de tous côtés, sans la moindre prudence. Il y avait cependant dans le nombre de ces pélerins quelques hommes nobles, tels que Thomas de Feii, Clairambault de Vandeuil, Guillaume Charpentier, le comte Hermann et quelques autres; mais le peuple, impatient de toute discipline, ne leur obéissait point, et, négligeant les avis de tous les hommes prudens et sages, il marchait au hasard, se livrant hardiment à ses caprices et à toutes sortes d'actions illicites. Il en résulta qu'au lieu de suivre leur entreprise avec le sentiment de la crainte du Seigneur, et d'accomplir leur pélerinage pour l'amour du Christ, en se souvenant des préceptes divins et en observant la discipline évangélique, ils s'abandonnèrent à l'esprit de vertige, et massacrèrent cruellement tout ce qu'ils rencontrèrent de Juifs dans les villes et bourgs par où ils passèrent, les surprenant toujours à l'improviste, et dénués de tout moyen de défense. Ces désastres eurent lieu surtout dans les villes de Cologne et de Mayence; là aussi le comte Emicon, homme puissant et noble, illustre dans ces contrées, se joignit à eux avec une grande suite; mais oubliant la générosité qui lui eût convenu, loin de se montrer disposé à blâmer leur conduite ou à réprimer leurs excès, il prit part lui-même à tous ces désordres, et excita au crime ses compagnons de voyage. Après avoir traversé la Franconie et la Bavière, ils arrivèrent sur les frontières de la Hongrie, à un lieu nommé Mersbourg [1], et crurent qu'ils obtiendraient sans difficulté la permission d'entrer dans le pays; mais ayant trouvé les passages fermés, ils s'arrêtèrent en deçà du pont. Mersbourg était une place forte, défendue par deux grands fleuves, le Danube et la Leytha, et entourée de marais profonds; en sorte qu'il eût été très-difficile, même

---

[1] Aujourd'hui *Ovar* en hongrois, *Ungarisch Altenburg* en allemand, et *Stare-hrady* en slavon, dans les marais que forme la Leytha à son embouchure dans le Danube.

à des forces plus considérables, de forcer le passage et de chasser ceux qui le défendaient. On disait que ceux qui s'avançaient étaient au nombre d'environ deux cent mille hommes d'infanterie et près de trois mille cavaliers. Lorsqu'ils voulurent passer, le roi de Hongrie leur fit refuser l'entrée de ses États, craignant qu'ils ne conservassent le ressentiment de la destruction des légions de Gottschalk, et qu'ils ne cherchassent à les venger. Ce désastre était encore récent; on en avait fait un si horrible massacre que la nouvelle s'en était répandue partout, et tant de motifs étaient bien propres à inspirer de justes craintes au roi de Hongrie. Cependant les pèlerins obtinrent de ceux qui avaient été préposés par le roi à la garde de la ville, la permission d'envoyer des députés à ce souverain, pour lui demander humblement la paix, et l'autorisation de traverser son royaume ; et, en attendant l'issue de cette ambassade, ils se retirèrent en deçà des marais, et dressèrent leur camp au milieu de riches pâturages.

Cependant, les envoyés au roi revinrent au bout de quelques jours, sans avoir pu réussir dans leur négociation. Sur leur rapport, les hommes les plus considérables de l'armée, voyant bien qu'il n'y aurait aucun moyen de trouver grâce auprès du roi, proposèrent à leurs compagnons de dévaster les terres appartenant à ce prince, situées en deçà des deux fleuves et des marais, d'incendier les bourgs et de traiter le pays en ennemi. Tandis qu'ils se livraient avec ardeur à ces excès, sept cents hommes de la milice hongroise, ayant traversé en silence les fleuves, pour aller entreprendre de protéger le pays qu'on dévastait, se présentèrent un jour à l'improviste, en tête de l'armée des Croisés. Ne pouvant fuir devant ceux-ci, et empêchés par les eaux de rentrer dans leur pays, ils furent presque tous tués, et ceux qui se sauvèrent, en petit nombre, se cachèrent dans les joncs, après avoir perdu leurs chevaux au milieu des marais. Enorgueillis de cette victoire, les pélerins formèrent le projet d'établir des ponts sur les rivières, d'assiéger la forteresse et de s'ouvrir un passage de vive force. Conformément à ce plan, les soldats, après avoir jeté leurs ponts, s'avancent vers les murailles, sous la protection de leurs boucliers, pour travailler à les renverser par le pied, tandis que d'autres font leurs préparatifs pour entrer de vive force dans la ville. Déjà ils étaient parvenus, par leur zèle et leur activité, à faire plusieurs percées dans les murs, de manière à faciliter l'accès sur divers points. Les habitans de la ville commençaient à se livrer au désespoir et se préparaient à la mort, quand tout à coup une terreur inspirée par le ciel même se répand parmi les assaillans ; ils abandonnent leur entreprise et la plus grande partie de leurs bagages, et prennent la fuite au moment où ils semblaient vainqueurs, ignorant eux-mêmes la cause d'une telle stupeur. On dit en effet qu'il n'y avait aucun motif, si ce n'est que leurs nombreux péchés avaient provoqué la colère du Seigneur, parce qu'ils avaient suivi les voies de l'impiété, qui d'ordinaire inspire des sentimens de crainte à ceux qui s'y livrent ; car, selon les paroles du sage, *le méchant fuit sans être poursuivi de personne*[1]. Dans ce changement inespéré de for-

---

[1] Proverbes, chap. 28, v. 1.

tune, les Hongrois voyant les bataillons de leurs ennemis se sauver à la débandade, se mettent à poursuivre ceux qu'ils redoutaient naguère, et à leur tour ils portent la terreur et le carnage dans les rangs des hommes contre lesquels ils ne s'étaient pas crus suffisamment défendus par leurs remparts et leurs vastes marais. Le comte Emicon, fuyant aussi, rallia la plus grande partie de ses troupes, et les ramena dans son pays. Les autres nobles que j'ai nommés, descendant par la Carinthie, arrivèrent en Italie, et de là sur les frontières de la Pouille : ils suivirent ensuite ceux des princes qui entreprenaient le même pélerinage, et qui devaient mettre à la voile pour Durazzo, et arrivèrent ainsi en Grèce.

Tels étaient les grands mouvemens qui agitaient alors tout l'Occident ; presque toutes les nations se précipitaient en masse vers la même entreprise, les unes ayant leurs princes à leur tête, d'autres marchant isolément et dépourvues de chefs. La route la plus directe, qu'avaient découverte ceux qui passèrent les premiers par la Hongrie, fut bientôt complétement fermée, par suite de l'insolence des pélerins, et des excès de tout genre auxquels ils se livrèrent si injustement envers les habitans de ces contrées. Aussi ceux qui vinrent après eux, avertis par ces exemples, mirent-ils tous leurs soins à se concilier la faveur et les bonnes grâces du souverain de ce royaume.

LIVRE SECOND.

[1096.] Après le départ de Pierre l'ermite et la déplorable catastrophe qui frappa son armée, après le massacre des légions que Gottschalk avait traînées à sa suite, enfin après la déroute de cette immense expédition de croisés qui étaient arrivés sur les frontières de la Hongrie, Godefroi, duc de Lorraine, ayant convoqué tous ceux qui devaient l'accompagner et rassemblé, selon la coutume, tous les bagages, se mit en route dans le courant de la même année [1], le 15 du mois d'août. Les hommes nobles et illustres qui se réunirent dans son camp et dont la mémoire mérite d'être conservée à jamais, étaient le seigneur Baudouin, frère utérin du duc; le seigneur Baudouin de Mons, comte du Hainaut; le seigneur Hugues, comte de Saint-Paul, et Engelram son fils, jeune homme de grande espérance; le seigneur Garnier, comte de Gray; le seigneur Renaud, comte de Toul, et Pierre son frère; le seigneur Baudouin du Bourg, parent du duc; le seigneur Henri de Hache, et Godefroi son frère; Dudon de Conti, Conon de Montaigu, et beaucoup d'autres encore dont nous n'avons pu conserver ni les noms, ni le nombre. Tous, marchant ensemble et suivis chacun de sa troupe, arrivèrent le 20 septembre dans la province que l'on appelle Au-

[1] En 1096.

triche, et au lieu nommé Tollenbourg [1], ayant voyagé sans le moindre accident et tous sains et saufs. Cette ville est située sur la Leytha, au point où elle détermine les confins de l'Empire et du royaume de Hongrie. La nouvelle des malheurs qu'avaient éprouvés les légions de Gottschalk était parvenue aux Croisés, et ils délibérèrent, dans leur sollicitude, sur les moyens de poursuivre leur entreprise en toute sûreté. Après avoir tenu un conseil, ils résolurent d'envoyer une députation au roi de Hongrie, afin d'être parfaitement instruits des motifs qui avaient amené la destruction des armées précédentes, d'écarter tout souvenir des anciennes querelles, et de conclure avec le roi un traité de paix, en vertu duquel il fût permis à l'armée de traverser librement la Hongrie. Il eût été difficile et ruineux de chercher d'autres routes, puisqu'on se trouvait engagé dans celle-là. On chargea donc de cette mission le noble Godefroi de Hache, frère de Henri, qui, long-temps auparavant, avait eu des relations avec ce même roi, et on lui adjoignit quelques hommes honnêtes et nobles. Celui-ci donc étant arrivé auprès du roi, après lui avoir présenté ses salutations respectueuses, s'acquitta fidèlement de sa mission et parla en ces termes :

« Le seigneur Godefroi, duc de Lorraine, homme
« illustre et magnifique, et les autres princes, servi-
« teurs de Dieu, qui sont avec lui tous dévoués à un
« service divin, nous ont envoyés auprès de Votre
« Éminence, desirant savoir par notre intermédiaire
« par quels motifs ce peuple de fidèles, dont les dé-
« bris se sont fréquemment présentés à nous sur notre

[1] Prague.

« route, a trouvé auprès de vous, qui vous dites du
« nombre des fidèles, une si grande inhumanité qu'il
« eût mieux valu pour lui rencontrer des ennemis,
« quels qu'ils fussent. Que si ce peuple a commis des
« fautes telles qu'il ait mérité d'être puni des plus
« grands supplices, ceux qui m'envoient sont tout
« disposés à prendre en patience sa destruction. Quelle
« que soit la peine que l'on inflige, si elle est méritée,
« elle ne saurait exciter la colère et doit être suppor-
« tée avec résignation. Que si, au contraire, et sans
« avoir aucun motif, vous avez calomnié et livré à la
« mort des innocens, ceux au nom de qui je parle ne
« sauraient souffrir en silence l'injure faite à ces ser-
« viteurs de Dieu, et ils sont tout prêts à venger le
« sang de leurs frères. Ils attendent donc votre ré-
« ponse que nous sommes chargés de leur rapporter,
« et c'est d'après elle qu'ils régleront leurs pensées. »

Il dit, et le roi, entouré de la foule de ses satellites,
lui répondit : « Godefroi, homme de nos affections,
« à qui nous avons depuis long-temps accordé nos
« bonnes grâces à cause de tes mérites, nous voyons
« avec plaisir que tu sois venu vers nous, tant afin de
« resserrer avec toi les nœuds de notre ancienne ami-
« tié, que pour pouvoir protester de notre innocence
« auprès d'un juge aussi éclairé. Nous sommes en effet,
« comme tu le dis, du nombre des fidèles ; et plaise
« au ciel qu'il nous soit possible de justifier cette dé-
« nomination par nos œuvres ! Mais tous ceux qui vous
« ont précédés, tant ceux qui suivaient Pierre l'er-
« mite, que ceux qui marchaient avec Gottschalk et
« ceux qui ont voulu s'emparer d'un de nos forts sur
« les frontières de notre royaume et y pénétrer de vive

« force, ne se sont montrés serviteurs du Christ ni de
« fait, ni de nom. Après que nous avons eu donné
« l'hospitalité à Pierre et à son armée, partageant avec
« eux les biens qui nous appartenaient, soit à titre
« gratuit, soit à des prix modérés, semblables au ser-
« pent dans le sein qui le réchauffe, ou à la souris
« renfermée dans la besace, ils ont bien mal reconnu
« les bons services de leurs hôtes. A l'extrémité des
« frontières de notre royaume, et lorsqu'ils eussent
« dû nous rendre des actions de grâces pour tant de
« bienfaits, ils ont forcé les portes d'une de nos villes,
« détruit presque entièrement le peuple qui l'habitait,
« et ils s'en sont allés, comme des voleurs de grand
« chemin, emportant avec eux d'immenses dépouilles
« et traînant à leur suite le gros et le menu bétail.
« Cependant, et comme si nous n'avions reçu aucune
« injure de ces premiers voyageurs, nous avons admis
« ensuite l'expédition de Gottschalk ; et ses légions
« sont entrées sans difficulté et sans trouble : au mi-
« lieu même de ce royaume elles n'ont pas craint de
« se livrer au pillage, de porter partout le fer et le feu,
« de massacrer les habitans sur les plus frivoles mo-
« tifs, et l'énormité de leurs péchés a enfin provoqué
« la colère du Seigneur. Nous aussi, ne pouvant tolé-
« rer les offenses commises envers nos sujets, nous
« avons mis la main à l'œuvre et avons cherché les
« moyens de prévenir des dangers si pressans. Aver-
« tis, par de tels exemples, de la nécessité de ne point
« nous exposer une troisième fois aux violences de
« ces détestables expéditions, nous avons jugé qu'il
« était plus prudent d'éloigner des frontières de notre
« royaume ces bandes impies d'hommes frappés sans

« doute de la colère de Dieu, plutôt que d'avoir à
« souffrir d'immenses dommages et d'éternelles in-
« sultes, ou de marcher contre eux en les traitant
« comme des ennemis. Qu'il nous suffise, homme pru-
« dent et sage, de t'avoir dit toutes ces choses pour
« notre justification : nous n'avons rapporté que la
« pure vérité, comme il est vrai que le Seigneur est
« vivant. » A ces mots, le roi ordonna que les députés
fussent reçus avec bienveillance et traités le plus honnêtement possible, jusqu'à ce qu'il eût tenu conseil
avec les siens et nommé des députés qu'il enverrait
aux princes, pour leur porter une réponse convenable.
Il chargea donc quelques-uns de ses domestiques de
partir avec les députés du camp et de transmettre au
duc et aux princes le message qu'il leur avait confié :
« Nous avons appris, et nous savions déjà depuis long-
« temps par la renommée, que tu es estimé, à juste
« titre, parmi les tiens, comme un prince grand, il-
« lustre et excellent, et que les hommes sages et pru-
« dens admirent en toi la bonne foi et la sincérité
« unies à la force et à la grandeur d'ame. Nous aussi,
« séduits par ta bonne réputation et par l'importance
« de ton entreprise, nous voulons, quoique tu sois
« absent, te bien traiter et t'honorer le plus prompte-
« ment qu'il nous sera possible. Nous croyons que les
« hommes nobles qui sont avec toi, animés d'un zèle
« vraiment chrétien, n'ont que de pieuses intentions;
« aussi nous ne voulons point tenir inutilement en ré-
« serve les bons offices par lesquels on peut s'acqué-
« rir des amis ; nous sommes tout prêts à montrer à
« tous l'amour que nous leur devons et à leur donner,
« par l'abondance de nos œuvres, des gages de notre

« tendresse fraternelle. C'est pourquoi, puisque l'oc-
« casion se présente, nous desirons que tu veuilles
« bien te rendre en personne à notre château, nommé
« Ciperon [1], afin que nous puissions avoir avec toi une
« entrevue depuis long-temps desirée, et convenir
« de choses qui seront conformes à tes vœux. » Le
duc, après avoir reçu ces dépêches et tenu conseil
avec les chefs, se rendit le jour indiqué au lieu qui
lui était désigné, accompagné de trois cents chevaliers
choisis dans toute l'armée. Il traversa le pont et trouva
le roi, qui le reçut avec beaucoup de bonté et lui rendit les plus grands honneurs. Ils vécurent ensemble
dans une parfaite amitié, et convinrent enfin que l'armée donnerait des otages choisis parmi les nobles,
que des deux parts on renoncerait à toute animosité,
que la paix serait complétement rétablie, et que le
duc entrerait librement dans le royaume à la tête de
ses légions. Le roi, pour avoir un gage plus assuré de
la bonne conduite d'une si grande quantité d'hommes
armés, et pour prévenir, autant que possible, tout
accident qui pourrait les porter à commettre quelque
désordre, par une confiance excessive en leurs forces
et en leur nombre, demanda qu'on lui livrât comme
otages Baudouin, frère du duc, avec sa femme et sa
famille. Le duc y consentit avec empressement ; son
frère se rendit auprès du roi, conformément aux conventions, et l'armée entra en Hongrie. Le roi, de son
côté, exécutant fidèlement ses promesses, ordonna
par des édits qu'il fit publier dans tous les pays que
l'armée devait traverser, que l'on eût à fournir aux

[1] C'est aujourd'hui le château d'OEdenburg en Hongrie, ville que les Hongrois nomment encore Seprony ou Supron.

légions toutes les choses nécessaires à leur subsistance, à des prix modérés et à de bonnes mesures, et il prescrivit de plus aux marchands de porter à la suite des voyageurs toutes sortes de denrées. Le duc donna aussi des ordres particuliers et fit publier par des hérauts, dans tout le camp, la défense expresse de se livrer à aucun acte de pillage, de violence, ou d'insulte contre ceux qui s'approcheraient de l'armée, sous peine de mort et de confiscation des biens contre tout contrevenant; en même temps il invitait tous les pèlerins à conclure leurs marchés de vente ou d'achat comme de bons frères qui sont unis par des liens de gloire et de charité. Il en résulta que la miséricorde divine marcha en tête de l'armée et que celle-ci traversa toute la Hongrie sans qu'il se fût élevé la moindre querelle entre les voyageurs et les indigènes. Le roi la suivait de près avec toutes ses troupes, conduisant avec lui les otages, prêt à pourvoir à tout événement fâcheux et à apaiser par sa présence tout commencement de sédition. Lorsqu'on fut arrivé à Malaville [1], dont j'ai déjà parlé plusieurs fois, on s'arrêta sur les bords du fleuve Savoé [2], jusqu'à ce qu'on eût fait les dispositions nécessaires pour le passage de l'armée. On fit faire des radeaux, parce qu'on n'avait trouvé qu'un très-petit nombre de bâtimens propres à transporter une aussi grande quantité de monde : d'abord on fit passer mille cavaliers bien cuirassés, qui allèrent s'établir sur la rive opposée pour la garantir de toute embûche ennemie, afin que l'armée pût passer en sûreté et prendre tranquillement ses nouvelles posi-

---

[1] Semlin.
[2] La Save.

tions. A peine était-elle arrivée sur l'autre bord, ayant en tête quelques uns de ses chefs, que le roi de Hongrie s'avança accompagné de tous les siens, et remit aussitôt entre les mains du duc le seigneur Baudouin, sa femme et tous les otages, ainsi qu'il avait été convenu dès le principe; puis il offrit de riches présens au duc et à tous les autres princes, et se remit en route pour entrer dans le sein de ses États. Le duc, suivant ses légions, traversa tout de suite le fleuve avec les princes et tous ceux qui étaient restés auprès de lui; on arriva à Belgrade, ville de Bulgarie, dont j'ai déjà fait mention, et l'on y dressa le camp. De là les bagages et les légions se mirent de nouveau en route, traversèrent la Bulgarie, vaste contrée, remplie de forêts qui s'étendent de toutes parts, et arrivèrent d'abord à Nissa et ensuite à Stralicie [1].

Il était facile de reconnaître quelles étaient alors la misère des Grecs et la faiblesse de leur empire, d'après l'état de ces contrées, où avaient été autrefois des provinces riches et fertiles, dans lesquelles on trouvait toutes les douceurs et tous les agrémens de la vie. Lorsque l'empire de Constantinople, après l'extinction des princes latins, fut tombé, en punition de ses péchés, au pouvoir du premier Nicéphore, les nations barbares, comptant sur la faiblesse des Grecs, se précipitèrent dans leurs provinces, et traitèrent au gré de leurs caprices les habitans de ce pays. Parmi ces nations, les Bulgares, peuple sauvage descendu du Nord, suivirent le

[1] On conjecture que Stralicie était où se trouve aujourd'hui le petit village de Strazin, dans la haute Macédoine, entre Coumonawa et Egri-Palauka.

cours du Danube jusqu'à la ville Royale, se répandirent de là jusqu'à la mer Adriatique, et occupèrent tout le pays, confondant et détruisant les noms et les limites des provinces, dans cette vaste étendue de territoire qui s'étend, à ce qu'on dit, sur un espace de trente journées de marche en longueur, et de dix journées et plus en largeur, et qui s'appelle la Bulgarie. Les malheureux Grecs ignorent que ce nom même atteste leur ignominie. Sur la mer Adriatique, il y avait autrefois les deux Épires qui avaient l'une et l'autre Durazzo pour métropole, pays qui avait formé jadis le royaume d'un homme courageux et digne d'admiration, Pyrrhus, roi des Épirotes. Dans les lieux où le duc devait passer avec son armée, étaient les deux Dacies, savoir la Dacie Ripéenne qu'ils laissèrent à gauche en traversant le Danube, et la Dacie méditerranéenne, dans laquelle ils entrèrent, et où ils trouvèrent les deux villes de Nissa et de Stralicie jadis florissantes. Il y avait en encore plusieurs autres provinces dans le même territoire, l'Arcadie, la Thessalie, la Macédoine, les trois Thraces, qui toutes avaient été enveloppées dans la même calamité. Et ce ne sont pas là les seules provinces que les Grecs aient perdues par suite de leur mollesse. Après que leur empereur Basile eut subjugué ce même peuple des Bulgares, ils défendirent et défendent encore aujourd'hui à tous venans de s'établir dans les provinces ultérieures, et principalement dans celles qui sont limitrophes des royaumes étrangers, par lesquelles on peut arriver jusqu'à eux, comme, par exemple, les deux Dacies; et ils ne veulent pas souffrir que ces pays soient cultivés, car ils pensent qu'en les laissant occupés de toutes parts par des forêts et des taillis touffus, ils opposeront des obstacles invincibles à tous ceux qui voudraient y pénétrer, témoignant ainsi qu'ils se confient aux difficultés des chemins et aux armes des buissons épineux beaucoup plus qu'à leurs propres forces. C'est ainsi qu'ils laissent également dénuée de tous habitans la première Épire, par laquelle tous les autres princes s'ouvrirent un passage, et qui s'étend depuis Durazzo jusqu'au mont dit *Bagularius*, dans un espace de quatre journées de marche, comptant que de vastes forêts désertes, où l'on ne trouve ni routes ni subsistances, seront une barrière insurmontable à tous ceux qui tenteraient d'y passer.

Le duc ayant donc traversé avec toutes les légions la Dacie méditerranéenne, autrement dite Mœsie, passa ensuite les défilés vulgairement appelés de Saint-Basile, et descendant dans un pays plus uni, où il trouva des vivres en grande abondance, il arriva à Philippopolis, ville illustre et très-peuplée. Il apprit alors que le seigneur Hugues-le-Grand, frère de Philippe, roi de France, ainsi que quelques autres nobles, étaient retenus captifs par l'empereur. Il expédia en toute hâte des dépêches et des messagers chargés d'inviter, et, au besoin, de sommer l'empereur de rendre la liberté à ces hommes qui accomplissaient leur vœu de pèlerinage, et qui avaient été jetés dans les fers sans avoir commis aucune faute. L'illustre Hugues-le-Grand, qui s'était mis en route l'un des premiers, avait traversé les Alpes, était descendu en Italie, et, se rendant de là dans la Pouille, il avait passé la mer avec une faible escorte, et débarqué à Durazzo, pour y attendre les princes qui venaient après lui, ne craignant nullement qu'il pût lui arriver le moindre événement fâcheux dans ce royaume des Grecs qu'on croyait attachés et fidèles à la communion chrétienne. Cependant le gouverneur du pays, après l'avoir fait arrêter et charger de fers, l'avait envoyé à l'empereur pour être livré au bon plaisir du souverain. Celui-ci le retenait en prison, comme s'il eût été un voleur ou un homicide, et en attendant, disait-il, l'arrivée des autres princes; en sorte que, s'ils arrivaient en effet, il pût paraître lui avoir rendu la liberté pour l'amour d'eux, tandis que, dans le cas contraire, il lui était facile de le retenir toute sa vie dans les fers.

L'empire des Grecs était gouverné à cette époque par un homme méchant et plein de fourberie, nommé Alexis, et surnommé Comnène. Cet homme avait vécu dans le palais impérial, comblé d'honneurs par Nicéphore, surnommé Botoniate, qui portait alors le sceptre. Alexis était revêtu de la dignité de *mégadomestique*, qui correspond à ce que nous appelons la charge de grand-sénéchal, et en remplissait les fonctions. Son rang le plaçait immédiatement après l'empereur; mais, se révoltant méchamment contre son maître et son bienfaiteur, il avait détrôné l'empereur, et usurpé sa place cinq ou six ans avant l'arrivée des peuples d'Occident [1], et il osait se maintenir sur le trône, après l'avoir occupé de vive force.

Les envoyés du duc, s'étant donc présentés devant ce souverain, lui demandèrent avec les plus vives instances, conformément à leurs ordres, de mettre

---

[1] En 1081.

en liberté l'illustre Hugues, et ceux qui l'accompagnaient. L'empereur s'y refusa positivement, et les députés allèrent rejoindre nos légions qui venaient de dépasser Andrinople, et avaient dressé leur camp dans un pays de pâturages. Sur le rapport que leur firent les députés, que l'empereur n'avait voulu consentir, à aucun prix, aux demandes qui lui étaient faites, le duc et les princes tinrent un conseil, à la suite duquel tout le pays qu'on occupait fut livré à discrétion aux légions. L'armée y demeura pendant huit jours, et cette contrée fut complétement ravagée. L'empereur, dès qu'il en fut instruit, envoya des députés au duc pour lui demander de faire cesser le pillage, et lui annoncer en même temps qu'on allait lui remettre les prisonniers dont il avait sollicité la délivrance. Satisfait de cette promesse, le duc ordonna aux légions de s'abstenir de tout nouveau dégât. Celles-ci étant rentrées dans l'ordre, on marcha vers Constantinople, et l'armée, rassemblant toutes ses forces, établit son camp et dressa ses tentes auprès de cette ville. Les seigneurs captifs s'avancèrent à sa rencontre, Hugues-le-Grand, Drogon de Neille, Guillaume Charpentier et Clairambault de Vandeuil; ils se rendirent au camp pour offrir leurs actions de grâces au duc. Celui-ci les reçut avec beaucoup de tendresse et avec les honneurs qui leur étaient dus; il les garda quelque temps auprès de lui, se montrant plein de commisération pour les maux qu'ils avaient injustement soufferts.

A peine cependant s'étaient-ils félicités tour à tour par de tendres embrassemens et dans des entretiens intimes, qu'on annonce des députés de l'empereur,

qui viennent inviter le duc à se rendre auprès de lui
avec quelques-uns des siens. Le duc tint aussitôt un
conseil, et chercha à éluder cette proposition. L'empereur en conçut une grande colère, et fit interdire
l'accès de tous les marchés aux légions qui venaient
d'arriver. Les princes voyant que le peuple qu'ils conduisaient allait être réduit à manquer de tout, tinrent
de nouveau un conseil. Des bandes de gens armés
se répandirent aussitôt dans les faubourgs et dans les
campagnes, et ramenèrent de tous côtés des bestiaux
et des vivres de toute espèce, en si grande abondance
que les moindres individus de l'armée en avaient
beaucoup plus qu'ils ne pouvaient en consommer.
L'empereur, apprenant que le pays était livré au
pillage et à l'incendie, et redoutant de plus grands
malheurs, retira sa première défense, et les marchés
furent r'ouverts. Comme les fêtes solennelles de Noël
approchaient, les princes ordonnèrent, par un sentiment religieux, que l'armée eût à s'abstenir, pendant
les quatre jours de fête, de tout pillage et de toute
insulte envers qui que ce fût. Cette époque de solennité fut célébrée en effet dans le plus grand calme.
L'empereur envoya alors un nouveau messager porteur de paroles pacifiques qui ne servaient qu'à cacher ses ruses. Il faisait proposer au duc de passer
le pont qui est situé auprès du palais appelé Blachernes, afin que les légions allassent s'établir dans
les nombreux palais qui sont bâtis sur le rivage du
Bosphore. Il n'eut pas de peine à faire agréer sa proposition. Le camp était exposé à toutes les rigueurs
de l'hiver ; des torrens de pluie l'inondaient à tel
point que les pavillons en étaient à peine garantis

par leurs auvents; les vivres, les bagages se corrompaient et pourrissaient dans l'humidité sans cesse entretenue par des pluies continuelles. Les hommes, les chevaux et tous les animaux n'auraient pu résister plus long-temps à la vivacité du froid et à l'abondance de la neige qui tombait presque sans relâche; enfin, les maux qu'on avait à endurer surpassaient les forces de tous. L'empereur, tout en paraissant compatir à ces souffrances, avait cependant de bien autres projets; il ne desirait voir accepter ses propositions qu'afin de resserrer nos légions sur un terrain plus étroit, pour leur enlever ainsi les moyens de se répandre au dehors, et pour pouvoir lui-même les contenir plus sûrement, et se conduire selon ses caprices. Mais, afin de faire mieux comprendre quelles pouvaient être ses intentions, il me paraît nécessaire de donner une description du site de Constantinople.

La mer du Pont, qui reçoit son nom de la contrée adjacente, est située au nord de Constantinople, à une distance de trente milles. De là une portion de cette mer descend vers le midi, en forme de fleuve, à travers d'étroits passages, puis elle se prolonge en droite ligne, sur une longueur de deux cent trente milles, passant entre Sestos et Abydos, villes très-anciennes, dont l'une est en Europe et l'autre en Asie, et se joint ensuite à notre mer Méditerranée. Ce canal naturel qui établit une communication entre les deux mers, après avoir parcouru un premier espace de trente milles à travers les gorges resserrées qui marquent son origine, descend en droite ligne et forme vers l'occident un golfe qui a cinq ou six milles de longueur et à peu près un mille de largeur. Ce bras de mer, qui s'étend sur une longueur de deux cent trente milles, depuis la mer du Pont jusqu'à la mer Méditerranée, s'appelle le Bosphore de la Propontide, ou Hellespont. Solin confirme cette description (dans le 17ᵉ chapitre de son livre *de Memorabilibus*) en disant : « Le quatrième golfe d'Europe commence « à l'Hellespont et se termine à l'embouchure des « Méotides : cet espace, qui sépare l'Europe de l'Asie, « est contenu dans un détroit de sept stades de « largeur. » C'est cet Hellespont que Xercès traversa en faisant former un pont de vaisseaux. L'Euripe ou Hellespont s'étend jusqu'à la ville d'Asie, appelée Priape[1], par où passa Alexandre-le-Grand, lorsqu'il partit dans l'espoir d'aller conquérir le monde. Là, la mer s'étend sur un vaste espace, puis elle se resserre de nouveau dans la Propontide ; bientôt après elle n'a plus qu'une largeur de cinq cents pas et devient à cet endroit le Bosphore de Thrace, par où Darius transporta toute son armée. Ces divers noms proviennent, à ce qu'il paraît, des anciennes fables des poètes. Le Bosphore est appelé ainsi, parce qu'on raconte que Jupiter prit la forme d'un taureau et traversa cette mer, enlevant Europe, fille d'Agénor ; le nom d'Hellespont est venu d'Hella, sœur de Phryxus, qui, suivant ce qu'on raconte, montée sur un bélier avec son frère, traversa aussi ce même bras de mer, au point où il marque les limites de l'Europe et de l'Asie ; il est appelé vulgairement bras de Saint-George. J'ai déjà dit quelle est sa longueur ; quant à sa largeur, elle n'a absolument rien de fixe, et selon la disposition des terres adjacentes, tantôt elle est resserrée

---

[1] Sur les ruines de Priape est aujourd'hui un village appelé Karaboa.

jusqu'à un mille, tantôt elle s'étend à plus de trente milles. Le golfe dont j'ai déjà parlé et qui se dirige vers l'occident, forme l'un des ports les plus fameux entre tous ceux que possede le monde : en dessous de ce port et du Bosphore, se trouve une ville, située dans un angle, anciennement appelée Byzance, ville d'origine obscure, et l'une des plus modernes parmi celles de la Thrace ; illustrée par le nom plus heureux de l'empereur qui travailla à son agrandissement, elle est devenue la reine des provinces, la capitale de l'Empire, s'est montrée jalouse de Rome son aînée, et lui a envié son nom et son rang. Elle fut fondée par Pausanias, roi des Spartiates ; Paul Orose en a donné dans son troisième livre une description exacte ; elle a la forme d'un triangle à trois côtés inégaux ; le premier côté commence à l'angle qui est formé par le port et l'Hellespont, où est située l'église de Saint-George, appelée Mangane, et se prolonge en droite ligne sur le port, jusqu'au palais neuf, nommé Blachernes. Le second côté part du monastère de Saint-George et va jusqu'à la porte Dorée, le long de l'Hellespont ; enfin le troisième côté s'étend depuis la même porte jusqu'au palais de Blachernes et est borné par les champs et défendu par des murailles, des tours et des remparts. Il y a une rivière qui entre dans le port, peu considérable en été, mais dont les pluies d'hiver font un torrent et sur laquelle est établi un pont. Ce fut ce pont que passa notre armée, pour aller prendre ses quartiers dans les beaux édifices situés sur le rivage même du Bosphore, entre la mer et le Bosphore d'un côté, et le port de l'autre.

Tandis que nos légions demeuraient là, attendant

l'arrivée des autres princes, le duc recevait de fréquens messages, par lesquels l'empereur l'invitait à venir le voir. Mais, se méfiant de son amitié et redoutant ces entretiens, le duc cherchait toujours à les éluder. Il jugea cependant qu'il serait tout-à-fait inconvenant et contraire à toutes les lois de l'honnêteté, de ne pas lui envoyer du moins des hommes capables de le représenter, s'il n'y allait lui-même en personne. Il fit donc porter ses excuses à l'empereur et chargea de cette mission le seigneur Conon de Montaigu, Baudouin du Bourg et Henri de Hache. L'empereur, ne sachant comment triompher de la résistance du duc, imagina de nouveau d'interdire les marchés à notre armée. Mais cette mesure ne put ébranler un homme si ferme. Alors, appesantissant sa main, l'empereur envoya en secret des archers, qui s'embarquèrent, vinrent aborder du côté du camp, et dès le matin, au premier crépuscule, lancèrent une grande quantité de flèches sur ceux des nôtres qui étaient descendus au bord de la mer, ou qui regardaient des fenêtres des palais qu'ils habitaient : ils tuèrent de cette manière plusieurs de nos soldats. Dès que le duc en fut informé, il convoqua sur-le-champ tous les princes, tint un conseil et ordonna à son frère de se porter en avant avec une partie des troupes et d'aller s'emparer du pont par où l'armée avait passé, afin qu'elle ne se trouvât pas resserrée et exposée aux plus grands dangers dans les défilés qu'elle occupait. Baudouin prend aussitôt cinq cents cavaliers bien cuirassés, court en toute hâte au pont et s'en empare de vive force. Il était temps ; non seulement ceux qui s'étaient approchés du camp sur les vaisseaux se montraient déjà en ennemis, mais toute la ville elle-même se mettait en mouvement et prenait les armes. Les nôtres voyant bien que ce n'était pas sans méchante intention qu'on leur avait préparé de nombreux adversaires, et que tous les citoyens se réunissaient pour les accabler, mirent le feu à tous les palais où ils avaient été logés et l'incendie s'étendit, sur une longueur de six à sept milles, tant aux bâtimens des particuliers qu'à ceux qui appartenaient à l'empereur. Cependant les cors et les clairons rappelèrent les soldats de tous les points qu'ils occupaient; ils coururent aux armes en toute hâte, et le duc à mesure qu'ils arrivaient les formait en bataillons et disposait tout pour le départ. Les hommes qui avaient le plus d'expérience de l'art militaire craignaient que l'ennemi ne s'emparât du pont, et que l'armée ne fût facilement accablée dans l'étroit défilé où elle se trouvait engagée. C'est pourquoi on se hâta d'envoyer d'abord des cavaliers, sans attendre la réunion des corps d'infanterie. Baudouin, ainsi que je l'ai dit, avait couru au pont pour s'en emparer de vive force, et après en avoir chassé l'ennemi, il s'était établi sur l'autre rive pour protéger le passage. Le duc arriva en effet à la tête de ses légions, emmenant aussi les bagages et les approvisionnemens de toute espèce, et l'armée passa sans aucune difficulté, et s'arrêta en dehors de la ville, dans une plaine vaste et ouverte de toutes parts. Vers le soir on livra combat entre l'église des saints martyrs Côme et Damien (aujourd'hui vulgairement appelée le château de Boémond), et le palais neuf de Blachernes, situé à un angle de la ville, tout près du port; les Grecs y perdirent beaucoup de monde, et ne pouvant résister à l'attaque de notre armée, ils se retirèrent dans la ville. Les nôtres, pour prix de leur victoire, se maintinrent avec vigueur sur le champ de bataille, et dressèrent leur camp dans le lieu le plus convenable. Une nouvelle attaque de tous les citoyens eût peut-être amené une affaire encore plus sérieuse et un plus grand massacre, tant la haine échauffait tous les esprits, si la nuit ne fût enfin venue séparer les combattans. Ce fut alors que l'on reconnut pour la première fois, et de manière à n'en pouvoir douter, quelles avaient été les perfides intentions de l'empereur, en ordonnant la translation du camp : il devint évident qu'il avait voulu resserrer dans un étroit espace une population qui lui était suspecte, afin de la contenir comme dans une enceinte.

Le lendemain, à la pointe du jour, le duc ordonne et fait publier partout que l'armée ait à prendre les armes; qu'une partie des troupes, marchant sous les chefs qui seront désignés, parcoure toute la contrée, pour aller chercher des vivres, puisque l'empereur a interdit les marchés, qu'on cherche les moyens de s'en procurer, soit de vive force, soit à prix d'argent, qu'on ne laisse en arrière ni le gros et le menu bétail, ni les grains, ni enfin tous les approvisionnemens de bouche que l'on pourra rassembler; et il annonce que pendant ce temps il restera lui-même avec les autres chefs et une portion de l'armée, pour veiller à la sûreté du camp : car, ayant découvert la perfidie de l'empereur et des siens, on prenait toutes les précautions possibles pour se défendre de ses piéges. Ceux qui partirent pour aller fourrager formaient des troupes nombreuses de gens à pied et à cheval : pendant six jours de suite ils battirent tout le pays et se répandirent jusqu'à soixante milles à la ronde : le huitième jour ils rentrèrent au camp, rapportant d'immenses provisions, plus qu'il ne serait possible de l'évaluer, à tel point qu'ils avaient grand'peine à se faire suivre de tous les bestiaux, des chariots et des bêtes de somme qu'ils traînaient après eux.

Tandis que ces choses se passaient dans le camp, un messager arrive, se présente devant le duc de la part du seigneur Boémond, et lui remet une lettre ainsi conçue : « Sachez, homme excellent, que vous « avez affaire avec la plus mauvaise bête féroce et « l'homme le plus scélérat qui existe; son dessein est « de tromper toujours, et de tourmenter de toutes « les manières possibles, et jusqu'à la mort, toutes « les nations latines. Une fois ou l'autre, vous reconnaîtrez par votre expérience que je parle de lui « comme il le mérite. Je connais la malice des Grecs, « et leur haine obstinée et implacable pour le nom « latin. Ainsi donc, quittez cette ville s'il vous plaît, « rendez-vous dans les environs d'Andrinople ou de « Philippopolis, et donnez des ordres pour que les « légions que le Seigneur vous a confiées puissent se « réjouir dans un pays fertile où elles trouveront le « repos et des vivres en abondance. Pour moi, avec « l'aide de Dieu, je me hâterai de vous rejoindre vers « le commencement du printemps, pour vous offrir, « avec des sentimens fraternels et comme à mon sei- « gneur, mes conseils et mes secours contre le prince « impie qui commande aux Grecs. » Après avoir lu et examiné avec attention le contenu de cette lettre, le duc tint un conseil des princes, et répondit ensuite de vive voix par l'intermédiaire du messager, et aussi par écrit : « J'ai su, mon très-cher frère, et depuis « long-temps la renommée m'avait appris, que les « Grecs astucieux ont toujours pris soin de poursuivre « notre peuple d'une haine ardente et inexorable. S'il « m'eût manqué quelque lumière à ce sujet, chaque « jour m'apprendrait à le mieux reconnaître. Je ne doute « point que les sentimens qui vous animent contre « eux ne soient très-fondés, et que vous ne les jugiez « comme ils le méritent. Mais ayant toujours devant « les yeux la crainte de Dieu, et considérant l'objet « de mon expédition, je répugne à diriger contre un « peuple chrétien les coups destinés aux infidèles. « L'armée agréable à Dieu, qui est avec nous, attend « avec la plus grande impatience votre arrivée, et se « réjouit de la présence des autres princes qui se sont « consacrés au Seigneur. »

L'empereur cependant, ainsi que tous ses domestiques et ses familiers, était fort inquiet, soit en voyant toute la contrée exposée au pillage, et en entendant les plaintes et les lamentations de tous ses sujets, soit en apprenant que le seigneur Boémond avait envoyé des messagers pour porter la nouvelle de sa prochaine arrivée. Craignant, s'il ne parvenait à apaiser le duc avant la venue des autres princes, que tous ne se réunissent pour travailler de concert à sa ruine, l'empereur fit de nouveau solliciter le duc de se rendre auprès de lui; il insista même beaucoup plus vivement qu'il ne l'avait fait encore; il lui proposa de lui envoyer en otage son fils Porphyrogénète, et l'invita, aussitôt qu'il aurait reçu ce gage de sa foi, à s'avancer vers le palais, sans conserver la moindre crainte. Ces propositions ayant été agréées par les princes, et Conon de Montaigu et Baudouin du Bourg étant allés recevoir le fils de l'empereur de ses propres mains, on le confia à la garde du frère du duc, et celui-ci, se faisant accompagner des autres princes, laissa à son frère le commandement de l'armée, et se rendit à Constantinople, où il s'était fait desirer si long-temps. L'empereur le reçut avec les plus grands honneurs, en présence des hommes illustres de sa cour, empressés de voir celui dont ils avaient tant entendu parler, et qu'ils avaient appris aussi à connaître. Les princes qui l'avaient accompagné furent aussi honorés du salut impérial, ainsi que leur dignité leur en donnait le droit, et admis à recevoir le baiser de paix. L'empereur s'informa de leur santé avec le plus grand soin, interpellant chacun d'eux par son nom, afin de gagner leur bienveillance, et se montra extrêmement affable et bon envers tous. Enfin, se rapprochant du duc, il lui parla en ces termes : « L'empereur a appris, duc très-chéri, que tu es le « plus puissant parmi les princes qui t'entourent ; il « n'ignore point la pieuse entreprise que tu poursuis « avec zèle, animé d'une fervente dévotion ; il sait, « en outre, que la renommée célèbre de tous côtés « la fermeté de ton courage et la sincérité de ta foi. « Aussi, pour prix de tes hautes vertus, tu as conquis « la bienveillance de beaucoup de personnes qui même « ne t'avaient jamais vu. Nous également, voulant te « montrer que nous avons pour toi des entrailles de « père, et t'honorer d'une façon particulière, nous « avons résolu de t'adopter aujourd'hui même comme « notre fils, en présence des seigneurs de notre sacré

« palais, remettant ainsi notre Empire en ton pouvoir,
« afin qu'il soit maintenu par toi dans toute son inté-
« grité, en présence enfin de la multitude ici réunie,
« et de celle qui viendra encore s'y joindre. » A ces
mots, l'ayant fait revêtir des habits impériaux avec
toutes les cérémonies qui étaient en usage à la cour
pour célébrer la solennité de l'adoption, il le nomma
son fils, selon la coutume du pays, et rétablit ainsi
la paix et la bienveillance entre les deux nations.

A la suite de cette cérémonie, l'empereur fit ouvrir
ses trésors tant au duc qu'à ses compagnons, et leur
offrit, avec une grande libéralité, de superbes présens
en or, en pierres fines, en ouvrages de soie, en vases
précieux, objets magnifiques, et dont le prix ne pouvait être évalué, tant à cause de l'élégance de la main-
d'œuvre que de l'extrême beauté de la matière. Comblés de ces dons et de l'immense quantité de ces
richesses, tous admiraient la munificence du prince.
Sa libéralité envers le duc alla même encore plus loin :
depuis le jour de l'Épiphanie jusqu'au jour de l'As-
cension, chaque semaine on lui envoyait du palais impérial des pièces d'or autant que deux hommes vigoureux pouvaient en porter sur leurs épaules, et dix
boisseaux de deniers de cuivre. Le duc cependant
n'en réservait rien pour lui-même, et distribuait généreusement tous ces trésors aux nobles et au peuple,
suivant les besoins que chacun paraissait avoir. Cependant, après en avoir reçu la permission, le duc
quitta l'empereur, et retourna à son camp suivi de
son escorte. Il renvoya alors à l'empereur son fils
Jean qu'on avait retenu en otage jusqu'à son retour,
et le fit accompagner convenablement. L'empereur

rendit alors et fit publier un édit par lequel il ordonna qu'on eût à vendre à l'armée du duc toutes les choses dont elle aurait besoin, à juste prix et à bon poids, sous peine de mort contre tout contrevenant. De son côté, le duc fit proclamer dans tout le camp par des hérauts que l'on eût à s'abstenir de toute injure et de toute violence contre les sujets de l'empereur, également sous peine de mort. Dès ce moment, peuple et soldats vécurent assez bien ensemble, et les transactions s'opérèrent de part et d'autre en toute tranquillité.

Vers le milieu du mois de mars, le duc, ayant appris que les autres princes étaient arrivés dans les environs, et se disposaient à s'avancer avec leurs armées, fit tous ses préparatifs pour traverser l'Hellespont, sur l'invitation de l'empereur, et du consentement de ses troupes et de tous les chefs; il passa la mer, conduisit son armée en Bythinie, la première province que l'on rencontre dans l'Asie, et fit établir son camp auprès du bourg de Chalcédoine. C'est dans cette ville qu'au temps du pape Léon l'ancien et de l'empereur Marcien [1], se rassembla le quatrième concile général, qui fut composé de six cent trente-six Pères de l'Église, et qui s'unit contre les impiétés du moine Eutychès et de Dioscore, patriarche d'Alexandrie. Ce lieu, voisin de Constantinople, n'en est séparé que par le Bosphore; on voit même la ville royale, et ceux qui y avaient affaire pouvaient facilement y aller et en revenir en trois ou quatre jours. L'empereur avait fortement insisté auprès du duc pour qu'il hâtât son départ et celui de son armée, mais sans lui parler avec franchise, et en usant tou-

[1] En 451.

jours de ses ruses accoutumées : son intention était que les troupes du duc ne pussent pas se réunir à celles qui étaient sur le point d'arriver. Il usa du même artifice avec ceux qui vinrent successivement à Constantinople, et les força à partir toujours séparément, afin que deux armées ne se trouvassent jamais ensemble devant la ville.

Tandis que toutes ces choses se passaient à Constantinople entre l'empereur et le duc de Lorraine, le seigneur Boémond, prince de Tarente et fils de Robert Guiscard, qui, avant le commencement de l'hiver, avait traversé la mer Adriatique, et s'était rendu à Durazzo avec son armée, s'ouvrit un chemin, marchant à pied, avec tous ceux qui le suivaient, à travers les déserts de la Bulgarie. Des hommes nobles et puissans pour la plupart s'étaient réunis à son camp, tant de l'Italie que de plusieurs autres provinces. Nous avons conservé en partie leur nombre et leurs noms pour en perpétuer la mémoire : Tancrède, fils du marquis Guillaume ; Richard, prince de Salerne, fils de Guillaume Bras-de-Fer, celui-ci frère de Robert Guiscard ; Ranulfe, frère de Richard ; Robert de Hanse, Hermann de Cani, Robert de Sourdeval, Robert, fils de Tristan ; Honfroi, fils de Rodolphe ; Richard, fils du comte Ranulfe ; le comte de Rosinolo avec ses frères, Boile de Chartres, Albered de Cagnano et Honfroi de Montaigu. Tous ces chevaliers, suivant la bannière de Boémond, arrivèrent à la ville de Castorée [1], et y célébrèrent les fêtes de Noël. Comme les citoyens de cette ville ne voulurent apporter ni vendre aucune

---

[1] Dans l'intérieur de la Macédoine, au bord d'un lac ; c'est l'ancienne Celethrum.

denrée aux pélerins, ils furent contraints d'enlever de vive force le gros et le menu bétail, et tout ce dont ils avaient besoin pour se nourrir, et de faire ainsi beaucoup de dommage aux habitans de tous les environs, qui les prirent en exécration comme des ennemis. Étant partis de là, ils allèrent établir leur camp dans un pays très-fertile, nommé Pélagonie [1]. Ils apprirent qu'il y avait dans le voisinage une ville qui n'était habitée que par des hérétiques; ils s'y rendirent en toute hâte, s'en emparèrent de vive force, mirent le feu à toutes les maisons, brûlèrent une partie des habitans, passèrent au fil de l'épée tout ce qui en restait, firent un immense butin, et emportèrent de riches dépouilles.

L'empereur cependant, ayant appris que les légions de Boémond s'approchaient, ordonna secrètement aux chefs de ses armées, qu'il avait envoyées prendre leurs quartiers d'hiver dans les mêmes pays, de rassembler toutes les forces disponibles, et de suivre sans relâche la marche de Boémond jusqu'au fleuve Bardarius [2], en ayant soin de se tenir toujours de côté, afin de saisir toutes les occasions qui se présenteraient dans la nuit, vers le soir, à l'improviste, ou de toute autre manière, pour harceler constamment l'armée dans sa marche. Il avait en effet des raisons particulières de se méfier de Boémond; ce seigneur, ainsi que son père, lui avait fait en diverses rencontres de vives insultes. Comme il était plein de ruses et habile à se montrer flatteur et à dissimuler ses projets, l'empereur envoya en même temps

---

[1] La Pélagonie était la partie supérieure de la Macédoine, vers les sources de l'Axius.

[2] Aujourd'hui le Vardas ou Verdas; c'est l'ancien Axius.

à l'illustre Boémond quelques nobles de sa domesticité, les chargeant de lui porter des paroles de paix, pour cacher ses artifices, et de tenter tous les moyens de le tromper. Voici ce que ces messagers avaient reçu ordre de lui dire, et ce qui était en même temps contenu dans les lettres qu'il lui adressait : « Notre empereur, protégé de Dieu, a ap-
« pris, et n'en doute nullement, que tu es un prince
« grand, puissant et accompli, fils d'un prince ma-
« gnifique, très-puissant et très-habile. Aussi, et en
« raison de ton rare mérite, nous t'avons jusqu'à ce
« jour tendrement chéri et bien traité, quoique nous
« n'ayons jamais joui de ta présence. Maintenant que
« nous avons appris que tu entreprends un péleri-
« nage pour le service de Dieu, et pour accomplir
« une œuvre de piété, et que tu t'es adjoint d'autres
« princes également consacrés à Dieu, nous avons à
« cœur de t'aimer encore plus, et nous avons forte-
« ment résolu de t'honorer avec beaucoup plus de
« tendresse. C'est pourquoi, notre très-cher, ordonne
« aux peuples qui marchent avec toi d'épargner tous
« nos sujets ; fais cesser la violence, les pillages, les
« incendies, et hâte-toi d'arriver le plus tôt possible
« en notre présence, afin que tu puisses jouir en toute
« sécurité des grands honneurs et des témoignages de
« bienveillance dont nous avons résolu de te com-
« bler. Nous avons prescrit à ceux qui te remettront
« les présentes, de faire donner à tes armées tout ce
« dont elles auront besoin pour de justes prix, et d'a-
« voir soin qu'elles soient suivies, sans aucune inter-
« ruption, de toutes sortes de denrées. » Ces paroles qui semblaient n'exprimer que les meilleurs senti-

mens d'humanité, cachaient cependant un venin secret. Aussi Boémond, en homme adroit et pénétrant, ayant reconnu la méchanceté de l'empereur, dissimula avec soin, et se tenant en même temps sur ses gardes, il lui fit rendre des actions de grâces pour la sollicitude qu'il daignait lui témoigner. Il arriva avec ses guides sur les bords du fleuve Bardarius. Déjà une portion de son armée l'avait traversé, et s'était reformée sur la rive opposée ; le reste se disposait également à passer sur les bateaux, lorsque tout à coup les satellites de l'empereur, qui suivaient les traces des nôtres avec des forces considérables, croyant avoir trouvé une excellente occasion, se précipitent sur la portion de notre armée qui n'avait pas encore passé comme sur des ennemis et la pressent vivement. Tancrède, homme plein de bravoure et d'ardeur, ayant reconnu le mouvement, s'élance comme la foudre, traverse le fleuve à la nage, et rejoint la rive qu'il avait déjà abandonnée. Les cavaliers, au nombre de deux mille environ, le suivent de près ; à peine arrivés sur l'autre bord, ils s'élancent sur les Grecs, enfoncent toutes leurs cohortes, les mettent en fuite, les poursuivent pendant quelque temps en leur tuant beaucoup de monde, et font aussi quelques prisonniers, qu'ils ramènent au camp et conduisent en présence de Boémond. Ce prince les interrogea avec soin, et leur demanda pour quel motif ils avaient attaqué l'armée chrétienne? Ils répondirent « qu'étant les hommes de l'empereur, et recevant de « lui leur solde, ils étaient tenus de combattre con- « formément à ses ordres. » Il devint dès lors évident aux yeux de tous que tout ce que l'empereur leur avait fait dire n'était que fraude et artifice : cependant, comme on devait traverser la capitale de l'empire, Boémond, contre l'avis de tous les autres, voulut que l'on dissimulât ses ressentimens, plutôt que de provoquer inutilement la colère de l'empereur.

Après avoir traversé la Macédoine et toute l'Illyrie, l'armée hâtant sa marche en vertu des ordres de ses chefs, s'approcha auprès de la ville royale. Elle s'arrêta dans le voisinage, et le cinquième jour de fête, avant les solennités de Pâques, Boémond reçut une nouvelle députation de l'empereur, qui le faisait inviter à laisser ses troupes en arrière, et à se rendre à Constantinople avec quelques-uns des siens; il hésita quelque temps, et redoutant de secrètes embûches, il chercha à retarder de jour en jour l'exécution des ordres qu'il recevait. Tandis qu'il était ainsi indécis et flottant dans ses résolutions diverses, l'illustre duc Godefroi, cédant aux instances et aux prières réitérées de l'empereur, qui le suppliait d'aller à la rencontre de Boémond, et de le ramener sans crainte dans la ville, arrive au camp de celui-ci, accompagné d'un cortége magnifique de princes. Les tendres embrassemens, les baisers de sincère amitié, témoignent la joie qu'ils éprouvent réciproquement à se rencontrer ; ils s'entretiennent ensemble avec gaieté, et s'accablent de questions les uns les autres; enfin le duc, ainsi qu'il l'avait promis, invite Boémond à se rendre auprès de l'empereur qui l'attend; Boémond se montre d'abord incertain et peu empressé à adopter l'avis qu'on lui présente, car il se méfiait des paroles de l'empereur ; cependant le duc parvient à le persuader, il marche devant lui, et tous ensemble entrent enfin à Constantinople. L'empereur reçoit Boémond en lui donnant le baiser de paix, il lui témoigne de la bienveillance, lui fait rendre les plus grands honneurs; et à la suite de plusieurs conférences intimes, tenues entre l'empereur et les deux chefs, Boémond devient, comme on dit, l'homme de l'empereur; il lui engage sa fidélité en lui donnant la main, et lui prête serment corps pour corps, ainsi que le font les fidèles envers leurs seigneurs. Après cela, l'empereur fait prendre dans ses appartemens et offre à Boémond de riches présens en or, en vêtemens, en vases et en pierres précieuses, objets d'un prix et d'une beauté incomparables.

La paix ainsi rétablie, et tandis que Boémond demeurait encore dans le palais, Tancrède, homme recommandable en tout point, et neveu de Boémond par sa mère, évitant avec soin la présence de l'empereur, fit transporter toute son armée en Bythinie, et ayant traversé le Bosphore, établit son camp auprès du bourg de Chalcédoine, où les troupes du duc étaient déjà depuis long-temps, attendant l'arrivée des autres corps. L'empereur, lorsqu'il apprit ensuite que le seigneur Tancrède avait évité de le voir, en fut péniblement affecté. Mais en homme prudent, il dissimula sa colère, et faisant de nouveau distribuer d'immenses présens aux princes qui étaient demeurés auprès de lui, il les renvoya à leur camp au-delà du Bosphore avec les plus grands honneurs. Les deux armées s'étaient unies par les liens de la charité fraternelle, et vivaient ensemble, à la vue de Constantinople, attendant l'arrivée des autres princes, afin que toutes les légions ne formassent qu'un seul corps, pour marcher toutes ensemble au but de leur pélerinage. La ville royale, et tous les faubourgs et les lieux environnans, leur fournissaient les vivres nécessaires, et les soldats vivaient dans une grande abondance.

Pendant ce temps, l'illustre Robert, comte de Flandre, s'était embarqué au commencement de l'hiver à Bari, ville de Pouille, et était descendu à Durazzo avec tous ceux qui l'accompagnaient; il s'était ensuite mis à l'abri des frimas en s'établissant dans un pays fertile, semé de bois et de pâturages, et offrant toutes les commodités que l'on pouvait desirer. Il reprit sa marche dès les premiers jours du printemps, et se hâta de rejoindre les princes qui l'avaient devancé. Avant d'arriver à Constantinople, il reçut, comme ceux qui s'étaient présentés avant lui, des messagers de l'empereur, qui vinrent l'inviter de la part de leur maître à laisser son armée en arrière, et à se rendre dans la ville royale avec une petite escorte. Instruit déjà de la conduite qu'avaient tenue ceux dont il suivait les traces, Robert arriva à Constantinople, et entra au palais, accompagné d'un petit nombre des siens. L'empereur l'accueillit avec les mêmes honneurs, le traita avec bienveillance, reçut de lui le serment de fidélité, comme il l'avait reçu de Boémond, le combla dès lors de nouvelles faveurs, lui fit d'immenses présens et se montra également généreux envers ceux qui composaient sa suite. Robert demeura quelques jours dans la ville, tandis que son armée, campée dans les environs, jouissait d'un doux repos et d'une grande abondance ; lui-même voyait fréquemment l'empereur, et avait des conférences avec lui sur tous les objets dont il lui paraissait utile de l'entretenir; enfin, il prit congé de l'empereur, et fit embarquer toutes ses troupes pour aller rejoindre ses compagnons de voyage. Ceux-ci l'accueillirent avec beaucoup de bonté et d'affection, et ses troupes se réunirent à celles qui étaient déjà établies dans leur camp. Pendant quelques jours, les chefs se divertirent à se raconter les uns aux autres les divers événemens de leurs voyages; ils se rappelaient avec un certain plaisir toutes leurs fatigues, puis ils s'entretenaient en détail de l'avenir et du but de leur entreprise, et cherchaient ensemble les moyens les plus convenables de parvenir le plus promptement possible à l'accomplissement de leurs desseins. Tandis qu'ils s'occupaient ainsi, se plaignant déjà du retard de ceux qui devaient encore arriver, et les accusant de perdre inutilement un temps précieux, on vint annoncer un messager, arrivant de la part du comte de Toulouse et de l'évêque du Puy, pour rendre compte que l'un et l'autre s'avançaient, et qu'ils seraient bientôt aux portes de Constantinople.

Ces deux hommes puissans et illustres avaient toujours marché ensemble dès le commencement de leur voyage en compagnons inséparables. Ils avaient avec eux beaucoup d'hommes distingués par l'élégance de leurs mœurs autant que par leur noblesse, savoir le seigneur Guillaume, évêque d'Orange, Raimbault, comte de la même ville, Gaston de Béarn, Gérard de Roussillon, Guillaume de Montpellier, Guillaume, comte du Forez, Raimond Pelet, Centon de Béarn, Guillaume Amanjeu, et beaucoup d'autres encore dont les noms, quoique nous ne les ayons pas conservés, ont été certainement inscrits dans le livre de vie, car ils quittèrent leur patrie, leurs parens, leurs amis et leurs vastes patrimoines, pour suivre le Christ et se livrer volontairement à la pauvreté. Tous, suivant avec le plus grand respect les hommes vénérables que je viens de nommer, descendirent en Italie, traversèrent la Lombardie, et, passant dans le pays qu'on appelle le Frioul, entrèrent en Istrie, tout près d'Aquilée, et de là pénétrèrent dans la Dalmatie. La Dalmatie est un vaste pays, situé entre la Hongrie et la mer Adriatique, et qui compte quatre métropoles, Zara, Salone, autrement dite Spolète, Antibaris et Raguse. Elle est habitée par un peuple extrêmement féroce, qui vit de meurtre et de pillage. Couverte de montagnes, de forêts, de grands fleuves, et d'immenses pâturages, elle offre peu de place à l'agriculture, et les habitans tirent leur principale subsistance de leurs nombreux bestiaux; il faut en excepter cependant ceux qui habitent en petit nombre sur les bords de la mer et qui diffèrent des autres de mœurs comme de langage; ceux-ci parlent l'idiome latin; tous les autres parlent l'esclavon, et ont toutes les habitudes des peuples barbares.

Les pélerins donc étant entrés dans cette province trouvèrent sur leur route de grandes difficultés, principalement à cause de l'hiver qui s'approchait et de l'extrême inégalité du sol. Ils manquaient aussi de vivres de toute espèce, et pendant plusieurs jours ils furent en proie à une grande détresse. Les habitans abandonnaient les villes et tous les lieux fortifiés et se retiraient sur les montagnes ou dans des bois épais, emmenant avec eux leurs femmes, leurs enfans et toutes leurs provisions, fuyant comme des bêtes fauves, et redoutant la vue de nos voyageurs. En même temps cependant ils suivaient en haut et de loin les traces de l'armée et massacraient les vieillards affaiblis, les vieilles femmes qui ne s'avançaient que plus lentement, dès qu'ils pouvaient les rencontrer séparés des bandes armées. Le comte cependant, animé d'une juste sollicitude pour cette immense quantité de pèlerins, faisait marcher quelques-uns des chefs en avant des bataillons, et lui-même se tenait souvent sur les derrières avec la plus grande partie des cavaliers bien cuirassés, fermant la marche et se trouvant souvent le dernier. En outre l'atmosphère était chargée de brouillards et d'épaisses ténèbres, à tel point que ceux qui suivaient avaient peine à reconnaître les traces de ceux qui marchaient devant eux, et que ceux-ci à leur tour ne pouvaient distinguer aucun objet au-delà de la portée d'une pierre. Cette terre en effet est, comme je l'ai dit, couverte de petits ruisseaux, de fleuves et de marais, et à de certains jours il s'en élevait une si grande humidité, les nuages se chargeaient tellement de ces mauvaises exhalaisons, qu'on en était presque suffoqué. Les Esclavons Dalmates, qui étaient là comme des indigènes, et connaissaient parfaitement toutes les localités, suivaient notre armée toujours de côté, à travers les précipices des montagnes et les touffes les plus épaisses des forêts, et faisaient de fréquentes irruptions, dans lesquelles il leur était facile d'accabler les faibles et tous ceux qui étaient dépourvus d'armes. Le comte cependant et les principaux chefs les atteignaient souvent au milieu de leurs incursions, les perçaient de leur lance, en tuaient beaucoup d'autres de leur glaive, et ils en auraient même atteint un bien plus grand nombre si ceux-ci ne s'étaient tenus constamment dans le voisinage des forêts pour y chercher un asile lorsqu'ils se sentaient trop vivement pressés. Un jour cependant, entre autres, quelques-uns de ces malfaiteurs ayant été faits prisonniers, le comte ordonna qu'on leur coupât les pieds et les mains, afin que leurs compagnons, effrayés de cet exemple, renonçassent à poursuivre l'armée. Pendant trois semaines consécutives elle suivit la même route, rencontrant partout les mêmes difficultés, et elle arriva enfin à un lieu, nommé Scodra [1], où elle trouva le roi des Esclavons. Le seigneur comte, qui était extrêmement bon, affable et compatissant, chercha à se lier d'amitié avec ce roi, en lui faisant généreusement beaucoup de présens, dans l'espoir de gagner ainsi la bienveillance des indigènes et d'obtenir pour son peuple la permission de se pourvoir de toutes les choses dont il pourrait avoir besoin; mais ce moyen même ne put lui servir à adoucir le caractère féroce de ces barbares, et dans la suite il les trouva bien plus cruels encore. Enfin, après avoir mis environ quarante jours à traverser la Dalmatie au milieu de toutes sortes de souffrances, il arriva à Durazzo avec toute son armée.

L'empereur, qui avait eu quelque avis de l'arrivée du comte, parce que c'était à la fois un homme sage et magnifique et qui avait à sa suite une grande quantité de monde, s'était hâté d'envoyer une députation composée d'hommes considérables qu'il avait chargés d'aller à sa rencontre jusqu'à Durazzo, de le saluer affectueusement de la part de leur maître dès

[1] Aujourd'hui Iskodar ou Scutari.

qu'il y arriverait, et de le traiter avec beaucoup d'égards. Obéissant à ces ordres, les députés se présentèrent devant le comte, s'entretinrent avec lui, le comblèrent de caresses, et lui remirent les dépêches dont ils étaient porteurs ; voici ce qu'elles contenaient :
« Depuis long-temps, comte très-chéri, la renommée
« de ta sagesse et le parfum de ta probité répandus de
« toutes parts sont parvenus jusqu'à nous : l'excellence
« de tes mérites nous invite à te chérir, et nous avons
« résolu d'aimer ta personne et de t'honorer avec une
« affection particulière. Aussi nous attendons ton arri-
« vée avec une grande impatience, desirant conférer
« sur beaucoup de choses au sujet des affaires pu-
« bliques, avec toi comme aussi avec ta noblesse qui
« nous est infiniment chère. Nous te recommandons
« avec instance de traverser toutes nos terres, sans
« trouble ni scandale, de te hâter d'arriver auprès de
« nous, et de compter sur notre bienveillance et
« sur les honneurs infinis que nous avons résolu
« de t'accorder. Nous avons en outre donné ordre à
« ceux qui te remettront les présentes d'avoir soin
« que ton peuple soit abondamment pourvu de toutes
« sortes de denrées et qu'il puisse entretenir constam-
« ment des relations de commerce à de bonnes con-
« ditions. » Cette lettre réjouit infiniment le comte ainsi que toute son armée ; elle se remit en route, traversa pendant plusieurs jours, et non sans fatigue, les montagnes et les forêts qui couvrent tout le pays des Épirotes, et arriva enfin au pays nommé Pélagonie, où elle dressa son camp et trouva une grande abondance de toutes choses. Là, le seigneur évêque du Puy, homme vénérable, ayant fait placer ses tentes à

quelque distance du camp pour s'établir plus commodément, fut saisi et fait prisonnier dans une attaque imprévue des Bulgares. Mais, comme un si illustre pontife était encore nécessaire au peuple de Dieu, la miséricorde divine voulut qu'un heureux hasard lui conservât la vie. L'un des brigands, tandis qu'il cherchait à le dépouiller de son or, le protégea contre les autres; au milieu de ce tumulte et sur les cris de ceux qui se disputaient leur proie, l'armée fut avertie de ce qui se passait; elle prit aussitôt les armes et délivra promptement l'évêque et les siens des brigands qui l'avaient assailli. On se remit ensuite en marche, on passa à Thessalonique, on traversa toute la Macédoine, et, après plusieurs jours de fatigue continuelle, les pèlerins arrivèrent enfin à Rodosto, ville maritime, située sur l'Hellespont, à quatre journées de marche de Constantinople. Une nouvelle députation de l'empereur se présenta alors devant le comte, et il arriva en même temps des messagers expédiés par les princes qui étaient en avant; tous pressèrent vivement le comte de quitter son armée qui le suivrait plus lentement, et de marcher lui-même beaucoup plus vite, afin de terminer au plus tôt ses affaires avec l'empereur, tandis que ses troupes s'avanceraient, et de manière à seconder les vœux des peuples impatiens de l'accomplissement de leurs projets. Le comte avait aussi envoyé des députés auprès des princes, et, lorsqu'ils revinrent, ils l'invitèrent également à ne faire aucun retard.

Cédant aux instances unanimes des députés de l'empereur et des princes, le comte quitta son armée et laissa aux évêques et aux autres nobles qui demeuraient au camp le soin de veiller sur elle. Lui-même se rendit à Constantinople avec un petit nombre d'hommes; il entra dans cette ville précédé des principaux officiers du palais, et alla se présenter devant l'empereur qui l'attendait depuis long-temps. Il fut reçu très-honorablement et traité avec beaucoup de bonté et de douceur par l'empereur et par tous les hommes considérables et illustres qui l'entouraient. On chercha, avec les plus vives instances et par toutes sortes de cajoleries, à l'engager à prêter serment de fidélité à l'empereur, de la même manière que l'avaient fait les autres princes qui l'avaient précédé; mais il s'y refusa avec la plus grande fermeté. Cependant l'empereur, indigné que le comte refusât de lui rendre hommage, ordonna en secret aux chefs des légions qui se trouvaient du même côté de marcher en toute hâte sur son armée, de chercher à la traverser par tous les moyens possibles, et même de ne pas craindre de mettre à mort tous ceux qu'on pourrait frapper. Il s'était enhardi à donner de tels ordres, dans la confiance que tous les princes étaient engagés envers lui par le serment de fidélité qu'il en avait reçu, et que d'ailleurs il ne leur serait nullement facile de faire de nouveau passer leurs armées sur le rivage opposé. En effet tous les bâtimens qui se rendaient en Asie, soit pour porter des vivres aux armées, soit pour conduire des passagers, étaient tenus de quitter la terre aussitôt après le débarquement, afin qu'il n'y eût jamais beaucoup de bâtimens ensemble et que les princes ne pussent penser à retourner à Constantinople. Ainsi que je l'ai déjà dit, l'empereur était parvenu, à force de flatteries et d'insinuations adroites, à faire successivement partir chaque armée, pour que leurs forces ne pussent jamais être réunies auprès de la ville, car l'arrivée des nôtres avait excité ses méfiances, et il redoutait par dessus tout des rassemblemens trop nombreux. Quant à ce qu'il avait fait pour combler les princes de ses largesses, ce n'était nullement par générosité ou par bienveillance, mais uniquement par peur et par une habileté pleine d'artifices. Nos princes cependant, marchant dans la simplicité de leur cœur et dans la sincérité de la bonne foi, avaient grand'peine à croire à la méchanceté des Grecs, aux fraudes et à la ruse persévérante de leur prince, surtout depuis qu'il les comblait de ses riches dons et affectait une extrême bienveillance pour eux tous.

Cependant ceux qui avaient reçu les ordres de l'empereur, les centurions, les quinquagénaires[1], les préposés aux marches militaires, se mirent en devoir d'accomplir leur mission. Après avoir prévenu leurs troupes, au milieu de la nuit, ils s'avancèrent en silence et se précipitèrent sur l'armée du comte. Nos soldats se trouvant ainsi attaqués à l'improviste, au moment où ils n'avaient aucune crainte, un grand nombre d'entre eux furent misérablement tués ou prirent honteusement la fuite, avant que l'alarme fût devenue générale et qu'on eût couru aux armes. Enfin les vives instances des hommes les plus braves ranimèrent les nôtres, ils retrouvèrent leurs forces et leur courage, et firent à leur tour beaucoup de mal aux brigands armés, satellites de l'empereur. Quoiqu'ils eussent résisté avec assez de vigueur, eu égard au moment et au lieu même de l'attaque, frappés cepen-

[1] Chefs de cinquante hommes.

dant de toutes les difficultés du voyage, découragés par les combats qu'ils avaient à livrer presque tous les jours et toujours à l'improviste, les nôtres cédaient à leur abattement et semblaient déjà se repentir de leur entreprise; chaque jour ils perdaient quelque chose du zèle fervent qui les avait d'abord animés; excédés de plus en plus de fatigue, non seulement les gens du peuple, mais même quelques-uns des chefs se repentaient de leur voyage; désespérant de pouvoir atteindre leur but et oubliant les vœux qui les engageaient, ils voulaient se préparer à retourner chez eux; et si les évêques et le clergé n'eussent employé les avertissemens et les exhortations pour leur rappeler leur vœu et ranimer en eux un zèle près de s'éteindre, ils étaient tous disposés à abandonner leurs bataillons et à tout tenter pour rentrer dans leur patrie, malgré les nouveaux dangers qui les attendaient.

Lorsque ces nouvelles furent apportées au comte, frappé d'une vive douleur, il vit qu'on l'avait trahi : aussitôt choisissant quelques nobles parmi les fidèles qui l'entouraient, il les envoya présenter à l'empereur les preuves évidentes de son infâme perfidie, et déclara que, tandis qu'il l'attirait auprès de lui à force de lettres et de messages, l'empereur, contre toute bonne foi, avait armé ses troupes pour les faire marcher sur les Croisés. En même temps il se hâta de faire connaître aux princes, dont les instances et les prières l'avaient entraîné à quitter son armée, les malheurs qui venaient de lui arriver et la fraude manifeste de l'empereur, les appelant comme des frères à venir seconder ses projets de vengeance. En effet, si le comte avait eu autant de moyens de suivre ce dessein qu'il éprouvait de douleur de cette catastrophe, il est hors de doute que, dans l'état d'agitation où ces nouvelles l'avaient jeté, les menaces, la crainte, l'intervention de tous les princes, rien n'eût pu le détourner de poursuivre ses vengeances; car il était, à ce qu'on dit, d'un courage bouillant, gardait à jamais le souvenir d'un affront et abondait fort dans son sens.

L'empereur, voyant que les choses étaient allées beaucoup trop loin, et se repentant de ce qu'il avait fait, convoqua aussitôt les princes qui étaient encore avec leurs légions sur le rivage opposé de la mer, le seigneur duc Boémond, et le comte de Flandre, pour leur demander leur intervention auprès du comte et tâcher de se réconcilier avec lui. Les princes se rendirent à cet appel, quoiqu'ils fussent très-mécontens de ce qui venait d'arriver. Ils jugèrent cependant que ce n'était pas le cas de rechercher une vengeance; ils en parlèrent au comte en particulier, et tout en lui témoignant beaucoup d'intérêt, ils firent tous leurs efforts pour l'engager à dissimuler le ressentiment d'une injure qu'ils regardaient comme étant commune à tous; ils lui représentèrent qu'en poursuivant ses vengeances il entreprendrait une œuvre peut-être bien longue, et le supplièrent d'y renoncer, pour ne mettre aucun obstacle aux projets de ceux qui voulaient marcher dans les voies du Seigneur. Enfin, et à la suite de ces pieuses intercessions, le comte, en homme prudent, déposant les sentimens d'amertume qui remplissaient son âme, se rendit à l'avis des princes et se mit complétement à leur disposition. Ils allèrent alors trouver l'empereur et lui représentèrent, avec franchise et d'une commune voix, combien ils étaient offensés de tout ce qui venait d'arriver. L'empereur, bien convaincu de la solidité de leur union, et recevant les témoignages unanimes de leur indignation, s'abaissa à faire des excuses en présence du comte et de toutes les personnes de la cour, tant de celles qui vivaient hors du palais que de ses propres domestiques ; il jura et protesta solennellement que tout ce qui venait de se passer lui était entièrement étranger, qu'il n'avait donné aucun ordre semblable, et en même temps qu'il attestait ainsi son innocence, il se déclara tout disposé à donner au comte toute satisfaction.

Ainsi se manifestaient de jour en jour et de plus en plus les artifices des Grecs et les fraudes de l'empereur ; il n'était aucun de nos princes pour qui il ne fût aussi évident que la lumière du jour en plein midi, que cette nation et son souverain poursuivaient d'une haine implacable toute la race des Latins. Toutefois, comme ils voulaient se hâter de mener à bien d'autres desseins, et aspiraient avec une vive ardeur à l'accomplissement d'une œuvre plus agréable à Dieu, ils jugèrent qu'il serait plus convenable et plus sûr de dissimuler leur ressentiment, afin de n'avoir point à renoncer et de ne susciter aucun obstacle à leurs pieuses entreprises.

Le comte se réconcilia donc avec l'empereur, conformément à l'avis des princes : il lui prêta aussi le serment de fidélité de la même manière et dans les mêmes termes que les autres l'avaient fait, et ainsi rentré en faveur, il reçut d'immenses présens, qu'il serait trop long d'énumérer, en témoignage de la libéralité de l'empereur. Les autres princes, comblés de nouvelles largesses, prirent enfin congé de l'empereur; et après avoir recommandé au comte de ne pas s'arrêter trop long-tems, ils traversèrent l'Hellespont et se rendirent en Bythinie, auprès de leurs légions.

Cependant l'armée du comte était arrivée à Constantinople; il présida lui-même à toutes les dispositions de son départ, et elle alla se réunir aux autres armées. Le comte demeura quelques jours encore dans la ville, et en même temps qu'il faisait ses affaires particulières, il ne cessa de se conduire en homme sage, plein de zèle et de sollicitude pour les affaires publiques. Ainsi que les princes l'en avaient prié, il voyait fréquemment l'empereur et cherchait, comme l'avaient fait en particulier tous les autres chefs, à lui persuader de suivre en personne l'expédition et d'en accepter le suprême commandement. L'empereur répondit au comte, qui le sollicitait plus vivement, ainsi qu'il avait répondu à toutes les propositions semblables; il s'excusa en disant qu'il était entouré d'ennemis féroces, les Bulgares, les Commans, les Pincenates, qui se présentaient incessamment sur les frontières de l'Empire, et épiaient sans relâche toutes les occasions de faire de nouvelles invasions et de troubler la tranquillité de ses États; que quoiqu'il ne desirât rien tant que de s'allier à tous ceux qui entreprenaient ce pélerinage, et de pouvoir espérer ainsi une bonne part des récompenses qui les attendaient, il lui était cependant impossible d'abandonner son royaume et de fournir à ses ennemis l'occasion d'exercer leur méchanceté. Mais tout ce qu'il disait n'était que ruse et artifice; et dans le fait, la véritable raison qu'il eût pu donner de ses refus, c'était que jaloux de l'expédition que les nôtres avaient entreprise, il cherchait toutes sortes de prétextes pour la contrarier, et pour s'opposer, par tous les moyens qui seraient en son pouvoir, au succès de leurs efforts.

Tous ceux qui avaient déjà traversé la mer, savoir, le duc Godefroi, Boémond, Robert comte de Flandre et l'évêque du Puy, se disposèrent à se remettre en route, et ayant rassemblé tous les bagages, ils partirent pour se rendre à pied à Nicée, et y attendre ceux qui demeuraient encore en arrière. Comme ils s'avançaient vers Nicomédie, qui est la principale métropole de la province de Bythinie, le vénérable prêtre Pierre l'ermite, qui s'était mis à l'abri des rigueurs de l'hiver sur les frontières de ce pays, vint à la rencontre des légions avec le petit nombre de pélerins qui avaient survécu aux désastres de cette expédition, et se réunit à elles, après avoir présenté ses salutations aux princes. Ceux-ci le reçurent avec bonté, lui demandèrent le récit de ses malheurs, et il leur raconta en détail comment le peuple qui les avait devancés, sous sa conduite, s'était montré dépourvu d'intelligence, incrédule et indomptable à la fois, déclarant que c'était beaucoup plus par ses propres fautes que par le fait d'autrui qu'il avait succombé sous le poids de ses calamités. Les princes, remplis de compassion pour lui et pour ses compagnons d'infortune, les comblèrent les uns et les autres des témoignages de leur générosité. L'armée qui s'était fort accrue par la grâce de Dieu et par la réunion en un seul corps de toutes les diverses expéditions, poursuivit sa marche et arriva à Nicée. On disposa le camp en cercle, on marqua la place destinée aux princes qui n'étaient pas encore arrivés, et le quinze du mois de mai on commença à mettre le siége devant la ville. Le comte de Toulouse, après avoir terminé ses affaires dans la ville royale, prit congé de l'empereur, reçut encore de lui de riches présens, et marchant en toute hâte avec ceux qui l'avaient attendu, il rejoignit bientôt ses alliés.

Cependant l'illustre Robert, comte de Normandie, et tous les autres nobles fameux qui l'avaient accompagné, savoir, Étienne, comte du pays de Chartres et de Blois, et Eustache, frère du duc Godefroi, expédièrent des messagers tant à l'empereur qu'à leurs frères, pour annoncer leur prochaine arrivée. Ils avaient encore avec eux Étienne, comte d'Albemarle, Alain Fergand et Conon, tous deux de Bretagne, hommes considérables, Rotrou comte du Perche et Roger de Barneville. Tous ces hommes et beaucoup d'autres encore, nobles et illustres, s'étaient rendus dans la Pouille, l'année précédente, avant le commencement de l'hiver, avec le comte de Flandre et le seigneur Hugues-le-Grand : lorsque ceux-ci s'étaient embarqués pour se rendre à Durazzo, les autres redoutant la rigueur des frimas, avaient passé leur hiver dans de bons cantonnemens, dans la Pouille et sur les frontières de la Calabre. Au retour du printemps ils convoquèrent tous leurs compagnons de voyage, réunirent leurs bagages, se mirent en mer; et suivant les traces de leurs frères, ils allèrent débarquer à Durazzo. Continuant ensuite leur voyage, ils hâtèrent leur marche autant qu'il leur fut possible, pour racheter le temps qu'ils avaient perdu en séjournant dans la Pouille. Enfin ils voyagèrent, avec l'aide de Dieu, en toute tranquillité, traversèrent les provinces d'Illyrie, de Macédoine, les deux Thraces et arrivèrent à Constantinople. Là, ayant été mandés par l'empereur, de même que ceux qui les avaient précédés, ils se rendirent au palais et furent accueillis avec beaucoup d'empressement par l'empereur et par tous les illustres qui l'entouraient. Après avoir tenu plusieurs conseils avec les trois chefs réunis et avec chacun d'eux en particulier, l'empereur joignant les plus vives instances à toutes sortes de cajoleries et aux plus belles promesses, leur demanda de lui rendre l'hommage qu'il avait reçu de tous les autres princes. Ayant sous les yeux l'exemple de leurs frères (car avant de se présenter devant l'empereur, ils avaient été instruits exactement de tout ce qui s'était passé et ils se disaient entre eux : « Nous ne sommes pas plus grands que nos frères »), ils prêtèrent le serment de fidélité, selon la formule antérieurement adoptée, et s'engagèrent ainsi envers l'empereur. Admis dès lors aux plus grandes faveurs, ils furent jugés dignes de recevoir des dons plus considérables. Les trésors de l'Empire leur furent ouverts ; ils reçurent des présens, tels qu'ils n'en avaient jamais vu, en or, en vêtemens précieux, en vases dignes d'admiration, autant par la richesse de la matière que par la perfection du travail, en ouvrages de soie de toute espèce, objets précieux et d'une valeur inestimable, à tel point que ceux qui se voyaient comblés de tant de largesses en étaient eux-mêmes étonnés et confondus, tant ces diverses choses étaient supérieures en valeur et en élégance à toutes celles dont ils avaient l'habitude. Lorsqu'ils eurent reçu tant de riches dons, desirant cependant ne pas retarder plus long-temps l'expédition de leurs frères, ils prirent congé de l'empereur, traversèrent l'Hellespont et se hâtèrent de se rendre avec leurs légions à Nicée, où était réunie toute l'armée des chrétiens. Les princes qui les avaient devancés, et qui attendaient leur arrivée avec une vive impatience, les accueillirent avec beaucoup de tendresse, et ils dressèrent leur camp sur la place même qui leur avait été réservée.

Un certain Grec, nommé Tanin, familier intime de l'empereur, homme méchant et perfide, qui avait les narines mutilées, en témoignage de sa perversité, était venu aussi se réunir au camp de notre armée. Nos chefs ayant demandé, pour plus de sûreté, un guide qui leur fît connaître les routes, cet homme avait été désigné par les ordres de l'empereur pour accompagner notre armée, et on l'avait choisi par ce qu'on disait qu'il avait une connaissance parfaite du pays; mais en même temps parce que l'empereur se confiait entièrement en sa méchanceté et en son habile fourberie. Il s'associa donc à nos princes avec une petite escorte de gens à lui, afin qu'il y eût, comme on dit, dans l'armée *une oie qui pût faire grand bruit au milieu des cygnes, et une méchante couleuvre parmi les anguilles*. Tout ce qui se faisait au milieu de notre expédition, tout ce qui était dit par chacun, cet homme le travestissait par ses mauvaises interprétations, et avait soin d'en informer l'empereur; il recevait aussi de fréquens messagers qui venaient lui apporter des instructions sur ses rapports et ses fraudes.

Alors, pour la première fois, les divers corps qui avaient suivi leurs chefs à travers des pays et en des temps différens, se virent réunis et formèrent une seule armée du Dieu vivant, qui se trouva portée au complet par l'arrivée successive des nombreuses divisions qui devaient la composer. Depuis que chacun d'eux avait quitté son pays et sa maison pour se mettre en voyage, il n'avait pas encore été permis aux chefs et aux capitaines de ces armées agréables à Dieu de se voir tous ensemble et de conférer en commun des affaires publiques ; ils le purent enfin lorsqu'ils eurent tous dressé leurs tentes devant la ville de Nicée. Ils firent alors une revue et un recensement général de leurs légions, et ils trouvèrent qu'ils avaient six cent mille fantassins des deux sexes, et cent mille cavaliers cuirassés. Tous s'arrêtant devant la ville que je viens de nommer, se disposèrent à l'attaquer par toutes sortes de moyens, consacrant au Seigneur en toute humilité les prémices de leurs travaux.

LIVRE TROISIÈME.

Nicée, ville de Bythinie, fut d'abord l'un des siéges qui relevaient de Nicomédie, lorsque celle-ci était la seule métropole de tout ce pays. Elle fut plus tard affranchie de cette juridiction par l'empereur Constantin l'ancien, en témoignage de respect pour le premier concile général qui s'y était assemblé [1]. Au temps en effet du pape Silvestre, du vénérable Alexandre patriarche de Constantinople et de l'empereur Constantin, un saint synode, composé de trois cent dix-huit Pères, se réunit dans cette ville pour combattre les impiétés d'Arius et de ses sectateurs; et après avoir condamné la pernicieuse corruption de sa doctrine et proclamé la vérité d'après les témoignages des saints, ce synode donna à l'Église universelle de Dieu un formulaire de foi, exact et pur. Dans la suite, sous le règne de l'empereur Constantin, fils très-pieux d'Irène, tandis qu'Adrien était pontife de Rome et le vénérable Tharasius patriarche de Constantinople, un nouveau synode général, qui fut le septième [2], se réunit encore à Nicée contre les *Iconomaches* [3], c'est-à-dire ceux qui combattaient les

---

[1] En 325. — [2] En 787.
[3] Ou Iconoclastes.

saintes images, et le synode rendit contre ces perfides hérétiques une sentence de condamnation bien méritée, telle qu'il convenait à l'Église orthodoxe de la prononcer.

La ville est située au milieu d'une plaine, dans une position extrêmement favorable : elle est à peu de distance des montagnes qui l'enveloppent presque de tous côtés ; la campagne est riche, le sol fertile et les vastes forêts qui l'avoisinent offrent encore de nombreux avantages. Un lac spacieux en longueur et en largeur, situé à côté même de la ville, s'étend de là vers l'Occident : il facilite les abords de Nicée à diverses contrées voisines, et sert en même temps de rempart à la ville, dont les murs sont baignés par ses eaux, lorsque le vent les soulève avec force. Les autres côtés de la place étaient garnis de murailles, précédées de fossés toujours remplis d'eaux provenant de diverses sources et de petites rivières, et qui pouvaient opposer de grands obstacles à ceux qui entreprendraient de faire un siége. La ville contenait en outre une population nombreuse et guerrière; d'épaisses murailles, des tours élevées, serrées très-près les unes des autres et liées par des ouvrages très-forts, en faisaient une place renommée pour sa solidité. Nos troupes, lorsqu'elles y arrivèrent, admirèrent à la fois la beauté des fortifications et la bonne construction de tous les travaux d'art. Cette ville, le pays qui l'entourait et toutes les provinces adjacentes étaient alors sous la domination d'un très-puissant satrape des Turcs, nommé Soliman, surnommé *Sa* [1], ce qui veut dire roi dans la langue des Perses, homme

[1] Schah.

habile et plein de valeur. Ayant été informé de la marche de nos troupes et en ayant conçu de vives inquiétudes, il était parti pour l'Orient long-temps avant leur arrivée, allant solliciter chez les princes de ces contrées des secours pour résister aux bandes envahissantes des fidèles. A force d'instances et de prières, souvent aussi en employant l'argent pour enrôler, il était parvenu à lever une immense multitude de Turcs, tant dans la Perse que dans toutes les provinces voisines, et les avait conduits à sa suite, dans l'espoir de se servir d'eux utilement pour garantir la ville de Nicée et toute la contrée environnante des dangers qui les menaçaient. Peu d'années auparavant, au temps où régnait à Constantinople l'empereur Romain, qui fut surnommé Diogène, et qui était le troisième empereur avant Alexis, l'oncle paternel de Soliman, nommé Belfetoth [1], principal soudan des Perses, s'était emparé à main armée de toutes les provinces qui s'étendent depuis l'Hellespont jusques en Syrie, sur un espace de trente journées de marche en ce sens, et de la même étendue en partant de notre mer Méditerranée et en remontant vers le Nord : il avait laissé la plus grande partie de ces provinces à son neveu Soliman. Celui-ci les possédait donc et exerçait le droit de propriété sur tout le pays qui s'étend depuis Tarse de Cilicie jusqu'à l'Hellespont : à la vue même de Constantinople il avait des délégués qui prélevaient des droits sur les passans et qui imposaient des tributs au profit de leur maître. Lui-même occupant

---

[1] Alp-Arslan que, dans le livre 1ᵉʳ, Guillaume de Tyr a appelé Belpheth.

les montagnes voisines, avec les forces qu'il avait levées et rassemblées à grands frais, se trouvait placé tout au plus à dix milles de distance de nos troupes, et cherchait une occasion favorable pour se précipiter sur elles et sauver son pays et sa capitale de ce péril imminent.

Aussitôt que nos armées furent arrivées à Nicée, elles se hâtèrent de l'assiéger, avant même que les bataillons fussent bien organisés et que l'on eût pu établir régulièrement les camps de divers corps. Ceux qui étaient rendus sur les lieux choisissaient pour eux un emplacement convenable, marquaient le local qu'ils destinaient aux nouveaux arrivans, et s'appliquaient sur toute chose à interdire aux citoyens l'entrée et la sortie de la ville. Cependant le lac, qui, comme je l'ai dit, baignait les murs de la place, était un grand obstacle au succès de cette entreprise. Des bateaux toujours prêts donnaient à tous allans et venans les moyens de circuler à leur gré de tous côtés, sans le moindre accident. Les nôtres n'ayant aucun bâtiment à leur disposition, il leur était impossible de s'opposer à ces excursions. Ils faisaient du moins tous leurs efforts pour empêcher qu'on n'arrivât à la ville par les chemins de terre et surveillaient toutes les routes avec une grande vigilance. Soliman, instruit que ce commencement de siége ne laissait pas d'inquiéter les citoyens, voulant relever leur courage et les animer à la résistance, envoya deux de ses domestiques, chargés d'aborder à la ville du côté du lac et de porter aux habitans des paroles de consolation. Le message était conçu en ces termes : « Vous « n'avez nullement à redouter l'arrivée de ce peuple

« barbare, qui prétend mettre le siège devant notre
« ville. Nous nous sommes établis dans le voisinage
« avec un grand nombre d'hommes forts et nobles, et
« nous attendons encore une grande quantité de
« troupes qui marchent à notre suite. Bientôt, lorsque
« nous aurons réuni toutes nos forces en un seul
« corps, nous nous précipiterons sur leur camp. Vous,
« de votre côté, préparez-vous, afin que vous puissiez
« sortir en ouvrant toutes vos portes, et nous prêter un
« utile secours, tandis que nous attaquerons au de-
« hors. Il faut que vous n'ayez aucune crainte de
« cette nombreuse multitude : venus des pays très-
« éloignés où le soleil se couche, fatigués de la lon-
« gueur de la route et des travaux qu'ils ont essuyés,
« n'ayant pas même de chevaux qui puissent soutenir
« le poids de la guerre, ils ne sauraient se montrer
« égaux en forces ni en ardeur à nous, qui arrivons
« tout récemment en ces lieux. Vous pouvez vous
« rappeler en outre avec quelle facilité nous avons
« triomphé déjà de leurs nombreux essaims, lorsqu'en
« un seul jour nous avons exterminé plus de cin-
« quante mille d'entre eux. Rassurez-vous donc et ne
« craignez point; demain, avant la septième heure du
« jour, vous serez entièrement consolés en vous voyant
« délivrés de vos ennemis. »

Les hommes chargés de ce message longèrent les rives du lac, cherchant un lieu propice pour débarquer. Tandis qu'ils s'avançaient pour entrer par le point le plus facile, l'un d'eux fut arrêté et pris par nos soldats qui s'étaient précipités sur lui, l'autre fut tué d'un coup d'épée au milieu de ce tumulte. Le prisonnier fut conduit sain et sauf en présence des princes ; les menaces et la crainte lui arrachèrent une confession complète ; on lui fit déclarer tout ce qu'il savait, qui il était et de quelle part il venait à la ville. Il résulta de ses rapports que Soliman avait envoyé les deux messagers pour annoncer aux citoyens son arrivée, leur dire qu'il était dans le voisinage, qu'il avait rassemblé une grande quantité de troupes et que le lendemain il ferait une attaque sur notre camp. Dès que les capitaines de nos légions eurent appris que Soliman faisait de tels préparatifs, ils firent garder avec soin l'homme qu'on venait d'arrêter et expédièrent en toute hâte des courriers au comte de Toulouse et à l'évêque du Puy, qui n'étaient pas encore arrivés, pour les inviter à presser leur marche. Ceux-ci donc, ayant reçu le message de leurs frères, pleins de sollicitude et ne voulant se permettre aucun délai, marchèrent toute la nuit, et le lendemain de grand matin, avant le lever du soleil, on vit cette immense multitude de pélerins s'avancer vers le camp, les bannières déployées, poussant de grands cris et brandissant leurs armes resplendissantes. A peine avaient-ils déposé leur bagage qu'ils occupèrent la portion du camp qui leur avait été réservée. Vers la troisième heure, ainsi que l'avait annoncé le prisonnier, Soliman descendit des montagnes avec de nombreux escadrons de cavalerie, dont on évaluait la force à cinquante mille hommes, et se porta dans la plaine pour marcher du côté de la ville. Les nôtres de leur côté, dès qu'ils ont reconnu ce mouvement, courent aux armes au bruit des cors et des clairons, se forment en bataillons, se disposent en ordre de bataille et se préparent à marcher à l'ennemi, observant avec soin toutes les règles de la science militaire et ne négligeant aucun détail, car ils en avaient une pleine expérience et une longue habitude.

Soliman ayant fait marcher en avant un premier corps qui comptait environ dix mille cavaliers, ce corps se dirigea vers la porte du midi, position confiée au comte de Toulouse. Soliman ignorait entièrement l'arrivée du comte et comptait trouver cette porte tout-à-fait libre, comme l'avant-veille et la veille même; trompée dans son attente, son avant-garde rencontra sur ce point plus de troupes que sur tous les autres. Au moment donc où elle arrivait en toute hâte et sans se douter de rien, elle se précipita très-vivement sur les légions du comte qui venaient à peine de se débarrasser de leurs bagages. Les nôtres les reçurent admirablement, repoussèrent leur premier choc, et commençaient déjà à jeter le désordre dans tous les rangs et à mettre en fuite leurs ennemis, lorsque Soliman arrive à la tête de ses troupes, ranime le courage des siens, les rallie, et les ramène contre nos soldats. Le duc cependant, Boémond et le comte de Flandre, à la tête de leurs troupes et armés jusqu'aux dents, voyant qu'il est arrivé de nouvelles forces et de nombreux bataillons au secours de l'ennemi, et que l'armée du comte s'épuise à soutenir le choc d'une masse fort supérieure qui combat avec acharnement, tous trois se précipitent à la fois sur les légions ennemies, les serrent de près de l'épée et de la lance; enfin, après avoir combattu presque pendant une heure, et résisté avec courage aux forces qui les attaquent, les ennemis prennent la fuite, laissant environ quatre mille morts sur le champ de bataille et quelques prisonniers. Les nôtres, après avoir remporté cette première victoire, avec l'aide du Seigneur, continuèrent les opérations du siége, et formèrent leur camp en cercle autour de la place, sans laisser aucun intervalle vacant.

Depuis ce moment, et tant que dura le siége, Soliman, non plus qu'aucun des princes infidèles, n'osa plus tenter une pareille entreprise. Tous les princes chrétiens se conduisirent parfaitement dans cette affaire. Parmi eux, le seigneur Tancrède, Gautier de Garlande[1], porte-mets du roi des Francs, Gui de Porsessa et Roger de Barneville acquirent la plus grande gloire. Afin de répandre la terreur parmi les ennemis, les nôtres ordonnèrent que l'on se servît de machines pour jeter dans la place un grand nombre de têtes de ceux qu'on avait tués ; de plus, ils en envoyèrent mille à l'empereur, ainsi que quelques prisonniers, et en reçurent de grands témoignages de satisfaction. L'empereur leur fit expédier avec beaucoup de générosité une grande quantité d'argent et toutes sortes d'ouvrages en soie, pour récompenser les princes et les chefs des armées, et il ordonna qu'on leur envoyât sans aucun délai et en abondance tous les approvisionnemens nécessaires à leur subsistance, ainsi que toutes les denrées que l'on pouvait desirer.

Nos princes jugèrent convenable, pour l'accomplissement de leurs desseins, d'envelopper la ville de tous côtés, et de prendre chacun de bonnes positions, afin de harceler de toutes parts les assiégés, et de les forcer plus promptement à se rendre. A cet effet, ils tinrent un conseil, divisèrent en portions égales la

---

[1] Il l'appelle ailleurs Gui de Garlande.

circonférence qu'il fallait occuper, et assignèrent une certaine étendue de terrain à chaque chef. Le duc et ses deux frères se placèrent du côté de l'orient avec leurs légions ; Boémond, Tancrède et les autres princes qui les avaient suivis, et dont j'ai déjà dit les noms, occupèrent avec leur armée le nord de la ville. Le comte de Flandre et le prince de Normandie prirent place à la suite des précédens. Le côté du midi fut assigné au comte de Toulouse et à l'évêque du Puy, et ils s'y établirent avec tous ceux qu'ils avaient conduits. Plus loin, le seigneur Étienne, comte du Blaisois et du pays Chartrain, Hugues-le-Grand et quelques autres guerriers nobles et illustres réunirent leurs légions. La ville se trouvant ainsi enveloppée de toutes parts, les princes résolurent d'envoyer chercher dans la forêt voisine tous les matériaux nécessaires, et de faire construire en toute hâte des machines vulgairement appelées *scrophæ*, propres à servir pour la démolition des murailles, des balistes vulgairement nommées *manganes*, et d'autres machines pour lancer des pierres ; en même temps ils rassemblèrent des ouvriers, et pressèrent de toutes leurs forces l'exécution de ces travaux, afin de pouvoir attaquer la place avec plus de succès.

Tandis qu'ils y veillaient avec beaucoup d'ardeur, et pendant sept semaines consécutives, ils livrèrent de fréquens assauts, et combattirent vaillamment. Un jour qu'on était occupé, comme à l'ordinaire, à se battre, deux hommes nobles, puissans et forts à la guerre, le seigneur Baudouin, surnommé Calderon, et un autre Baudouin de Gand, périrent misérablement, au moment où ils combattaient avec courage, l'un d'eux frappé d'une pierre, l'autre d'une flèche.

Plus tard, l'armée ayant livré un nouvel assaut à la suite d'un conseil des princes, Guillaume, comte du Forez, et Galon de l'Ile, emportés trop avant par leur ardeur guerrière, succombèrent également percés de flèches. Gui de Porsessa, homme noble, du royaume des Francs, tomba dangereusement malade, et mourut peu après. Le peuple de Dieu, consterné de la mort de ces guerriers, les ensevelit avec soin, et leur rendit les honneurs funèbres avec des sentimens de piété et d'amour, tels qu'ils sont dus aux hommes nobles et illustres.

Un autre jour, tandis que les princes, à l'envi, dirigeaient leurs machines contre les fortifications, et s'efforçaient par tous les moyens possibles d'ébranler les murailles pour s'ouvrir des passages, fuyant tout repos et tout lâche passe-temps, comme il convient à des hommes vaillans, le comte Hermann et Henri de Hache, hommes nobles et illustres, de l'empire des Teutons, firent appliquer contre une muraille une machine assez ingénieusement construite, en y employant les bras vigoureux et le courage de leurs serviteurs et de leurs domestiques. Cette machine était faite de poutres de chêne liées les unes aux autres par de fortes cloisons, et telle que vingt cavaliers vigoureux qui y furent enfermés pour qu'ils eussent à travailler à la sape contre les murailles, paraissaient devoir s'y maintenir en toute sûreté, à l'abri des traits et des projectiles de toute espèce, même des plus grosses roches. Elle fut donc appliquée, comme je l'ai dit, contre les remparts. Les assiégés qui les occupaient, pleins d'ardeur pour la défense de leur ville, l'attaquèrent et lancèrent une telle quantité de grosses pierres, qu'elle fut bientôt complétement détruite, et les constructions d'assemblage ayant été brisées, elle écrasa, en se précipitant, tous ceux qui s'y étaient renfermés. Le peuple entier partagea la douleur de ces deux nobles qui avaient employé plusieurs jours et fait beaucoup de dépenses pour ce travail, devenu si promptement inutile; le sort déplorable des hommes valeureux qui avaient succombé en même temps, fut un sujet de douleur publique.

L'espoir d'obtenir enfin la victoire était cependant un motif de consolation qu'on ne manquait pas de se proposer réciproquement, avec d'autant plus de confiance que nul ne doutait qu'une meilleure vie serait donnée en partage à ceux qui, dans un événement de cette nature, auraient perdu la leur pour l'amour du Christ: on pensait en effet, avec justice, qu'en périssant de cette manière, ils succombaient comme des martyrs. Aussi, méprisant la mort, et ne comptant pour rien la vie présente, tous s'exposaient aux plus grands périls, avec d'autant plus de confiance qu'ils étaient plus animés des espérances de la foi. Les princes, de leur côté et sur tous les points, pressaient sans relâche les travaux du siége; plus chacun se montrait rempli de zèle dans le poste qui lui avait été assigné, plus il fatiguait les assiégés, et plus il recueillait de gloire; les difficultés faisaient redoubler d'ardeur, et les assiégés n'avaient pas un seul moment de repos, tant les assauts étaient fréquens, tant les occasions de combattre se renouvelaient sans relâche.

Cependant le lac voisin de la ville opposait toujours de grands obstacles aux travaux de nos troupes, et leur enlevait une grande partie de leur efficacité, car il offrait aux assiégés des ressources et des secours de toute espèce. La navigation était libre, et leur fournissait en grande abondance les vivres et les alimens qu'ils pouvaient desirer ; les bestiaux qu'on leur amenait en grand nombre étaient introduits par ce moyen dans la ville, sous les yeux mêmes de nos soldats, et sans qu'il leur fût possible de l'empêcher.

Les princes agréables à Dieu se réunirent en conseil pour délibérer spécialement sur cet objet, et chercher les moyens les plus convenables pour remédier à ce mal ; ils résolurent enfin d'un commun accord d'envoyer sur les bords de la mer la plus grande partie du peuple et quelques légions de cavalerie à la suite, afin de faire transporter jusqu'au lac des navires que l'on chargerait, soit entiers, soit démontés en plusieurs pièces, et qu'on traînerait sur des chariots ou de grosses voitures, ou bien encore par tout autre procédé moins difficile, car il devenait évident que, si l'on ne prenait ce parti, tous les efforts, toutes les dépenses, toutes les fatigues possibles demeureraient absolument sans résultat. Ceux qui reçurent l'ordre de partir pour cette expédition, arrivèrent sur les bords de la mer, et, grâce à la miséricorde divine qui guidait leur marche et secondait leurs efforts, ils y trouvèrent des bâtimens de moyenne dimension. On obtint facilement de l'empereur la permission de les retirer de la mer, et on les mit à sec sur le rivage ; puis, ayant attaché les uns à la suite des autres trois ou quatre chariots, selon que l'exigeait la longueur des bâtimens, on posa ceux-ci par-dessus, et dans l'espace d'une nuit on les traîna jusqu'au lac, à une distance de sept milles et plus, en y employant le secours des câbles et les efforts multipliés des hommes et des chevaux. Parmi ces navires, il y en avait quelques-uns d'assez forts, puisqu'ils pouvaient contenir depuis cinquante jusqu'à cent combattans. Lorsqu'ils furent arrivés, et qu'on les eut mis à flot sur le lac, l'armée chrétienne éprouva des transports de joie inexprimables; tous les chefs accoururent sur les bords du lac, et firent venir aussitôt des rameurs habiles dans l'art de la navigation; puis on fit monter sur les bâtimens des hommes pleins de force dans l'exercice des armes, et recommandables par leur courage, et l'on se livra en toute assurance à l'espoir qu'avec l'aide de Dieu la ville tomberait bientôt au pouvoir des assiégeans. Les ennemis, pendant ce temps, voyant sur le lac des bâtimens en plus grand nombre que de coutume, furent fort étonnés, et se demandèrent d'abord si c'était un convoi d'approvisionnemens venant leur apporter des secours, ou si les nôtres faisaient quelques nouvelles dispositions. Lorsqu'ils apprirent que nos soldats étaient allés chercher ces bâtimens sur la mer, et les avaient transportés par un chemin de terre avec de grandes fatigues, pour les lancer de là sur le lac, ils admirèrent l'habileté et la force qui avaient conçu et exécuté une entreprise aussi extraordinaire.

Dès que la flotte eut été lancée sur le lac, et qu'elle put fermer aux assiégés ce moyen de communication, on fit proclamer dans toute l'armée que toutes les légions, chacune sous les ordres des chefs qui les commandaient, eussent à s'armer pour attaquer la ville avec une nouvelle vigueur, et pour presser les assiégés encore plus vivement qu'on ne l'avait fait jusqu'à ce jour. Chacun des princes animant son armée, et conduisant ses soldats au combat, on livra un nouvel assaut, beaucoup plus vigoureux que tous les précédens. On fit aussi manœuvrer les machines avec une plus grande activité; les unes étaient employées à frapper contre les murailles pour les attaquer par la base, les autres à lancer d'énormes pierres contre les remparts pour parvenir à les abattre. Du côté du midi, où l'attaque avait été confiée au comte de Toulouse, il y avait une tour, remarquable parmi toutes les autres par son élévation et l'épaisseur de ses murailles, et à côté de laquelle on disait que la femme de Soliman avait sa demeure. Pendant quelques jours, le comte avait fait les plus grands efforts pour la renverser, mais toujours inutilement. Il l'avait fait battre sans relâche par deux machines à projectiles; mais l'ouvrage était si solidement construit, que jusque-là il avait été impossible d'en détacher une seule pierre. Cependant ne voulant point renoncer, comme de guerre-lasse, à son entreprise, il redouble d'efforts, augmente ses moyens d'attaque et le nombre de ses machines, fait lancer d'énormes pierres, des quartiers de roc d'une étonnante dureté, commence par faire quelques fentes sur plusieurs points, et parvient enfin, à force de coups, à détacher quelques éclats de pierre. Les soldats, dès qu'ils ont reconnu ce premier résultat, s'encouragent les uns les autres; une troupe choisie s'élance dans les fossés, les franchit, et, abordant les murailles, redouble d'efforts pour renverser la tour, ou pour faire du moins quelque brèche. Les assiégés, de leur côté, ayant reconnu que la tour menaçait ruine, la remplissent intérieurement de pierres et de ciment, afin que si le mur s'écroule par sa base, ou par suite des nombreux projectiles qui l'ébranlent, un nouvel ouvrage prenne la place de celui qui sera détruit, et oppose une seconde barrière à ceux qui tenteraient d'y pénétrer. Les nôtres cependant se mettant à l'abri sous un bélier très-solide, qu'ils avaient traîné à force de bras jusqu'au pied des murailles, travaillaient avec ardeur à les attaquer par la base. Ils parvinrent enfin avec des instrumens de fer, et non sans de grandes fatigues, à pratiquer une ouverture, par laquelle deux hommes armés pouvaient facilement passer de front; de leur côté, les assiégés résistaient avec la plus grande vigueur, opposant ruses contre ruses, forces contre forces, animés d'une courage pareil, agissant de concert, se servant tour à tour de l'arc, des balistes, et de toutes autres espèces d'armes, pour lancer des pierres avec des machines et à tour de bras; enfin, déployant des efforts extraordinaires pour repousser leurs ennemis, et se défendre des malheurs qu'ils redoutaient.

Parmi ceux qui occupaient les hauteurs des remparts, et résistaient aux assaillans, était un homme plus méchant que les autres, remarquable entre tous par sa taille et sa force, et dont les flèches faisaient beaucoup de ravage dans les rangs de nos soldats. Fier d'un succès qu'il conservait depuis longtemps, il ne cessait de se répandre en reproches et en insultes contre les nôtres, les appelant des lâches et leur imputant une honteuse timidité. Cet homme exerçait ses odieuses fureurs du côté de la place que le duc était chargé d'attaquer avec toutes ses légions: l'illustre Godefroi ne pouvant supporter plus long-temps ses offenses, saisit une fronde, cherche une place convenable, lance sa pierre, atteint l'ennemi et le renverse privé de vie ; juste retour de tous les maux qu'il avait faits aux nôtres. Cet événement remplit d'épouvante ceux qui se trouvaient avec l'archer sur les remparts, et dont son exemple encourageait la résistance : ils cessèrent de combattre avec la même ardeur, et peu à peu leurs traits et leurs insultes se succédèrent avec moins d'activité.

Sur tous les autres points, cependant, les assiégés ignorant ce fait, continuaient de se défendre avec la plus grande vigueur ; du haut de leurs tours et de leurs remparts, ils combattaient avec un zèle infatigable, et employaient toutes leurs forces pour répandre la mort et le carnage parmi les assiégeans ; ils lançaient sur nos machines de la poix résine, de l'huile, du lard, des torches enflammées, et toutes les matières propres à entretenir l'incendie, et les détruisaient ainsi en grande partie, partout où l'on ne prenait pas les plus grands soins pour les mettre à l'abri de leurs atteintes. Pendant ce temps, ceux qui du côté du midi avaient entrepris de renverser la tour dont j'ai déjà parlé, poursuivaient leurs efforts avec zèle ; mais le lendemain ayant reconnu que tout ce qu'ils avaient fait de brèches avait été entièrement réparé pendant la nuit, et voyant qu'ils ne faisaient aucun progrès, ils commencèrent à se ralentir dans leur attaque.

Au moment où ils y avaient à peu près renoncé, un noble chevalier, homme fort et intrépide, appartenant à l'armée du comte de Normandie, et voulant encourager ses compagnons par son exemple, s'avance revêtu de sa cuirasse et de son casque, et couvert de son bouclier, franchit le fossé, marche sans crainte à la muraille, dans l'intention de renverser les nouvelles constructions en pierres que les assiégés avaient élevées pendant la nuit, et d'ouvrir une seconde fois la brèche que l'on avait faite la veille. Cependant du haut des remparts les citoyens l'attaquant de tous côtés, aucun des siens n'a l'audace de s'avancer pour lui porter du secours, il ne peut accomplir son entreprise, et succombe sous les énormes pierres qu'on fait tomber sur lui du haut des murailles, à la vue même de ses frères, et sans qu'aucun veuille se hasarder pour le dégager. Bientôt son corps privé de vie est enlevé par les assiégés à l'aide de longs crochets de fer, et jeté en dedans des remparts pour être livré aux insultes de ses ennemis; puis, ils le dépouillent de sa cuirasse et de son casque, et le lancent au milieu de notre camp. On lui rendit les honneurs de la sépulture, le peuple pleura sur lui, exaltant son courage et pensant qu'une telle mort serait agréable devant la face du Seigneur, car on ne doutait point qu'elle ne lui valût de voir son ame associée à celles des élus : tous en effet, comme je l'ai déjà dit, n'avaient qu'un même sentiment, une même opinion, et croyaient que ceux qui périssaient ainsi dans les combats obtiendraient la vie éternelle, où, admis à participer au bonheur des saints, ils jouiraient de la gloire à laquelle ils avaient été prédestinés.

Cependant les chefs des légions du Seigneur se réunissent pour se concerter, selon la loi qu'ils s'étaient imposée d'un commun accord, et voyant que leur entreprise ne faisait aucun progrès, et que l'armée s'épuisait inutilement en de longues fatigues, ils délibèrent entre eux, s'interrogent les uns les autres, et se demandent quel serait le parti le plus salutaire au milieu de si grandes difficultés. Tandis qu'ils s'entretiennent ainsi, livrés aux plus vives inquiétudes, un homme, Lombard de naissance, s'avance vers les princes : il a reconnu que tous les travaux, tous les artifices des ouvriers sont constamment déjoués, que toutes les fatigues que l'armée supporte demeurent sans résultat, et il s'annonce comme habile à fabriquer des machines ; il déclare que, si l'on veut lui fournir sur les fonds publics les sommes nécessaires à la construction de ses ouvrages, ainsi que tous les matériaux dont il aura besoin, sous peu de jours et avec l'aide du Seigneur, il renversera la tour, sans qu'il en coûte la vie à un seul homme, et qu'il pratiquera par ce moyen une large brèche, accessible à tous ceux qui voudront entrer. En conséquence, on lui fournit sur les fonds publics des sommes suffisantes, on lui assigne un salaire honorable en récompense de ses travaux, on met à sa disposition les matériaux qu'il a demandés, et il construit sa machine avec un art merveilleux, et de telle sorte que ceux qui y seront enfermés pourront en dépit de l'ennemi, et sans courir eux-mêmes aucun danger, la conduire et l'appliquer contre les murailles, et cachés dans l'intérieur, travailler sans crainte à saper les murs. L'expérience ne tarda pas à démontrer le succès de son entreprise ; ayant disposé et armé sa machine ainsi qu'il l'entendait, il prit avec lui des hommes forts et bien cuirassés, munis d'armes, d'instrumens de fer, et de tout ce qui était nécessaire pour travailler à la sape; tous s'y enfermèrent ensemble. Aidé de ses ouvriers, l'inventeur conduisit d'abord sa machine dans les fossés, et les ayant franchis, il l'appliqua contre les remparts avec autant de facilité que d'adresse. Les assiégés cependant, agissant avec leur activité accoutumée, lançaient d'immenses blocs et des combustibles de toutes sortes, qui ne pouvaient se fixer, et glissaient sans cesse sur le faîte escarpé, et sur les pentes inclinées de la machine; ils commencèrent à désespérer du succès, et admirèrent en même temps la force de l'instrument et l'habileté du constructeur, qui résistaient à tous leurs efforts. Les hommes cachés sous ce rempart mobile, à l'abri de toutes les attaques de leurs ennemis, travaillaient sans relâche et avec la plus grande ardeur à démolir la muraille, afin de pouvoir renverser la tour. A mesure qu'ils enlevaient des pierres, ils mettaient à la place des pièces et de petits morceaux de bois, de peur que l'ébranlement de la partie inférieure ne fît crouler trop tôt la partie supérieure, et que la machine ne se trouvât écrasée, dans l'impossibilité de supporter un tel choc et l'immense quantité de décombres qui seraient tombés sur elle. Après qu'ils eurent démoli autant qu'ils jugeaient que ce serait nécessaire pour entraîner la chute de la tour, ils mirent le feu aux étais destinés à supporter quelques momens encore la muraille; ils y ajoutèrent toutes sortes de matières combustibles, pour entretenir l'incendie, et se retirèrent en toute hâte dans le camp, abandonnant alors la machine. Vers le milieu de la nuit, tous les soutiens qu'on avait posés ayant été consumés et réduits en cendres par un feu dévorant, la tour s'écroula avec un tel fracas, que ceux même qui en étaient le plus éloignés furent saisis d'un sentiment d'horreur, comme s'ils avaient senti la convulsion d'un tremblement de terre : à ce bruit épouvantable toutes nos légions s'agitent et courent aux armes, comme pour pénétrer de vive force dans l'intérieur de la ville.

La femme de Soliman qui, jusque-là, avait supporté avec courage les malheurs du siége, effrayée de la chute de la tour, fit préparer des navires et sortit de la ville en secret avec ses domestiques et ses esclaves, dans l'intention de chercher un refuge en des lieux plus tranquilles. Mais les nôtres, qui occupaient le lac, chargés d'intercepter toute communication avec les assiégés, veillant fidèlement à leur mission et épiant tous les passages, découvrirent bientôt les fugitifs, s'emparèrent de leurs bâtimens, conduisirent en présence des princes leur captive, suivie de ses deux fils encore en bas âge, et les princes donnèrent ordre aussitôt qu'elle fût étroitement gardée, ainsi que tous les autres prisonniers.

Cependant les assiégés consternés, en voyant la brèche par laquelle leurs ennemis s'étaient enfin ouvert un passage, et en apprenant la captivité d'une femme si illustre, désespérant de pouvoir se défendre désormais, envoyèrent des députés à nos princes et firent demander une trêve pour traiter de la reddition de la place. Tanin, cet homme plein de ruse, dont j'ai déjà parlé, prévoyant la résolution que prendraient les ennemis dans leur détresse, avait provoqué une assemblée des principaux habitans de la ville et les avait invités à honorer l'empereur son maître en se rendant à lui : il leur avait représenté que cette armée de pèlerins, réunie sous leurs murailles, poursuivait d'autres desseins; que le siége de la ville, loin d'être l'objet principal de leur entreprise, n'avait été pour eux qu'un incident pour lequel ils s'étaient détournés, en passant, de leur plus grand projet; qu'au contraire l'empereur se trouverait constamment placé auprès d'eux; qu'ils pouvaient tout espérer de sa clémence reconnue et attendre de lui de beaucoup meilleures conditions; qu'il leur valait donc mieux préférer l'empereur à des hommes ignorans et à une race barbare, et se livrer entre ses mains, puisqu'aussi bien ils ne pouvaient éviter de se rendre; qu'enfin l'empereur retrouverait ainsi par eux l'empire d'une ville qu'il avait injustement perdue peu auparavant par le malheur des temps. Les citoyens, réunis en assemblée et persuadés par ces argumens, résolurent en conséquence de se livrer, corps et biens, entre les mains de l'empereur, en stipulant le respect des personnes. Cette détermination ne fut point désagréable à nos princes, car leurs vœux les portaient à d'autres entreprises; ils n'avaient nullement l'intention de s'arrêter en ces lieux, et en même temps ils espéraient que, selon la teneur de leurs traités, les dépouilles de la ville appartiendraient entièrement à leur armée en récompense de ses longs travaux et en indemnité des pertes qu'elle avait essuyées.

Cependant ceux de leurs frères que Soliman avait réduits en captivité lorsqu'il détruisit l'armée de Pierre l'ermite au camp de Civitot, et tous ceux que les habitans de Nicée avaient pris pendant le siége, furent rendus à la liberté et notre armée les reçut tous avant de vouloir entendre à aucune proposition de traité

pour la reddition de la ville. Après cela, avec l'agrément des princes et du consentement du peuple, on expédia des députés, qui portèrent à l'empereur la dépêche suivante : « Les princes chrétiens et leurs
« troupes qui, sous les murs de Nicée, ont fidèlement
« travaillé au siége de cette place, pour l'amour du nom
« du Christ, assistés par le Seigneur, et poussant leur
« entreprise avec une ardeur extrême, l'ont enfin ré-
« duite à se rendre. Nous nous adressons donc à
« votre Grandeur et vous invitons sérieusement à vous
« hâter d'envoyer quelques uns de vos princes avec
« une suite suffisante, afin qu'ils puissent recevoir et
« conserver en l'honneur de votre nom la ville qui se
« livrera à eux, et qu'ils pourvoyent en même temps
« à la translation des nombreux captifs qui leur se-
« ront remis. Pour nous, après avoir livré cette ville
« entre les mains de votre Grandeur, nous ne met-
« trons plus aucun délai à poursuivre, avec l'aide de
« Dieu, l'accomplissement de nos projets. »

L'empereur, rempli de joie en recevant ces nouvelles, fit partir aussitôt, avec des forces considérables, ceux d'entre ses domestiques dont la fidélité et le talent lui inspiraient le plus de confiance ; il les chargea de recevoir et de fortifier la ville en son nom, de retenir également tous les prisonniers, toutes les matières d'or et d'argent, enfin tous les objets et bagages qu'ils trouveraient, et en même temps il envoya à chacun des princes de riches présens, cherchant à gagner leurs bonnes grâces par les lettres qu'il leur écrivit et par les instructions qu'il donna à ses députés pour leur être transmises de vive voix, leur faisant rendre mille actions de grâces en reconnais-

10.

sance d'un si grand service et de l'accroissement que l'Empire venait de recevoir par leurs succès.

Cependant le peuple pélerin et tous les simples guerriers qui, durant tout le cours du siége, avaient travaillé avec d'autant plus d'ardeur qu'ils espéraient s'enrichir des dépouilles des citoyens captifs et se dédommager des dépenses et des pertes énormes qu'ils avaient faites, en recueillant tout ce qui serait trouvé dans l'enceinte de la ville, voyant qu'on ne leur accordait point des récompenses proportionnées à leurs fatigues, et que l'empereur s'attribuait, au profit de son fisc, tout ce qui devait leur revenir en vertu des traités, se montrèrent fort irrités de ces procédés, au point qu'ils parurent se repentir d'avoir prodigué à cette entreprise tant de fatigues et d'argent, puisque, selon eux, ils n'en retiraient aucun avantage. Les princes affirmaient aussi que l'empereur avait méchamment méconnu la teneur même de leurs conventions. On disait que, dans la clause des traités qu'ils avaient conclus avec ce souverain, il y avait un article qui stipulait expressément que, « s'il arrivait que l'on « prît, avec l'aide de Dieu, quelqu'une des villes qui « avaient appartenu auparavant à l'Empire sur toute « la longueur de la route jusqu'en Syrie, la ville serait « rendue à l'empereur avec tout le territoire adjacent, « et que le butin, les dépouilles et enfin tous les ob- « jets quelconques qu'on y trouverait, seraient cédés « sans discussion aux Croisés en récompense de leurs « travaux et en indemnité de toutes leurs dépenses. » Quoiqu'il eût été assez facile et très-profitable aux nôtres de chasser de la ville les serviteurs de l'empereur et de les renvoyer à leur maître les mains vides, quoiqu'ils eussent été tout-à-fait fondés à le faire, « car il est injuste de garder la foi à ceux qui cher- « chent à agir contre le texte de leurs traités, » cependant, ayant toujours devant les yeux la crainte du Seigneur et se hâtant d'accomplir de plus grandes choses, les chefs résolurent d'un commun accord de dissimuler leur ressentiment et s'appliquèrent à calmer leur peuple irrité, cherchant à l'adoucir par de bons conseils et l'encourageant à poursuivre sans retard le but de son entreprise.

Les Grecs cependant qui avaient reçu leur mission de l'empereur entrèrent dans la ville, reçurent les armes des citoyens, conclurent le traité de reddition, et, marchant ensuite vers le camp des assiégeans, ils se présentèrent devant nos princes, les supplièrent de faire grâce de la vie aux assiégés et leur annoncèrent qu'ils avaient rétabli leur ville sous l'autorité de leur maître et leurs personnes sous sa protection.

Dès que la ville eut été occupée et qu'on y eut établi une quantité suffisante de troupes pour veiller à sa sûreté, on fit conduire à Constantinople la femme de Soliman avec ses deux fils et tous les prisonniers de guerre : l'empereur les reçut avec clémence, les fit même traiter généreusement, et, peu de jours après, il leur rendit la liberté. On assure qu'il se détermina à les renvoyer ainsi dans l'intention de se réconcilier avec les Turcs, de les entretenir par ses bienfaits dans leur inimitié contre les nôtres, et de plus afin que, s'il arrivait encore que nos armées missent le siége devant quelque autre ville, les habitans n'eussent aucune raison de ne pas se rendre également à l'empereur. La ville de Nicée fut prise l'an

1097 de notre Seigneur et le 20 du mois de juin.

Ce siége ainsi terminé, l'armée, d'après les ordres des princes, fit tous ses préparatifs de départ; on reforma les bagages et elle se remit en route le 29 juin. Les troupes marchèrent toutes ensemble pendant deux jours, et le soir du second jour elles arrivèrent auprès d'un pont et dressèrent leur camp pour profiter du voisinage de l'eau. Le lendemain matin elles se remirent en route avant le point du jour; il faisait encore assez obscur; elles passèrent le pont, et, soit hasard, soit intention, les princes se séparèrent les uns des autres, chacun restant à la tête des siens. Boémond, le comte de Normandie, Étienne, comte de Blois, Tancrède et Hugues comte de Saint-Paul, ayant pris à gauche et marchant ensemble toute cette journée, arrivèrent le soir dans la vallée dite de Gorgone : vers les neuf heures ils dressèrent leur camp sur les bords d'une rivière rapide, au milieu de bons pâturages. Ils y passèrent la nuit fort tranquillement, n'étant cependant pas exempts d'inquiétude, et ayant eu soin de placer des sentinelles en cercle autour de leur camp. Les autres, pendant ce temps, avaient pris à droite en sortant du pont et suivi leur route toute la journée ; le soir ils arrivèrent à une distance de deux milles tout au plus du camp des autres princes, et firent dresser leurs tentes dans de belles prairies, ayant aussi des eaux à leur disposition.

Soliman cependant, irrité de l'échec qu'il avait reçu et animé de plus en plus au souvenir de cette belle ville, de sa femme et de ses enfans que les nôtres lui avaient fait perdre en même temps, aspirait avec ardeur à la vengeance et cherchait les moyens de tendre des embûches à notre armée. Il avait rassemblé de nouveaux essaims de soldats, s'était mis à la poursuite de cette partie de notre armée qui s'était dirigée vers la gauche et la suivait à marches à peu près égales; les éclaireurs dont il se servait lui rendaient compte fréquemment de l'état de nos troupes, et il épiait impatiemment une occasion favorable pour les attaquer avec avantage. Dès qu'il apprit que les corps s'étaient divisés et qu'il marchait sur celui qui paraissait le moins considérable, il jugea le moment propice et descendit des montagnes suivi de l'immense multitude des siens. L'aurore annonçait à peine le lever prochain du soleil, les ombres de la nuit se retiraient devant le premier crépuscule, lorsque tout à coup ceux de nos gens qui avaient été placés en sentinelles pour reconnaître au besoin les embuscades de l'ennemi et donner l'éveil à nos troupes, voient arriver des soldats, et faisant retentir les airs du son des clairons, se rallient en toute hâte au corps d'armée et annoncent l'approche des Turcs. Le bruit des clairons, les cris des hérauts retentissent bientôt dans tout le camp, les légions courent aux armes, et les chevaliers se préparent pour le combat. C'était le matin du 1er juillet. Tout le peuple se range en ordre de bataille, les quinquagénaires et les centurions se mettent chacun à la tête de leurs cohortes, les chefs se placent aux ailes des bataillons d'infanterie; afin de pouvoir marcher sans obstacle au combat, on place de côté, à une certaine distance, les bagages et les équipages, la multitude invalide des vieillards, des femmes, des faibles, et pour les mettre en sûreté on les entoure d'un rempart de chariots. En même temps on expédie des exprès à la portion de l'armée dont on s'était imprudemment séparé, pour lui donner avis du danger et l'inviter à opérer sa jonction en toute hâte. Toutes choses ainsi bien disposées et selon les règles de l'art militaire dans le camp de Boémond, vers la deuxième heure du jour, Soliman arrive traînant à sa suite ses innombrables bataillons de Turcs, et ce qu'il y avait de plus étonnant aux yeux des nôtres dans cette multitude de gens armés qui s'élevait, à ce qu'on dit, à plus de deux cent mille hommes, on n'en voyait pas un qui ne fût à cheval. Quant aux nôtres, ainsi que je l'ai déjà dit, leurs légions étaient composées pêle-mêle de fantassins et de cavaliers.

A l'approche de l'armée turque, il s'éleva un si grand bruit, qu'on ne pouvait plus, dans le camp des nôtres, entendre aucune voix. Le cliquetis des armes, le fracas des chevaux, le retentissement des trompettes, le son horrible du tambour, enfin les hurlemens redoublés de ces guerriers qui semblaient s'élever jusqu'aux cieux, répandirent une vive terreur parmi nos légions, dont les soldats, pour la plupart, étaient fort peu accoutumés à un pareil spectacle. Les escadrons des Turcs, se précipitant aussitôt sur notre armée, lancèrent une si grande quantité de traits qu'on aurait dit une grêle tombant du milieu des airs; à peine une première nuée était-elle tombée en décrivant un arc de cercle, qu'elle était suivie d'une seconde non moins épaisse; et ceux qui n'avaient pas été atteints d'abord, ne pouvaient guère éviter de l'être un moment après. Ce genre de combat était complétement ignoré de nos soldats; ils pouvaient d'autant moins le soutenir avec égalité, qu'ils n'en avaient aucune habitude, et qu'à tout moment ils voyaient tomber leurs chevaux sans pouvoir se défendre ; eux-mêmes, frappés à l'improviste de blessures souvent mortelles, auxquelles il leur était impossible d'échapper, cherchaient à repousser leurs ennemis en se précipitant sur eux, et les frappant du glaive et de la lance. Mais ceux-ci, incapables, à leur tour, de supporter cette sorte d'attaque, ne manquaient pas de se séparer aussitôt pour éviter le premier choc, et, ne trouvant plus personne devant eux, trompés dans leur attente, nos soldats étaient contraints de se replier sur leur corps d'armée. Tandis qu'ils se retiraient ainsi sans avoir réussi dans leur tentative, les Turcs se ralliaient promptement, et recommençaient à lancer leurs flèches qui tombaient dans nos rangs comme la pluie, et ne laissaient presque personne sans blessure mortelle. Nos hommes résistaient autant qu'il leur était possible, protégés par leurs casques, leurs cuirasses et leurs boucliers ; mais leurs chevaux et le malheureux peuple qui n'avait pas d'armes défensives étaient frappés indistinctement, et tombaient de tous côtés. Il périt dans ce combat environ deux mille hommes, tant fantassins que cavaliers, parmi lesquels on cite un jeune homme de belle espérance, Guillaume, fils du marquis et frère de Tancrède, qui fut percé d'une flèche en combattant vaillamment au milieu des siens, et Robert de Paris, homme fort dans le maniement des armes, qui périt de la même mort. Tancrède lui-même, se précipitant comme la foudre dans les rangs ennemis, prodigue de sa vie, et oubliant sa haute condition, fut arraché à la mort par Boémond, qui l'entraîna à sa suite malgré lui et presque de vive force. Cependant les essaims ennemis se renforçaient à tout moment, et nos troupes succombaient à leurs maux. Les premiers, suspendant leurs arcs à leurs épaules et saisissant le glaive, serrent nos soldats de près. Bientôt les rangs sont rompus, nos légions prennent la fuite, et se retirent du côté de leurs bagages; espérant trouver un refuge dans l'épaisseur des roseaux, elles se réunissent, et se cachent en arrière du rempart que forment les chariots et tous les équipages.

Tandis que l'armée des fidèles était ainsi éprouvée, et que Boémond lui-même avait épuisé toutes ses forces, on voit arriver les illustres et puissans seigneurs, le duc Godefroi, le comte Raymond, Hugues-le-Grand, Baudouin et Eustache, frères du duc, et d'autres princes dévoués à Dieu, conduisant à leur suite une armée de quarante mille cavaliers bien cuirassés, qu'ils avaient détachés de leur camp pour arriver plus promptement au secours de leurs frères, laissant derrière eux les essaims nombreux de leur infanterie, ainsi que les bagages de toute espèce. Dès qu'ils sont arrivés auprès du seigneur Boémond, tous ceux qui semblaient près de succomber retrouvent à la fois leur courage et leurs forces, et retournent au combat. Ardens à venger les affronts qu'ils viennent de recevoir et à faire payer cher leur première défaite, ils se précipitent avec vigueur sur l'ennemi, le pressent vivement de leur glaive, et renversent de toutes parts ceux qui naguères leur inspiraient un sentiment d'horreur, comme s'ils eussent été d'une nature supérieure, et qui maintenant semblent aussi ne pouvoir plus résister. En même temps l'évêque du Puy et tous ceux qui sont consacrés au même ministère, excitent le peuple, exhortent les princes à ne pas se décourager, mais plutôt, se confiant à la victoire qui doit leur être accordée par le ciel même, à venger dans le sang le sang de leurs frères morts et à ne pas souffrir que les ennemis de la foi et du nom du Christ se glorifient plus long-temps du massacre des fidèles. Par ces paroles et d'autres semblables, les hommes de Dieu animaient le peuple au combat, et faisaient tous leurs efforts pour inspirer à l'armée un nouveau courage, une nouvelle vigueur : aussi les nôtres, se précipitant avec plus de violence que de coutume et serrant de près les escadrons ennemis, parviennent enfin à rompre leurs rangs, et les mettent en fuite en en faisant un horrible massacre. Les fuyards sont poursuivis vivement, et chassés à trois ou quatre milles du lieu même où ils avaient établi leur camp, au milieu d'une riche vallée ; les nôtres, marchant sur leurs traces avec ardeur, profitent de leur confusion, les font succomber sous leurs coups, les dispersent de tous côtés, et après en avoir tué un grand nombre, ils reprennent aussi ceux de leurs frères qu'on avait faits d'abord prisonniers, et les ramènent au camp de leurs ennemis. Ils y trouvèrent d'immenses amas d'or et d'argent, et une grande quantité de vivres de toute espèce, du gros et du menu bétail, des troupeaux d'ânes, de bêtes de somme, et des chameaux tels qu'ils n'en avaient jamais vus, beaucoup de chevaux, des pavillons et des tentes de diverses couleurs et de formes inconnues. Chargés des plus riches dépouilles et d'un immense butin, ils enlèvent tous ces trésors, poussent devant eux tout ce qu'ils ont pris, et rentrent enfin dans leur camp. On dit qu'en ce jour il périt parmi les ennemis environ trois mille hommes tous puissans et illustres, et tenant un rang considérable au milieu des leurs. De notre côté on perdit quatre mille personnes du peuple et des classes inférieures de l'un et de l'autre sexe ; et les récits de nos pères affirment que parmi les hommes plus distingués, il n'en périt que deux dans cette journée. On combattit depuis la seconde jusqu'à la huitième heure du jour avec des chances variées, le premier jour de juillet, mais toujours, de notre côté, avec des forces extrêmement inégales, et fort inférieures à celles de l'ennemi. Ceux que Soliman avait conduits au combat formaient, à ce qu'on assure, une armée de plus de cent cinquante mille hommes, en ne comptant même que les cavaliers armés. Parmi ceux des nôtres, au contraire, qui assistèrent et prirent part à cette rude affaire [1], il n'y eut jamais au-delà de cinquante mille cavaliers tout au plus.

Après avoir obtenu du ciel cette victoire, et afin de donner quelque repos aux blessés pour aider à leur guérison, on rappela toutes les armées, et elles demeurèrent pendant trois jours dans un pays agréable, couvert de riches pâturages : les malades se guérirent ; on s'occupa aussi des chevaux avec sollicitude, et l'on vécut dans une grande abondance de vivres, en consommant tout ce que les ennemis avaient traîné à leur suite et abandonné en fuyant. Nos princes les plus considérables se conduisirent très-bien dans cette périlleuse rencontre : parmi les hommes de moyenne distinction, quelques-uns, tels que Baudouin du Bourg, Thomas de Feii, Rainaud de Beauvais, Galon

[1] Elle porte le nom de bataille de Dorylée.

de Calmon, Gaston de Béarn, Gérard de Chérisi, s'acquirent une éternelle gloire. A partir de ce jour, il fut décidé, de l'avis unanime du conseil, que, dès que tous les corps de troupes seraient réunis, ils ne se sépareraient plus, et marcheraient toujours ensemble, de manière à pouvoir mettre toujours en commun et leurs malheurs et leurs prospérités.

Après cette halte de trois jours si nécessaire au repos des hommes et des chevaux, les trompettes donnèrent de nouveau le signal du départ, et tous se préparèrent à se remettre en route. Après avoir traversé toute la Bythinie, ils entrèrent dans la Pisidie. Là, comme ils cherchaient à prendre un chemin raccourci, ils arrivèrent par hasard dans un pays brûlant et dépourvu d'eau, où une chaleur immodérée, telle que la font quelquefois les ardeurs du mois de juillet, et surtout les souffrances d'une soif importune, accablèrent et fatiguèrent l'armée à un tel excès que le peuple était près de succomber à ses maux, et qu'il périt, à ce qu'on assure, en cette seule journée plus de cinq cents personnes des deux sexes, victimes d'une soif dévorante ou des ardeurs du soleil. On dit qu'il arriva en ce même jour un fait tel que l'histoire n'en fournit aucun autre exemple : des femmes grosses, abattues par l'excès de la soif ou de la chaleur, accouchèrent avant le terme que la nature leur avait assigné : dans l'horrible anxiété qui les possédait, elles jetaient au milieu du camp des enfans vivans, quelques-uns morts, d'autres encore sur le point d'expirer. Celles que de tendres sentimens dominaient avec plus d'empire, serrant dans leurs bras leurs nouveau-nés, se roulaient sur la route, et oubliant la pudeur de leur sexe, se laissaient voir à nu, ne songeant plus qu'au besoin d'échapper à la souffrance et aux périls qui les menaçaient. Les hommes mêmes ne tiraient guère aucun avantage de leur force naturelle : épuisés de sueurs et de fatigues, la bouche et les narines ouvertes pour aspirer le moindre souffle d'air, dans leur ardeur à se défendre des tourmens importuns de la soif, ils cherchaient, ils attendaient en vain quelque soulagement à leur poitrine desséchée. Cette déplorable calamité s'étendait encore au-delà des hommes : les bêtes de somme chargées de leurs bagages et les autres animaux de toute espèce refusaient tout service, brûlés qu'ils étaient intérieurement, comme s'ils avaient perdu tout usage des conduits ordinaires de la respiration ; les oiseaux délicats, les faucons et les autres oiseaux de chasse qui réjouissent la noblesse lorsqu'ils s'élancent sur leur proie, objets d'une vaine sollicitude, tombaient de fatigue dans les mains des seigneurs, et rendaient bientôt leur dernier souffle de vie ; les chiens de chasse, doués d'un odorat exquis, délices de leurs maîtres, abandonnaient ceux qu'ils avaient coutume de suivre si fidèlement, et haletans, dévorés d'une soif ardente, ils couraient et périssaient çà et là sur les routes ; enfin, ce qui était plus dangereux encore que tout le reste, les chevaux, ces fidèles compagnons de bataille, en qui leurs maîtres avaient placé toute leur confiance pour le soin de leur propre salut, qui naguère encore, hennissant et frappant la terre du pied, témoignaient leur noble audace, accablés maintenant par l'excès de la soif et de la chaleur, succombaient misérablement comme de viles bêtes de somme.

Au milieu de tant et de si cruelles souffrances, le Père de miséricorde, le Dieu de toute consolation, secourut enfin les malheureux : on trouva un fleuve si ardemment desiré et si long-temps cherché vainement. Dès qu'ils arrivent sur les bords, tous, poussés par la violence du besoin, se précipitent à l'envi dans les eaux, et voyant leurs vœux accomplis, se livrent sans mesure à un excès contraire ; ils rencontrent bientôt un plus grave péril : un grand nombre de ceux qui avaient échappé au danger de la soif, ne mettant désormais aucun frein à leur avidité, comme il n'arrive que trop souvent en pareil cas, trouvèrent, au milieu même de cette abondance des eaux, la mort dont on les eût pu croire délivrés, et il en arriva tout autant à une grande quantité d'animaux. Enfin, arrachés par le secours de la Providence à de si grands périls, ils arrivèrent dans une contrée assez abondante et fertile, que des ruisseaux, de belles forêts et de riches pâturages embellissaient encore, et ils dressèrent leur camp au milieu des prairies, auprès d'Antiochette, qui, comme on sait, est la métropole de la Pisidie.

Dès qu'ils y furent arrivés, quelques-uns des princes se séparèrent volontairement de l'armée, et emmenèrent avec eux les troupes qu'ils avaient conduites. Le premier de tous fut le seigneur Baudouin, frère du duc, qui fut suivi de Pierre, comte de Stenay, de Renaud, comte de Toul, de son frère Baudouin du Bourg, de Guillebert de Monclar, de sept cents cavaliers et de quelques compagnies d'infanterie. Après lui, le seigneur Tancrède partit aussi, emmenant Richard, prince de Salerne, Robert de Hanse, quelques autres nobles, cinq cents cavaliers, et, de plus, quelques fantassins. Tous ces guerriers avaient un seul et même but dans leur expédition : ils voulaient aller sonder les routes, reconnaître les contrées environnantes, tenter d'abord la fortune à eux seuls, pour pouvoir ensuite venir rendre compte, aux princes qui les avaient envoyés à la découverte, des diverses choses qu'ils auraient vues, et des événemens qui leur seraient survenus, selon les temps et les lieux divers, afin que l'armée pût marcher avec plus de sûreté, et sans courir de graves dangers. Lorsqu'ils sortirent de leur camp, ils suivirent d'abord la voie royale, traversèrent deux villes voisines l'une de l'autre, Iconium [1] et Héraclée, et prirent ensuite à droite, dirigeant rapidement leur marche vers les rivages de la mer.

Le duc cependant et les autres princes qui étaient restés au camp, séduits par la beauté des lieux qu'ils habitaient, et par le voisinage des forêts, voulant se donner quelques délassemens agréables à la suite de tant de fatigues, et se distraire un peu des soucis rongeurs dont ils étaient habituellement préoccupés, s'enfoncèrent à l'envi dans l'épaisseur des bois pour y chercher les plaisirs de la chasse. Là, prenant différens sentiers, suivant la variété des desirs qui les entraînaient, ils rencontrèrent aussi des aventures diverses. Entre autres circonstances, le duc, étant entré aussi dans les bois pour faire de l'exercice et pour se distraire, rencontra par hasard un ours d'une énorme taille et d'un horrible aspect. Cet animal poursuivait avec férocité un pauvre pèlerin qui trans-

[1] Konich en Caramanie.

portait une charge de bois mort, et qui, fuyant à toutes jambes, remplissant la forêt de ses cris et de ses invocations pour obtenir du secours, avait grand'-peine à échapper à la rage de son ennemi. Le duc se présenta en ce moment, et comme il était plein d'une bonté compatissante pour tous ses frères, il s'élance avec ardeur pour porter secours au malheureux fuyard. La bête, en voyant devant elle le duc armé de son épée et la serrant de près, abandonne celui qu'elle poursuivait d'abord, pour marcher à un ennemi plus vigoureux, et l'attaquer de ses dents et de ses ongles. Bientôt le cheval que montait le duc est blessé dangereusement ; le duc met pied à terre, et continue à se battre avec son épée. L'ours, ouvrant alors sa large gueule, et poussant un horrible grognement, méprisant le glaive et tous les efforts de son adversaire, cherche à s'avancer sur lui. Le duc, le repoussant de son épée à mesure qu'il s'approche, redouble d'ardeur, et recueille toutes ses forces pour tâcher de lui enfoncer son arme dans le corps. Mais l'animal évite le glaive ; il s'élance sur le duc, le saisit, le serre fortement dans ses bras, et cherche ensuite à le jeter par terre pour pouvoir le tenir sous ses pieds, et le déchirer plus facilement des dents et des ongles. Le guerrier cependant, tenant toujours son glaive en main, déploie en ce moment toute la vigueur de son corps : de la gauche, il étreint avec force l'animal; de la droite, il le perce de son épée, l'enfonce jusqu'à la garde, et lui donne le coup de mort au milieu même de la lutte. Mais blessé, et surtout très-grièvement à la jambe, il obtient une victoire trop chèrement achetée. Fatigué de sa blessure, affaibli de la grande quantité de sang qu'il avait perdue, il se couche sur la terre, et fait de vains efforts pour se relever. Cependant le pauvre malheureux qui avait dû son salut à son arrivée, avait raconté son aventure dans le camp. Aussitôt tout le peuple accourt au lieu où le vigoureux athlète, le chef des armées, était, disait-on, étendu sur le sol, couvert de blessures. On arrive, on le dépose sur un brancard, au milieu des gémissemens et des larmes de tous les assistans; les princes le font transporter au camp, et les chirurgiens déploient aussitôt tous les efforts de leur art et de leur zèle pour lui administrer les remèdes les plus convenables, et hâter les progrès de sa guérison.

Dans le même temps, un autre homme illustre et magnifique, le comte de Toulouse, Raymond, frappé d'une maladie grave, était également transporté sur une litière; il en vint même à ce point qu'on le déposa sur la terre comme s'il allait mourir et qu'il lui restât à peine un souffle de vie. Le vénérable Guillaume, évêque d'Orange, vint auprès de lui et célébra même les offices dus aux ames des fidèles, comme s'il était déjà mort. Les nombreuses légions de ces illustres guerriers, se voyant sur le point d'être pour toujours privées de leur sage direction, désespéraient presque de l'accomplissement de leur entreprise et de leur vœu; et pleins d'inquiétude en les voyant dans cette malheureuse situation, tous, animés d'un seul esprit, versaient d'abondantes larmes, et suppliaient le Seigneur de leur rendre la vie et la santé. Pendant la célébration des saints offices, on faisait aussi des prières pour la conservation de tous ceux qui appartenaient à cette église pèlerine. Le Dieu de toute clémence accueillit avec bonté les vœux et les supplications de son peuple, et, dans sa miséricorde, il secourut les chefs malades, et leur envoya enfin une heureuse convalescence.

L'armée traversa donc la Pisidie, et, étant entrée dans la Lycaonie, elle arriva à Iconium, métropole de ce pays. La ville était déserte, et l'armée eut à souffrir beaucoup du manque de subsistances. Lorsque les Turcs, en effet, apprenaient l'arrivée de nos troupes, ils n'osaient sur aucun point entreprendre de leur résister. Ils dépouillaient leurs villes, dévastaient tout le pays environnant, et se réfugiaient avec leurs femmes, leurs enfans, leur gros et menu bétail et toutes leurs provisions, dans des montagnes inaccessibles, espérant par cette conduite que nos soldats, pour échapper à cette disette absolue, se hâteraient de quitter leur pays. Ils ne se trompaient pas en effet dans leur calcul : nos armées, fuyant le plus promptement possible des pays abandonnés, où elles ne trouvaient pas même les premiers alimens, se hâtaient de poursuivre leur route. Elles traversèrent Héraclée[1], et arrivèrent ensuite à Marésie[2], où elles dressèrent leur camp, et s'arrêtèrent pendant trois jours. Là, la femme du seigneur Baudouin, frère du duc, que son mari avait recommandée en partant à ceux avec qui il la laissait, succomba à la suite d'une longue et douloureuse maladie, et s'endormit d'une bonne mort dans le sein du Seigneur. C'était une dame noble, anglaise d'origine, et recommandable par sa

---

[1] Aujourd'hui Erekli.

[2] Aujourd'hui Marash; quelques géographes pensent que c'est l'ancienne Germanicie.

conduite et ses mœurs. Elle se nommait Gutuère. Ses frères la firent ensevelir dans le même lieu avec les honneurs convenables.

Pendant ce temps, le seigneur Tancrède, homme digne d'éloges en tout point, ayant suivi des routes plus raccourcies, arriva le premier en Cilicie, et mit aussitôt le siége devant la ville de Tarse, métropole de cette province, avec tous ceux qui l'avaient accompagné dans son expédition. La Cilicie est l'une des provinces de l'Orient, et, selon le témoignage des anciens, nous appelons *Orient* tout le diocèse d'Antioche. La Cilicie est bornée à l'orient par la Cœlésyrie, à l'occident par l'Isaurie, au nord par la chaîne du mont Taurus, au midi par la mer de Chypre ou mer Égée. Elle a deux métropoles, Tarse, patrie et résidence natale du docteur des nations, qui est la ville dont nous faisons mention en ce moment, et Anavarze[1]. Chacune de ces deux métropoles a ses villes suffragantes, ce qui fait que l'on dit plus habituellement les deux Cilicies, la première et la seconde. On dit que Tarse fut fondée par Tarsès, second fils de Japhan, fils de Japhet, troisième fils de Noé, suivant les traditions anciennes; et l'on en donne pour preuve son nom qu'elle reçut, dit-on, de son fondateur. Solin cependant n'est pas de cet avis; il dit dans le quarante-troisième chapitre de son ouvrage, *De Memorabilibus*, « La Cilicie a Tarse pour capitale de ses « autres villes; elle fut fondée par Persée, noble fils « de Danaé. » Tarse est coupée en deux portions par le fleuve Cydnus, que les uns disent se précipiter du

---

[1] Ou Anazarbe, la *Cæsarea Ciliciæ* de Pline, aujourd'hui Ainzerbeh ou Aainzarjat.

mont Taurus, et que d'autres affirment être une branche de l'Hydaspe. Quant à la question de la fondation de cette ville, il est possible que l'une et l'autre de ces assertions soient exactes, que Tarsès l'ait d'abord fondée, et que plus tard elle ait été réparée ou fort augmentée par Persée.

Tancrède, après avoir passé quelques jours devant Tarse avec ses troupes, persévérant dans son entreprise, obtint enfin des habitans, tant par menaces que par de bonnes paroles, qu'ils consentissent à laisser arborer sa bannière sur la tour la plus élevée de la ville, en témoignage de leur intention de se rendre prochainement, et sous la condition en même temps que, jusqu'à l'arrivée du seigneur Boémond et d'une armée plus considérable, il ne les attaquerait ni ne les forcerait à quitter leurs domiciles et leurs héritages : à ce prix ils s'engagèrent à livrer leur ville sans aucune difficulté dès que Boémond serait arrivé, et Tancrède trouva bonnes et accepta leurs propositions.

Cette ville, comme le reste du pays, était principalement habitée par des chrétiens arméniens et grecs; mais le petit nombre de ceux qui n'étaient pas chrétiens se trouvant en possession exclusive du droit de milice et de la défense des points fortifiés, tenaient tout le peuple des fidèles sous une dure oppression; il leur était interdit de combattre, mais ils pouvaient faire le commerce et s'adonnaient à l'agriculture.

Cependant le seigneur Baudouin, frère du duc, après avoir suivi des chemins détournés avec tous ceux qui l'accompagnaient, et souffert de grandes privations par le manque de subsistances, arriva enfin sur le sommet d'une montagne, à la suite de plusieurs marches et contre-marches. Du haut de cette élévation il voyait toute la Cilicie et l'œil découvrait toutes les villes de ce pays jusqu'à la mer. Lorsqu'il se fut assuré qu'il y avait un camp dans les environs de Tarse, croyant qu'il appartenait à des ennemis, il commença à éprouver quelque inquiétude ; voulant cependant connaître par qui le pays était occupé et quels étaient ceux qui se trouvaient dans ce camp qu'il voyait de loin, il descendit dans la plaine avec toute sa troupe et s'avança avec son courage accoutumé. Tancrède, de son côté, ayant reçu les mêmes avis par les sentinelles qu'il avait placées sur les points les plus élevés et redoutant les embûches de l'ennemi, rassemble tous les siens et leur fait prendre les armes. Croyant marcher contre des étrangers qui veulent tenter de porter secours à la ville, il court audacieusement à leur rencontre ; se confiant au Seigneur et faisant déployer ses bannières, il s'avance, animant par ses paroles le courage de ses soldats. A mesure qu'ils s'avançaient chacun de son côté et qu'ils se voyaient de plus près, ils reconnaissent enfin qu'ils n'ont point en face d'armes ennemies, et, se rapprochant alors avec plus de confiance, ils se précipitent dans les bras les uns des autres, se réjouissent et se félicitent à l'envi dans d'agréables conversations, et, réunissant enfin leurs bataillons, ils reprennent le chemin de la ville pour en continuer le siége. Tancrède reçut ses nouveaux hôtes dans son camp avec beaucoup d'affabilité et de tendresse, il leur fit donner du gros et du menu bétail qu'il avait rassemblé dans tous les environs, et cette nuit fut célébrée par de bons festins.

Le lendemain le seigneur Baudouin et ceux qui l'avaient suivi, voyant la bannière de Tancrède flotter sur la plus haute tour de la ville, agités des tourmens de l'envie, s'indignèrent qu'en présence d'un corps de troupes plus fort et plus nombreux, Tancrède osât faire arborer ses étendards sur la ville. Ils oublièrent en ce moment la tendre union que les deux chefs avaient contractée, marchant long-temps ensemble, comme deux frères, n'ayant qu'un même esprit et s'étant promis l'un à l'autre de vivre à jamais dans les liens d'une douce paix. Le seigneur Tancrède, qui était naturellement modéré et desirait apaiser ses compagnons dans leur colère, soutint que ce qui s'était passé à l'occasion de sa bannière, n'était nullement une injure à ses associés, puisqu'avant l'arrivée de leur troupe et avant même qu'il pût espérer de la voir venir, il avait obtenu ces conditions des habitans de la ville par la seule autorité de sa présence. Baudouin cependant, cédant aux suggestions de ses compagnons qui firent tous les efforts possibles pour l'entraîner, ne tenant aucun compte de la justice des motifs qu'on lui présentait, et se livrant à ses propres pensées plus qu'il n'aurait dû le faire, irrita Tancrède par un langage plein de violence, et se montra si arrogant que des deux côtés on fut sur le point de courir aux armes et d'engager un sanglant combat. En même temps Baudouin appela quelques uns des citoyens de la ville et leur déclara hautement et d'un ton menaçant que, s'ils n'enlevaient la bannière de Tancrède et ne mettaient la sienne à la place, en dépit des promesses qui leur avaient été faites pour garantir leur sécurité, il saurait bien exterminer la ville et les faubourgs et tout le pays aux environs. Les habitans, voyant que les troupes commandées par Baudouin étaient beaucoup plus nombreuses et plus redoutables, renouvelèrent leur traité aux conditions qu'ils avaient auparavant accordées à Tancrède, enlevèrent la bannière de celui-ci et lui substituèrent celle de Baudouin. Tancrède, blessé d'un tel affront, en conçut une vive indignation ; cependant, cédant à de plus sages conseils, et opposant une pieuse longanimité aux mouvemens agités de son ame, craignant enfin qu'il ne s'élevât dans les rangs même des fidèles une dissension pleine de périls, il leva aussitôt son camp et se transporta vers une ville voisine, nommée Adana[1] : il ne lui fut point permis d'y entrer. Cette ville était tombée au pouvoir d'un nommé Guelfe, Bourguignon de naissance, qui, s'étant séparé de la grande armée, avait entraîné à sa suite une foule de pélerins ; le hasard les avait conduits devant cette place, et, après en avoir expulsé les troupes turques, ils s'en étaient emparés de vive force. Dès que Tancrède eut appris qu'elle avait été occupée, avec l'aide de Dieu, par des gens de l'expédition, il se hâta d'envoyer des députés au chef qui commandait dans la place pour lui demander la faculté de faire acheter des vivres et le supplier de lui accorder l'hospitalité et de faire ouvrir les portes de la ville pour lui et pour ses compagnons. Les députés furent accueillis favorablement et on leur fit

---

[1] Adana, Adene ou Ædena, capitale du pachalik de ce nom, qui faisait partie, dans le moyen âge, du royaume de la petite Arménie ; on croit qu'elle fut bâtie sur le sol de l'ancienne *Antiochia ad Sarum*, fleuve qui porte aujourd'hui le nom de *Seihan*. Selon Abulféda, Haroun-al-Rashid en fut le fondateur.

fournir en abondance tous les approvisionnemens nécessaires, tant pour les soldats que pour les chevaux, en partie gratis et en partie à des prix convenus, car Guelfe avait trouvé dans cette ville une grande quantité d'or et d'argent, du gros et du menu bétail, des grains, du vin, de l'huile, et toutes sortes de choses utiles. Le lendemain, dès le point du jour, Tancrède traversa la ville avec toute son escorte, et, suivant la voie royale, il hâta sa marche et arriva à Mamistra [1]. Cette ville est l'une des plus belles de la province ; ses tours, ses murailles et sa nombreuse population la rendent remarquable parmi les autres ; elle est en outre dans une position riante, entourée de champs fertiles et sur un sol excellent. Tancrède fit dresser son camp tout près de cette place, et après quelques jours d'un siége opiniâtre, pendant lequel il livra de fréquens assauts, il s'en empara avec l'aide du Seigneur, fit mettre à mort tous les infidèles qu'il y trouva et s'y établit de vive force. Puis, ayant recueilli d'immenses richesses et une grande quantité d'alimens de toutes sortes, il les fit distribuer à sa troupe, mesurant ses largesses sur le mérite et les services de chacun de ceux qui en faisaient partie et enrichissant tous ses soldats. Ils trouvèrent dans cette agréable abondance une compensation aux privations qu'ils avaient eu à endurer ; les chevaux et les bêtes de somme eurent aussi à profusion tout ce qui leur était nécessaire, et tous reprirent leurs forces dans les douceurs du repos et par l'effet d'une bonne nourriture.

---

[1] Mopsueste, nommée Messissa par les Arabes, sur le fleuve du Gihan ou Dscheihan, le *Piramus* des Anciens, à trois lieues environ de la mer.

Cependant, après le départ de Tancrède, Baudouin, demeuré sous les murs de Tarse, adressa de fréquentes sommations aux habitans, et, joignant les menaces aux avertissemens, il leur ordonna de lui ouvrir les portes et de lui accorder l'entrée de la ville pour lui et ses troupes ; car il pensait qu'il était indigne de lui d'attendre dans l'oisiveté l'arrivée de toute l'armée et de demeurer jusque-là sans occupation utile. Les habitans de Tarse, se souvenant que Tancrède n'avait pu résister à Baudouin, et craignant qu'il n'attaquât la place et ne réussît à s'en emparer, s'ils différaient d'obtempérer à ses sommations, faisant de nécessité vertu, et peu confians en leurs propres forces, lui ouvrirent leurs portes et lui permirent d'entrer avec tous ceux qu'il avait à sa suite. Ils lui assignèrent deux tours qu'il dut occuper en attendant, et tout le reste de sa troupe fut logé indistinctement dans la ville, dans les maisons des fidèles qui y habitaient. Les Turcs, qui continuèrent à gouverner, se réservèrent la possession des autres tours. Quoiqu'ils fussent plus nombreux et occupassent tranquillement la plupart des points fortifiés de la place, comme ils se méfiaient beaucoup du voisinage de leurs nouveaux hôtes, et n'avaient aucun espoir de secours, ils attendaient avec impatience une occasion favorable de sortir en secret de la ville avec leurs femmes, leurs enfans et toutes leurs provisions. Il arriva cette même nuit que trois cents hommes détachés de l'expédition de Boémond, et marchant sur les traces de Tancrède, se présentèrent sous les murs de Tarse, et ne purent obtenir la permission d'y entrer, par suite des ordres que donna Baudouin. Fatigués d'une longue marche, privés de toutes les choses nécessaires à la vie, ils demandaient avec les plus vives instances l'hospitalité et la faculté d'acheter des vivres. Dans la place, tous les hommes d'une condition inférieure, pleins de compassion pour les maux de leurs frères, joignaient leurs supplications à celles qui venaient du dehors; mais ils ne purent rien obtenir, et l'on persista à leur refuser l'entrée, parce qu'on disait qu'ils étaient de l'expédition de Boémond, et qu'ils marchaient au secours de Tancrède. Cependant le peuple chrétien enfermé dans la ville, et qui n'était pas dénué des sentimens d'une tendre fraternité, ne pouvant sortir, se porta sur les murailles et envoya aux arrivans du pain qu'on descendit dans des corbeilles avec des cordes et plusieurs outres de vin, afin qu'ils eussent du moins de quoi se nourrir et passer la nuit au lieu où ils s'étaient rendus. Ils firent donc leur établissement auprès de la porte de la ville, aussi bien qu'il leur fut possible, et se reposèrent, puisqu'ils ne pouvaient obtenir de meilleurs gîtes. Cette même nuit, lorsque ceux des nôtres qui étaient dans la place, aussi bien que ceux qui demeuraient en dehors, se furent livrés au sommeil, jouissant d'un calme profond à l'aide d'un silence trompeur, les Turcs et tous les autres infidèles qui habitaient aussi dans la ville ouvrent tout doucement les portes, et sortent sans faire le moindre bruit, emmenant avec eux leurs femmes, leurs enfans, leurs esclaves des deux sexes et toutes leurs provisions. Ils ne pouvaient s'accommoder du voisinage des gens qu'ils avaient reçus; cette cohabitation les tenait dans un état continuel de méfiance; ils avaient la faculté de sortir, puisqu'ils disposaient entièrement d'une ou deux des portes; mais afin de ne laisser à leurs ennemis qu'une victoire ensanglantée, ayant fait marcher en avant tous leurs bagages et toutes leurs provisions, à la porte même de la ville ils massacrèrent presque tous les chrétiens qu'ils y trouvèrent accablés sous le poids du sommeil.

Le lendemain, au moment où le jour commençait à paraître, ceux des nôtres qui habitaient dans la ville, la trouvèrent déserte en se réveillant; étonnés de cette fuite de leurs ennemis, opérée si clandestinement, ils parcourent les remparts et toutes les avenues, cherchant de tous côtés pour reconnaître quelque trace de leur passage; et tandis qu'ils examinent ainsi et regardent partout, ils découvrent le déplorable événement qui a signalé le départ des Turcs et le massacre des serviteurs du Christ. Saisis de consternation et de douleur, les fidèles se répandent en longs gémissemens. Bientôt ils se séparent les uns des autres; les gens de la classe inférieure prennent les armes contre Baudouin et les hommes plus considérables, leur imputant la mort de tous leurs frères, puisqu'ils ont refusé à ces compagnons de voyage les faveurs de l'hospitalité, qu'il est juste d'accorder généreusement à tous les indigens. Se livrant à sa première impulsion, le peuple, dans un sentiment de juste indignation, se précipite sur ses chefs, et si ceux-ci ne s'étaient réfugiés promptement dans les tours supérieures, il eût sans doute compensé le massacre qui s'était fait à la porte de la ville, par la mort d'un nombre à peu près égal de ses principaux officiers. Enfin Baudouin, voyant que le rassemblement grossissait, et que la division excitée dans le principe par de justes motifs, devenait plus sérieuse de moment en moment, chercha avec anxiété les moyens les plus convenables pour apaiser le tumulte et s'excuser auprès du peuple. Il obtint un moment de répit, demanda qu'on fît silence, et s'appuyant sur ses armes, tandis que les groupes des gens de pied s'étaient un peu calmés, il commença par chercher à se justifier, se déclara complétement innocent des malheurs survenus, et protesta avec force qu'en refusant aux arrivans l'entrée de la ville, il n'avait eu d'autre intention que celle de tenir la parole qu'il avait donnée aux habitans de n'admettre aucun étranger jusqu'à l'arrivée du duc. En même temps, et grâce à l'intervention de quelques-uns des nobles qui cherchèrent à ramener les esprits par des paroles flatteuses, bien nécessaires en un pareil moment et en un tel lieu, les soldats commencèrent à se calmer, et le menu peuple même en vint à une conciliation.

Le tumulte complétement apaisé, les troupes demeurèrent quelques jours à Tarse, jouissant de la plus parfaite tranquillité. On découvrit alors en mer une flotte qui était à peine à trois milles de la ville; tous, fantassins et cavaliers, coururent aussitôt à sa rencontre, et se rendirent vers les bords de la mer. Parvenus sur le rivage, ils s'entretinrent avec les arrivans, et apprirent par leurs propres récits qu'ils appartenaient à la foi chrétienne. Interrogés sur leur patrie, ils répondirent qu'ils étaient de Flandre, de Hollande, et du pays des Frisons; que, pendant huit années, ils avaient exercé la piraterie dans ces parages; qu'enfin le cœur navré, et vivement repentans de leurs crimes, ils étaient partis pour Jérusalem, pour aller y faire leurs prières, et que leur navigation les avait conduits dans la mer où ils se trouvaient. Dès qu'on sut qu'ils étaient du nombre des fidèles, on les invita à entrer dans le port, on leur tendit la main, on leur donna le baiser de paix, et, après avoir mis la flotte en lieu de sûreté, on conduisit à Tarse les nouveaux débarqués. Ils avaient pour chef un homme, nommé Guinemer, natif du bourg de Boulogne, situé sur les terres du comte Eustache, père du duc Godefroi. Cet homme, lorsqu'il eut fait connaissance avec Baudouin, sachant que celui-ci était fils de son seigneur, quitta sa flotte et se disposa à aller à Jérusalem avec Baudouin : il était excessivement riche, et avait gagné tous ces trésors dans le détestable métier qu'il pratiquait depuis long-temps; il avait beaucoup de gens à son service, et, les engageant à l'accompagner, il se décida à suivre Baudouin avec eux. Après avoir choisi dans les deux troupes un corps de cinq cents hommes, suffisant pour garder la ville, tout le reste fit ses préparatifs de départ, et l'on se disposa à tenter de nouvelles aventures.

La troupe s'étant mise en route, et suivant toujours la voie royale, arriva à Mamistra, que peu auparavant Tancrède avait occupée de vive force, ainsi que je l'ai déjà dit. Comme les arrivans prévoyaient bien qu'ils ne seraient point reçus dans la ville, ils s'établirent sur un terrain vacant, situé à quelque distance. Tancrède apprenant que Baudouin avait dressé son camp tout près de lui, irrité à l'excès, et se souvenant encore des affronts qu'il avait si injustement reçus, frémit en lui-même, et, entraîné par sa colère, il appelle aux armes toute sa troupe, et se dispose à tirer une vengeance éclatante de toutes les insultes qu'on lui a fait endurer. D'abord il envoie en avant quelques archers, avec ordre de percer de leurs flèches les chevaux dispersés çà et là dans les pâturages, ou de les ramener dans la ville; lui-même, à la tête de cinq cents cavaliers bien cuirassés, se précipite dans le camp, et renverse tout ce qui se présente devant lui, avant que les soldats aient eu le temps de prendre les armes. Ceux-ci cependant parviennent à se remettre; déjà ils sont prêts à résister; le combat s'engage alors avec ardeur, des deux côtés on se presse vigoureusement; les nouveaux adversaires ne se traitent plus que comme de cruels ennemis; un grand nombre d'entre eux succombent, et l'on fait aussi dans chaque parti quelques prisonniers. Cependant la troupe de Tancrède, inférieure en nombre comme en forces, ne peut soutenir long-temps un combat trop inégal, et prend la fuite pour rentrer dans la place. Il y avait entre la ville et le camp occupé par Baudouin un fleuve sur lequel s'élevait un port fort étroit. Tandis que les soldats de Tancrède se précipitaient pour rentrer dans la ville, trouvant un obstacle dans ce passage trop resserré, beaucoup de fantassins et de cavaliers périrent dans cette mêlée, et les autres arrivèrent enfin au terme de leur course. La haine qui animait les deux partis était si ardente, que sans doute ils eussent éprouvé des pertes plus considérables encore, si la nuit n'était venue séparer les combattans. Du côté de Tancrède deux hommes nobles et illustres furent faits prisonniers, Richard de Salerne, son parent, et Robert de Hanse; c'était principalement par leurs discours et leur instigation que Tancrède s'était élancé contre ses frères, pour chercher à venger ses injures. Sa troupe fit sur celle de Baudouin un prisonnier également noble et illustre, Guillebert de Montclar : l'absence de ces divers guerriers excita beaucoup de tumulte dans les deux camps, et l'on y crut d'abord qu'ils avaient succombé dans la bataille de la veille. Le lendemain matin, dès le soleil levant, les haines et l'indignation des deux partis s'étant un peu calmées, les uns et les autres se rappelèrent leur foi commune, et retrouvèrent de meilleurs sentimens, grâce à la miséricorde divine : ils s'envoyèrent mutuellement des députés pour se faire des propositions d'accommodement ; les prisonniers furent rendus, et cette première satisfaction accordée, ils se réconcilièrent complétement et se donnèrent le baiser de paix.

De là le seigneur Baudouin, cédant à la demande expresse de ses compagnons, se remit en marche avec toute sa troupe, pour rejoindre la grande armée, qui était arrivée à Marésie, comme je l'ai déjà dit. Il avait appris les graves dangers auxquels son frère le duc n'avait échappé qu'avec peine, auprès d'Antioche de Pisidie, et plein de sollicitude pour sa santé, il desirait s'assurer le plus promptement possible de son état actuel. Tancrède ayant pris avec lui tous ceux que la flotte avait débarqués, et qui lui firent un renfort considérable, parcourut toute la Cilicie, attaquant, occupant, incendiant toutes les places qu'il rencontrait, et faisant passer au fil de l'épée tous leurs habitans. Arrivé devant une ville, nommée Alexandrette, qui se défendit vigoureusement, il parvint cependant à s'en emparer, et termina ainsi la conquête de tout ce pays. Les satrapes, tant des Arméniens que des Turcs qui habitaient dans les montagnes, ayant appris que Tancrède, en guerrier plein de force et accompagné d'une nombreuse armée, avait subjugué toute la province, craignant pour eux-mêmes qu'il ne pénétrât dans leurs montagnes, pour renverser leurs villes et réduire leur population en captivité, lui envoyèrent à l'envi des députations, cherchant à se concilier sa bienveillance et lui proposant des traités d'amitié; pour réussir plus sûrement dans leurs desseins, ils lui envoyèrent en même temps de superbes et nombreux présens en or, en argent, en chevaux, en mulets, en ouvrages de soie, espérant par ces libéralités détourner la colère de ce prince redoutable. En effet, il prospérait toujours et réussissait dans toutes ses entreprises; le Seigneur était avec lui et dirigeait toutes ses œuvres, comme celles d'un fidèle serviteur.

LIVRE QUATRIÈME.

Tandis que Tancrède conquérait et subjuguait toute la Cilicie par la force de son bras, lorsque la grande armée fut arrivée à Marésie, ainsi que je l'ai déjà dit, Baudouin, qui n'était venu la rejoindre que pour voir son frère et s'assurer de sa convalescence, se sentit bientôt dévoré d'un feu nouveau : animé par les succès de Tancrède, et jaloux d'une gloire qu'on célébrait de toutes parts, il convoqua ses compagnons et leur proposa de partir une seconde fois, pour tenter de nouvelles aventures. Mais ceux qu'il sollicitait si vivement avaient appris la conduite qu'il avait tenue avec Tancrède sous les murs de Tarse, dans son orgueilleuse confiance en la supériorité de ses forces, et ils craignaient de s'engager avec lui dans une autre entreprise ; car il était devenu l'objet d'une haine à peu près générale, en juste punition de cette faute; et si le respect que l'on portait au duc ne l'eût empêché, Boémond et les siens n'eussent point laissé impunie l'injure qu'il avait faite à Tancrède. Il trouva donc peu de gens disposés à s'associer à lui. Son frère, serviteur fidèle de Dieu, le réprimanda sévèrement ; Baudouin alors, reconnaissant en toute humilité combien il était coupable, promit de donner à l'illustre guerrier une satisfaction proportionnée à l'offense, et, comme cette faute était venue de suggestions étrangères, plus encore que d'un mouvement qui lui fût propre, car une semblable conduite était peu dans les habitudes de son caractère, il obtint enfin indulgence, et se réconcilia avec tout le monde; c'était d'ailleurs un homme recommandable en tout point, et dès ce moment on n'entendit jamais dire rien de semblable sur son compte.

Il avait pour intime ami un certain noble Arménien, nommé Pancrace, qui, échappé des prisons de l'empereur, l'avoit rejoint à Nicée, s'était lié avec lui et ne l'avait pas quitté depuis cette époque : Pancrace était habile au maniement des armes; mais on le disait plein de ruse et de perversité. Cet homme insistait vivement auprès de Baudouin, et le sollicitait sans relâche de prendre avec lui quelques troupes et de parcourir le pays, assurant qu'il serait facile de le soumettre avec un petit nombre de guerriers. Enfin, Baudouin ayant rassemblé deux cents cavaliers, et un assez fort détachement de fantassins, qu'il mit sous la conduite de Pancrace, ils s'acheminèrent vers le nord et entrèrent dans un pays très-riche. Il était habité par des Chrétiens, serviteurs du vrai Dieu; mais le petit nombre d'infidèles qui occupaient les places fortes leur interdisaient le maniement des armes, et les traitaient au gré de leurs caprices. Cependant, comme les Chrétiens avaient en horreur la domination des infidèles, dès que Baudouin entra dans leur pays, ils lui livrèrent les places, et en peu de jours il occupa toute la contrée, jusqu'au grand fleuve de l'Euphrate. Son nom devint bientôt si redoutable à tous les ennemis dont il était environné, qu'ils abandonnaient volontairement les places même les mieux fortifiées, et prenaient la fuite, sans que personne les poursuivît. En même temps, les fidèles qui avaient si bien accueilli Baudouin se rassuraient par sa présence et prenaient confiance en leurs forces, si bien qu'on pouvait dire d'eux ce que dit le prophète : « Qu'un seul en battait mille, et que « deux en faisaient fuir dix mille[1]. » Et ce n'était pas seulement le peuple qui se dévouait ainsi à Baudouin; les princes Chrétiens qui habitaient dans ces contrées se confédérèrent aussi avec lui, et coopérèrent au succès de ses entreprises, en lui fournissant des forces et en lui rendant hommage.

Au bout de quelques jours, la renommée de Baudouin se répandit de tous côtés, célébrant le nom et les œuvres de cet homme magnifique, exaltant sa valeur, sa foi, et la force de son ame. Ces nouvelles parvinrent aux citoyens d'Edesse, et bientôt toute la ville retentit du bruit de ses exploits; on n'y parla plus que de cet illustre prince, sorti de l'armée des Chrétiens pour venir arracher ses frères à la servitude et leur rendre la liberté. Dès ce moment, ceux qui gouvernaient cette ville, aussi bien que les vieillards dépositaires de toute l'autorité publique, se hâtèrent de lui envoyer des lettres, et de lui adresser des députés, pour l'inviter de vive voix à se rendre auprès d'eux. Edesse, illustre métropole de la Mésopotamie, est appelée de son autre nom, Rhagès. C'est dans cette ville que le vieux Tobie envoya le jeune Tobie, son fils, pour redemander à Gabel, son parent, dix

---

[1] Deutéronome, chap. 32, v. 30.

talents d'argent qu'il lui avait prêtés dans son enfance. Aussitôt après la passion de Notre-Seigneur, les citoyens de cette ville avaient reçu la salutaire doctrine du Christ, par les soins de Thaddée, l'apôtre : ils se montrèrent dignes en tout point et des prédications d'un tel missionnaire, et de la lettre que le Sauveur leur avait écrite, et qu'il avait envoyée à leur roi Abgar, ainsi qu'on peut le voir dans le premier chapitre de l'Histoire Ecclésiastique, écrite par Eusèbe de Césarée[1]. Dans la suite, ils persévérèrent avec constance dans la foi qui les avait éclairés dès le principe, au temps même des premiers apôtres, et ne subirent le joug des infidèles qu'en ce qu'ils étaient contraints de leur payer annuellement des tributs, et se trouvaient souvent obligés de racheter leurs champs, leurs vignes et toutes leurs propriétés, situées en dehors de la ville, des exactions auxquelles elles étaient continuellement en butte. Dans la ville, cependant, nul n'eût osé habiter s'il n'était compté parmi les fidèles. Seule entre toutes les villes de ce pays, Edesse, conservant son innocence primitive, demeura toujours exempte de la souillure des infidèles qui occupaient depuis long-temps toutes les provinces environnantes : elle n'avait jamais été subjuguée, jamais elle n'avait souffert dans ses murs aucun habitant qui ne professât la même foi ; mais les habitans des villes et des places fortes voisines ne cessaient de lui susciter toutes sortes de vexations ; les citoyens n'avaient pas la permission de sortir de l'enceinte où ils étaient renfermés, et ne pouvaient par

---

[1] Personne n'ignore que cette prétendue lettre est dénuée de toute authenticité.

conséquent suivre les affaires qui les auraient appelés hors des murs.

Cette ville était à cette époque gouvernée par un certain Grec, accablé d'années, n'ayant point d'enfans, et qui y avait été envoyé en qualité de gouverneur, à l'époque où toute la province était sous la domination de Constantinople[1]. Les Turcs étant survenus avant que le terme assigné à la durée de son gouvernement fût expiré, il s'était vu forcé de demeurer dans la ville, et avait continué d'y exercer son autorité, soit parce qu'il lui avait été impossible de retourner chez lui, soit parce que le peuple ne l'avait point forcé à se démettre de l'administration. C'était cependant un chef inutile, incapable de défendre ses sujets et d'assurer leur repos. Tous les citoyens se réunirent donc avec empressement, et du consentement de ce gouverneur, pour envoyer des députés au seigneur Baudouin, et le supplier de venir leur apporter quelque soulagement à leurs maux. Baudouin, informé des desirs du peuple et des principaux citoyens, se rendit à leurs vœux, après avoir tenu conseil avec les siens; il fit ses préparatifs de départ et traversa l'Euphrate, accompagné de quatre-vingts cavaliers seulement, laissant sur l'autre rive tout le reste de sa troupe, pour veiller à la garde des places fortes et des villes dont il s'était emparé. Les Turcs qui habitaient en-deçà de l'Euphrate, instruits de sa prochaine arrivée, se disposèrent à lui tendre des embûches. Pour échapper à leurs entreprises, Baudouin dirigea sa marche vers une ville fortifiée, qui se trouvait sur son chemin, et qui était gouvernée

[1] Il s'appelait Théodore.

par un Arménien ; il y arriva sans accident, et celui-ci l'accueillit et lui donna l'hospitalité avec bonté. Il y demeura en repos pendant deux jours, n'osant poursuivre sa route. Les Turcs qui pendant ce temps s'étaient tenus en embuscade, fatigués d'une trop longue attente, arrivèrent en force et vinrent subitement déployer leurs étendards sous les murailles de la ville, après avoir enlevé dans les pâturages voisins tout ce qu'ils y trouvèrent. Les nôtres étaient en trop petit nombre pour oser tenter une sortie, et demeurèrent étroitement enfermés dans la place. Enfin, le troisième jour, les Turcs partirent et retournèrent chez eux; Baudouin de son côté se remit en route, et arriva à Edesse : le gouverneur de la ville sortit pour aller à sa rencontre avec tout le clergé et tout le peuple, au son des trompettes et des tambours ; les habitans chantaient des hymnes et des cantiques sacrés, et tous le reçurent en lui rendant les plus grands honneurs, avec la bienveillance la plus empressée.

Cependant le gouverneur, qui lui-même l'avait fait inviter à venir, voyant la faveur publique et tous les témoignages de reconnaissance se porter vers le nouveau venu, commença à éprouver en secret des sentimens de jalousie, et voulut se rétracter des termes de la convention qu'il avait proposée d'abord. En engageant Baudouin à se rendre à Edesse, le gouverneur avait décrété que tant que lui-même demeurerait en vie, Baudouin serait admis à participer par moitié à tous les revenus, tributs et impôts qui appartenaient à la ville, et qu'après sa mort il en jouirait à lui seul et entièrement ; mais bientôt ayant changé d'avis, il se restreignit à offrir à Baudouin, s'il voulait se charger de défendre la ville et ses habitans de l'aggression des Turcs, et les garantir de tout acte de violence, de lui allouer annuellement, pour prix de ses travaux, une récompense honnête, qui serait déterminée d'après l'avis d'hommes équitables. Baudouin rejeta avec mépris des propositions qui devaient l'assimiler à un soldat recevant une paye journalière, et se disposa à repartir. Mais les citoyens, dès qu'ils eurent connaissance de sa résolution, se hâtèrent d'aller trouver le gouverneur et l'invitèrent avec les plus vives instances à ne point souffrir le départ d'un prince si grand et si nécessaire à l'affranchissement de la ville, l'engageant en même temps de la manière la plus pressante à observer fidèlement les premières conventions, afin que les habitans pussent entrer en jouissance du repos qu'ils avaient espéré. Le gouverneur voyant que le peuple et les principaux citoyens exprimaient à l'envi les mêmes vœux, et jugeant qu'il pourrait être dangereux pour lui de s'opposer plus long-temps aux sentimens d'affection que Baudouin leur inspirait, et aux demandes qu'ils faisaient en sa faveur, se résolut, bien malgré lui et en conservant toujours sa méfiance, à donner enfin son consentement : il chercha à couvrir ses premiers délais d'un prétexte quelconque, adopta Baudouin pour fils en présence de tous les citoyens, le combla de présens, lui conféra solennellement le droit de prendre une égale part à tous les revenus publics, tant que lui-même vivrait, et celui de lui succéder pleinement, à son décès. Le peuple se réjouit beaucoup de ces arrangemens, et mit tout son espoir en Baudouin. Depuis ce moment, les citoyens comptant toujours sur la protection de leur nouveau seigneur, réclamèrent beaucoup plus librement que de coutume contre les vexations que le gouverneur leur avait fait endurer, et ils formèrent même le projet d'en tirer vengeance, dès qu'ils trouveraient un moment et une occasion favorables, ainsi qu'on put s'en convaincre par les événemens qui eurent lieu dans la suite.

Il y avait auprès d'Edesse une ville très-ancienne et extrêmement forte, nommée Samosate. Elle était gouvernée par un infidèle, Turc de naissance, appelé Baldouk, vaillant guerrier, mais homme rusé et méchant. Il ne cessait de tourmenter de toutes manières les citoyens d'Edesse, en exigeait de fréquens tributs, établissait des impôts sur leurs champs, les soumettait à toutes sortes de corvées, et pour exercer plus sûrement toutes ces vexations, il se faisait donner des enfans en otages, les traitait avec la plus grande inhumanité et s'en faisait servir comme par de vils esclaves. Fatigués de tant de persécutions, les citoyens d'Edesse se jetèrent aux pieds de Baudouin, et, en pleurant, le supplièrent d'une commune voix de daigner les mettre à l'abri de toute ces indignités et de prendre les moyens les plus convenables pour faire rendre les enfans qu'on retenait en captivité. Baudouin résolut d'accueillir favorablement cette première demande et de s'assurer ainsi l'affection et la bienveillance du peuple. En conséquence il convoqua les citoyens, leur fit distribuer des armes, sortit de la ville avec une forte troupe, et se rendit sous les murs de Samosate. Pendant quelques jours il livra de fréquens assauts et attaqua la place avec beaucoup de vigueur; mais les Turcs qui y étaient renfermés et qui avaient toute confiance en la solidité de leurs fortifications, résistaient aussi très-vaillamment : Baudouin, voyant que son entreprise n'avançait pas, laissa un détachement de soixante et dix soldats dans une position voisine de la place et un peu fortifiée, en les chargeant de ne laisser aucun repos aux assiégés et de se tenir constamment en embuscade, et lui-même retourna à Edesse.

Cependant les citoyens de cette ville, voyant que Baudouin était plein de vaillance et que toutes choses prospéraient entre ses mains, jugèrent qu'il était injuste qu'un homme complétement inutile fût l'égal en pouvoir et en richesses de celui qui, par ses bons services, en délivrant la ville et en lui rendant la tranquillité, avait seul mérité de posséder les trésors et de disposer de tout à son gré. Ils firent donc venir Constantin, homme noble et puissant, qui habitait dans les montagnes voisines, où il occupait des places très-fortes [1], et résolurent, après avoir tenu conseil avec lui, de mettre à mort leur gouverneur et de reconnaître à sa place le seigneur Baudouin, pour chef et unique prince de la ville. Le gouverneur était détesté à juste titre de tous les habitans; on disait qu'il ne cessait de les accabler de toutes sortes de calomnies, et qu'il leur extorquait par la violence leur or, leur argent et tout ce qu'ils avaient de précieux ; si quelqu'un tentait de lui résister, aussitôt il donnait de l'argent pour exciter contre lui les haines et les fureurs des Turcs ; enfin, non seulement tout le monde avait à redouter la dévastation ou l'incendie de ses vignes, de ses moissons et de ses jardins, l'enlève-

---

[1] C'était un prince arménien.

ment de ses bestiaux de toute espèce, mais encore tous les citoyens étaient fréquemment en danger de perdre la vie.

Les habitans se réunirent donc avec empressement, et se rappelant les maux qu'ils avaient soufferts, espérant que leur nouvel hôte leur donnerait plus de moyens d'obtenir enfin une liberté depuis long-temps desirée, ils prirent secrètement les armes, allèrent assiéger vivement la tour dans laquelle résidait le gouverneur et firent les plus grands efforts pour la renverser. Celui-ci, reconnaissant à ces témoignages de la fureur du peuple un juste retour de l'indignation qu'il avait excitée par sa conduite, fit appeler Baudouin en toute hâte, et, tremblant pour ses jours, lui ouvrit ses trésors et le supplia d'intercéder en sa faveur auprès du peuple. Baudouin, après avoir cherché de bonne foi à détourner les citoyens de leur entreprise et à empêcher toute violence, voyant qu'il ne pouvait y parvenir et que l'irritation publique allait toujours croissant, retourna une seconde fois vers le gouverneur, l'avertit de tout ce qui se passait, et le pressa vivement de prendre au plus tôt un moyen quelconque de pourvoir à sa sûreté. Le gouverneur, comme tout homme qui désespère, cherchant le remède où il n'était point, jeta aussitôt une corde par la fenêtre et tâcha de descendre avec ce point d'appui ; mais avant d'être arrivé à terre, il était percé de mille flèches, et il tomba mort aussitôt. Son corps, privé de vie, fut traîné sur la place publique, on en sépara la tête, et la fureur que le peuple avait conçue contre lui ne fut qu'à peine assouvie. Le lendemain Baudouin fut proclamé seigneur, malgré lui et quoiqu'il s'en défendît ; tous les citoyens le reconnurent en cette qualité et lui prêtèrent corps pour corps serment de fidélité : on le conduisit solennellement et avec tous les honneurs possibles à la citadelle de la ville, on lui livra tous les trésors et les immenses richesses que le gouverneur avait depuis long-temps amassés, et la tranquillité fut bientôt rétablie sur tous les points.

Cependant Baldouk, le gouverneur de Samosate, voyant que l'autorité de Baudouin s'étendait de jour en jour et qu'il était parvenu à soumettre tout le pays, lui offrit de lui vendre la ville qu'il occupait au prix de dix mille pièces d'or. Baudouin hésita beaucoup d'abord ; mais enfin, jugeant que la ville était extrêmement fortifiée et qu'il lui serait très-difficile de s'en emparer, il donna la somme demandée, et reçut à son grand honneur la ville et les otages qui y étaient détenus. Cet événement lui concilia entièrement l'affection des habitans d'Edesse ; dès ce moment ils le considérèrent non seulement comme leur seigneur, mais aussi comme leur père, et se montrèrent disposés à combattre jusqu'à la mort pour sa gloire et son salut.

Il y avait encore dans la même province, et dans le voisinage d'Edesse, une autre ville nommé Sororgia[1], remplie d'une nombreuse population d'infidèles et gouvernée par un satrape Turc, de nom Balak. Cet homme persécutait également les habitans d'Edesse et leur suscitait toutes sortes de vexations. Ces derniers donc s'adressèrent encore à leur nouveau seigneur, et n'eurent pas de peine à obtenir qu'il marchât avec une armée, pour aller mettre le siège devant

[1] Aujourd'hui Seroug, au midi et à peu de distance d'Edesse.

cette place. Baudouin ayant établi son camp autour des murailles et disposé toutes ses machines de guerre en nombre suffisant, poussa les opérations du siége avec vigueur. Les citoyens de la ville voyant leur ennemi déployer une si grande énergie, peu confians en leurs propres forces, et déjà saisis de crainte, lui envoyèrent une députation et obtinrent la paix, sous la condition de rendre la place, et avec promesse qu'ils auraient tous la vie sauve. Dès que la ville fut occupée, Baudouin y laissa les troupes nécessaires pour former une garnison, chargea l'un des chefs du soin de ses affaires, imposa un tribut annuel aux citoyens et retourna à Edesse, comblé de gloire. L'occupation de cette place rétablit une entière liberté de communication depuis Antioche jusqu'à Edesse. Elle se trouvait placée au milieu de la route, entre Edesse et l'Euphrate, et interceptait auparavant le passage.

Après avoir ainsi rapporté les actions du seigneur Baudouin, et ses exploits au-delà de l'Euphrate et dans les environs d'Edesse, je reprends le récit des événemens qui se passaient à la grande armée.

Elle avait traversé des montagnes escarpées, des vallées profondes, et était arrivée à Marésie, comme je l'ai déjà dit. Cette ville était entièrement habitée par des Chrétiens, et il n'y avait qu'un petit nombre d'infidèles, qui occupaient la citadelle et gouvernaient la population au gré de leurs caprices. Ceux-ci, cependant, apprenant l'arrivée des nôtres, s'échappèrent secrètement et laissèrent les Chrétiens seuls dans la ville. Lorsque l'armée vouée à Dieu fut arrivée sous ses murs, elle dressa son camp au milieu de verts pâturages, et il fut sévèrement interdit de faire la moindre violence aux citoyens. Aussi l'armée eut-elle en grande abondance et en toute tranquillité toutes les denrées qu'elle pouvait desirer. On apprit bientôt, par des rapports exacts des indigènes, qu'il y avait non loin de là une autre ville, remplie de toute sortes de richesses et dans un pays beaucoup plus fertile : elle se nommait Artasie, et était occupée par les Turcs. Aussitôt, et à la suite d'un conseil commun, Robert comte de Flandre, prenant avec lui quelques nobles, savoir Robert des Rosiers et Goscelon, fils de Conon comte de Montaigu, et mille cavaliers cuirassés, se met en marche et va entreprendre le siége de la place. Les Turcs, se confiant aux fortifications de la citadelle, s'y renfermèrent et abandonnèrent la ville. Mais les Arméniens et les autres fidèles qui habitaient avec eux, ayant appris que ceux qui arrivaient avec des armes si resplendissantes faisaient partie de cette armée qu'ils attendaient depuis si long-temps et avec tant d'impatience, se livrèrent à l'espoir de recouvrer bientôt leur liberté, et tournèrent leurs armes contre les Turcs, qui les avaient trop long-temps accablés sous le poids d'une cruelle oppression. Ils les exterminèrent en peu d'instans, et firent voler leurs têtes par dessus les murailles ; puis ouvrant les portes et courant au devant de leurs frères, ils les invitèrent avec de vives instances à venir recevoir l'hospitalité dans la ville et leur fournirent en effet tout ce dont ils avaient besoin pour eux et pour leurs chevaux. Artasie, autrement nommée Calquis[1], est, ainsi que Marésie, l'une des villes suffra-

---

[1] L'ancienne Chalcis, aujourd'hui Kinnesrin ou *Vieil-Alep*, un peu au sud d'Alep.

gantes qui reconnaissent l'autorité supérieure du siége d'Antioche ; la première de ces villes est à quinze milles de distance de celle-ci.

Bientôt la nouvelle de ces événemens se répandit dans tout le pays, et parvint à Antioche ; ses habitans se disposèrent à prendre les armes pour marcher à la destruction de ceux qui s'étaient avancés jusqu'à Artasie, et s'en étaient emparés en massacrant tous les citoyens. On choisit donc parmi les troupes réunies à Antioche pour la défense de cette place, environ dix mille hommes, qui se mirent aussitôt en marche. Lorsqu'ils furent arrivés dans les environs d'Artasie, ils envoyèrent en avant une trentaine d'hommes de cavalerie légère, montés sur des chevaux très-agiles, et tout le corps s'arrêta et se retira dans un lieu caché pour se tenir en embuscade. Ces hommes d'avantgarde, envoyés en coureurs pour tâcher de se faire poursuivre imprudemment par les nôtres, arrivèrent sous les murs de la place, et se répandirent librement dans la campagne, comme pour faire du butin et l'enlever. Nos soldats cependant, qui étaient enfermés dans la ville, ne pouvant supporter long-temps cet excès d'insolence et ces excursions audacieuses, volent aux armes à l'envi, et, poursuivant l'ennemi avec trop d'ardeur, ils tombent bientôt au milieu même de l'embuscade qu'on leur avait préparée : les ennemis en sortent en foule, et cherchent à couper la retraite aux nôtres, afin qu'ils ne puissent retourner à la ville et se mettre en état de défense, ainsi que leurs compagnons, contre des forces plus considérables qui se disposent à s'avancer. Cependant, avec l'aide du Seigneur, nos soldats repoussèrent vigoureusement ceux qui les attaquaient, et rentrèrent à Artasie, sains et saufs, et sans avoir perdu personne de leur troupe. Les ennemis reconnurent alors que ce ne serait pas une œuvre facile de s'emparer de vive force de la place, et ils se déterminèrent à l'envelopper et à entreprendre un siége régulier. Ils l'attaquèrent vivement pendant une journée entière, et de leur côté les assiégés résistèrent avec vigueur. Bientôt ils apprirent qu'une armée plus considérable s'avançait vers eux, et cédant à de sages conseils, jugeant qu'il pourrait être trop dangereux d'attendre son arrivée, ils reprirent la route d'Antioche, en ayant soin de garnir de troupes le passage d'un pont qui était entre les deux villes. Le comte de Flandre et ceux qui étaient avec lui se maintinrent donc dans la place que le Seigneur leur avait livrée, jusqu'au moment où ils furent rejoints par la grande armée. Dans cet intervalle, un jeune homme de belle espérance, Goscelon, que je viens de nommer, fils du seigneur Conon, comte de Montaigu, tomba dangereusement malade et mourut. Il fut enseveli dans ce lieu avec les honneurs qui lui étaient dus.

A peine les Turcs venus d'Antioche avaient-ils quitté les environs d'Artasie, c'était le matin au point du jour, qu'on apprit d'un autre côté que la grande armée venait d'entrer sur le territoire de cette même ville, et qu'elle avait dressé son camp à peu de distance. Les chefs, pleins d'une tendre sollicitude pour ceux de leurs frères qui, selon les rapports qu'on leur faisait, étaient assiégés dans cette place, tinrent un conseil commun, et envoyèrent à leur secours quinze cents cavaliers cuirassés, leur prescrivant, si le siége était levé, et s'il leur était possible de pénétrer dans la place, d'inviter de leur part le comte de Flandre et les autres nobles qui l'avaient suivi à venir se réunir à l'armée, après avoir eu soin de laisser à Artasie une garnison suffisante pour la défendre. Le seigneur Tancrède, ayant reçu les mêmes ordres, avait aussi quitté la Cilicie, après l'avoir entièrement soumise, et s'était rallié à la grande armée. Tous les autres détachemens, qui s'étaient dirigés de divers côtés pour suivre des fortunes diverses, avaient également rejoint le corps de l'expédition : Baudouin seul, le frère du duc, demeurait dans les environs d'Edesse, et, assisté de là miséricorde du Seigneur, faisait chaque jour quelque nouvelle conquête. L'armée s'étant ainsi reformée et renforcée de tous ceux qui s'en étaient séparés, les princes arrêtent et publient un réglement pour défendre à qui que ce soit de s'écarter désormais du corps principal sans en avoir reçu l'ordre exprès; en même temps ils font lever le camp, et dirigent leur marche vers Antioche, en suivant les chemins les plus directs.

Comme il y avait un fleuve sur la route, et sur ce fleuve un pont qu'on disait extrêmement fortifié, craignant que l'armée ne rencontrât quelque obstacle à ce passage, on chargea Robert, comte de Normandie, de marcher en avant avec sa troupe, pour aller reconnaître l'état des lieux, et, s'il prévoyait qu'il pût y avoir quelque difficulté, d'en instruire aussitôt les princes, qui le suivaient avec toutes leurs forces. En tête du corps commandé par Robert, on voyait marcher, en qualité de chefs de légions, et portant les bannières déployées, deux hommes nobles et illustres, habiles dans le maniement des armes, le seigneur Évrard de Puysaie et Roger de Barneville. Le comte marchant ainsi, en avant de forces plus considérables, arriva auprès du pont avec ses cohortes. Le pont était en pierre, très-solide, et défendu à ses deux extrémités par des tours très-fortes et très-bien construites. Elles étaient occupées par cent hommes d'armes, forts et vaillans, habiles à manier l'arc et à lancer les flèches, et qu'on avait chargés de protéger les rives du fleuve et de défendre l'accès des gués. De plus on avait envoyé d'Antioche sept cents cavaliers, qui s'étaient établis sur la rive opposée et avaient occupé tous les gués pour s'opposer au passage de nos troupes. Le fleuve sur lequel ce pont était placé se nomme l'Oronte, et plus vulgairement le Fer; il va de là passer à Antioche, et descend ensuite vers la mer. Quelques hommes ont rêvé que c'était le *Farfar* de Damas, mais nous avons reconnu que cette assertion est tout-à-fait erronée. Le Farfar et l'Albane prennent l'un et l'autre leur source dans le Liban, traversent la plaine de Damas, passent tout près de cette ville et se dirigent ensuite à l'Orient pour aller se perdre, dit-on, dans les déserts sablonneux. L'Oronte prend sa source dans les environs d'Héliopolis, autrement appelée Balbek, passe par Césarée et Antioche, et va se jeter dans la mer Méditerranée.

Le comte de Normandie arrivé avec son corps d'armée aux abords de ce pont, ceux qui occupaient les tours et les cavaliers qui gardaient la rive opposée lui refusèrent le passage : bientôt on engagea un rude combat, les nôtres faisant les plus grands efforts pour enlever la position, et les ennemis de leur côté cherchant à les repousser des abords du pont et de tous les gués, et faisant pleuvoir sur eux des grêles de flèches.

Tandis que l'on combattait des deux parts avec la plus grande vigueur, la grande armée s'avançait. Les princes, instruits que le comte avait engagé la bataille avec toute sa troupe, pressent leur marche pour porter secours à leurs compagnons, et chasser l'ennemi du passage qui leur est refusé. Dès que toutes les légions sont arrivées, les trompettes et les hérauts appellent tous les soldats aux armes ; ils se précipitent sur le pont, s'en emparent de vive force et mettent leurs ennemis en fuite. Ceux qui n'avaient pu combattre sur le même point, vu l'étroite dimension du pont, n'étaient cependant pas demeurés oisifs ; et, traversant la rivière aux gués qu'ils venaient de reconnaître, ils s'étaient élancés sur l'autre rive, et l'occupaient après en avoir expulsé les ennemis. Toute l'armée se transporta alors de l'autre côté; on fit également passer les chariots, les grosses voitures, tous les bagages, et l'on dressa le camp au milieu de riches et verts pâturages, à six milles de distance de la ville. Le jour suivant, l'armée se remit en route ; elle suivit la voie royale entre le fleuve et les montagnes, et alla s'établir à un mille environ des murs de la place.

Antioche, ville noble et illustre, occupa après Rome le troisième, ou plutôt le second rang en dignité, quoiqu'il se soit élevé à ce sujet de très-graves discussions : elle fut le centre et la reine de toutes les provinces qui sont situées en Orient. Dans les temps anciens, elle se nommait Reblata : Sedécias, roi de Juda, y fut conduit ainsi que ses fils, en présence de Nabuchodonosor, roi des Babyloniens, qui fit massacrer les fils à la vue même de leur père, et fit ensuite crever les yeux à celui-ci. Après la mort d'Alexandre-le-Macédonien,

Antiochus qui avait obtenu cette partie de son héritage, la fit garnir de tours et de murailles très-fortes, la remit en bon état, voulut qu'elle portât son nom, qu'elle devînt la capitale de son royaume, y établit sa résidence habituelle, et ordonna que ses successeurs y demeureraient à perpétuité. Le prince des apôtres y fonda un siége sacerdotal, et fut le premier à y occuper la dignité d'évêque. Un homme vénérable, Théophile, qui était le plus puissant citoyen de cette ville, lui consacra une basilique dans sa propre habitation. Luc, qui était aussi originaire d'Antioche, lui dédia son Évangile, ainsi que ses Actes des apôtres; il y posséda de plus le même rang que le bienheureux Pierre, et fut le septième dans l'ordre des évêques de cette église. Ce fut encore à Antioche que se tint la première assemblée des fidèles, dans laquelle ils adoptèrent le nom de Chrétiens. Avant cette époque, ceux qui suivaient la doctrine du Christ étaient appelés Nazaréens : plus tard, prenant le nom du Christ leur maître, ils se firent appeler Chrétiens, en vertu de l'autorité de ce synode. Comme la ville avait reçu volontairement et sans aucune difficulté l'apôtre qui était allé y prêcher, et s'était convertie toute entière à la foi chrétienne, comme elle avait été la première à déterminer et à proclamer ce nom, qui, semblable à une précieuse essence, a répandu de toutes parts son parfum, Antioche reçut aussi un nom nouveau, et fut appelé *Théopolis* (ville de Dieu). Ainsi, celle qui avait porté d'abord le nom d'un homme impie et méchant, fut désignée comme la résidence et la cité même de celui qui l'avait appelée à professer sa foi, et reçut du Seigneur une récompense digne de ses services; ainsi encore, après avoir été dans l'ori-

gine la maîtresse des erreurs, après avoir commandé à toutes les provinces qui se groupaient autour de son centre, elle entra dans les voies du Seigneur, se signala par la régularité de sa conduite et de ses mœurs, et continua à avoir pour suffragantes toutes les contrées qui l'entouraient. Le patriarche de cette ville agréable à Dieu exerce, dit-on, sa juridiction sur vingt provinces. Quatorze d'entre elles ont chacune leur métropole et leurs suffragantes; les six autres sont réunies sous deux primats, qui sont vulgairement appelés Catholiques, dont l'un est celui d'Anien [1], et l'autre celui de Hirénopolis ou Bagdad, ayant aussi chacun leurs suffragans. Toutes ces provinces sont comprises sous la dénomination de province de l'Orient, ainsi qu'il a été dit dans le synode de Constantinople : « Que les évêques de l'Orient s'oc-
« cupent seulement des affaires de l'Orient, et que les
« honneurs de la préséance continuent d'appartenir à
« l'église d'Antioche, ainsi qu'ils ont été déterminés
« par le réglement du synode de Nicée. »

Antioche est située dans la province nommée Cœlésyrie, qui fait partie, comme on sait, de la grande Syrie : elle est dans une position très-agréable et très-avantageuse. Elle s'étend le long d'une vallée, au milieu d'une riche campagne et sur un sol fertile; des ruisseaux et des sources l'arrosent en tous sens et embellissent encore le site : la vallée, placée au centre des montagnes et sur le revers qui tourne à l'occident, se prolonge sur une étendue de quarante milles environ, et s'étend sur une largeur de quatre à six milles suivant la diversité des lieux. Dans la partie supé-

---

[1] *Anikagaë*, c'est-à-dire la ville d'Ani, jadis célèbre par un château fort où l'on gardait les trésors des rois d'Arménie.

rieure on trouve un lac très-poissonneux, formé par toutes les sources environnantes ; le fleuve qui parcourt toute la vallée et se rend à la mer, après avoir passé près de la ville, est, du côté du lac, à un mille de distance : un petit ruisseau, qui sort aussi de ce lac, se jette dans l'Oronte non loin de là et un peu en avant de la ville. Les montagnes qui la défendent des deux côtés, quoiqu'elles soient très-élevées, fournissent des eaux douces et limpides : leurs revers sont cultivés jusqu'au sommet et avec beaucoup de soin. L'une de ces montagnes, celle qui est située au midi, s'appelle l'Oronte ainsi que la rivière qui longe la ville, comme l'atteste Jérôme qui dit qu'Antioche est située entre le fleuve Oronte et le promontoire du même nom. La base de cette montagne s'étend sur les bords de la mer et s'élève de là à une grande hauteur ; elle reçoit alors un nom particulier et est appelée vulgairement mont Parlier. Quelques uns ont cru que c'était le Parnasse consacré à Bacchus et à Apollon, et ce qui semble se rapporter encore mieux à cette opinion est le nom de la fontaine de Daphné, qu'on a cru aussi être celle de Castalie, consacrée aux Muses selon les fables antiques, et célèbre dans les académies des philosophes. Cette fontaine prend sa source, dit-on, tout près de la ville, au pied des montagnes, et dans le lieu qui est appelé l'*Échelle de Boémond*. Mais ces opinions sont bien éloignées de la vérité. Il est certain que le mont appelé le Parnasse est situé dans le pays d'Aonie, qui fait partie de la Thessalie. Ovide, dans son premier livre des Métamorphoses, l'a décrit en ces termes :

Separat Aonios Actæis Phocis ab arvis,

Terra ferax, dum terra fuit; sed tempore in illo
Pars maris, et latus subitarum campus aquarum
Mons ibi verticibus petit arduus astra duobus,
Nomine Parnasus, superatque cacumine nubes [1].

La montagne dont je parle ici est appelée Mont-Cassius, au dire de Solin, qui s'exprime en ces termes dans le quarante-et-unième chapitre de son ouvrage, intitulé : *Polyhistor* : « A côté de Séleucie est le « Mont-Cassius, voisin d'Antioche. Du sommet de « cette montagne, à la quatrième veille de la nuit, on « voit le globe du soleil, et si l'on se retourne tandis « que ses rayons dissipent l'obscurité, on voit d'un « côté la nuit et de l'autre le jour. » Afin que le lecteur ne se méprenne pas sur le sens équivoque de ce mot de Séleucie, il est bon de le prévenir qu'il y a deux villes qui portent le même nom ; la première, métropole de l'Isaurie, est à plus de quinze journées de marche d'Antioche ; la seconde, qui n'est pas à dix milles de cette dernière, est située vers l'embouchure du fleuve Oronte, au lieu qui s'appelle maintenant le port Saint-Siméon. La fontaine dont j'ai déjà parlé est appelée fontaine de Daphné ou de Castalie : on dit qu'il y avait eu tout près un temple dédié à Apollon, où les païens étaient fréquemment attirés par la superstition, pour consulter les oracles et leur demander des réponses sur les questions ambiguës qu'on leur proposait. Julien l'Apostat, après avoir déserté

---

[1] « Les champs de l'Aonie sont séparés des champs Actéens par la Phocide, pays fertile tant qu'il appartint à la terre ferme, mais qui, à cette époque, était occupé par la mer dont les eaux s'étaient subitement répandues sur une vaste surface. On y voit une montagne escarpée, nommée le *Parnasse*, qui pousse ses deux cimes jusques aux astres, et dont le sommet s'élève au-dessus des nuages. »

le Christ et la vraie foi, s'étant arrêté pendant quelque temps dans les environs d'Antioche lors de son expédition contre les Perses, allait fréquemment visiter ces lieux pour interroger Apollon sur l'issue de son entreprise. Théodoret raconte à cette occasion, dans le trente-unième chapitre de son *Historia tripartita*, « que Julien étant allé interroger le Python de Da-
« phné sur les victoires qu'il espérait remporter contre
« les Perses, le Python se plaignit à lui et l'accusa du
« voisinage du corps de Babylas, le martyr[1], et que
« Julien ordonna qu'on enlevât ce corps. » On retrouve le même fait rapporté plus clairement dans le dixième chapitre de l'Histoire ecclésiastique : « Julien,
« y est-il dit, donna encore une autre preuve de folie
« et de légèreté. Comme il faisait un sacrifice à Apol-
« lon, dans le bois de Daphné, sur le territoire d'An-
« tioche, auprès de la fontaine de Castalie, et ne
« recevait aucune réponse à ses questions, il demanda
« aux prêtres du démon quelle était la cause de ce
« silence; ils lui dirent alors que le sépulcre de Ba-
« bylas, le martyr, était près de ce lieu, et que c'é-
« tait à cause de cela qu'on ne faisait pas de réponse. »
Quoique cette fontaine soit appelée Castalie, il ne faut pas cependant la confondre avec cette autre fontaine de Castalie, autrement appelée fontaine de Pégase, fontaine Caballine et Aganippe. Cette dernière est également située dans l'Aonie, d'après le témoignage de Solin, qui dit : « Il y a, près de Thèbes, le
« mont Hélicon, le bois de Cythéron, le fleuve Ismène,
« les fontaines d'Aréthuse et d'Hypodie, de Salmacé et
« de Dircé, et avant toutes les autres celles d'Aganippe

---

[1] Évêque d'Antioche, martyrisé en l'an 251.

« et l'Hippocrène. Comme Cadmus, le premier inven-
« teur des lettres, avait poussé l'une de ses expédi-
« tions dans ce pays, cherchant un lieu où il pût
« former un établissement, l'imagination des poètes
« s'échauffa sur ce sujet et poussa la licence jusqu'à
« dire que la fontaine avait jailli sous les pieds d'un
« cheval ailé, et que Cadmus, saisi d'inspiration en en
« buvant, avait en même temps inventé les lettres. »

L'autre montagne, située au nord et vulgairement appelée Montagne Noire, présente l'aspect de la fertilité : elle est couverte de nombreuses sources et de ruisseaux ; ses belles forêts et ses pâturages offrent toutes sortes d'avantages à ceux qui l'habitent. On dit qu'il y avait anciennement un grand nombre de monastères occupés par des religieux ; à présent même on y trouve encore beaucoup de lieux respectables pour les hommes qui craignent Dieu. La vallée est coupée par le fleuve dont j'ai déjà parlé et qui roule ses ondes jusqu'à la mer. Antioche a été bâtie sur le penchant de la montagne dont l'aspect est au midi ; entre cette montagne et le fleuve, des murailles, qui partent des sommets les plus élevés et descendent jusqu'au fleuve en se prolongeant sur tout le revers, enferment un vaste espace de terrain, tant sur le flanc même de la montagne que dans la plaine, depuis le pied de la pente jusqu'aux rives du fleuve. Dans cette enceinte, formée par les murailles, s'élèvent deux pointes d'une prodigieuse hauteur ; au sommet de celle qui paraît la plus élevée, on a placé une citadelle extrêmement fortifiée, et que sa position rend inexpugnable. Ces deux aiguilles sont séparées l'une de l'autre par une vallée profonde et étroite, au milieu de laquelle coule un torrent qui se précipite du haut des monts, et qui, traversant ensuite la ville, fournit toutes sortes de ressources aux habitans. On trouve en outre dans la ville quelques autres fontaines, dont la principale est près de la porte d'orient, appelée porte de Saint-Paul. La fontaine de Daphné, située à trois ou quatre milles d'Antioche, y a été conduite par des canaux et des aqueducs faits de main d'homme, et, au moyen de ces ingénieux ouvrages, elle fournit beaucoup d'eau sur divers points à des heures déterminées. Sur toute la longueur des murailles, construites avec une grande solidité et élevées dans de bonnes proportions, tant au sommet et sur le revers de la montagne que dans la plaine même, on rencontre une grande quantité de tours, placées à égale distance l'une de l'autre, et très-propres à une bonne défense. A l'occident, vers le côté inférieur, qui est aussi celui de la ville où les constructions sont les plus modernes, le fleuve se rapproche tellement de la montagne et des murailles que le pont sur lequel on le traverse aboutit à une porte et aux remparts. La ville a, selon les uns, deux milles, et selon d'autres, trois milles de longueur; elle est à dix ou douze milles de la mer.

Cette belle ville était alors sous l'autorité d'un Turc, nommé Accien [1] : il avait été d'abord au service de ce grand et puissant soudan des Perses, Belfetoth [2], dont

---

[1] Ou Baghisian, petit-fils de Malek-Schah; le nom de ce prince a été défiguré par les historiens latins qui l'appellent *Cassien, Gratien, Accien, Darsien*. Abulféda le nomme Baghisian ; mais dans les autres historiens orientaux il porte le nom d'*Akhy-Syan*, frère du Noir : d'où a dû venir par corruption celui d'Accien.

[2] Alp-Arslan.

j'ai déjà parlé, qui s'était emparé à main armée de toutes ces provinces et les avait réunies à son empire. Après avoir ainsi subjugué les pays et les nations, il voulut retourner dans ses États et distribua toutes ses conquêtes à ses neveux et à ses serviteurs, afin que, conservant le souvenir de tant de bienfaits, ils lui demeurassent constamment fidèles. Soliman, son neveu, reçut en partage Nicée et les provinces adjacentes. Un autre de ses neveux, nommé Ducac[1], eut la ville de Damas avec ses suffragantes et toute la contrée environnante. Chacun d'eux prit en même temps le nom et fut revêtu de la dignité de soudan; Soliman, parce que ses États étant limitrophes des Grecs, il avait sans relâche des querelles et des guerres à soutenir contre l'empire de Constantinople; Ducac, parce que Belfetoth redoutait les entreprises et les forces considérables des Égyptiens, et que son neveu était presque toujours exposé à de graves contestations et même à des guerres violentes contre eux. Un autre des serviteurs du soudan des Perses, qui se nommait Assangur[2], et qui fut père de Sanguin et aïeul de Noraddin[3], eut en partage la fameuse ville d'Alep. Quant à Accien, Belfetoth lui donna, avec la même libéralité, la ville d'Antioche et un territoire assez borné; car le calife d'Égypte occupait toutes les contrées qui s'étendent jusqu'à Laodicée de Syrie.

Lorsqu'il apprit l'approche de la grande armée des fidèles, Accien envoya de tous côtés des messagers,

[1] Dékak, premier sultan de Damas, qui régna de l'an 1095 à l'an 1103.
[2] Ak-Sangar-Casim-Eddoulet était sultan de Mossoul; ce fut son fils Emadeddin-Zenghi, auquel les historiens Latins donnent le nom de Sanguin, qui, vers l'an 1129, joignit la principauté d'Alep à celle de Mossoul.
[3] Noureddhin-Mahmoud qui régna de l'an 1145 à l'an 1173.

et expédia des lettres et des députés pour solliciter de vive voix et par écrit tous les princes de l'Orient, et principalement le calife de Bagdad et le soudan des Perses, plus considérable et plus puissant que tous les autres. Il ne lui fut pas difficile d'en obtenir tout ce qu'il leur fit demander. Depuis long-temps, ces princes étaient prévenus de l'arrivée de nos armées; Soliman, qui lui-même avait éprouvé déjà leur force et leur courage, avait pu en rendre bon témoignage et en faire un récit fidèle. Les deux soudans adressèrent donc aux princes d'instantes prières, et implorèrent leur secours en versant d'abondantes larmes : l'un animé du desir de venger ses injures, l'autre dans l'espoir de mettre ses États à l'abri de l'attaque des Chrétiens, et de repousser les violences dont il se voyait menacé. On leur promit de leur envoyer des troupes et les secours qu'ils sollicitaient avec tant d'ardeur ; et la suite des événemens prouva que les princes de l'Orient s'étaient fidèlement acquittés de leur parole.

Cependant Accien, rempli d'inquiétude à mesure que nos troupes avançaient, rassembla avec la plus grande activité des forces dans les provinces adjacentes et dans toutes les villes frontières de ses États. La crainte qu'il avait d'être assiégé augmentait de jour en jour, et il amassait à la hâte des armes, des vivres et des provisions de tout genre; il excitait les citoyens, par ses instances réitérées, à faire conduire à la ville tous les matériaux propres à la construction des diverses machines, du fer, de l'acier, enfin tout ce qui pouvait être utile dans une pareille nécessité. Animés du même zèle pour le salut de l'État et de leur cité, les citoyens s'empressaient à l'envi et avec la plus grande diligence, et faisaient tous leurs efforts pour qu'il ne leur manquât à l'avenir aucune des choses qui font la force et la confiance d'une ville assiégée ; ils parcouraient tout le pays, enlevaient dans les faubourgs et dans les environs les grains, le vin, l'huile, toutes les provisions nécessaires à la vie, et les faisaient transporter à la ville ; en même temps ils chassaient devant eux de nombreux troupeaux de gros et de menu bétail, voulant, à force de précautions, se mettre en défense contre l'ennemi qui marchait sur eux, et y employant les plus grands efforts. Ils recevaient en outre beaucoup d'hommes nobles et considérables qui se réunissaient à eux de tous les points des pays que parcouraient nos armées, fuyant l'arrivée de leurs ennemis, et qui, sans être appelés par personne, dans le seul espoir de se sauver, venaient chercher un asile dans une ville que sa position naturelle et ses retranchemens semblaient devoir rendre inexpugnable. La population d'Antioche se trouva ainsi fort augmentée, et l'on dit qu'il y avait alors dans la place six à sept mille hommes de cavalerie formés tant par les citoyens que par les auxiliaires arrivés de tous côtés, et au moins quinze ou vingt mille hommes d'infanterie bien équipés et bien disposés à marcher au combat.

Lorsqu'ils furent arrivés près d'Antioche, et avant de se porter tout-à-fait sous les murailles, nos princes se rassemblèrent avec empressement pour délibérer en commun sur ce qu'ils avaient à faire en cette occurrence. Quelques-uns, craignant les approches de l'hiver, desiraient que l'on retardât les opérations du siége jusqu'au commencement du printemps ; ils insistaient particulièrement, pour appuyer leur opinion, sur ce que l'armée était divisée, répandue dans les villes et les places fortes, et qu'il serait difficile de réunir toutes les forces avant les premiers jours de la belle saison; ils disaient, en outre, que l'empereur de Constantinople enverrait de fortes armées à leur secours, qu'il arriverait aussi de nouveaux corps d'au-delà des Alpes, et qu'il était convenable d'attendre la réunion de tous ces auxiliaires pour obtenir plus facilement la victoire; que, pendant ce temps, l'armée pourrait se diviser en plusieurs corps, choisir les lieux les plus riches pour y prendre ses quartiers d'hiver, et qu'enfin, au retour du printemps, les soldats ayant réparé leurs forces, les chevaux s'étant bien rétablis dans de gras pâturages, on pourrait reprendre les travaux de la campagne avec plus de vigueur et de succès. D'autres, au contraire, déclaraient qu'il était beaucoup plus convenable de commencer aussitôt les opérations du siége, et d'investir la place, afin que les ennemis ne pussent profiter des délais qu'on leur accorderait pour se fortifier de plus en plus, et surtout pour attirer à eux un plus grand nombre de troupes, et rassembler tous ceux qu'ils avaient appelés à leur secours. A la suite d'une longue délibération, on adopta l'avis de ceux qui voulaient se mettre tout de suite à l'œuvre, jugeaient que tout retard serait dangereux, et s'opposaient à toute disjonction des forces alors rassemblées. On résolut donc d'un commun accord de se rapprocher, et d'entreprendre aussitôt l'investissement de la place; en conséquence, l'armée leva son camp, et alla s'établir sous les murailles d'Antioche le 18 du mois d'octobre. Notre armée comptait alors, à ce qu'on dit, plus de trois cent mille hommes en état de tirer le glaive, sans parler des femmes et des enfans. Malgré cette force considérable, il fut cependant impossible de prendre position sur tout le pourtour de la ville. Outre les deux pointes de montagnes qui, comme je l'ai déjà dit, étaient renfermées dans l'intérieur des murailles, et qu'on ne tenta pas même d'aborder, il y avait encore cette partie de la ville qui se prolongeait depuis le pied de la montagne jusqu'aux bords du fleuve, sur un terrain plus en plaine, que l'on ne put comprendre toute entière dans les lignes d'investissement. Tandis que notre armée arrivait en masse, et prenait ses positions pour former son camp, au milieu du fracas des armes, du hennissement des chevaux, du retentissement des clairons et des trompettes, et des clameurs redoublées des soldats, de l'autre côté un silence absolu régna dans la ville durant toute cette journée et pendant plusieurs jours encore; on n'y entendait aucune espèce de bruit ni de cris, et l'on eût pu croire qu'elle était complétement dépourvue de défenseurs, quoique, dans le fait, elle se trouvât abondamment garnie de troupes parfaitement bien équipées, aussi bien que d'approvisionnemens de tout genre.

Vers la partie de la ville qui est située dans la plaine, il y avait cinq portes qui débouchaient sur la campagne. A l'orient et du côté le plus élevé, était celle qu'on appelle à présent la porte de Saint-Paul, du nom du monastère de cet apôtre qui s'élève sur le penchant de la montagne; du côté opposé, et par conséquent à la distance de toute la longueur de la ville, était la porte d'occident, dite aujourd'hui porte de Saint-George, parce qu'elle est voisine de la basilique consacrée à ce martyr. Sur le côté du nord, il y avait trois portes, qui toutes trois avaient leur sortie vers le fleuve. La porte supérieure, appelée porte du Chien, avait devant elle un pont par lequel on traversait un marais qui touchait aux remparts. La seconde porte est nommée aujourd'hui porte du Duc. Toutes deux étaient situées presqu'à un mille de distance du fleuve. La troisième, dite porte du Pont, était appelée ainsi parce qu'elle est à l'issue d'un pont sur lequel on passe le même fleuve. Dans l'intervalle qui sépare la porte du Duc (qui se trouve ainsi au milieu) de cette dernière, qui est la plus moderne des trois portes construites du côté du nord, les eaux du fleuve viennent baigner les remparts, et continuent à couler immédiatement au dessous. Ainsi l'armée ne put investir cette porte, non plus que celle de Saint-George, puisqu'il n'y avait pas moyen d'aborder à l'une ou à l'autre sans passer d'abord la rivière, et l'on se borna en conséquence à bloquer les trois autres portes supérieures. Celle qui était sur le point le plus élevé fut investie par Boémond, à la tête de toutes les troupes qui l'avaient suivi depuis son départ. En dessous de lui, Robert, comte de Normandie, Robert, comte de Flandre, Étienne, comte du Blaisois, et Hugues-le-Grand occupèrent avec leurs Normands, leurs Francs et leurs Bretons, l'espace qui s'étendait depuis le camp de Boémond jusqu'à la porte du Chien. Auprès de cette porte étaient Raimond, comte de Toulouse, et l'évêque du Puy, avec d'autres nobles qui avaient suivi leur expédition, et avec leur immense multitude de Gascons, de Provençaux et de Bourguignons; leur ligne se prolongeait jusqu'à la porte suivante. Là se trouvaient le duc Godefroi avec son frère Eustache, Baudouin du Hainaut, Renaud de Toul, Conon de Montaigu, d'autres comtes illustres et considérables, ainsi que beaucoup d'autres nobles qui les avaient accompagnés dès le principe, et la foule des Lorrains, Frisons, Souabes, Saxons, Franconiens et Bavarois; ils occupaient tout le terrain jusques auprès de la porte du pont, placés ainsi sur l'un des côtés du triangle, entre la ville, le fleuve qui baignait les murs et le camp des autres princes.

Comme il y avait dans tous les environs de la ville une grande quantité de vergers, nos troupes enlevèrent tous les bois qu'elles trouvèrent pour se faire des barrières autour du camp, et pour attacher les chevaux à des pieux fortement liés les uns aux autres. Les assiégés, placés derrière les ouvertures pratiquées le long de leurs tours ou de leurs remparts, suivaient des yeux les opérations de nos armées; ils admiraient les armes resplendissantes de nos soldats, les travaux auxquels ils se livraient avec ardeur, leur manière de s'établir, la position de leur camp, et surtout cette multitude immense de guerriers dont le nombre et les forces excitaient leur sollicitude. Comparant alors les temps présens aux temps passés, les angoisses qu'ils éprouvaient à l'état de paix et de tranquillité dont ils avaient joui auparavant, craignant à la fois pour leurs femmes et leurs enfans, pour leurs lares paternels et pour leur liberté, ce bien le plus précieux de l'homme, ils estimaient heureux ceux qu'une mort bienfaisante avait soustraits à tant de périls, ceux qu'un brusque trépas avait mis à l'abri des calamités dont eux-mêmes se trouvaient environnés. Dans cet état d'anxiété, ils attendaient de jour en jour les assauts qui devaient amener leur ruine, car ils se croyaient à peu près assurés qu'une telle entreprise, conduite avec tant d'ardeur et de si grandes forces, ne pouvait se terminer que par la destruction de leur ville et l'anéantissement de leur liberté.

Cependant les assiégeans avaient pris l'habitude de sortir de leur camp, de traverser le fleuve, et de s'avancer quelquefois assez loin, forcés qu'ils étaient d'aller chercher dans la campagne des fourrages pour leurs chevaux, et pour eux-mêmes les provisions dont ils avaient besoin. Ils sortaient ainsi et rentraient souvent dans le camp sains et saufs, et sans avoir rencontré aucun obstacle, car les ennemis se tenaient encore à l'abri de leurs murailles, et n'osaient entreprendre aucune sortie. Nos soldats en vinrent enfin à prendre l'habitude de passer de l'autre côté du fleuve plusieurs fois en un jour, passage qui ne s'effectuait pas cependant sans difficulté, car il n'y avait pas moyen de traverser en guéant, et l'on ne pouvait aborder à la rive opposée qu'à la nage. Les assiégés, s'en étant aperçus, passèrent aussi le fleuve sur leur pont, quelquefois ostensiblement, plus souvent encore en secret; et tandis que nos soldats se répandaient imprudemment dans la campagne, cherchant les provisions qui leur étaient nécessaires, les ennemis les attaquaient à l'improviste, blessaient ou tuaient ceux qu'ils trouvaient dispersés, et s'avançaient avec d'autant plus de confiance qu'ils savaient bien que le retour serait plus difficile à nos troupes, et que le passage du fleuve leur serait toujours un grand obstacle. D'un autre côté, et par suite du même embarras, ceux qui étaient demeurés dans le camp, et qui voyaient maltraiter leurs compagnons presque sous leurs yeux, avaient aussi beaucoup de peine à leur porter du secours. Dans cette position, les princes jugèrent qu'il serait tout-à-fait convenable de faire construire un pont avec les matériaux qu'on pourrait trouver, afin que nos soldats pussent s'opposer plus facilement aux embuscades des ennemis, et protéger la rentrée de ceux qui seraient sortis, en leur assurant un chemin beaucoup plus court; c'était encore un moyen d'ouvrir un passage plus sûr et plus commode aux gens de pied qui voulaient aller chercher des approvisionnemens, et se rendre jusque sur les bords de la mer. On trouva quelques navires sur le fleuve et sur le lac situé un peu plus haut; on les fit serrer les uns contre les autres; on les attacha fortement ensemble; puis on plaça par-dessus des poutres et une quantité suffisante de bois qu'on fixa par un fort treillage d'osier, et l'on fit ainsi un plancher assez large et assez solide pour que plusieurs personnes pussent y passer ensemble et de front. Le peuple trouva de grands avantages dans cette nouvelle construction. Ce pont en bois était à peu près à un mille de distance du pont en pierre qui touchait à la porte de la ville; il était placé près du camp du duc, et aboutissait par conséquent à la porte sur laquelle il avait été chargé de veiller, et qui s'appelle encore aujourd'hui porte du Duc, en mémoire de ce siége. Son camp occupait sans interruption tout le terrain qui se trouvait compris entre cette porte et le pont nouvellement construit.

Indépendamment des attaques et des périls auxquels nos troupes se trouvaient exposées du côté du pont de pierre et de la porte qui y touchait, de nouveaux dangers se présentaient également sur un autre point beaucoup plus élevé, vers la troisième porte, à partir de la porte du pont, à celle qui s'appelle encore aujourd'hui porte du Chien. Il y avait près de celle-ci, comme je l'ai déjà dit, un pont en pierre, et un marais qui se prolongeait sous les murailles même de la ville, et qui était formé tant par la fontaine située à la porte de Saint-Paul, dite porte de l'Orient, que par plusieurs autres sources et ruisseaux qui venaient y verser toutes leurs eaux. Les assiégés, en passant par ce pont, venaient au milieu de la nuit faire de fréquentes irruptions sur le camp du comte de Toulouse, établi en face de la porte du Chien, et, dans le jour même, il arrivait quelquefois qu'ils livraient des espèces d'assauts à l'improviste. Ils faisaient ouvrir la porte, lançaient une grêle de flèches, qui ne manquaient pas de blesser et de tuer beaucoup de soldats; puis, sachant bien que les nôtres ne pouvaient les poursuivre qu'en se jetant sur le pont, ils se précipitaient sur eux, et, après avoir tué tout ce qu'ils rencontraient, ils revenaient à leur poste par le même pont, et rentraient ainsi dans la ville, sans éprouver aucun dommage. Il résultait de ces fréquentes attaques, que le comte de Toulouse, l'évêque du Puy, et tous les autres nobles qui occupaient cette partie du camp avaient beaucoup plus à souffrir, et faisaient des pertes plus considérables, surtout en chevaux et en mulets, que les légions des autres princes.

Le comte et le respectable évêque ne pouvaient voir de sang-froid que leurs compagnons eussent à supporter de si grands dommages ; ils convoquèrent en conséquence toutes leurs troupes, ordonnèrent de rassembler tous les marteaux, tous les instrumens de fer que l'on pourrait trouver, et de travailler d'un commun accord à la démolition du pont. Un jour, des hommes d'armes, revêtus de leurs casques et de leurs boucliers, se rassemblèrent auprès du pont, et se mirent à l'ouvrage avec beaucoup d'ardeur, pour chercher à le renverser : mais le pont, construit avec solidité, résistait à toutes les attaques du fer; et, pendant ce temps, les citoyens faisaient pleuvoir une grêle de flèches et de pierres, qui dérangeaient fort les assaillans, et les forcèrent enfin à renoncer à leur entreprise, puisqu'aussi bien ils n'avaient fait aucun progrès. Les assiégeans changèrent alors d'avis, et résolurent de faire construire une machine, en prenant des matériaux dans les environs, et de la dresser contre le pont, afin de pouvoir y introduire des hommes armés, qui seraient exclusivement occupés à repousser sans cesse les irruptions des citoyens. On fit transporter aussitôt tous les matériaux dont on pouvait avoir besoin, on appela des ouvriers ; en peu de jours la machine fut complétement terminée, et construite avec beaucoup de soin dans toutes ses parties; on la traîna, non sans peine et sans de grands dangers pour ceux qui s'y employaient, jusques en face du pont; on la dressa comme une tour élevée, et le comte fut chargé de veiller particulièrement à sa garde. Les assiégés voyant une machine placée aussi près de leurs murailles, se mirent promptement en devoir de l'attaquer, et dirigeant aussitôt contre elle d'énormes instrumens qui lançaient des projectiles de toute espèce, ils redoublèrent d'efforts pour la renverser. Eux-mêmes, du haut de leurs tours et de leurs remparts, attaquaient à coups de flèches et de diverses sortes de traits, ceux qui étaient enfermés dans la machine et ceux qui se trouvaient tout autour, et cherchaient ainsi, avec la plus grande ardeur, à les éloigner du pont. Tandis que ceux qui occupaient les murailles parvenaient, à force de traits et de flèches, à repousser un peu les assiégeans, d'autres citoyens, ouvrant la porte et se précipitant avec impétuosité, s'emparèrent du pont de vive force : combattant alors de près, et le glaive à la main, ils s'avancèrent sur ceux qui tenaient encore dans la machine, et qui persistaient à la défendre, parvinrent à les en expulser, y mirent aussitôt le feu, et ne tardèrent pas à la voir entièrement consumée.

Nos princes, n'ayant pu réussir par ce moyen à se défendre des attaques qui leur venaient du côté de cette porte, firent avancer le jour suivant trois machines à projectiles, qu'ils voulaient faire jouer constamment, pour chercher à renverser les murailles mêmes et la porte, et s'opposer en outre aux sorties des assiégés. En effet, tant que les machines pouvaient travailler, nul des citoyens n'osait faire ouvrir la porte et se présenter en avant ; mais aussitôt qu'on suspendait ce genre d'attaque, ils sortaient de nouveau, recommençaient leurs irruptions, et faisaient beaucoup de mal dans le camp voisin.

Lorsqu'ils virent qu'ils ne parvenaient pas mieux à se défendre, les nôtres imaginèrent, sur la proposition de quelques-uns d'entre eux, de faire traîner sur le pont et jusqu'à la porte même de la ville, des rochers d'une énorme dimension, que cent bras pouvaient à peine faire rouler, et des chênes d'une haute taille; mille cavaliers bien cuirassés employèrent leurs forces à ce travail, et furent en même temps protégés par toute l'armée : ils les assemblèrent en monceaux devant la porte, en sorte qu'il devenait inutile aux assiégés de la faire ouvrir, et que ceux qui s'y présentaient trouvaient devant eux un obstacle insurmontable. Cette invention ingénieuse arrêta de ce côté l'impétuosité des assiégés, et mit le camp des nôtres à l'abri de leurs soudaines irruptions.

Un autre jour, des hommes de notre armée se rassemblèrent au nombre de trois cents, tant fantassins que cavaliers, traversèrent le pont en bois récemment construit, pour aller fourrager dans la campagne, et se dispersèrent, selon leur coutume, de tous côtés, pour chercher tout ce dont ils avaient besoin. Cet usage s'était établi et était même devenu fort habituel, tant parce que la nécessité les pressait souvent de sortir du camp, que parce qu'il leur était arrivé très-fréquemment d'y rentrer sains et saufs et sans accident, tout en rapportant beaucoup de butin; en conséquence, ils se laissaient aller sans précaution à leur ardeur ordinaire, espérant toujours le même succès, et ne sachant prévoir aucun revers, comme il n'en arrive que trop souvent dans les chances variées de la guerre. Les assiégés, qui les reconnurent du haut de leurs remparts, sortirent plus nombreux que de coutume, passèrent sur le pont de pierre, et s'élancèrent à la course sur ceux de nos soldats qu'ils avaient vus se promenant çà et là sans précaution ; arrivés sur eux à l'improviste, ils en tuèrent un grand nombre, et mirent tous les autres en fuite : tandis que ceux-ci se hâtaient de regagner le pont de bateaux pour rentrer dans le camp, ils y furent devancés par une troupe d'ennemis, et tous ceux qui tentèrent de se jeter à l'eau, ou de passer à un gué, trouvèrent la mort dans les eaux auxquelles ils se confiaient imprudemment. D'autres en même temps se présentaient sur le pont, bien malgré eux, et poussés par les ennemis qui les serraient de près, ils étaient aussitôt précipités dans la rivière ; le courant les emportait avec force, les tourbillons les entraînaient au fond de l'abîme, et les eaux dévorantes refusaient même de rendre leur proie.

On apprit bientôt ce désastre dans le camp ; des milliers de guerriers coururent aux armes, franchirent le fleuve et rencontrèrent les ennemis qui s'en retournaient, chargés de dépouilles et fiers de leur victoire ; ils les attaquent avec ardeur, les poursuivent vivement jusqu'au pont de la ville, et en font un massacre considérable. Dans le même temps, les assiégés voyant leurs frères tomber de toutes parts, couverts de blessures ou périssant sous les coups de l'ennemi, prennent compassion de leurs maux, ouvrent leur porte, s'élancent en plus grand nombre et avec plus d'ardeur que jamais, passent le pont de pierre, volent au secours de leurs compagnons, et attaquent nos troupes avec violence ; celles-ci résistent d'abord au premier choc ; mais bientôt, accablées par la multitude des assaillans, elles prennent la fuite, l'ennemi les poursuit sans relâche jusqu'au pont de bateaux, et dans ce désordre un grand nombre de nos soldats périssent sous le glaive, et beaucoup d'autres sont noyés dans le fleuve. Les cavaliers, de leur côté, se pressent aussi sur le pont, fuyant avec vitesse les ennemis qui les poursuivent; ils se précipitent dans le fleuve avec leurs chevaux, chargés de leurs cuirasses, de leurs casques et de leurs boucliers, s'enfoncent, périssent étouffés par la violence des tourbillons et ne reparaissent plus.

Ainsi notre armée avait à supporter des assauts non moins redoutables que ceux qu'elle livrait aux habitans; indépendamment des irruptions des assiégés, à qui nos troupes ne pouvaient soustraire la connaissance des sorties qu'elles faisaient dans la campagne, elles se trouvaient encore exposées aux attaques des ennemis extérieurs, qui, cachés dans les montagnes et dans les forêts, se tenaient sans cesse en embuscade et battaient très-souvent nos soldats, de telle sorte qu'ils n'osaient presque plus sortir de leur camp, ni se répandre au loin pour aller chercher des vivres. Enfin le camp des assiégeans n'était pas même pour eux un refuge assuré, car ils avaient lieu de craindre l'arrivée et les attaques imprévues d'une immense multitude d'ennemis, qui, disait-on, se réunissaient de différens côtés pour marcher au secours de la ville; en sorte que, dans un tel état de choses, l'homme le plus sage eût pu hésiter à décider quelle était la condition la moins dangereuse et la meilleure, de celle des assiégeans ou de celle des habitans de la ville, qui semblaient supporter les fatigues d'un siége.

Il serait trop long et trop contraire au but que je me suis proposé de rapporter en détail tous les faits, tous les événemens divers qui marquèrent chaque journée, au milieu de tant de pénibles travaux et pendant un temps si long : ainsi omettant toutes les particularités, je me bornerai à raconter les résultats généraux.

Tandis que les succès de la guerre étaient fort variés et que l'on se trouvait déjà arrivé au troisième mois du siége, les vivres commencèrent à manquer dans le camp et nos troupes eurent beaucoup à souffrir de cette disette. Dans le principe on avait eu en grande abondance toutes les choses nécessaires; les chevaux avaient plus de fourrage qu'ils ne pouvaient en consommer, et les soldats, croyant comme des imprudens que cet état de prospérité durerait toujours, ne s'étaient gênés en aucune occasion; enfin ils avaient si bien abusé de leur opulence qu'ils se trouvèrent avoir prodigué en peu de jours des approvisionnemens qui, ménagés avec soin, eussent suffi pour un temps beaucoup plus long. Dans le camp on n'observait aucune règle, on ne suivait aucun principe d'économie, cette conseillère des hommes sages : partout régnaient un luxe et une profusion sans exemple, et cette prodigalité ne s'étendait pas seulement à tout ce qui concernait la nourriture des hommes; on ne prenait non plus aucun soin des fourrages destinés aux bêtes de somme et aux chevaux; peu à peu l'armée arriva à un tel degré de dénûment que la famine ne tarda pas à se déclarer, et que tout le peuple se vit menacé de périr, faute de vivres. Les soldats se réunissaient en détachemens et s'engageaient par serment à partager entre eux, par portions égales et de bonne foi, tout ce qu'ils pourraient recueillir dans leurs expéditions; puis ils partaient par bandes de trois ou quatre cents hommes et battaient tout le pays, cherchant à se procurer des vivres, de quelque manière que ce fût. Dans l'origine et avant que les assiégés eussent tenté de faire des sorties ou de se poster en embuscade, ceux des nôtres qui allaient faire de semblables expéditions parcouraient les environs, y trouvaient en grande quantité des alimens de toute espèce, un riche butin, et rapportaient au camp les dépouilles de leurs ennemis, en sorte qu'il y avait eu d'abord surabondance de toutes sortes de provisions. Mais bientôt les lieux environnans furent épuisés ; les Turcs qui avaient été frappés de terreur, reprirent courage, et en retrouvant leurs forces, ils se mirent en devoir de défendre leurs propriétés ; alors nos soldats s'en revenaient souvent les mains vides, plus souvent encore ils étaient tués en grand nombre, quelquefois même il n'en restait pas un seul qui pût venir porter au camp la nouvelle de ces désastres. La misère et la famine augmentaient de jour en jour : à peine avait-on pour deux sous du pain en quantité suffisante pour la nourriture d'un seul homme, à un seul repas par jour. Un bœuf ou une génisse, qu'on avait dans le commencement pour cinq sols, coûtaient alors deux marcs ; à peine avait-on, au prix de cinq ou six sous, un agneau ou un petit chevreau qu'on avait coutume d'acheter pour trois ou quatre deniers. Huit sous étaient presque insuffisans pour se procurer la nourriture nécessaire à un cheval pendant une nuit, en sorte que l'armée qui, en arrivant à Antioche, y avait conduit plus de soixante-et-dix mille chevaux, n'en avait que deux mille tout au plus en ce moment; tout le reste était mort de faim ou de froid, et ceux qui demeuraient encore dépérissaient de jour en jour, succombant aux mêmes maux. Dans le camp les tentes et les pavillons tombaient de pourriture, et les hommes qui avaient conservé des vivres, exposés à toutes les intempéries d'une saison rigoureuse, périssaient sans pouvoir se mettre à couvert. Les inondations et les pluies continuelles dégradaient toutes les provisions de bouche, faisaient pourrir les vêtemens, et il n'y avait pas moyen de trouver une place sur laquelle on pût reposer sa tête à sec et mettre à l'abri les effets que l'on possédait. En même temps une maladie contagieuse faisait de tels ravages dans l'armée que déjà l'on ne savait plus où ensevelir les corps et que les offices des morts n'étaient plus célébrés pour les funérailles. Ceux qui semblaient encore conserver quelque vigueur, empressés d'échapper aux périls qui les menaçaient, se hâtaient de se rendre dans les environs d'Edesse auprès du seigneur Baudouin, ou en Cilicie auprès des gouverneurs des villes, ou enfin en tout autre lieu, dans quelqu'une des places qui étaient tombées au pouvoir de leurs frères. En un mot, le départ des uns, les maladies et la famine qui faisaient périr les autres, le glaive de l'ennemi qui continuait de détruire un grand nombre de pélerins, avaient réduit l'armée à peu près à la moitié de la force qu'elle avait en arrivant sous les murs de la ville.

Cependant les princes dévoués à Dieu, voyant l'affliction et les maux de leurs peuples, émus d'une tendre compassion, et le cœur brisé de douleur, se rassemblèrent, comme ils le faisaient fréquemment, et délibérèrent en commun sur le choix des mesures les plus convenables pour porter remède à de si grandes calamités. On exposa dans le conseil diverses opinions, et enfin l'on s'arrêta à reconnaître que le parti le plus sage serait d'expédier une partie de l'armée avec quelques uns des chefs, qui se porteraient sur le territoire de l'ennemi et iraient y enlever de vive force des vivres et du butin, tandis que le reste de l'armée demeurerait dans le camp, pour défendre les positions avec le plus grand soin. En conséquence Boémond et le comte de Flandre furent chargés de conduire l'expédition, et le comte de Toulouse demeura avec l'évêque du Puy pour veiller à la garde du camp. Le comte de Normandie était absent et le duc de Lorraine, Godefroi, gravement malade, ne pouvait même sortir de son lit. Les deux chefs prirent avec eux un nombre suffisant de soldats, tant fantassins que cavaliers, tels du moins que l'état déplorable de l'armée permettait de les trouver, et ils se mirent en marche pour se porter sur les terres ennemies. Aussitôt que les habitans d'Antioche apprirent le départ de Boémond et du comte de Flandre, l'absence du comte de Normandie, et la maladie du duc de Lorraine, ils ne manquèrent pas de saisir une occasion aussi favorable, et redoublant d'audace, ils résolurent dans un conseil commun de tenter une invasion dans notre camp, pour mettre à profit la dispersion des principaux chefs de notre armée. L'immense multitude des habitans fut sur-le-champ convoquée et se rassembla à la porte du pont : les uns débouchèrent par le pont, les autres passèrent à un gué qui se trouvait un peu en dessous, et tous à l'envi s'empressèrent de traverser, pour aller commencer l'attaque. Le comte marcha à leur rencontre à la tête de quelques compagnies de cavalerie, et à peine deux hommes étaient-ils tombés morts, toute la troupe des assiégés s'ébranla et fut poussée jusque sous la ville. Nos cavaliers dans cette première rencontre, aperçurent un cheval dont le maître avait été jeté par terre, et se mirent à lui courir sus pour s'en emparer. Nos autres soldats, imprudens et malheureux à la fois, crurent voir un mouvement de fuite, et s'imaginant que nos cavaliers avaient eu peur, ils prirent également la fuite, et se serrant les uns contre les autres dans ce premier entraînement d'effroi, ils se tuaient entre eux à force de presser les rangs. Pendant ce temps les assiégés, voyant que nos troupes se sauvaient sans que personne les poursuivît, sortirent de nouveau par le pont et rejoignirent bientôt les fuyards; ils les chassèrent devant eux depuis le pont de pierre jusqu'au pont de bateaux et en tuèrent quelques-uns, tandis qu'ils se précipitaient les uns sur les autres, pour s'ouvrir plus promptement un passage; quinze cavaliers et une vingtaine de gens de pied périrent en cette occasion, soit par le fer, soit en tombant dans le fleuve, et les assiégés, fiers de ce nouveau succès, rentrèrent sans obstacle dans la ville.

Pendant ce temps Boémond et le comte de Flandre qui s'étaient portés avec leurs cohortes sur le territoire ennemi, pour y chercher quelque soulagement à leurs maux et à ceux de leurs frères, trouvèrent en effet, dans quelques circonstances plus heureuses, l'espoir de mettre fin à leur misère et de rapporter quelque consolation dans le camp. Ils prirent d'abord sur les ennemis une ferme remplie de toutes sortes de provisions, et Boémond expédia de tous côtés des détachemens qu'il chargea de parcourir le pays, de venir lui rendre compte de l'état où ils l'auraient trouvé et de rapporter tout le butin qu'il leur serait possible de faire. Quelques uns de ces pélerins, en retournant auprès de lui, l'informèrent qu'il y avait dans les environs une forte troupe de Turcs; Boémond fit aussitôt marcher le comte de Flandre avec une escorte nombreuse, et se disposa lui-même à conduire sur ses pas des forces plus considérables, pour être à portée de le secourir, s'il était nécessaire. Le comte, plein de courage et d'ardeur, marcha vivement à l'ennemi, et ne revint auprès de Boémond qu'après avoir chassé les Turcs et leur avoir tué une centaine d'hommes. Tandis qu'il allait rejoindre son corps d'armée après avoir remporté cette victoire, d'autres éclaireurs viennent lui annoncer l'approche d'un corps de troupes beaucoup plus fort que le premier; Boémond détache aussitôt de son armée quelques bataillons qu'il adjoint à ceux que commandait le comte de Flandre, il le fait marcher en avant et lui-même le suit de près avec tout ce qui lui reste, pour soutenir au besoin son attaque. Grâce à la miséricorde divine qui marchait devant nos troupes, les ennemis se trouvèrent resserrés, et comme pris dans un défilé où leurs arcs et leurs flèches étaient pour eux des armes inutiles; il fallut en venir à combattre de près, et le glaive à la main; mais ils n'étaient point accoutumés à ce genre de combat et ne tardèrent pas à prendre la fuite; nos troupes les poursuivirent avec ardeur sur un espace de deux milles, et leur tuèrent beaucoup de monde. Vainqueurs de nouveau, nos soldats leur enlevèrent leurs chevaux, leurs mulets, toutes leurs dépouilles, et firent un riche butin de toutes les provisions que les Turcs avaient ramassées dans le pays; ils rentrèrent alors dans le camp sans rencontrer aucun obstacle. L'armée se réjouit de leur retour et y trouva quelque soulagement à de longues souffrances; cependant le butin qu'ils avaient rapporté n'était pas assez considérable pour suffire long-temps aux besoins d'une si grande réunion d'hommes, et au bout de quelques jours, on se trouva presque réduit aux mêmes extrémités.

Cependant un bruit sinistre, venu du côté de la Romanie, se répandit dans l'armée, jetant partout le trouble et la douleur, et mettant le comble aux maux qui l'affligeaient de toutes parts. On rapporta, et il était vrai en effet, qu'un homme noble et puissant, nommé Suénon, fils du roi des Danois, recommandable et illustre à la fois par sa naissance, sa beauté et ses vertus, animé du vif désir d'entreprendre le pélerinage, et conduisant à sa suite quinze cents jeunes hommes bien armés, ses compatriotes, s'était mis en route pour voler au secours des nôtres et se réunir à Antioche au camp des assiégeans. D'abord il n'avait pu sortir du royaume de son père que long-temps après le départ des autres expéditions; il avait hâté sa marche autant que possible pour rejoindre nos légions, mais le premier retard qu'il essuya par suite de quelques circonstances particulières l'empêcha d'atteindre au but qu'il s'était proposé. Il partit donc à la tête de ses troupes, sans pouvoir rencontrer aucun des princes qui le devançaient; il suivit cependant la même route, et arriva à Constantinople, où l'empereur le reçut et le traita avec assez de bienveillance. Il se rendit de là à Nicée, sans éprouver aucun accident, et descendit ensuite dans la Romanie, en pressant sa marche, et toujours à la tête de son corps. Il avait dressé son camp entre les deux villes de Finimine et de Thermes[1], et ne s'y gardait pas avec toutes les précautions qui eussent été nécessaires, lorsqu'au milieu de la nuit une immense multitude de Turcs vint l'attaquer à l'improviste : leur approche avait donné l'éveil aux Danois, mais déjà il était trop tard ; ils coururent cependant aux armes, et avant d'avoir le temps de se remettre en bon ordre de bataille pour recevoir de pied ferme leurs ennemis, ils se trouvèrent écrasés par la supériorité du nombre ; ils résistèrent cependant avec vigueur aussi long-temps qu'il leur fut possible, vendirent cher la victoire, et finirent par succomber tous, après des prodiges de valeur.

Dans le même temps Tanin, ce délégué de l'empereur, dont j'ai déjà parlé, qui avait été adjoint à nos armées pour les guider dans leur marche, et qui jusqu'à ce jour les avait constamment suivies, cédant à sa timidité naturelle en voyant les malheurs qui les accablaient, et craignant qu'il ne fût impossible aux princes de poursuivre leur entreprise, et qu'un jour ou l'autre leurs légions ne succombassent toutes sous les efforts de leurs ennemis, se rendit à l'assemblée des princes, et leur adressa des représentations très-vives : il chercha à les engager à lever le siége d'Antioche, à transférer leurs troupes dans les villes et les places fortes situées sur la frontière, où l'on pourrait trouver en plus grande abondance toutes les choses

---

[1] Probablement dans l'ancienne Galatie, où était une ville de *Thermæ*, aujourd'hui Aias.

nécessaires à la vie, et de là harceler sans relâche les habitans d'Antioche jusqu'au retour du printemps, époque à laquelle on verrait arriver, ajoutait-il, l'armée que l'empereur son maître faisait lever chez toutes les nations, à de grandes distances de son empire, et qu'il devait envoyer à leur secours. Il dit encore que comme il avait résolu, dès le principe, de s'associer à tous les travaux de l'armée, et de prendre part à sa mauvaise fortune aussi bien qu'à ses prospérités, il voulait en ce moment entreprendre une nouvelle démarche dans l'intérêt du bien commun et de l'utilité générale; qu'en conséquence il avait formé le dessein de se rendre en toute hâte à Constantinople, pour presser les préparatifs et le départ de l'expédition impériale, et qu'en même temps, sur toute la longueur de la route qu'il allait parcourir, il aurait soin de faire diriger vers l'armée tous les secours et les vivres dont elle avait tant besoin. Nos princes connaissaient depuis long-temps l'esprit de ruse et de fourberie qui animait cet homme; cependant, lorsqu'il eut parlé, nul ne fit aucune observation, et personne n'entreprit de mettre la moindre opposition à ses projets. Afin de couvrir sa fraude de quelque apparence trompeuse, il laissa dans le camp ses tentes et la plupart de ceux qui l'avaient suivi, soit qu'il négligeât de pourvoir à leur sûreté, soit qu'il leur eût secrètement ordonné de suivre ses pas à un jour déterminé, et de le rejoindre en un lieu convenu d'avance. Il partit donc comme s'il comptait revenir peu de temps après, et ne reparut jamais à l'armée : homme infidèle et méchant, digne d'être livré à la mort éternelle! L'exemple qu'il donna par cette conduite fut extrêmement pernicieux : à partir de ce jour, tous ceux qui purent trouver moyen de s'échapper du camp prirent la fuite en secret, oubliant tous leurs sermens et la profession de foi que, dans l'ardeur de leurs vœux, ils avaient faite en public au début de l'expédition.

La disette augmentait de jour en jour, et les princes cherchaient vainement des remèdes efficaces à de si grands maux. Ils sortaient alternativement deux à deux, à la tête de troupes nombreuses, battaient tout le pays environnant, et rentraient souvent dans le camp après avoir vaincu les ennemis, mais en même temps ils ne rapportaient ni butin, ni vivres suffisans pour l'entretien de l'armée. Les ennemis, sachant bien que ces expéditions ne sortaient du camp que pour aller piller de tous côtés et rapporter des dépouilles à leurs frères, conduisaient dans des montagnes inaccessibles et dans les lieux les plus cachés leur gros et leur menu bétail et tous les autres animaux qu'ils pouvaient avoir à leur disposition ; en sorte que nos soldats ne pouvaient les atteindre dans leur retraite, où même, s'ils y arrivaient, il ne leur était pas facile d'emmener ce qu'ils venaient de prendre.

De jour en jour la disette développait le fléau des maladies contagieuses, et les périls de l'armée allaient sans cesse croissant. Les seigneurs et tous ceux qui avaient plus de jugement et d'expérience, reconnaissant que les péchés des hommes leur attiraient tous ces maux, et que les fléaux dont le Seigneur justement irrité frappait un peuple endurci n'étaient que trop mérités, se réunirent de nouveau, et, le cœur rempli de la crainte de Dieu, ils délibérèrent dans leur anxiété, cherchant les moyens de laver leurs péchés par une prompte repentance, et d'apaiser l'indignation du Seigneur, en expiant convenablement les fautes passées, et s'en préservant pour l'avenir. En conséquence et en vertu des ordres et de l'autorité de l'évêque du Puy, qui remplissait les fonctions de légat du Siége apostolique, ainsi que des autres pontifes agréables à Dieu, du consentement et même sur les instances expresses de tous les princes laïques et de toute l'armée, on prescrivit un jeûne de trois jours, afin que, les corps étant abattus, les ames pussent s'élever à la prière avec plus de force. Cette cérémonie accomplie en toute dévotion, les chefs ordonnèrent encore que l'on éloignât du camp les femmes légères et corruptrices; ils interdirent, sous peine de mort, l'adultère et tout genre de libertinage, et proscrivirent également les repas extraordinaires, les excès d'ivrognerie, les funestes jeux de hasard, les sermens indiscrets, les fraudes de poids et de mesure, les fourberies de toute espèce, le larcin et le pillage. A ces décrets, qui reçurent une nouvelle force du consentement universel, on ajouta encore la nomination de quelques juges qui furent chargés de connaître de toutes les transgressions, et reçurent une autorité pleine et entière pour informer et sévir contre les coupables. Il se trouva sans doute dans la suite des hommes qui violèrent les lois qu'on venait de publier; les juges les accusèrent, ils furent convaincus avec solennité, et on leur appliqua, selon la sévérité de ces lois, les peines qu'elles avaient réglées pour chacune de ces fautes, afin que de tels exemples eussent pour effet de détourner les autres de pareils excès. Appelé par la grâce surabondante du Seigneur à recueillir les fruits d'une meilleure vie, le peuple vit que la colère divine s'apaisait en partie. Bientôt, en effet, Godefroi, qui était en quelque sorte la seule colonne auprès de laquelle l'armée entière pût trouver un appui, commença à se rétablir de la cruelle maladie dont il avait souffert si long-temps, à la suite de la blessure que lui avait faite l'ours auprès d'Antioche de Pisidie ; et toute l'armée trouva dans sa convalescence de justes motifs de se consoler de son affliction.

Cependant la renommée avait répandu dans tout l'Orient la nouvelle de l'arrivée des immenses armées chrétiennes : on disait de toutes parts, et ce bruit avait même pénétré jusque dans les royaumes du midi et chez toutes les nations étrangères, que ces armées assiégeaient avec vigueur la ville d'Antioche. Aussi les rois, pleins de sollicitude pour leurs États, envoyaient en secret des émissaires vers les nôtres, afin de connaître avec plus de détail la conduite, les forces et les desseins de ces nombreuses expéditions ; il y avait dans notre camp un grand nombre de ces espions ; lorsque quelques-uns d'entre eux partaient, au bout de quelques jours, pour aller rendre compte de l'état de nos armées à ceux qui les avaient envoyés, il en arrivait encore d'autres chargés de pareille mission. Il n'était pas difficile aux hommes de cette espèce de se cacher parmi les nôtres ; ils parlaient diverses langues, les uns se disaient Grecs, d'autres Syriens, d'autres Arméniens, et tous jouaient leur personnage avec une grande exactitude de langage, de mœurs et de manières. Les princes se réunirent de nouveau à cette occasion, pour rechercher en commun ce qu'il pouvait y avoir à faire dans l'intérêt général. Mais ce n'était pas une entreprise aisée que celle de chasser de notre camp des hommes qui ne se distinguaient des autres nations par aucune différence de mœurs ou de langage. Avant donc de s'arrêter définitivement à un parti, et afin de pouvoir en délibérer plus mûrement, on jugea convenable de ne communiquer ces délibérations qu'à un très-petit nombre de personnes, pour éviter que les résolutions qu'on pourrait prendre ne se répandissent de tous côtés, et ne parvinssent ainsi à des hommes qui, pour faire tort au peuple chrétien, se hâteraient de les aller rapporter aux ennemis. Comme on ne pouvait découvrir aucun moyen plus efficace de se défendre de ces méchancetés, on raconte que Boémond, doué de plus de sagacité et de force d'esprit que les autres, dit aux princes encore assemblés : « Frères et seigneurs, laissez-moi me charger « seul du soin de cette affaire. J'espère, avec l'aide de « Dieu, trouver un remède convenable pour détruire « cette maladie. » A ces mots l'assemblée des princes s'étant séparée, chacun rentra dans son camp. Boémond cependant, se souvenant de ses promesses, ordonna, vers la nuit tombante, et tandis que tout le monde était, comme à l'ordinaire, occupé des préparatifs du souper, qu'on fît sortir de prison quelques Turcs qu'il tenait dans les fers, et les livrant aux bourreaux, il les fit aussitôt égorger ; puis faisant allumer un grand feu, comme pour préparer le souper, il prescrivit qu'on les rôtît et qu'on les arrangeât avec le plus grand soin, comme pour être mangés ; enfin il ordonna aux siens, si quelqu'un venait à leur demander ce que voulaient dire de semblables préparatifs, de répondre que « les princes avaient arrêté, dans leur réunion,

« qu'à l'avenir tous ceux des ennemis ou des espions
« qui seraient pris seraient traités de la même ma-
« nière, et serviraient à la nourriture des princes et
« du peuple. » Tous ceux qui faisaient partie de l'expédition, apprenant ce qui venait de se passer dans le
camp de Boémond, et étonnés de la nouveauté du fait,
accoururent de tous côtés. Les espions qui se trouvaient dans l'armée, effrayés de cet événement,
croyant à la réalité de la résolution qu'on disait
adoptée, et ne soupçonnant aucune feinte, prirent
fort au sérieux ce qui venait d'avoir lieu ; craignant
donc qu'il ne leur arrivât quelque chose de semblable,
ils se hâtèrent de sortir du camp, et, de retour chez
eux, ils dirent à ceux qui les avaient envoyés : « Ce
« peuple surpasse en cruauté toutes les autres na-
« tions, et même les bêtes féroces. Il ne suffit pas à
« ces hommes d'enlever à leurs ennemis leurs villes,
« leurs châteaux forts, et toutes les choses qu'ils pos-
« sèdent, de les jeter dans les fers, de les torturer
« comme des ennemis, de leur donner la mort, il faut
« encore qu'ils se remplissent l'estomac de leur chair,
« et qu'ils s'engraissent de leur sang. » Ces récits se
répandirent dans tout l'Orient, et parvinrent jusqu'aux
pays les plus reculés ; les nations les plus voisines et
celles qui habitaient le plus loin en furent également
épouvantées. Toute la ville d'Antioche fut saisie de
terreur, en entendant rapporter des paroles si étranges
et un fait si cruel. Ainsi, par l'œuvre et les soins de
Boémond, le camp fut en grande partie purgé de cette
peste des espions, et les résultats des assemblées des
princes furent beaucoup moins divulgués parmi les
ennemis.

Vers cette époque le plus puissant des princes infidèles, tant par ses richesses que par le nombre de ses troupes, le calife d'Égypte avait envoyé des députés à notre armée, et voici quels étaient les motifs de cette ambassade. Depuis très-long-temps de graves inimitiés régnaient entre les Orientaux et les Égyptiens : cette haine invétérée provenait de la différence de leurs superstitions et des dogmes contradictoires qu'ils avaient adoptés, et elle s'était perpétuée sans relâche et avec une animosité inflexible. Leurs royaumes étaient fréquemment exposés à de mutuelles aggressions, chacun cherchait à étendre ses frontières et à empiéter tour à tour sur celles du voisin, ainsi que je l'ai déjà rapporté dans le premier livre de cette histoire. A diverses époques, et selon les chances variées de la guerre, chacun d'eux avait alternativement obtenu une grande supériorité sur son ennemi, et il en était résulté que tout ce qui servait à l'avantage des uns était regardé comme tournant au détriment des autres. A cette époque le prince d'Égypte possédait tout le pays qui s'étend depuis les frontières d'Égypte jusqu'à Laodicée de Syrie, dans un espace de trente journées de marche. J'ai déjà dit aussi que, peu de temps avant l'arrivée de notre expédition, le soudan des Perses s'était emparé d'Antioche, ville située sur les frontières du territoire des Égyptiens et de tout le pays qui se prolonge de là jusqu'à l'Hellespont. Le prince d'Égypte redoutait les entreprises et les empiétemens des Perses et des Turcs, et dans cette crainte il se réjouissait extrêmement d'apprendre que Soliman avait perdu Nicée, qu'il avait été fort maltraité ainsi que ses troupes, et qu'enfin nos armées avaient mis le siège devant Antioche ; ce qu'il voyait perdre aux Turcs il le regardait comme gagné pour lui ; et les maux qu'ils souffraient étaient à ses yeux un gage de tranquillité pour lui comme pour ses sujets. Craignant que nos armées ne renonçassent à leur entreprise et ne cédassent enfin à la fatigue de leurs longs travaux, il envoya à nos princes des députés choisis parmi ses serviteurs les plus dévoués, leur enjoignant de solliciter la continuation du siége, de promettre des secours de toute espèce, de se concilier la bienveillance et l'affection de nos princes, et de conclure avec eux des traités d'alliance et de bonne amitié. Fidèles aux ordres de leur maître, les députés, sortis de leurs vaisseaux, se rendirent au camp des Chrétiens et s'appliquèrent avec le plus grand zèle à s'acquitter complétement de leur mission. Nos princes les accueillirent avec assez de bienveillance et de politesse, et les admirent fréquemment à des conférences dans lesquelles ils eurent à exposer tout ce qu'ils avaient été chargés de dire. Cependant, et tout en admirant la douceur de nos chefs, les forces qu'ils commandaient, les armes de nos soldats, leur patience à supporter tant de travaux, les députés ne pouvaient se défendre d'un sentiment de méfiance contre cette immense multitude d'étrangers, comme s'ils eussent eu dans l'ame le pressentiment de ce qui devait arriver plus tard ; car dans la suite leur prince même était destiné à éprouver pour son compte le traitement qu'il cherchait traîtreusement à susciter contre ses ennemis. Lorsque la ville d'Antioche eut été prise et eut recouvré ses anciennes libertés avec la pleine jouissance de la foi chrétienne, tout le pays qui s'étend depuis cette ville jusqu'à la rivière d'Ægypte [1], voisine de Gaza, sur un espace de quinze journées de marche, tel que le peuple fidèle le possède encore aujourd'hui, fut arraché de force à la violente domination de l'Égyptien, grâce à l'intervention du Dieu tout-puissant.

[1] Rien n'est plus incertain que la question de savoir quelle est la rivière désignée sous le nom d'*Ægyptus* ; elle est déjà mentionnée dans la Genèse comme formant la limite méridionale de la terre promise. Dieu dit à Abraham : « Je donnerai ce pays à votre race depuis le fleuve « d'Égypte jusqu'au grand fleuve d'Euphrate. » (Genèse, ch. 16, v. 18.) La plupart des savans ont pensé que ce nom désignait le Nil; d'autres, notamment Bachiène, dans sa *Description historique et géographique de la Palestine ancienne et moderne* (tom. 1, part. 1, § 80), croient qu'il s'agit d'une petite rivière qui se jette dans la mer près de la ville de Rhinocolura, et qui portait le nom d'*Ægyptus*, parce qu'elle coule en effet sur la frontière d'Égypte. Cette dernière opinion paraît d'accord avec le texte de Guillaume de Tyr, qui donne à l'*Ægyptus* le nom de *rivus*, et le place non loin de Gaza.

LIVRE CINQUIÈME.

Cependant les habitans et le gouverneur d'Antioche n'étaient pas sans de vives inquiétudes sur leur situation, en voyant le courage et la patience de notre armée et sa persévérance à poursuivre son entreprise au milieu de toutes sortes de calamités, malgré l'horreur de la disette et les rigueurs de la saison. Ils écrivaient de tous côtés, et envoyaient de nombreux messagers pour solliciter les secours les plus prompts chez les princes qui habitaient les contrées limitrophes, leur adressant les plus vives représentations et les suppliant de céder au sentiment de la compassion et de courir au plus tôt à la défense de leurs frères : en même temps ils leur indiquaient le mode le plus convenable pour les seconder dans leurs opérations ; c'était de s'avancer vers la ville et de se cacher en embuscade pour attendre le moment où les assiégés se trouveraient, selon leur coutume, engagés contre leurs ennemis dans les environs du pont, de se précipiter sur eux à l'improviste tandis que les troupes du camp et celles de la ville seraient également occupées, et de placer ainsi les Chrétiens entre deux attaques, de sorte qu'aucun d'eux ne pût espérer d'échapper à la mort. A la suite de leurs vives sollicitations, de nombreuses troupes, levées à Alep, à Césarée, à Damas, à Émèse, à Hiérapolis, et dans plusieurs autres villes situées sur les frontières, se réunirent secrètement, et, marchant sans bruit, ainsi qu'il leur avait été recommandé, elles dressèrent leur camp aux environs d'un lieu nommé Harenc, situé à quatorze milles d'Antioche, dans l'intention de marcher en toute hâte contre le camp des Chrétiens au moment où ils seraient occupés à livrer un nouvel assaut. Mais les fidèles, qui habitaient dans le même pays et rendirent de grands services à nos troupes en diverses occasions, ne manquèrent pas d'informer les princes de l'arrivée et des dispositions de ces ennemis, et dès qu'ils en furent instruits, les princes se réunirent pour délibérer sur ce qu'ils avaient à faire. Ils arrêtèrent dans leur conseil que tout ce qu'il y avait dans l'armée de cavaliers, ayant des chevaux disponibles, se réuniraient en armes au premier crépuscule du soir; que ce corps sortirait secrètement et sans bruit du camp, chacun suivant la bannière de son chef, et que pendant ce temps toute l'infanterie demeurerait dans le camp, pour veiller soigneusement à sa défense, jusqu'au retour de ceux qui devaient tenter cette nouvelle expédition avec l'aide du Seigneur.

A l'entrée de la nuit, ainsi qu'il avait été convenu, les chefs sortirent donc de leurs retranchemens à la tête de sept cents cavaliers tout au plus, et, traversant le pont, ils se rendirent au lieu placé entre le lac, dont j'ai déjà parlé, et le fleuve Oronte, sur un terrain d'un mille d'étendue environ, et ils y passèrent la nuit. Pendant cette même nuit les ennemis avaient aussi traversé le fleuve sur un pont qui se trouve au dessus, ne se doutant nullement de l'arrivée de nos troupes. Le lendemain, à la pointe du jour, les princes prennent les armes en toute hâte, divisent leur petite armée en six escadrons et assignent à chacun les chefs qui doivent le guider au combat. Les Turcs cependant, s'approchant de plus en plus, et apprenant par leurs éclaireurs que nos soldats ont marché à leur rencontre, se forment également en deux corps d'avant-garde, ayant en arrière le gros de leur armée qui s'avançait en même temps. Le ciel voulut que notre armée, qui se composait tout au plus de sept cents combattans, lorsqu'ils eurent été disposés en escadrons selon les principes de l'art militaire, parut beaucoup plus considérable, comme si elle eût reçu d'en haut un supplément de forces. Les légions ennemies s'avançant peu à peu sur les nôtres, leurs deux premiers corps se précipitèrent vivement, firent une première décharge de flèches et se rallièrent aussitôt sur leurs derrières. Nos soldats cependant, sans être troublés de leur première attaque, s'élancent sur eux, les serrent de près, et, brandissant leurs lances avec leur vigueur accoutumée, les pressent du glaive et les contraignent à se former en une seule masse : comprimés entre le lac et le fleuve et ne pouvant, dans cet espace étroit, manœuvrer au large selon leur habitude, ni faire la guerre de traits qu'ils entendent mieux que tout autre, incapables de supporter l'attaque vigoureuse de nos troupes et serrant leurs rangs dans la crainte des glaives qui les pressent, les ennemis sont bientôt réduits à chercher dans la fuite leur salut. Nos soldats se lancent aussitôt à leur poursuite, et les chassent devant eux jusqu'au camp de Harenc, qu'ils avaient occupé naguère et qui se trouvait à dix milles du champ de bataille, renversant et tuant de tous côtés un grand nombre de fuyards. Les habitans de cette ville, témoins du désastre de leurs alliés et n'osant même hasarder de se renfermer dans la citadelle après un si grand malheur, mettent le feu de toutes parts et se sauvent aussi avec les débris de leur armée. Cependant les Arméniens et les autres fidèles qui habitaient en grand nombre dans cette contrée, s'emparèrent aussitôt de la place et la livrèrent à nos princes avant qu'ils se remissent en route pour rentrer dans leur camp. Les ennemis perdirent dans cette journée deux mille hommes environ : nos soldats, ranimés par un double triomphe, pleins d'espérance et de joie, retournèrent à Antioche, rapportant cinq cents têtes de Turcs, conduisant en outre mille chevaux vigoureux, dont ils avaient le plus grand besoin, et chargés d'immenses dépouilles, précieux butin pour lequel ils rendirent au Seigneur de solennelles actions de grâces.

Dans la ville cependant les assiégés avaient attendu toute la nuit les secours qui leur étaient promis et n'avaient cessé de presser de leurs vœux le retour du soleil : ils espéraient que leurs alliés se précipiteraient du dehors sur notre camp et qu'eux-mêmes pourraient en même temps faire une nouvelle sortie et accabler nos troupes en les prenant ainsi à l'improviste de deux côtés différens. Au point du jour ils commencèrent à ressentir quelque inquiétude de ne voir arriver aucun renfort : bientôt ils apprirent par leurs éclaireurs que nos princes s'étaient avancés à la rencontre des Turcs. Alors, se rassemblant de tous côtés et sortant avec empressement de leurs postes, les assiégés, durant toute cette journée, livrèrent de rudes combats à nos troupes et les soutinrent jusqu'au moment où les sentinelles, qu'ils avaient placées sur les points les plus élevés, vinrent les avertir du retour de notre cavalerie; ils rentrèrent alors dans la ville, et, se portant sur les tours, sur les remparts, sur toutes les hauteurs d'où la vue pouvait s'étendre au loin, ils voient arriver des troupes, et sont d'abord incertains s'ils doivent les considérer comme des amis ou des ennemis. Enfin, lorsque nos soldats furent plus avancés, les habitans les reconnurent à leurs armes, et, les voyant marcher en vainqueurs, chargés de butin et de dépouilles, ils reconnurent que leurs plus douces espérances étaient déçues, et s'abandonnèrent aux lamentations et à la douleur. Arrivés auprès des murs de la ville et rentrés dans leur camp, nos chefs, pour redoubler les chagrins de leurs ennemis, et pour leur donner des témoignages de notre victoire, firent jeter deux cents têtes de Turcs sur les remparts et ordonnèrent que les autres demeurassent plantées sur des pieux en face même des murailles, afin que ce spectacle fût pour eux comme une épine dans leur œil et servît à accroître leurs angoisses. On dit, et les rapports des prisonniers confirmèrent parfaitement les premiers récits qu'on avait faits, que les troupes qui s'étaient réunies pour venir au secours d'Antioche formaient une armée de vingt-huit mille hommes: elles furent battues le 7 du mois de février, l'an de grâce 1097.

A cette époque les princes jugèrent convenable de faire construire un camp retranché sur la colline qui dominait l'emplacement occupé par les tentes et l'armée du seigneur Boémond, afin que, si les Turcs voulaient tenter du dehors quelque nouvelle invasion dans notre camp, ils rencontrassent là un premier obstacle qui servirait de boulevard à notre armée. Lorsque cette redoute eut été construite et confiée à une bonne garde, notre armée se trouva parfaitement en sûreté, et les murailles même extérieures lui servaient de lignes de circonvallation. A l'orient elle avait le nouveau point de défense qu'on venait de faire construire, au midi, les remparts de la ville et les marais qui baignaient les murs, à l'occident et au nord, le fleuve qui se prolongeait sous les remparts.

Cependant, et dans le courant du cinquième mois du siége, quelques vaisseaux Gênois, transportant des pélerins et des vivres, se présentèrent en mer, et vinrent aborder près de l'embouchure de l'Oronte. Ils expédièrent alors plusieurs messagers à nos princes pour annoncer leur arrivée, et faire dire qu'ils attendaient qu'on leur envoyât quelques forces pour protéger leur marche jusqu'au camp. Les ennemis, de leur côté, sachant que ceux qui faisaient partie de notre expédition se rendaient souvent sur les bords de la mer, et que les nouveaux débarqués desiraient vivement pouvoir se mettre en route pour arriver sous les murs de la ville, firent occuper tous les chemins, toutes les avenues, et, se tenant en embuscade, leurs détachemens surprenaient les passans à l'improviste, et en massacraient un grand nombre, en sorte qu'il n'y avait plus moyen de communiquer de notre camp à la mer sans de fortes escortes. Les princes avaient résolu dans le même temps de faire construire une redoute à la tête d'un des ponts, sur un point où était un certain oratoire consacré aux actes de superstition des Turcs, afin de gêner leurs mouvemens et leurs sorties de ce côté. Mais comme, en ce moment, il y avait un grand nombre de gens de l'armée qui s'étaient rendus sur les bords de la mer, et voulaient revenir au camp après avoir terminé leurs affaires, on désigna, parmi les princes, Boémond, le comte de Toulouse, Évrard de Puysaie et le comte Garnier de Gray, pour accompagner les ambassadeurs du calife d'Égypte qui desiraient également aller s'embarquer, et pour ramener ensuite tant les nouveaux arrivés que tous ceux de nos pélerins qui étaient allés les visiter. Les habitans d'Antioche, en apprenant que ces chefs venaient de partir, envoyèrent un corps de quatre mille soldats bien équipés, avec ordre de se placer en embuscade, et de les attaquer vigoureusement à leur retour, s'ils trouvaient l'occasion de les surprendre. Le quatrième jour, en effet, nos princes, étant en marche pour rentrer dans le camp, et traînant à leur suite une multitude de gens sans armes et de bêtes de somme chargées de vivres et de bagages de toute espèce, furent attaqués à l'improviste, et dans un défilé assez étroit, par les Turcs qui s'élancèrent subitement de leur embuscade. Le comte de Toulouse marchait en avant, et le seigneur Boémond protégeait les derrières du convoi. Quoiqu'ils fussent pleins de vigueur et dignes d'estime en tout point, il leur était impossible cependant de gouverner à leur gré une populace aussi imprudente, et de donner des forces et du courage à ceux à qui la nature en avait refusé. Ils résistèrent long-temps, autant pour leur honneur que pour repousser le danger qui menaçait leur escorte;

mais enfin, voyant que tout retard ne ferait qu'aggraver leur péril, et qu'il était absolument inutile de combattre davantage, ils pourvurent à leur sûreté personnelle, et, abandonnant un combat trop inégal, ils se hâtèrent de pousser leur marche vers le camp, entraînant après eux tous ceux qui étaient en état de les suivre. Le peuple, de son côté, laissant sur la place les bagages et les chariots, se réfugia dans les forêts, sur les montagnes, et tous ceux qui ne purent se sauver succombèrent sous le fer de l'ennemi : on en tua beaucoup. J'ai eu des relations fort diverses sur le nombre de ceux qui périrent dans cette rencontre ; l'opinion la plus commune me porte cependant à croire qu'il y eut trois cents personnes tuées de tout âge et de tout sexe.

La nouvelle de ce désastre se répandit bientôt dans le camp, et l'on dit d'abord que tous ceux qui venaient de quitter les rivages de la mer avaient péri en route, attaqués à l'improviste par l'ennemi. En même temps nul ne donnait aucune nouvelle positive sur les princes, et l'on ne savait s'ils étaient morts ou sauvés. Godefroi, toujours rempli d'ardeur, prompt à courir aux armes, et dévoué aux enfans de Dieu comme à ses propres enfans, convoque aussitôt les princes et toutes les légions, et fait prendre les armes dans tout le camp ; puis il expédie de tous côtés des hérauts qui prescrivent à tout le monde de se rallier, sous peine de mort contre quiconque osera se soustraire à un devoir si impérieux, pour voler à la vengeance des Chrétiens. Point de retard, toutes les légions se lèvent en masse comme un seul homme ; elles for-

ment un seul corps, traversent le pont de bateaux ; puis le duc les range en bataille, fait avancer les princes qui doivent les commander, le comte Robert de Normandie, le comte de Flandre, Hugues-le-Grand, Eustache son frère ; il assigne à chacun le corps qu'il doit commander, le poste qu'il occupera ; puis, leur inspirant son courage, leur rappelant leur valeur, il les anime au combat, leur fait part de ses projets, comme à des hommes prudens et expérimentés, et leur adresse ce discours : « S'il est vrai,
« ainsi qu'on nous l'annonce, que Dieu, en punition
« de nos péchés, ait permis le triomphe des ennemis
« de la foi et du nom de Christ sur nos seigneurs et
« nos frères, que nous reste-t-il à faire, hommes
« illustres, si ce n'est de mourir avec eux, ou de
« venger les injures qui viennent d'être faites à Notre-
« Seigneur Jésus-Christ? Croyez moi, ni la vie, ni le
« salut ne sauraient être préférables à la mort ou à
« quelque souffrance que ce soit, si le sang de tant
« de princes a pu être impunément répandu sur la
« terre, si un tel massacre du peuple de Dieu n'est
« promptement vengé. Il me semble que les ennemis,
« enorgueillis en ce moment de leur victoire, doivent
« se conduire avec imprudence, et que, fiers de leurs
« forces et de leur valeur, ils n'hésiteront point à
« revenir dans la ville par les chemins que nous occu-
« pons, rapportant leur butin et leurs riches dé-
« pouilles : car, d'ordinaire, la prospérité aveugle ceux
« auxquels elle vient de sourire, comme aussi les
« malheureux et les affligés deviennent plus pru-
« dens et plus habiles. Quant à nous, si, d'ailleurs,
« vous partagez notre opinion, nous sommes tout

« préparés ; défendant une cause juste, confians en
« celui pour qui nous allons combattre, nous avons
« la ferme espérance d'obtenir la victoire. Atten-
« dons les Turcs le glaive à la main ; s'ils tentent
« de renverser nos rangs pour rentrer dans la ville,
« recevons-les comme des ennemis, nous souvenant
« de l'affront qu'ils nous ont fait, et nous montrant
« dignes héritiers de la valeur de nos aïeux. » Ces
paroles furent accueillies avec faveur par tous les assistans. Au moment où le duc finissait de parler,
Boémond rentra dans le camp avec ceux qu'il rame-
nait de la mer, et bientôt après il fut suivi par le
comte de Toulouse. Le peuple, qui ne pouvait se consoler de la perte de ces illustres chefs, les accueillit,
à leur retour, en versant des larmes et avec de vifs
témoignages d'affection. On leur fit part aussitôt des
propositions du duc ; ils les approuvèrent, et jurèrent
qu'ils étaient tout prêts à soutenir le combat. Accien,
qui savait que ses troupes avaient remporté la victoire, et qui craignait pour leur retour, lorsqu'il vit
que nos légions étaient sorties de leur camp plus
fortes que de coutume, convoqua aussitôt à la porte
du pont tous les citoyens qui se trouvaient dans la
ville, en état de porter les armes, afin qu'ils fussent
prêts à marcher au secours de leurs amis, si les circonstances l'exigeaient. De leur côté, nos princes
envoyèrent des éclaireurs à la découverte pour reconnaître la route que suivaient les troupes ennemies,
espérant ressaisir la victoire avec l'aide du Seigneur.

Tandis qu'on formait les rangs et qu'on déployait les
bannières en attendant l'arrivée des Turcs, nos éclaireurs accourent en toute hâte pour annoncer leur

approche, et poussant mille cris jusqu'au ciel, ils encouragent leurs frères à s'armer et à marcher à la rencontre de l'ennemi. Lorsqu'il se fut avancé jusqu'au point où les nôtres avaient cru devoir l'attendre, s'excitant les uns les autres, invoquant les secours d'en haut, brandissant leurs lances, et rappelant leur antique valeur, les Chrétiens se précipitent de concert, et serrent de près leurs adversaires. Ils les attaquent avec leur vigueur accoutumée, animés par le souvenir de la défaite ; ils les pressent, sans leur donner un instant de relâche ; enfin, ils triomphent de leur valeur. La peur a pénétré dans les rangs opposés : les Turcs lâchent les rênes à leurs coursiers, prennent la fuite, et se précipitent à l'envi vers le pont de la ville. Mais l'illustre duc de Lorraine, accoutumé à de pareils événemens, avait prévenu leurs desseins, et venait d'occuper un point élevé placé un peu en avant du pont. Là, tandis que les princes ses compagnons poursuivent leurs ennemis l'épée dans les reins, le duc les reçoit, les fait tomber sous le fer, ou les force de retourner à la mort qu'ils ont vainement tenté d'éviter. Sur leurs derrières, le comte de Flandre, familiarisé et habile au maniement des armes, les poursuit vigoureusement avec son escorte ; il renverse les rangs, et, entraîné par l'ardeur du combat, il accable les ennemis de reproches pour tous les maux qu'ils ont fait endurer à nos troupes. Le comte de Normandie, digne héritier de la valeur de ses aïeux, le seconde dans ses efforts. Le comte de Toulouse, enflammé du zèle de Dieu, Hugues-le-Grand se souvenant du sang royal qui coule dans ses veines, et s'élevant à la hauteur de sa dignité, le comte Eustache, frère du duc, Baudouin, comte du Hainaut, Hugues de Saint-Paul et tous les autres nobles se précipitent avec fureur sur leurs ennemis, assouvissent leur rage dans le sang, les écrasent, les dispersent, et les massacrent impunément comme de vils troupeaux.

Accien cependant, après avoir envoyé de nouvelles troupes au combat, avait fait fermer les portes de la ville pour animer le courage de ses soldats, et les forcer à vaincre, dans l'impossibilité de se réfugier derrière les remparts; mais, tandis qu'il croyait assurer ainsi le succès, il causait inconsidérément la ruine de tous les siens. Ne pouvant soutenir plus long-temps le choc de nos troupes, et résister à leur vive poursuite, ils n'avaient d'autre ressource que de fuir en toute hâte. Trompés dans leur espoir, ils tombaient et périssaient de tous côtés, tandis qu'ils eussent pu par ce moyen échapper en grand nombre à la mort. Sur le champ de bataille, le cliquetis des armures et des épées, les hennissemens des chevaux et les cris des combattans jetaient une telle confusion dans la mêlée, que, sans la diversité des armes qui faisait une très-notable différence, beaucoup de nos guerriers eussent pu succomber victimes d'une fatale erreur, beaucoup de guerriers ennemis eussent pu se soustraire à la mort qui les menaçait.

Sur les tours et sur les remparts, les matrones suivies de leurs filles et de leurs jeunes enfans, les vieillards et le peuple qui ne combat point, voyant le massacre de leurs compagnons, déploraient leur triste fin, poussant de profonds gémissemens et versant des larmes en abondance : « Heureux les temps qui sont

« passés!. s'écriaient-ils. Non moins heureux ceux
« qu'une mort bienfaisante a préservés des calamités
« qui nous enveloppent! Toutes les mères fécondes,
« nous les avons autrefois appelées heureuses; main-
« tenant, changeant de langage, nous appelons heu-
« reuses les femmes stériles, bien plus heureuses que
« celles qui sont mères! »

Pendant ce temps, Accien, voyant que tout son peuple succombe, et que ceux qui demeurent encore exposés au glaive de l'ennemi ne tarderont pas de subir le même sort, ordonne que l'on ouvre en toute hâte les portes de la ville, et que l'on assure un dernier asile aux malheureux fuyards. Ceux-ci, dès que la porte est ouverte, se précipitent sur le pont dans le plus grand désordre, poursuivis toujours par leurs ennemis, et, s'élançant les uns sur les autres dans le mouvement de terreur qui les pousse, un grand nombre d'entre eux tombent dans le fleuve. Le duc de Lorraine, qui s'était montré avec vigueur durant tout le combat, donna vers le soir, et sur les abords du pont, une nouvelle preuve de la force par laquelle il se distinguait entre tous les autres, et le souvenir de cette action, qui le signala aux yeux de toute l'armée, mérite bien d'être à jamais conservé. Après avoir abattu avec sa vigueur ordinaire les têtes de plusieurs cavaliers cuirassés, sans jamais les frapper deux fois, il poursuivit avec ardeur un autre cavalier, qui fuyait et qui était aussi bien cuirassé, et le coupa en deux, de telle sorte que la partie supérieure de son corps tomba par terre, et que la partie inférieure demeura sur le cheval, qui dans sa fuite rapide l'emporta jusque dans la ville. Le peuple de meura frappé d'étonnement, à la vue d'un fait aussi extraordinaire, qui fut bientôt proclamé de tous côtés. On dit que les ennemis perdirent environ deux mille hommes dans cette journée; et si la nuit, jalouse de la gloire et des triomphes de notre armée, ne fût venue prématurément mettre un terme à leurs travaux, il est hors de doute qu'Antioche n'eût pas tardé de succomber sous leurs efforts. Les environs du pont et du fleuve témoignèrent du carnage qui s'était fait durant toute cette journée, et les eaux de l'Oronte, changeant de couleur, portèrent à la mer leur torrent de sang. On assura, et les fidèles qui sortirent de la ville pour se réunir à notre camp confirmèrent entièrement ce récit, que douze des principaux satrapes des Turcs avaient succombé dans cette action, laissant ainsi dans leur armée un vide irréparable.

Le lendemain, le jour étant revenu, les princes se rassemblèrent de nouveau, pour rendre grâces au Dieu tout-puissant de la victoire qu'il leur avait accordée, et pour délibérer sur ce qu'ils avaient à faire. Ils jugèrent convenable de reprendre le projet qu'on avait formé précédemment, et de faire élever un ouvrage vers la tête du pont, afin de gêner les sorties des assiégés de ce côté, et aussi pour donner aux soldats du camp les moyens de se répandre dans la plaine avec plus de sûreté. Je crois avoir dit qu'il y avait sur ce point une espèce d'oratoire consacré aux superstitions des Turcs: ils avaient fait aussi de ce lieu un cimetière pour leurs morts. Pendant la nuit qui suivit le combat, et une bonne partie de la journée suivante, ils y transportèrent et y ensevelirent les corps de ceux qui avaient succombé dans cette affaire. Aussitôt que le peuple du camp Chrétien eut acquis la certitude de ce fait, il alla s'y établir de vive force, et l'appât des dépouilles qu'on avait enfouies dans la terre, en même temps que les corps, amena la violation des tombeaux : les cadavres furent déterrés, et on enleva du sein des monumens funèbres, l'or, l'argent, et les vêtemens précieux qui y étaient renfermés. Ce fut aussi par ce moyen que ceux qui hésitaient à évaluer le nombre des morts que l'ennemi avait perdus, en se fondant sur ce que le combat n'avait été terminé qu'à la nuit close, purent vérifier le fait avec exactitude, et eurent sujet de se réjouir du succès de la bataille. Sans compter tous ceux qui se noyèrent dans le fleuve de diverses manières, ceux qui furent enterrés dans la ville, et ceux qui, blessés mortellement, attendaient encore leur fin inévitable, on trouva quinze cents cadavres dans ce cimetière. Trois cents têtes, peut-être plus, furent envoyées au port ; ce spectacle réjouit extrêmement ceux de notre camp, qui y étaient retournés après l'issue de la bataille, et les députés Égyptiens, qui n'avaient pas encore mis à la voile, furent frappés de crainte en apprenant cet événement.

Cependant ceux des Croisés qui s'étaient retirés dans les cavernes, sur les montagnes, dans les bois, après avoir échappé sur la route à l'attaque imprévue des Turcs, rentrèrent dans le camp, dès qu'ils eurent appris la victoire de leurs compagnons ; un grand nombre de soldats qu'on avait crus morts dans cette première échauffourée, revinrent sains et saufs avec l'aide du Seigneur. Après avoir rassemblé ainsi tous ceux qui s'étaient dispersés de divers côtés, on se mit à tracer un camp nouveau près de la tête du pont : les pierres qu'on avait déterrées en détruisant les monumens destinés aux sépultures des Turcs, servirent à la construction d'un mur solide, que le peuple éleva rapidement, en y travaillant avec ardeur; et, dès qu'il fut achevé, on creusa tout autour un fossé profond. Les princes mirent ensuite en délibération auquel d'entre eux ils confieraient la défense du nouveau camp; comme aucun d'eux n'était fort disposé à se charger d'une aussi grande entreprise, chacun alléguait différens motifs pour s'en excuser. Le comte de Toulouse, homme agréable à Dieu, s'offrit alors spontanément et consentit à prendre sur lui le soin de cette nouvelle fortification. Ce fut pour lui le moyen de se remettre complétement en faveur auprès de tous ceux qui faisaient partie des diverses expéditions : pendant l'année qui venait de s'écouler, il semblait avoir grandement démérité. Durant tout l'été précédent, et de même pendant tout l'hiver, une certaine maladie qu'il avait essuyée l'avait tenu presque constamment de côté; il était devenu à peu près inutile à l'armée, et tandis que tous les autres princes se consacraient de toutes leurs forces, et avec un zèle infatigable, au soin de toutes les troupes, lui seul paraissait négliger les affaires; nul n'éprouvait les effets de sa munificence, il ne se montrait obligeant et affable pour personne, et cette conduite était d'autant plus singulière qu'on disait généralement que sa position et ses richesses le mettaient en état de faire beaucoup plus que tous les autres. Afin donc de se disculper à la fois du reproche de paresse et d'avarice, il se chargea avec empressement de la défense du camp : l'on assure même qu'il donna en outre cinq cents marcs d'argent bien pesé à l'évêque du Puy et à quelques autres nobles, pour remplacer les chevaux perdus dans la dernière bataille. Cet acte de générosité rendit la confiance et le courage à ses hommes, qui trouvèrent ainsi une indemnité aux pertes qu'ils avaient essuyées, et ils en devinrent plus intrépides à combattre contre les ennemis ; les sentimens de haine qu'on avait conçus contre le comte s'adoucirent peu à peu, et tous en vinrent enfin à l'appeler le père et le soutien de l'armée.

Le comte plaça cinq cents hommes vigoureux dans le nouvel ouvrage qui venait d'être construit ; la porte du pont se trouva ainsi comme assiégée, les habitans de la ville ne purent tenter de sorties de ce côté qu'en s'exposant aux plus grands dangers, et par suite, tous ceux qui étaient dans le camp Chrétien eurent la facilité de se répandre beaucoup plus librement dans la campagne. Les ennemis ne pouvaient presque plus sortir de la ville que par la porte de l'occident, qui se trouvait placée entre le pied de la montagne et le fleuve. Les divers camps des Chrétiens se trouvaient tous établis en deçà du fleuve, en sorte que les sorties qu'on pouvait faire par cette porte étaient très-peu dangereuses pour eux. Cependant elle donnait encore aux assiégés la faculté de parcourir librement la campagne, et de faire entrer dans la ville toutes les provisions dont ils avaient besoin. Les princes se réunirent donc de nouveau pour chercher le moyen de remédier à cet inconvénient : ils jugèrent que ce qu'il y aurait de mieux à faire, ce serait d'établir une nouvelle redoute sur le point qui serait reconnu le plus propre à leur but, et d'y placer l'un d'entre eux, avec la mission d'intercepter de ce côté les communications de la ville avec le dehors. Lorsqu'on fut convenu de la nécessité de fortifier un nouveau point, nul n'osa se présenter pour se charger volontairement de le défendre. On demeurait encore dans l'indécision, et le projet se trouvait ainsi suspendu; enfin Tancrède, homme illustre et plein de vigilance, fut élu par ses compagnons, et désigné pour ces nouvelles fonctions : il voulut d'abord s'excuser sur l'insuffisance de sa fortune particulière; mais le comte de Toulouse lui donna cent marcs d'argent pour les ouvrages qu'il y avait à faire, et afin que ceux qui s'associeraient à Tancrède pussent recevoir un salaire convenable, en récompense de leurs travaux, on leur assigna sur le trésor public quarante marcs par mois. A la suite de ces arrangemens, on établit un fort sur une colline qui aboutissait à la porte de l'occident, et sur un emplacement occupé jadis par un monastère; on en confia la garde à des hommes prudens et pleins de vigueur, et Tancrède s'y maintint avec autant de courage que de bonheur, et sans se laisser jamais entamer, jusqu'à l'issue du siége d'Antioche.

En dessous, et à quatre milles environ de la ville, entre les rives du fleuve et les montagnes, était un lieu de retraite que l'abondance de riches pâturages et la beauté du site rendaient également agréable. Les habitans d'Antioche y avaient envoyé presque tous leurs chevaux, après que ceux-ci eurent consommé les fourrages qui étaient dans la ville. Dès qu'on en fut instruit dans le camp des Chrétiens, on rassembla secrètement quelques escadrons de cavalerie; ils prirent des chemins détournés, pour cacher leur marche et leurs projets, et arrivèrent enfin au lieu du rendez-vous : ils tuèrent d'abord quelques cavaliers chargés de la garde de ce point, et ramenèrent dans le camp deux mille beaux chevaux, sans compter les mules et les mulets. Il n'y avait à cette époque aucune espèce de butin dont l'armée eût un aussi grand besoin : elle avait perdu à peu près tous ses chevaux, soit dans les combats, soit par la disette d'alimens ou par les froids, soit enfin par toutes sortes d'accidens.

La ville se trouvant ainsi enveloppée de tous côtés, et les citoyens ayant plus de peine à sortir pour vaquer à leurs affaires du dehors, et beaucoup plus encore pour rentrer, ils ne tardèrent pas à éprouver des difficultés de toutes espèce et à souffrir toutes sortes d'embarras. Les vivres commençaient à leur manquer et la disette leur faisait beaucoup de mal : les chevaux qu'ils avaient conservés, réduits à de plus minces rations, s'affaiblirent peu à peu et se refusèrent enfin à tout service. Dans le même temps, au contraire, tous ceux d'entre les nôtres que leurs affaires appelaient sur les bords de la mer ou dans les lieux environnans, sortaient du camp et s'y rendaient avec beaucoup plus de facilité; dans le camp on était en bonne partie soulagé de cette cruelle disette qui pendant tout l'hiver avait tant affligé l'armée. Les froids rigoureux avaient fini; avec le retour du printemps la mer s'était apaisée; la flotte qui était dans le port pouvait aller et venir avec plus de sûreté; à mesure que la température s'adoucissait, et que le soleil prenait plus de force, les communications devenaient beaucoup plus faciles, les routes plus praticables et tous ceux que le soin de leurs affaires particulières poussait à sortir du camp, circulaient plus librement dans toutes les directions. D'autres, qui s'étaient réfugiés dans les villes voisines et auprès de quelques chefs de corps, pour échapper aux calamités qu'éprouvait l'armée, profitant du retour de la belle saison, venaient successivement se réunir aux nôtres, réparaient leurs armes, reprenaient de jour en jour de nouvelles forces et se préparaient ainsi à de nouveaux combats.

Cependant Baudouin, le frère du duc, nageant au milieu des richesses dont le Seigneur l'avait comblé dans sa libéralité, le cœur ému d'une vive et pieuse compassion en apprenant les malheurs et les souffrances de l'armée, résolut de soulager tant de misères, et envoya de l'or, de l'argent, des soieries, de beaux chevaux, présens superbes et considérables, par lesquels il accrut la fortune particulière de chacun des princes. D'autres encore, parmi le peuple, reçurent également des témoignages de sa générosité et de sa munificence : il s'attira ainsi une bienveillance générale, et tous éprouvèrent pour lui un vif sentiment d'affection. En outre et pour ne point demeurer en arrière envers son seigneur et son frère aîné, il voulut lui faire part des revenus des terres qu'il possédait en deçà de l'Euphrate, dans les environs de la ville de Turbessel [1] et des lieux voisins ; ces revenus con-

---

[1] Ou Turbaysel, aujourd'hui Tel-Bascher, à deux journées au nord d'Alep.

sistaient principalement en froment, en orge, en vin et en huile, et il assigna à son frère sur leur produit une somme de cinquante mille pièces d'or. Un puissant satrape des Arméniens, ami de Baudouin et nommé Nichossus, voulant faire honneur à son allié, envoya aussi au duc des députés chargés de lui présenter de sa part une tente d'un fort beau travail et d'une vaste capacité. Pancrace, s'étant mis en embuscade sur la route, fit enlever cette tente des mains des serviteurs qui étaient chargés de la porter au camp des Chrétiens, et aussitôt il l'envoya à Boémond, comme un présent venant de lui. Le duc informé de cet événement, dont la vérité lui fut en outre confirmée par les serviteurs que Nichossus lui avait adressés, prit avec lui le comte de Flandre, avec lequel il s'était intimement lié pendant cette expédition, alla trouver Boémond et lui demanda de restituer le présent qu'il n'avait reçu qu'à son détriment et par suite d'une violence exercée sur les messagers. Boémond allégua d'abord le titre que lui conférait la générosité du noble Arménien Pancrace, et se déclara légitime possesseur de ce qu'on lui demandait. Enfin, cédant aux instances des princes, qui le supplièrent vivement d'éviter toute querelle entre les chefs, et toute occasion de tumulte parmi le peuple, il rendit ce qui lui avait été offert comme un cadeau, et la bonne intelligence fut bientôt rétablie entre les deux prétendans. Je ne saurais assez m'étonner à ce sujet qu'un homme aussi remarquable que l'était le duc par la modération de son caractère, aussi distingué par la dignité de ses mœurs, eût mis tant d'obstination à redemander une chose aussi insignifiante et de si peu d'importance; je ne puis parvenir même à expliquer cette circonstance qu'en reconnaissant combien il est vrai de dire que rien n'est parfait en tout point, que le bon Homère sommeille quelquefois, et qu'il est permis de succomber au sommeil dans une si longue course, car c'est une des lois de notre condition humaine que nous ne nous sentions que trop souvent détournés de la route du bien.

Cependant on répandait de tous côtés le bruit que le plus puissant des princes de l'Orient, le prince des Perses, cédant aux instances des habitans d'Antioche et aux sollicitations réitérées de ses propres sujets, avait publié un édit pour ordonner une grande levée de troupes dans tout son Empire, et qu'il avait désigné des chefs chargés de conduire en Syrie cette immense multitude de Turcs, au secours des assiégés. Cette nouvelle arriva d'abord du dehors, et prit chaque jour plus de consistance; bientôt enfin elle fut complétement confirmée par ceux des fidèles qui sortaient de la ville, et venaient chercher un asile dans le camp de leurs frères. Elle excitait de jour en jour plus de rumeur; on en vint à dire que les Turcs s'avançaient à grands pas et qu'ils étaient déjà tout près de la ville; une terreur soudaine s'empara de notre armée. Le comte de Chartres, Étienne, homme puissant et illustre, que les princes avaient fait en quelque sorte le chef de leur conseil, pour prix de sa sagesse et de sa prudence éclairée, feignit tout-à-coup d'être malade, prit congé de ses frères, emmena avec lui ses domestiques, toute son escorte, toutes les provisions qu'il avait en grande abondance, et s'a-chemina vers la mer, disant qu'il allait s'établir à

Alexandrette, non loin du port, à l'entrée de la Cilicie, qu'il y demeurerait jusqu'au rétablissement de sa santé, et qu'après avoir recouvré ses forces, il viendrait rejoindre ses compagnons. Il partit suivi de tous ceux qui avaient marché jusques alors avec lui, au nombre d'environ quatre mille hommes; il arriva sur les bords de la mer, se retira dans Alexandrette et attendit les événemens. Son dessein était, si l'armée des Chrétiens obtenait par la guerre les succès qu'il espérait pour elle, d'aller la rejoindre, comme s'il s'était guéri de sa prétendue maladie : dans le cas contraire, il aurait tenté de retourner dans sa patrie sur les vaisseaux qu'il faisait préparer à cette intention, en se couvrant d'un opprobre éternel et au prix de toute sa considération. Cet événement, qui le marquait pour toujours du sceau de l'infamie, consterna les princes : ils prirent compassion de cet homme illustre qui venait de souiller par une si grande faute la gloire de sa race et l'honneur de son nom, et en même temps ils délibérèrent avec anxiété sur les moyens de prévenir les effets de ce premier malheur et d'empêcher que ceux qui demeuraient encore dans le camp ne cédassent à la tentation de suivre un si pernicieux exemple. Ils résolurent, dans un conseil tenu à cet effet, d'envoyer de tous côtés des hérauts et de faire publier une défense absolue de s'éloigner de l'armée; on déclara que quiconque tenterait de s'échapper en secret, et sans en avoir obtenu la permission des princes, quelles que fussent d'ailleurs sa condition, ses fonctions ou les dignités qui l'élevassent au-dessus des autres, serait considéré comme sacrilége ou homicide, condamné à une éternelle infamie et passible enfin du dernier supplice. Dès ce moment, soit amour du devoir, soit crainte du châtiment, nul n'entreprit de sortir du camp de près ni de loin, sans en avoir obtenu la permission à l'avance; tous, semblables à des moines, se montrèrent à l'envi soumis aux ordres de leurs princes et obéirent sans la moindre résistance.

Antioche, cette ville agréable à Dieu, qui avait accueilli la doctrine du Christ au temps même et par les prédications du prince des apôtres, ainsi que je l'ai déjà dit, avait porté le joug léger du Seigneur, depuis cette époque et jusqu'à ce jour, avec autant de fidélité que de dévouement. Tandis que tout l'Orient était ébranlé, que les successeurs de Mahomet, portant en tous lieux leurs superstitions impies et leurs dogmes pervers, subjuguaient avec violence toutes les provinces, Antioche rejeta avec mépris leur doctrine impie, et se défendit, aussi long-temps qu'il lui fut possible, de la domination des incrédules. Déjà les hérésies des séducteurs, répandues de toutes parts, avaient occupé les vastes contrées qui s'étendent depuis le golfe Persique jusqu'à l'Hellespont, depuis l'Inde jusqu'aux Espagnes; au milieu de ces nations perverties, Antioche était demeurée presque seule, donnant l'exemple de la fidélité soigneusement conservée à son antique foi, et défendant sa liberté avec vigueur. Au temps auquel se rapporte cette histoire, à peine quatorze ans s'étaient-ils écoulés depuis que les nobles citoyens de cette ville, accablés enfin par les tempêtes que les ennemis leur suscitaient sans relâche, fatigués des longs siéges qu'ils avaient eus à supporter, et réduits à l'impossibilité de résister plus long-temps, avaient enfin résigné, entre les mains de leurs ennemis, la cité qui vit naître le nom de la doctrine et la foi du Christ. Aussi, lorsque les armées de l'Occident arrivèrent devant ses murs, la grande majorité de ses habitans étaient chrétiens, mais en même temps ils ne possédaient aucune espèce de pouvoir. Ils se livraient au commerce et à la pratique de tous les arts mécaniques; les Turcs et les infidèles avaient seuls le droit de combattre et d'occuper toutes les dignités : les fidèles ne pouvaient porter les armes, ni se mêler en rien de tout ce qui se rapportait aux affaires militaires; ils étaient devenus bien plus suspects encore du moment où leur prince avait appris les premières nouvelles de l'arrivée des princes Chrétiens en Orient, et lorsque ceux-ci vinrent mettre le siége devant Antioche, on alla jusqu'à interdire aux fidèles qui y habitaient de sortir de leurs maisons et de paraître en public, hors des heures déterminées. Il y avait dans cette ville des familles très-nobles, dont l'antique dignité avait été consacrée par les actes de leurs illustres aïeux : l'une de ces tribus, distinguée par la noblesse de sa race, était appelée de *Beni-Zerra*, ce qui veut dire dans la langue des Latins, *les fils du faiseur de cuirasses*. Ils se nommaient ainsi, soit en souvenir du chef de leur famille qui avait exercé cette profession, soit parce qu'eux-mêmes continuaient à la pratiquer. Il paraît probable qu'à cette époque encore quelques uns d'entre eux s'adonnaient à cette industrie, à laquelle ils devaient leur nom héréditaire et qu'ils n'abandonnaient point, sans doute pour en perpétuer la tradition. Aussi leur avait-on assigné, dans la partie occidentale de la ville et près de la porte dite aujourd'hui porte de Saint-George, une tour vulgairement appelée la tour des deux Sœurs, afin qu'ils pussent se livrer en parfaite tranquillité à l'exercice d'un art dont l'utilité était généralement reconnue par le prince et tous les habitans.

Il y avait dans cette tribu deux frères, dont l'aîné, chef de la tribu et de la race, se nommait Émir-Feir[1]. C'était un homme puissant, qui vivait dans une grande intimité avec le prince, exerçait dans son palais les fonctions de secrétaire, et était encore revêtu de plusieurs autres dignités. Il avait de l'adresse et de l'habileté : ayant appris que le seigneur Boémond était un prince illustre et magnifique, et qu'il prenait la part la plus active à tout ce qui se passait au dehors, il avait su se concilier sa bienveillance par l'intermédiaire de fidèles messagers, dès que la ville avait été investie par nos armées ; durant tout le cours du siége, il n'avait cessé de lui donner des preuves de sa fidélité et de son dévouement, et il ne se passait presque pas de jour sans qu'il lui rendît compte de l'état intérieur de la ville et des projets d'Accien. En homme prudent et discret, il avait grand soin de tenir secrètes les relations qu'il entretenait avec Boémond, pour n'exposer à aucun danger ni lui, ni les siens. Boémond, de son côté, ne parlait à personne de ses liaisons avec cet homme de bien, et tenait son secret profondément renfermé dans son cœur : tous deux enfin étaient si fidèles l'un à l'autre que leurs domestiques, ceux qui

---

[1] *Phirous*, selon la plupart des écrivains Latins. Abulpharage le nomme *Ruzebach*, et dit qu'il était Persan. Il avait probablement abjuré extérieurement la religion chrétienne.

vivaient avec eux sous le même toit, ne pouvaient même avoir le plus léger soupçon de leur intelligence et des messages qu'ils s'expédiaient fréquemment. Depuis sept mois qu'ils entretenaient ces relations dans le plus grand mystère, ils s'étaient fort souvent occupés ensemble des moyens de rendre à la ville chrétienne l'usage de sa liberté ; Boémond lui rappelait fréquemment cet objet important de leur correspondance, lorsqu'un jour Émir-Feir lui envoya par son fils, confident de leurs secrets, un message conçu, dit-on, en ces termes : « Vous savez, le meilleur des hommes,
« vous qui m'êtes plus cher que la vie, avec quelle sin-
« cérité de cœur je vous suis attaché depuis que nous
« nous sommes liés l'un à l'autre par la grâce du Sei-
« gneur : je me souviens très-bien aussi que dès le
« premier moment je vous ai toujours trouvé ferme
« dans votre langage, ainsi qu'il convient à un homme
« de bien. Aussi de jour en jour vous avez pénétré plus
« avant dans mon cœur, et vous m'êtes devenu beau-
« coup plus cher. J'ai toujours médité avec la plus
« grande sollicitude sur les choses dont vous m'avez
« si souvent entretenu, et je les ai mûrement exami-
« nées. S'il m'était possible de rendre à ma patrie ses
« antiques libertés, d'en expulser les chiens immondes
« qui l'oppriment sous leur cruelle domination, et
« d'ouvrir ses portes au peuple serviteur de Dieu, je
« suis bien assuré que les récompenses éternelles ne
« me manqueraient pas, et que je serais admis à par-
« ticiper avec les ames des saints à une béatitude sans
« fin. D'un autre côté, s'il arrivait qu'après avoir en-
« trepris une œuvre si difficile, il me fût impossible
« de la mener à bien, il est certain, et nul ne peut en

« douter, que ma maison et l'illustre nom de ma famille
« seraient complétement détruits, en sorte qu'il n'en
« resterait plus ni trace, ni souvenir. Et, comme d'or-
« dinaire l'espoir des récompenses est le plus puis-
« sant mobile pour pousser les mortels à de semblables
« entreprises, si vous pouviez obtenir de vos col-
« lègues que la ville qui vous serait livrée par mes
« soins vous fût acquise directement et en toute pro-
« priété, je me disposerais, en dépit de toutes les
« difficultés, à entreprendre cette œuvre pour l'amour
« de vous, à qui je souhaite toutes sortes de biens, au-
« tant qu'à nos propres enfans, et m'y préparerais avec
« l'aide du Seigneur qui nous a unis par un lien com-
« mun ; je vous livrerais sans obstacle cette tour très-
« fortifiée, comme vous le voyez, qui est entièrement
« en mon pouvoir, et qui offrirait à tous les vôtres un
« accès assuré dans la ville. Mais, comme vous êtes
« tous égaux, si vous avez résolu, après vous être ainsi
« emparés de cette place, d'en faire entre vous le par-
« tage par portions égales, je n'irai point me compro-
« mettre dans tous ces dangers pour des hommes avec
« lesquels je n'ai aucune relation. Travaillez donc avec
« le plus grand soin, et faites tous vos efforts, dans
« un but d'utilité générale, afin d'obtenir cette con-
« cession des princes vos collègues ; et ne doutez nul-
« lement qu'au jour quelconque où j'apprendrai le
« succès de vos travaux, je vous livrerai sans retard
« l'entrée de la ville, que vous sollicitez si vivement.
« Sachez en outre que si vous ne vous décidez promp-
« tement, vous aurez peut-être différé pour toujours.
« Presque chaque jour le prince de cette ville reçoit
« des messagers et des lettres qui lui annoncent que

« ceux qu'on a rassemblés dans toutes les contrées de
« l'Orient pour les envoyer à son secours, se réunis-
« sent et forment leur camp dans les environs de l'Eu-
« phrate, au nombre de deux cent mille cavaliers. S'ils
« doivent vous trouver encore en dehors des murailles,
« il sera difficile que vous puissiez résister en même
« temps aux assiégés et à cette masse d'ennemis qui se
« précipiteront sur vous. »

Dès qu'il eut reçu cette lettre, Boémond mit tous ses soins à sonder en particulier chacun des princes de l'armée, desirant connaître les pensées renfermées dans le fond de leur cœur, et cherchant à savoir quelles dispositions ils voudraient faire s'ils venaient à s'emparer de la ville : en même temps, cependant, il cachait soigneusement ses desseins, et ne s'en ouvrait qu'à ceux dont il se croyait bien assuré d'obtenir un entier assentiment à tous ses projets. Ayant découvert ainsi qu'il y avait peu de moyens de réussir auprès de quelques-uns d'entre eux, il suspendit ses démarches pour attendre un moment plus opportun. Le duc Godefroi cependant, le comte de Normandie, le comte de Flandre, et Hugues-le-Grand avaient acquiescé à ses propositions, et lui avaient promis leur assentiment et leur concours : confidens du secret qu'ils approuvaient, admirant la sagesse de cet homme illustre, ils conservaient religieusement un mystère qu'il importait de ne dévoiler à personne. Le comte de Toulouse seul n'était pas de l'avis de ses collègues. Il en résulta des retards extrêmement dangereux : d'un côté l'homme avec qui Boémond était lié ne voulait pas se livrer à une si grande entreprise, ni s'exposer à tant de périls, au profit de tous les princes, et d'un autre côté aussi

Boémond lui-même mettait une grande importance à cette affaire, bien moins dans l'intérêt général que dans l'espoir d'y trouver de grands avantages personnels; il continua cependant d'entretenir ses relations avec Émir-Feir, de lui envoyer des présens et des témoignages d'affection, de demeurer fidèle aux lois de l'amitié; et tous deux s'adressaient fréquemment des messages, pour resserrer de jour en jour les liens par lesquels ils s'étaient si étroitement unis.

Cependant les députés qu'Accien et les habitans d'Antioche avaient envoyés en Perse pour solliciter du secours revinrent dans leur ville, après avoir réussi dans leur mission et obtenu les promesses de l'assistance qu'ils recherchaient. Le prince magnifique des Perses, rempli de compassion pour les maux que souffraient les habitans d'Antioche, et voulant en même temps s'opposer aux progrès de nos armées, de peur qu'elles n'en vinssent à occuper de vive force quelque portion de ses États, envoya en Syrie de nombreuses troupes de Perses, de Turcs et de Kurdes, et leur donna pour chef celui de ses intimes confidens dont la bravoure, le dévouement et l'habileté lui inspiraient la plus grande confiance. Des centurions, des quinquagénaires et d'autres officiers inférieurs furent chargés de marcher sous sa conduite et de lui obéir en tout point. Il lui donna en même temps des lettres, ayant force de loi, adressées à tous les gouverneurs des contrées soumises à son empire, par lesquelles il prescrivait à tous les peuples, à toutes les nations, à toutes les tribus parlant des langues diverses, « de marcher « sans délai à la suite de son fils chéri, Corbogath[1].

---

[1] Kerbogha.

« qu'il avait élu, en récompense de ses mérites, pour
« commander ses armées; de se soumettre à son pou-
« voir, et de lui obéir en tout ce qu'il jugerait devoir
« ordonner, en vertu du libre exercice de sa volonté. »
En exécution des ordres de son maître, Corbogath
s'étant mis à la tête des légions, et ayant rallié sur toute
sa route celles qui venaient le rejoindre, entra en
Mésopotamie à la tête de deux cent mille hommes, et
fit dresser son camp dans les environs d'Edesse. Il
apprit alors par divers rapports que l'un des princes
Francs contre lesquels il dirigeait son expédition occupait cette ville et toute la province adjacente, et il
résolut d'assiéger la place et de s'en emparer de vive
force avant de passer l'Euphrate. Baudouin, informé
à l'avance de son arrivée, avait rempli la ville de
vivres, d'armes, de guerriers vigoureux recrutés de
toutes parts, en sorte qu'il était peu troublé des menaces de son ennemi, et de la terreur qu'il cherchait
à répandre. Corbogath cependant expédia des hérauts
dans toute son armée, pour donner l'ordre d'investir
la place et de l'attaquer de tous côtés avec la plus
grande vigueur; mais les assiégés résistaient aussi très-
vaillamment, et le siége n'avançait pas. Les hommes
qui avaient le plus d'expérience se réunirent donc autour de leur prince, et parvinrent, à force d'instances,
à lui persuader de renoncer à cette entreprise secon-
daire, de suivre l'objet principal de son expédition,
de passer l'Euphrate, et de se rendre en toute hâte
sous les murs d'Antioche, pour en faire lever le siége,
lui représentant qu'une fois qu'il aurait obtenu la victoire, un jour lui suffirait à son retour pour s'emparer
de la ville d'Edesse et de la personne même de Bau-

douin. Après avoir demeuré pendant trois semaines à prodiguer inutilement son temps et ses peines, il ordonna à ses légions de traverser le fleuve, et lui-même marchant sur leurs traces, il pressa de toutes ses forces sa marche sur Antioche. Le séjour qu'il fit devant Edesse fut cause que Baudouin ne put rejoindre la grande armée pour assister aux derniers événemens du siége, mais en même temps ce fut ce qui assura le salut de notre armée. En effet, si Corbogath avait suivi la route directe, et était arrivé à Antioche au temps que le correspondant de Boémond avait indiqué, et avant que nos troupes fussent entrées dans cette place, celles-ci se seraient trouvées exposées aux plus grands dangers : même après avoir occupé la ville, à l'aide de Dieu, elles eurent beaucoup de peine à résister à cette formidable expédition.

La renommée avait devancé la marche de ces nombreuses armées : le camp des Chrétiens en était tout préoccupé, et l'on tenait même pour certain, d'après les rapports de beaucoup de Grecs, qu'elles étaient arrivées dans le voisinage. Les princes, remplis de sollicitude, envoyèrent de divers côtés des hommes expérimentés, dont la fidélité et le zèle ne pouvaient être révoqués en doute, et les chargèrent de rechercher l'exacte vérité avec autant de soin que de promptitude, et de ne prendre des informations qu'auprès de gens auxquels on pût s'en rapporter entièrement. On donna ces missions à des nobles pleins de force et d'audace, Drogon de Néelle, Clairambault de Vandeuil, Gérard de Cherisi, Renaud, comte de Toul, et quelques autres dont les noms nous sont échappés. Ils se dirigèrent de divers côtés, suivis de leurs escortes, et parcoururent tout le pays dans le plus grand détail ; ils envoyèrent même des éclaireurs fort en avant, et acquirent ainsi la certitude qu'il arrivait de toutes parts des troupes qui venaient se réunir en une seule armée, comme on voit les eaux affluer de tous les côtés dans les fleuves qui se rendent à la mer. Ils revinrent alors en toute hâte rendre compte aux princes de ce qu'ils avaient appris, et dès lors on ne douta plus de l'approche des ennemis. En conséquence, sept jours avant l'arrivée de Corbogath et de ses légions sous les murs d'Antioche, tous les principaux chefs de l'armée chrétienne en furent prévenus ; mais on les invita en même temps à tenir cette nouvelle secrète, de peur que le peuple, déjà fatigué par la disette et par ses longs travaux, n'éprouvât une trop grande terreur et ne songeât à prendre la fuite, ainsi que l'avaient fait tout récemment encore quelques hommes considérables.

Les princes se réunirent en cette occasion, dont semblait dépendre tout le sort de leur expédition, et, pleins de sentimens d'humilité et de contrition, ils délibérèrent en commun sur ce qu'il y avait à faire en des circonstances aussi urgentes ; quelques uns proposèrent que tous ceux qui étaient occupés au siége sortissent du camp pour se rendre à une distance de deux ou trois milles, marcher ainsi à la rencontre des arrivans et tenter la fortune, après avoir invoqué le secours du ciel, en livrant bataille à ce prince superbe, trop enorgueilli par ses forces. D'autres pensaient qu'il serait plus sage de laisser dans le camp une partie de l'armée, qui serait chargée de contenir les assiégés derrière leurs murailles, dans le cas où ils voudraient essayer d'aller se réunir aux Turcs, tandis que la portion la plus considérable et en même temps la plus aguerrie se porterait en avant à deux ou trois milles de distance, conformément à l'avis déjà proposé, et, si le Seigneur tout-puissant l'avait ainsi décidé, tenterait, en implorant son secours, de combattre les ennemis. Tandis qu'on discutait avec chaleur ces diverses propositions, chacun donnant son avis à son gré, Boémond conduisit à l'écart les princes les plus considérables, le duc Godefroi, Robert, comte de Flandre, Robert, comte de Normandie, Raimond, comte de Toulouse, laissant de côté la foule des autres chefs, et réunissant ceux qu'il voulait persuader dans un lieu entièrement isolé, il leur adressa le discours suivant :

« Je vois, mes frères très-chéris, compagnons de
« notre servitude envers le ciel, que vous êtes horri-
« blement tourmentés de l'arrivée de ce prince, qu'on
« dit n'être pas éloigné de nous : dans la délibération
« que nous venons d'entendre, chacun a adopté des
« avis divers, suivant les motifs et les intentions qui
« l'ont guidé ; et cependant, dans aucune de ces pro-
« positions, on n'a saisi le véritable point de la ques-
« tion, celui d'où dépend toute l'affaire. En effet, soit
« que nous marchions tous, comme le veulent quel-
« ques uns de nous, soit qu'une partie de l'armée
« demeure dans le camp, il semble que nous aurons
« perdu tout-à-fait et fort inutilement le prix de tous
« nos travaux, de tous nos efforts, et enfin tout le
« temps que nous avons employé ici. Si toute l'armée
« sort du camp, le siége se trouvera levé, nos projets
« seront déjoués, et les assiégés recouvreront leur

« liberté entière, soit en allant se réunir à nos enne-
« mis, soit en introduisant dans leur ville des co-
« hortes auxiliaires. D'un autre côté, si vous laissez
« dans le camp une portion de nos légions, le même
« résultat me paraît encore inévitable. Comment cette
« portion de votre armée pourra-t-elle contenir les
« assiégés derrière leurs murailles en présence des ren-
« forts qui leur arrivent, lorsque nous tous, en réu-
« nissant toutes nos forces, nous avons eu grand'peine
« à les empêcher de sortir au moment même où ils
« ne comptaient sur aucun secours extérieur? Ainsi il
« me paraît évident qu'il arrivera l'une de ces deux
« choses : ou les assiégés, se réunissant à leurs auxi-
« liaires et les renforçant beaucoup, se précipiteront
« sur nous avec de grands avantages, ou bien, intro-
« duisant de nouvelles troupes dans la ville, ils l'ap-
« provisionneront amplement en vivres et en armes ;
« en sorte que, quand même nous devrions, avec
« l'aide du Seigneur, triompher de nos ennemis du
« dehors, il ne nous resterait plus aucun espoir de
« nous emparer de la ville. Je pense donc, mes frères
« très-respectables, que nous devons diriger tous nos
« efforts, et appliquer toute notre sollicitude à l'unique
« soin de nous rendre maîtres de la ville même, avant
« l'arrivée de ce prince. Que si vous me demandez par
« quels moyens il est possible d'accomplir le projet
« que je vous soumets, afin que vous ne pensiez pas
« que je vous propose une chose impraticable, je vous
« montrerai incessamment une voie sûre et prompte,
« par laquelle il vous sera facile d'arriver à cette fin
« si desirée. J'ai dans Antioche un ami fidèle et rempli
« de prudence, autant du moins que l'œil de l'homme

« peut en juger. Je crois avoir déjà dit à quelques uns
« d'entre vous que cet ami a en son pouvoir une tour
« très-bien fortifiée : il m'a engagé sa foi qu'il me re-
« mettrait cette tour aussitôt que je l'en aurai requis,
« sous la réserve de certaines conditions stipulées. Je
« me suis obligé à cet effet à lui donner beaucoup
« d'argent ; j'ai promis de lui accorder à perpétuité de
« grandes récompenses et toutes sortes de franchises
« pour lui et pour sa famille, juste salaire de ses pei-
« nes, si l'événement répond à nos desirs. Si vos Gran-
« deurs veulent approuver que la ville, prise par suite
« de mes soins et de mes efforts, passe de droit sous
« ma juridiction et devienne dans ma race une pos-
« session héréditaire, je suis tout prêt à accomplir les
« conventions que j'ai arrêtées avec cet ami ; sinon,
« que chacun de vous cherche à son tour les meilleurs
« moyens de s'emparer de cette place, et qu'il la pos-
« sède ensuite en toute tranquillité ; dès ce moment
« je lui cède toute ma part et je renonce à tous mes
« droits. »

Ce discours réjouit infiniment les princes, et ils consentirent avec empressement à la demande de Boémond, excepté cependant le comte de Toulouse qui
persista opiniâtrément à déclarer qu'il ne voulait céder
ses droits à personne. Les autres promirent à Boémond de lui concéder à perpétuité la ville et toutes
ses dépendances, pour en jouir et transmettre son
droit à titre héréditaire ; en même temps ils s'engagèrent tous, en lui présentant la main, à ne révéler
à personne le secret qu'il venait de leur confier, et ils
le supplièrent avec les plus vives instances de s'occuper, le plus activement qu'il le pourrait, de l'accom-

plissement de ses projets et d'éviter tout délai en des circonstances si périlleuses. L'assemblée se sépara : Boémond, plein d'ardeur et incapable de supporter le moindre retard, expédia à son ami son messager accoutumé, lui annonça qu'il avait obtenu des princes tout ce qu'il en desirait, et, l'interpellant d'accomplir ses engagemens, il lui fit demander de se préparer pour la nuit suivante à l'exécution de ses projets, avec l'aide du Seigneur. Cette nouvelle enflamma Émir-Feir d'un nouveau courage. Un autre événement, qui s'était passé peu auparavant, avait beaucoup contribué aussi à redoubler son ardeur pour le succès de cette entreprise. Tandis qu'il était fort assidûment occupé des affaires de son ministère, de celles de son maître, le prince Accien, et de beaucoup d'autres choses encore qu'il avait à suivre dans la ville, on raconte que, dans un moment très-pressant, il envoya son fils, jeune encore, à sa maison pour je ne sais quel motif. Le jeune homme, en y arrivant, surprit chez sa mère un Turc, l'un des principaux habitans de la ville, dans une entrevue tout-à-fait criminelle : pénétré de douleur et d'effroi, il retourna en toute hâte auprès de son père, et lui rapporta le crime abominable dont il venait d'être témoin. Émir-Feir, rempli d'une juste indignation, et enflammé de colère comme il convient à un époux outragé, s'écria alors :
« Il ne suffit donc pas à ces chiens immondes de nous
« accabler sous le poids d'une injuste servitude, d'af-
« faiblir chaque jour nos patrimoines par leurs exac-
« tions ; il faut encore qu'ils violent les lois du ma-
« riage, qu'ils méconnaissent tous les droits conju-
« gaux ! Certes, si je vis, je saurai bien, avec l'aide

« du Seigneur, mettre un terme à tant d'insolence et
« leur donner la juste rétribution de leurs œuvres. »
Il dissimula avec soin son ressentiment; mais son
fils, qui possédait son secret et que le déshonneur de
sa mère avait profondément offensé, lui servit à communiquer
avec Boémond. Il l'envoya à ce dernier, en
l'invitant à faire avec le plus grand soin tous les préparatifs
nécessaires pour le succès de son entreprise,
et lui annonçant que de son côté il n'y mettrait aucun
retard, et qu'il serait prêt dès la nuit suivante à accomplir
ses promesses. Il lui fit demander de prendre ses
mesures pour qu'à la neuvième heure tous les princes
eussent à sortir de leur camp chacun avec ses troupes,
comme pour marcher à la rencontre de l'ennemi, et
qu'ensuite ils revinssent dans le plus grand silence
vers la première veille, afin qu'ils pussent être prêts
vers le milieu de la nuit à se conduire d'après les avis
qu'il leur donnerait. Boémond, après s'être entretenu
avec le jeune homme, le conduisit en secret auprès
des princes auxquels il s'était confié, et leur fit part
des propositions qui lui étaient communiquées. Les
princes, admirant avec étonnement l'adresse et la
fidélité de celui qui envoyait le message, approuvèrent
tout ce qu'on leur disait et consentirent à suivre
le projet.

Vers le même temps il arriva à Antioche un de ces
événemens qui surviennent fort souvent au milieu des
circonstances les plus difficiles. Les citoyens, et plus
particulièrement ceux qui étaient chargés du gouvernement
de la ville, commencèrent à éprouver quelque
pressentiment d'une trahison secrète qui aurait pour
objet de livrer la place aux ennemis ; et, quoiqu'on

n'eût aucun indice certain qui dût confirmer cette opinion, le bruit s'en répandit cependant de tous côtés et devint bientôt général. Les principaux habitans se réunirent avec empressement, et allèrent trouver le prince pour tenir conseil avec lui à ce sujet : les craintes que l'on ressentait paraissaient assez vraisemblables, et il y avait de fortes présomptions qui pouvaient servir à les justifier. La ville, comme je l'ai dit, était remplie de fidèles, et, quoiqu'ils fussent complétement innocens en cette occasion, on ne laissait pas de les tenir pour suspects : parmi eux le noble Émir-Feir était également l'objet des soupçons des principaux citoyens; Accien seul comptait entièrement sur sa bonne foi et sa sincérité. Comme ils se trouvaient donc rassemblés chez le prince pour délibérer avec sollicitude sur les craintes qui les agitaient, parmi les noms de ceux qui paraissaient suspects on vint à prononcer le nom d'Émir-Feir, et l'on se crut d'autant plus fondé à demander raison des préventions qu'il inspirait, qu'il était lui-même renommé pour son habileté et distingué entre tous les fidèles par son crédit et sa puissance. Le prince, persuadé en partie par ces représentations, ordonna qu'on fît venir Émir-Feir devant lui : il arriva en effet, et l'on continua en sa présence à discuter les mêmes questions, afin de connaître son opinion et de juger, d'après la tournure de ses réponses, si l'on était fondé ou non à se méfier de lui. Émir-Feir, qui avait l'esprit très-prompt et très-adroit, reconnut sur-le-champ que cette discussion avait pour principal objet de vérifier des soupçons qu'on avait conçus contre lui, et l'on rapporte que, dans cette situation, pour mieux

cacher ses desseins et paraître complétement inno-cent, il adressa à l'assemblée le discours suivant :
« Hommes vénérables, princes et grands de cette cité,
« vous êtes animés d'une sollicitude tout-à-fait louable
« et telle qu'il convient à des hommes véritablement
« prudens. Il est sage, en effet, de craindre tout ce
« qui peut arriver, et des précautions surabondantes
« ne sauraient nuire dans une affaire capitale. Ce n'est
« donc point par un mouvement de légèreté que vous
« éprouvez cette vive sollicitude pour votre liberté,
« votre salut et celui de vos femmes et de vos enfans.
« Il est toutefois, si vous voulez approuver mon opi-
« nion, une voie prompte et sûre par laquelle vous
« pourrez trouver le remède efficace pour guérir et
« prévenir même le mal que vous redoutez. Cette dé-
« testable entreprise, qui vous paraît devoir exciter vos
« justes craintes, ne pourrait être effectuée que par
« ceux qui sont préposés aux tours et aux murailles,
« ou à la garde des portes. Que si vous vous méfiez
« de la sincérité de ces gardiens, faites-les changer
« plus souvent de place, afin que, ne demeurant pas
« trop long-temps en un même lieu, ils ne puissent
« contracter avec l'ennemi des relations trop dange-
« reuses. Une affaire de cette importance ne s'engage
« pas facilement; il y faut beaucoup de temps, et il n'est
« pas au pouvoir d'un simple particulier de l'entrepren-
« dre à lui seul, sans avoir entraîné dans ses projets,
« parmi les hommes les plus considérables de la cité,
« quelques complices qui n'auront pu résister aux pré-
« sens et à la corruption. En faisant ces changemens fré-
« quens et toujours à l'improviste, vous enleverez toute
« chance de succès à des négociations de ce genre. »

Il dit, et parut avoir donné par ce discours des gages de son innocence ; les soupçons que l'on avait conçus contre lui furent en partie dissipés ; ses paroles réussirent auprès de tous, et l'avis qu'il proposait fut jugé le meilleur ; on l'aurait même mis à exécution sur-le-champ, si la nuit n'eût été près d'arriver, en sorte qu'il était tout-à-fait impossible de prescrire un tel changement, dans la situation présente de la ville. On se borna donc à ordonner un redoublement de surveillance et d'activité pour la garde de nuit, et l'on continua d'ignorer complétement ce qui se préparait en grand secret par les soins d'Émir-Feir.

Lui, cependant, sachant que bientôt les choses auraient à subir le plus grand de tous les changemens, alla tout disposer pour l'accomplissement de ses desseins, avant que de nouveaux obstacles vinssent encore les traverser.

Dès le moment que nos armées étaient arrivées sous les murs d'Antioche, et en avaient commencé l'investissement, les habitans de cette ville avaient tenu pour suspects les Grecs, les Syriens, les Arméniens et tous ceux de leurs concitoyens, à quelque nation qu'ils appartinssent, qui professaient la foi chrétienne. En conséquence ils avaient expulsé, comme ne servant qu'à encombrer, tous les faibles, tous ceux qui n'avaient qu'avec peine les vivres nécessaires, et qui ne pouvaient suffire à leur entretien et à celui de leurs familles, ne gardant ainsi dans la ville que les riches, ceux qui avaient de grands patrimoines, et à qui il était facile d'approvisionner leurs maisons de toutes sortes de denrées. Ceux-ci cependant étaient accablés de tant de charges ordinaires et extraordinaires, qu'on pouvait dire qu'il valait mieux être du nombre de ceux qu'on avait expulsés, que de ceux à qui l'on prétendait avoir accordé, par grâce spéciale, la permission de demeurer. On leur imposait très-fréquemment de fortes amendes en argent; on leur extorquait avec violence tout ce qu'ils pouvaient posséder, et de plus on les enlevait de leurs domiciles pour les forcer à remplir les services les plus vils, les charges les plus onéreuses. S'il y avait des machines à élever, des poutres d'une énorme dimension à transporter, on leur enjoignait sur-le-champ de s'y employer. Les uns étaient contraints à porter les pierres, le ciment et tous les matériaux nécessaires aux constructions; les autres avaient ordre de fournir aux machines les pierres et les quartiers de roc qu'elles étaient destinées à lancer hors des murs; d'autres encore servaient auprès des câbles avec lesquels on faisait voler au loin toutes sortes de projectiles, et tous étaient contraints de suivre aveuglément les caprices de leurs chefs, sans pouvoir obtenir la moindre remise, ou quelques momens de repos. Puis, lorsqu'ils avaient fidèlement et religieusement accompli tout ce qu'on leur prescrivait, ils recevaient, pour prix de leurs efforts, des soufflets, des coups et toutes sortes d'indignes traitemens. Une oppression si tyrannique n'avait pas même suffi à ces chiens immondes: pour mettre le comble à leurs inouies méchancetés, huit jours avant la réunion où l'on avait commencé à témoigner des craintes et des soupçons contre Émir-Feir, ils avaient tenu une assemblée secrète, dans laquelle ils résolurent de massacrer, à l'improviste et au milieu de la nuit, tous les fidèles qui habitaient dans la ville. Et si l'un des chefs, plus grand et plus sage que les autres, qui s'était toujours montré l'ami des Chrétiens, n'eût obtenu, contre l'avis de plusieurs autres, que l'exécution de ce projet fût remise de huit jours, il est hors de doute que, dans le cours de la même nuit, toute la multitude des fidèles eût succombé sous les coups d'hommes armés de javelots, exécuteurs aveugles de cet horrible décret. On avait cependant consenti à ce délai de huit jours, pour voir si dans l'intervalle le siége ne serait pas levé; l'on avait décidé que, si nos armées persistaient dans leur entreprise, la résolution arrêtée serait aussitôt mise à exécution, et que, dans le cas contraire, on ferait grâce de la vie à tous ces malheureux, déjà condamnés. Le délai fatal devait expirer cette nuit même, et les ordres avaient été déjà donnés secrètement pour qu'on eût à exécuter la sentence dans le courant de cette nuit, lorsque Boémond et Émir-Feir convinrent d'accomplir en même temps le projet qu'ils méditaient depuis long-temps, et qui fut en effet exécuté, avec l'aide du Seigneur. Il résulta de cette rencontre que lorsque nos troupes commencèrent d'occuper la ville et d'y exciter quelque tumulte, les principaux habitans en eurent d'abord moins d'inquiétude, et crurent dans le premier moment que ce n'était rien autre chose que le massacre des Chrétiens, leurs concitoyens. Lorsqu'on eut ainsi pénétré de vive force de tous les côtés de la place, on trouva dans les maisons des fidèles un grand nombre d'ennemis, qui s'y étaient rendus en secret pour les massacrer à l'improviste, conformément aux ordres qu'ils avaient reçus.

Vers la neuvième heure du soir des hérauts furent

envoyés de toutes parts dans le camp des assiégeans, pour donner l'ordre à toute la cavalerie de prendre les armes et de se préparer à suivre les chefs, sans le moindre retard. Le peuple ignorait complétement ce mystère, qui même n'avait été révélé qu'à un petit nombre des plus grands seigneurs. Tous les cavaliers étant donc sortis du camp, en conformité des sages avis d'Émir-Feir, et chacun suivant les bannières de son prince, on feignit de partir pour une expédition, afin d'attendre le moment où la nuit aurait étendu sur la terre ses voiles épais, et à la faveur de l'obscurité, on rentra alors au camp, dans le plus grand silence.

Émir-Feir, cet homme de Dieu, qui rendait en ce moment un si important service à nos armées, avait un frère utérin, dont les dispositions et les sentimens étaient complétement différens : comme il ne comptait nullement sur sa fidélité, il ne lui avait point communiqué son secret, et le tenant pour suspect, il s'était constamment caché de lui, dans toutes les démarches qu'il avait faites. Ce même jour, et tandis que notre cavalerie sortait du camp, vers la neuvième heure, les deux frères se promenaient ensemble sur les remparts; ils regardaient dans notre camp, à travers les ouvertures, et voyaient les mouvemens de nos troupes qui se mettaient en marche pour sortir. L'aîné desirait vivement connaître les pensées de son frère cadet, et savoir quelles étaient ses dispositions présentes. Il lui adressa donc la parole en ces termes : « Mon frère, j'ai vraiment compassion de ce peuple « qui se montre fidèle à la croyance que nous profes- « sons et pour qui l'on prépare à l'improviste une si « cruelle fin. Il ignore ce que le jour de demain lui ré-

« serve, il sort en toute confiance et semble ne rien
« craindre, comme si toutes 'choses étaient pour lui
« en sûreté. Certes, s'il savait les embûches qu'on lui
« tend et la ruine qui le menace de si près, il pren-
« drait sans doute d'autres précautions. » Son frère
lui répondit alors : « Votre sollicitude est insensée, et
« cette compassion que vous éprouvez est un senti-
« ment tout-à-fait aveugle. Plût à Dieu qu'ils eussent
« tous succombé déjà sous les glaives des Turcs! De-
« puis le jour qu'ils sont arrivés dans ce pays, notre
« condition n'a fait qu'empirer : il est presque im-
« possible qu'il nous arrive par eux autant de bien
« qu'il nous est déjà survenu de mal à leur occasion. »
A ces paroles, Émir-Feir qui avait déjà mis en question
s'il ne communiquerait pas ses desseins à son frère,
s'éloigna de lui comme d'une peste, l'ame remplie
d'horreur et l'accablant d'exécration dans le fond de
son cœur; et bientôt, pour ne pas trouver en lui un
obstacle à l'œuvre qu'il avait entreprise pour le Christ,
il songea aux moyens de lui donner la mort, préfé-
rant le salut général des fidèles aux sentimens de la
fraternité.

Pendant ce temps Boémond, respirant à peine et
plein d'angoisse, de peur qu'au moment d'accomplir
ses projets, le moindre délai ne devînt funeste à leur
exécution, visitait successivement tous les princes,
les invitait par les plus vives instances à se tenir tout
prêts, et lui-même portait à la main une échelle faite
avec art en corde de chanvre, dont l'extrémité inférieure était garnie de crochets ferrés, tandis que la
partie supérieure devait être fortement attachée sur
les revêtemens des remparts. On était au milieu de la

nuit; un calme profond régnait dans la ville; les citoyens puisaient de nouvelles forces dans le sommeil, et y trouvaient un soulagement à leurs veilles et à leurs longues fatigues. Boémond envoie alors à son ami un fidèle interprète qui lui était entièrement dévoué, avec ordre d'aller en toute hâte lui demander s'il veut que son maître s'avance à la tête de sa troupe. Le messager arrive au pied des remparts, et trouve Émir-Feir veillant, à l'abri d'une des ouvertures; il lui répète les paroles de son seigneur, et l'autre lui répond aussitôt : « Assieds-toi, et tais-toi, jusqu'à ce que le préposé « aux veilles, qui s'avance avec une escorte nom- « breuse et des lampes éclatantes, ait passé au-delà « de ce poste. » En effet, indépendamment des gardiens qui étaient chargés de veiller à la sûreté de chaque tour, il y avait encore à Antioche un magistrat supérieur, qui, trois ou quatre fois pendant la nuit, faisait tout le tour des remparts avec une nombreuse escorte, et précédé de torches ardentes, afin de réprimander ou de punir, selon qu'ils l'auraient mérité, ceux qu'il rencontrerait succombant au sommeil ou négligens dans leur service. Celui qui était chargé de cette surveillance ayant passé à la tour d'Émir-Feir, et l'ayant trouvé occupé à veiller, donna des éloges à son activité, et poursuivit son chemin. Émir-Feir, croyant alors que le moment favorable était arrivé, appela l'interprète qui était au pied des remparts, et lui dit : « Cours vite, et va dire à ton maître qu'il se « hâte d'arriver avec une troupe d'hommes choisis. » Le messager retourna aussitôt auprès de Boémond qui était tout prêt : il fit avertir tous les autres princes qui avaient fait aussi leurs dispositions, et chacun se mettant à la tête des siens, en un clin d'œil ils arrivèrent tous ensemble, et comme un seul homme, au pied de la tour qu'ils avaient reconnue, marchant dans le plus grand silence, et ne faisant pas le moindre bruit.

Pendant ce temps, Émir-Feir était rentré dans la tour, et voyant son frère endormi, sachant qu'il avait des pensées toutes différentes, et craignant qu'il ne fût un obstacle à l'exécution de ses desseins, au moment même où ils étaient sur le point d'être accomplis, pieux et criminel à la fois, il le transperça de son épée. Puis retournant sur les remparts, il découvrit par l'une des ouvertures que ceux qu'il avait fait appeler venaient d'arriver; il leur donna le signal de reconnaissance, le reçut de même, et fit descendre aussitôt une corde pour attacher et remonter l'échelle. Lorsqu'elle lui fut parvenue et qu'on l'eut solidement fixée par les deux bouts, il ne se trouva personne qui osât tenter de monter et de se confier le premier à cette nouvelle épreuve, soit à la voix de son chef, soit sur les invitations de Boémond. Ce seigneur alors s'avança avec intrépidité, et monta lui-même. Il franchit rapidement tous les échelons, et sa main atteignit au revêtement du rempart. Émir-Feir, posté derrière la muraille, la saisit avec force, et, comme il savait que c'était Boémond qui montait, on rapporte qu'il lui dit en ce moment : *Vive cette main!* En même temps, et afin de se mieux assurer de sa confiance et de celle de tous les fidèles, il conduisit Boémond dans la tour, à la place même où il venait de percer son frère utérin qui n'avait pas voulu donner son assentiment à cette œuvre sainte, et le lui fit voir privé de vie, tout couvert de son propre sang. Boémond l'embrassa alors, louant sa constance et la sincérité de sa foi ; puis revenant sur le rempart, et avançant la tête en dehors de l'ouverture, d'une voix étouffée, il invita ses collègues à monter. Ceux-ci cependant hésitaient encore ; tout ce qu'on leur disait du haut des remparts leur semblait suspect et à double sens, et nul n'osait encore se hasarder. Boémond, ayant reconnu cette méprise, descendit de nouveau par l'échelle, et rassura tous les siens, en leur donnant ainsi une preuve évidente qu'il ne lui était rien arrivé. Ils montèrent alors à l'envi les uns des autres, et garnirent en un instant toute la hauteur du rempart ; ils occupèrent aussitôt la tour et même quelques-unes des tours les plus voisines. J'ai entendu dire que, parmi ceux qui montèrent les premiers, on distinguait le comte de Flandre et le seigneur Tancrède, qui gouvernaient tous les autres par leurs avis.

Les autres princes, voyant que ceux qui venaient de monter se trouvaient en assez grand nombre et étaient assez bien commandés pour pouvoir s'emparer d'une ou de plusieurs portes et les leur ouvrir, retournèrent au camp en toute hâte, à l'effet de disposer toutes leurs troupes, et de se tenir prêts à entrer dans la ville, aussitôt qu'on leur ferait les signaux convenus. Ceux qui étaient montés sur les remparts, recevant du ciel une force nouvelle, et marchant sous la conduite d'Émir-Feir, s'emparèrent successivement de dix tours placées dans le même quartier, à la suite l'une de l'autre, après avoir tué les gardes qui les occupaient, et cependant le calme le plus parfait régnait encore dans la ville, et l'on n'entendait encore aucun bruit. Il y avait de ce côté des remparts une porte bâtarde, vers laquelle les nôtres descendirent ; ils brisèrent les barreaux et les serrures qui la fermaient, et ouvrirent ainsi un passage à ceux qui les attendaient en dehors : ceux-ci se précipitèrent en foule et accrurent considérablement le cortége ; ils se rendirent de là à la porte du pont, se jetèrent avec impétuosité sur les gardiens qui y étaient préposés, les massacrèrent, et ouvrirent ainsi cette porte en la brisant. Pendant ce temps quelques hommes de la troupe de Boémond avaient porté la bannière de leur chef sur la montagne qui domine la ville, et l'avaient plantée non loin de la citadelle supérieure, sur le point le plus élevé d'un petit fortin. L'horizon commençait à se rougir et annonçait l'arrivée prochaine du soleil ; aussitôt les soldats chrétiens, donnant le signal convenu à la porte de la ville, font retentir au loin les cors et les trompettes, et le bruit des instrumens guerriers réveille tout le camp. Les princes reconnaissent les voix qui les appellent, ils courent aux armes, entraînent leurs bataillons, se précipitent dans la ville, et occupent les avenues et les portes. Tous les gens du peuple, en même temps, qui jusqu'alors avaient ignoré ce grand secret, se mettent en mouvement ; ils voient déjà le camp presque désert, marchent à la suite des troupes, et se jettent de tous côtés dans la place. Les citoyens, réveillés enfin par tout ce tumulte, hésitent d'abord, et se demandent que veulent dire ces acclamations inusitées ; puis voyant courir de tous côtés des hommes cuirassés qu'ils ne connaissent point, entendant les mourans qu'on massacre dans les rues et sur les places publiques, ils découvrent enfin la vérité. Abandonnant aussitôt leurs demeures, avec leurs femmes et leurs enfans, cherchant à éviter les bandes d'hommes armés et à se cacher dans les lieux les plus secrets pour échapper à la mort, fuyant au milieu de ce désordre, et perdant bientôt toute présence d'esprit, ils se précipitent imprudemment dans les groupes mêmes des soldats. Les fidèles qui habitaient la ville, Syriens, Arméniens et de toute autre nation, se félicitent à l'envi d'un si heureux événement, prennent les armes et vont se réunir à leurs frères; comme ils connaissaient mieux les localités, ils se mettaient à la tête des bataillons, les conduisaient dans tous les détours de la ville, aux portes qui demeuraient encore fermées et qu'ils ouvraient à tous les arrivans, après avoir tué ceux qui les gardaient. Il leur semblait que le Seigneur même leur accordait ce changement subit de fortune; naguère ils s'étaient vus soumis à des chiens immondes, opprimés sous le joug d'une injuste servitude, écrasés sans miséricorde sous le poids de vexations et de tourmens de toute espèce, et maintenant, par cet événement inespéré, ils pouvaient à leur tour rendre affronts pour affronts, et donner la mort à leurs persécuteurs.

Déjà toute notre armée avait pénétré dans la ville et s'était librement emparée des portes, des tours et des remparts; déjà les bannières et les enseignes des princes flottaient aux yeux de tous sur les points les plus élevés, et attestaient la victoire des Chrétiens. Le carnage et le deuil se répandaient de toutes parts; on entendait de tous côtés les cris et les lamentations des femmes; les chefs de famille étaient tués et toute leur famille succombait après eux; on enfonçait les portes des maisons, on enlevait les meubles, tout ce qu'on y trouvait était la proie des premiers arrivans; les vainqueurs se précipitaient dans des lieux jusqu'alors inaccessibles; échauffés par le carnage, entraînés par la soif du pillage, ils n'épargnaient ni le sexe, ni le rang, ni l'âge, tout leur était indifférent. Dans leur emportement, ils demandent à ceux qu'ils rencontrent au milieu des rues, et sur les places publiques, où sont les demeures des plus puissans et des plus riches; ils y courent en foule, massacrent les domestiques, pénètrent dans les asiles les plus secrets, percent de leurs glaives les enfans des nobles, les mères de famille, s'emparent dans les maisons de la vaisselle, de l'or, de l'argent, des vêtemens précieux, et se distribuent ensuite ces riches dépouilles par égales portions. On dit qu'en ce jour il périt dans Antioche plus de dix mille habitans, et que toutes les rues étaient jonchées de cadavres tombés au hasard et privés de sépulture. Accien, dès qu'il eut reconnu que la ville était livrée à ses ennemis, qu'ils avaient occupé toutes les portes, les tours et les remparts, voyant en même temps que le peuple qui avait échappé au carnage se retirait en foule dans la citadelle, et craignant que l'armée chrétienne ne l'y poursuivît et ne l'investît également, sortit seul et sans escorte par une porte secrète et prit la fuite, l'esprit égaré, mais cherchant cependant à pourvoir à sa sûreté personnelle. Accablé par sa douleur, il errait seul dans la campagne, sans but et sans guide, lorsqu'il fut rencontré par hasard par quelques Arméniens qui le reconnurent aussitôt et s'avancèrent d'abord vers lui pour lui rendre les honneurs accoutumés. Il les laissa approcher commē un homme qui a perdu l'usage de la raison ; en le voyant dans cet état et seul, ils jugèrent sans peine que la ville avait succombé, et aussitôt s'élançant sur lui et le jetant par terre avec violence, ils s'armèrent de son propre glaive, lui coupèrent la tête, et étant entrés dans la ville, ils vinrent l'offrir à nos princes, en présence de tout le peuple.

Il y avait aussi dans la ville quelques nobles qui étaient venus de divers lieux éloignés porter aux assiégés le secours de leurs bras et de leur courage. Aussitôt que la place fut occupée par nos troupes, ces hommes, qui connaissaient peu les localités, ne sachant que faire, et voulant cependant pourvoir à leur sûreté, résolurent d'aller se renfermer dans la citadelle la plus élevée. Ils s'y rendaient en toute hâte lorsqu'ils rencontrèrent par hasard des soldats de nos armées au dessus d'eux. Se trouvant pris ainsi dans un étroit défilé, ne pouvant ni monter ni descendre à cause de la pente rapide de la montagne, poussés en même temps par les nôtres qui étaient élevés au dessus d'eux, ils furent précipités, au nombre de trois cents, avec leurs armes et leurs chevaux qui servaient à les distinguer de tous les autres, et tombèrent brisés en mille morceaux, ne laissant presque aucune trace de leur existence.

Les gens de la ville ou des environs qui connaissaient mieux le pays, dès qu'ils surent que la ville était occupée par nos troupes, sortirent au point du jour, suivant les bandes de fuyards qui profitèrent du premier moment où les portes étaient encore ouvertes pour se réfugier dans les montagnes. Nos soldats les poursuivirent avec ardeur, en atteignirent un grand nombre qu'ils chargèrent de chaînes et ramenèrent à la ville ; d'autres parvinrent à se sauver, grâce à la rapidité de leurs chevaux, et se retirèrent sur les hauteurs. Vers la cinquième heure du jour, ceux de nos soldats qui étaient allés à leur poursuite rentrèrent dans la ville, et ceux qui s'étaient dispersés dans les divers quartiers se rassemblèrent aussi. On fit alors d'exactes recherches, et on s'assura qu'il n'existait plus aucun approvisionnement de vivres, chose peu étonnante après un siége obstiné de neuf mois. En revanche, on trouva une si grande quantité d'or, d'argent, de pierres précieuses, de vases magnifiques, de tapis et d'ouvrages en soie, que des hommes qui mendiaient naguère pressés par la faim, devinrent riches tout à coup et nagèrent dans l'abondance. On trouva à peine dans la ville cinq cents chevaux propres au combat ; encore étaient-ils tous maigres et exténués par la fatigue et le défaut de nourriture. La cité d'Antioche fut prise l'an de Notre-Seigneur 1098, le troisième jour du mois de juin.

LIVRE SIXIÈME.

[1098.] Lorsque le tumulte fut un peu calmé, lorsque les vainqueurs rassasiés de sang et de carnage prirent enfin quelque repos et rendirent ainsi la tranquillité à la ville, les princes, voyant bien que leur œuvre n'était point encore terminée et qu'il restait beaucoup de choses à faire, se réunirent avec empressement, placèrent des gardes à toutes les portes et sur les remparts, et résolurent de monter sans délai sur la montagne et d'aller attaquer la citadelle. Aussitôt des hérauts parcourent la ville et convoquent toutes les troupes; les princes les conduisent sur la montagne; mais ils ne tardent pas à reconnaître que la position de ce fort le rend inexpugnable, qu'on ne peut le prendre que par famine, et convaincus dès lors qu'ils perdraient inutilement leur peine, et qu'une telle entreprise exigeait beaucoup de temps, ils se décident à chercher d'autres occupations.

Cette montagne, qui domine la ville, est coupée en deux par une vallée extrêmement profonde et qui forme un précipice très-escarpé; le côté qui fait face à l'orient est plus abaissé, et son sommet aplati se prolonge en une vaste plaine bien cultivée et couverte de vignobles : l'escarpement qui divise les deux parties de la montagne est large et profond, en sorte qu'on croirait qu'il sépare deux montagnes entièrement distinctes, plutôt qu'il ne coupe un seul et même mont. L'autre partie, qui fait face à l'occident, est beaucoup plus haute et le terrain tout-à-fait en pointe : la citadelle est placée sur le sommet le plus élevé, entourée des murailles solides et flanquées de tours plus fortes encore. Elle est défendue à l'orient et au nord par un immense précipice qui forme un véritable gouffre, en sorte qu'il n'y a pas même moyen de songer à lui faire le moindre dommage, de l'un ou de l'autre de ces deux côtés. Vers l'occident, il y a une colline qui s'élève fort au dessous, en est séparée par un petit vallon peu large, qui ne forme point de précipice dans sa profondeur, et à laquelle on aboutit des hauteurs de la citadelle par un chemin, le seul qui puisse conduire à la ville, et qui ne laisse pas d'être assez dangereux, alors même qu'on ne cherche point à en défendre le passage. Nos princes jugèrent donc convenable de faire occuper cette colline, afin de pouvoir s'opposer aux sorties de la citadelle et empêcher ainsi les ennemis de chercher à descendre dans la ville et de venir attaquer nos troupes. Ils y placèrent des hommes prudens et hardis, leur laissèrent les armes et les vivres nécessaires, donnèrent l'ordre de construire une muraille solide, de l'entourer d'ouvrages défensifs et de la recouvrir, sur les points les mieux choisis, de machines qui pussent servir à repousser les attaques de l'ennemi. Après avoir fait ces dispositions, ils descendirent dans la ville, pour délibérer sur des affaires plus importantes, résolus en même temps à revenir s'établir dans cette position, lorsqu'ils auraient terminé tous leurs arrangemens, et à l'occuper jusqu'à ce que la citadelle fût forcée de se rendre. On décida cependant, dans le même conseil, que le duc demeurerait dans la ville et qu'il veillerait à la garde de la porte de l'orient, ainsi que du fort qu'on avait construit du même côté durant le siége, et que Boémond avait d'abord occupé.

Rentrés dans la ville, les princes apprirent que le grand Corbogath était entré, à la tête de ses innombrables armées, sur le territoire d'Antioche, et qu'il ne pouvait tarder de se présenter sous les murs. Ils résolurent aussitôt d'envoyer l'un d'entre eux jusqu'à la mer, pour rappeler tous ceux de leurs frères qui s'y étaient rendus dans l'intention de chercher des vivres et des provisions, et pour faire conduire en toute hâte dans la ville toutes les choses de première nécessité que l'on pourrait rassembler. Ils s'occupèrent dès lors, avec la plus grande sollicitude, et pendant les deux jours qui leur restaient encore jusqu'à l'arrivée des forces ennemies, à faire ramasser de tous côtés tout ce qu'on put trouver en vivres et en fourrages, et à le faire transporter dans la place. Dans le même temps les habitans des environs et tous les laboureurs, sachant que les Chrétiens avaient occupé Antioche, y apportaient avec le plus grand empressement tout ce qu'il leur était possible de transporter; mais ces ressources même étaient bien faibles; pendant les neuf mois qu'avait duré le siége, le pays environnant avait été entièrement épuisé, en sorte que maintenant on n'y trouvait presque plus rien, et ce qu'on ramassait de toutes parts pouvait à peine suffire à l'entretien de notre armée pendant quelques jours.

Le lendemain de la prise d'Antioche, et tandis que les nôtres étaient entièrement occupés de pourvoir à la

défense de la place et de ramasser des approvisionnemens, trois cents cavaliers de l'armée de Corbogath,
envoyés de dessein prémédité en avant-garde pour attaquer quelques uns de nos détachemens, s'ils en
trouvaient par hasard dans les environs qui ne se tins-
sent pas suffisamment sur leurs gardes, vinrent se placer
en embuscade tout près de la ville, armés jusques aux
dents et montés sur des chevaux agiles. Trente d'entre
eux, qui paraissaient avoir les meilleurs coursiers,
poussèrent leur incursion jusque sous les murs de la
place, feignant de marcher au hasard et parcourant
la plaine, comme s'ils eussent ignoré dans leur imprudence le voisinage du danger. Les autres qui étaient
renfermés dans la ville, voyant leurs ennemis les aborder de si près, s'irritèrent de tant d'audace et jugèrent qu'il serait indigne d'eux de ne pas courir à leur
rencontre. Un homme, fort dans les combats, qui s'é-
tait illustré à l'armée par un grand nombre d'actions
éclatantes, Roger de Barneville, qui avait accompagné
le comte Robert de Normandie, prenant avec lui quinze
de ses compagnons, sort de la ville et marche sur l'ennemi, cherchant, selon sa coutume, une occasion de
signaler son courage. Tandis qu'il s'élance avec ardeur
sur les prétendus vagabonds, ceux-ci tournent bride,
font semblant de prendre la fuite et continuent leur
mouvement de retraite jusqu'au lieu où leurs associés se
tenaient en embuscade. Les autres sortent à la fois de
leur retraite, se rallient au premier détachement et tous
ensemble se précipitent à leur tour sur ceux qui les
avaient poursuivis d'abord, les contraignant aussi à
rebrousser chemin et à prendre la fuite. Roger et les
siens, se trouvant en forces trop inégales pour soutenir

l'attaque, se hâtent de retourner du côté de la ville ; mais les chevaux de l'ennemi sont plus rapides ; Roger, blessé mortellement d'une flèche qui le frappe au milieu du corps, tombe et meurt aussitôt : homme digne de regrets éternels et qui se montra toujours fidèle appui des expéditions chrétiennes, autant du moins qu'il fut en son pouvoir. Les autres rentrèrent dans la ville, sous les yeux de tous ceux de leurs frères qui se trouvaient sur les remparts ou dans les tours, et sans qu'aucun d'eux sortît pour aller les secourir ; et les ennemis se retirèrent sains et saufs, emportant la tête de l'illustre guerrier. Lorsqu'ils furent partis, les nôtres allèrent chercher le corps de Roger et le rapportèrent dans la ville : tous poussaient de profonds gémissemens et versaient des larmes sur sa mort ; on lui rendit les honneurs funèbres, et on l'ensevelit avec magnificence sous le portique qui décorait la basilique du prince des Apôtres, en présence des princes et de tout le peuple.

Le jour suivant, qui était le troisième depuis la délivrance d'Antioche, dès le point du jour et avant le lever du soleil, le très-puissant prince Corbogath avait occupé toute l'étendue du pays que l'œil pouvait découvrir des points même les plus élevés de la ville, avec ses immenses armées, plus nombreuses encore qu'on ne l'avait d'abord rapporté ; puis, ayant passé le pont qui se trouve au-dessus, il dressa son camp entre le lac et le fleuve, séparés à cet endroit par un espace d'un mille de largeur environ. Les troupes qu'il avait amenées étaient en si grand nombre que cette vaste plaine d'Antioche, dont j'ai déjà donné la description, se trouvait insuffisante, et qu'ils étaient obligés de dresser des tentes sur les collines des environs. Après avoir demeuré trois jours dans cette position, Corbogath se trouva trop éloigné de la ville et tint conseil avec ses principaux officiers. Il résolut de se rapprocher, afin de pouvoir prêter secours à ceux qui veillaient à la défense de la citadelle, comme aussi pour pousser ses troupes et les faire pénétrer jusque dans la ville par la porte qui se trouvait en dessous. En conséquence, il fit lever le camp, dirigea sa marche vers le côté des montagnes, et investit entièrement toute la partie méridionale de la ville, depuis la porte d'orient jusqu'à la porte d'occident.

Il y avait en avant de la porte orientale, et sur une colline peu élevée, un fort que nos princes avaient fait construire, dans le principe, pour protéger leur camp, et dont ils avaient confié la garde à Boémond. Lorsque celui-ci, après la prise de la ville, commença à s'occuper de l'administration générale de l'armée, on avait chargé le duc de défendre cette redoute, ainsi que la porte voisine. Les ennemis ayant dressé leur camp tout autour de cette fortification, donnaient de fréquens assauts, et pressaient vivement ceux qui y étaient enfermés. Le duc, incapable de supporter long-temps leur insolence, et très-jaloux aussi de porter quelque secours à ses compagnons dans leur extrême détresse, fit une sortie avec sa troupe, pour tenter de faire lever le camp établi en face même de la porte. Dès qu'il fut sorti, les Turcs se rassemblèrent en foule, et ne pouvant résister à des forces aussi supérieures, n'échappant qu'avec peine à leurs efforts, le duc prit la fuite, et rentra aussitôt dans la ville : les ennemis le poursuivirent avec ardeur; le peuple imprudent se précipitait dans le plus grand désordre, son impatience même était un obstacle à la retraite; ils s'empêchaient les uns les autres de passer; deux cents hommes environ furent misérablement perdus en cette occasion, les uns étouffés dans la presse, d'autres blessés et quelques-uns faits prisonniers.

Cet échec de l'homme qu'on regardait comme le principal chef des armées Chrétiennes redoubla l'ardeur des Turcs: ils en vinrent bientôt à descendre par la porte de la citadelle supérieure, et suivant ensuite des chemins raccourcis, qu'eux seuls connaissaient, ils entrèrent dans la ville, tombèrent à l'improviste sur nos soldats, et en tuèrent un assez grand nombre qui périrent, sans même se défendre, sous leurs flèches ou sous le glaive. Lorsque les nôtres se mettaient à leur poursuite, ils remontaient aussitôt sur la montagne et se retiraient dans la citadelle, en prenant d'autres chemins que celui de la colline que leurs troupes avaient occupée, et où elles avaient fortifié leur position. Comme ces incursions se renouvelaient fréquemment, et faisaient périr beaucoup de monde dans la ville même, les princes se rassemblèrent pour chercher les moyens de remédier à ce mal. En vertu de la résolution arrêtée dans le conseil, Boémond et le comte de Toulouse firent creuser un fossé extrêmement profond et d'une largeur proportionnée, entre la partie supérieure de la ville et le penchant de la montagne, afin d'opposer un obstacle aux irruptions des Turcs, et d'assurer ainsi le repos des habitans de la ville. Voulant encore renforcer ce point de résistance, ils firent élever une redoute en avant du fossé, et les légions y travaillèrent avec autant d'ardeur que de dévouement, comme à un ouvrage qui intéressait le salut de tous.

Les Turcs cependant, tant ceux qui occupaient la citadelle que ceux qui étaient répandus tout autour de la place, et qui allaient alors se réunir aux premiers par la porte supérieure, continuaient à descendre par des sentiers secrets, venaient livrer de fréquens assauts devant la nouvelle redoute, et faisaient les plus grands efforts pour parvenir à la renverser. Un jour un corps d'ennemis, plus nombreux qu'à l'ordinaire, descendit également des lieux les plus élevés de la montagne, et vint livrer sur le même ouvrage une attaque si vigoureuse qu'il aurait infailliblement succombé si les princes chargés de la défense de tous les autres postes, et le peuple dispersé dans les divers quartiers de la ville, ne fussent arrivés en toute hâte. Boémond, Évrard de Puysaie, Raoul de Fontenay, Reibald Creton, Pierre, fils de Gille, Albéric et Yvon, hommes vaillans et nobles, qui s'étaient enfermés dans la redoute pour la défendre, se virent au moment d'être faits prisonniers : mais le duc, le comte de Flandre, le prince de Normandie accoururent avec impétuosité, châtièrent l'insolence des Turcs, leur tuèrent un bon nombre d'hommes, firent quelques prisonniers, chassèrent tous les autres, non seulement des environs de la redoute, mais encore de tous les quartiers de la ville, les maltraitèrent beaucoup et les contraignirent enfin à prendre la fuite en toute hâte : de retour auprès de leur seigneur, les Turcs vantèrent la force de nos troupes, et l'énergie admirable de leur courage ; courage tel qu'en eux semblaient s'accomplir ces paroles du prophète : « Votre pied sera teint dans le sang de « vos ennemis, et la langue de vos chiens en sera « aussi abreuvée¹ ; » et ceux-là même qui étaient les persécuteurs du peuple fidèle, l'exaltaient par des louanges infinies.

Après quatre journées de séjour dans les montagnes, Corbogath voyant qu'il ne pouvait réussir dans ses projets, et que ses chevaux manquaient de fourrage, fit lever de nouveau son camp, et se transporta une seconde fois dans la plaine, avec toutes ses légions. Il traversa le fleuve au gué inférieur, répartit ses troupes à distances égales, disposa tous ses chefs en cercle autour de la place et commença l'investissement. Le lendemain, quelques hommes de l'armée turque se détachèrent de l'un des corps, et vinrent provoquer les nôtres au combat ; ils descendirent même de cheval et s'approchant des murailles pour provoquer plus vivement nos soldats, ils se trouvèrent bientôt exposés aux plus grands dangers. Tancrède étant sorti par la porte de l'orient, fondit sur eux avec la plus grande impétuosité ; il en tua six, avant qu'ils eussent pu avoir recours à l'agilité de leurs chevaux, et mit tous les autres en fuite ; puis, coupant la tête à ceux qui venaient de périr, il les rapporta dans la ville pour donner quelque consolation au peuple, plongé dans un sombre abattement, depuis la mort de Roger de Barneville, qui était tombé à peu près sur la même place.

Cependant le peuple Chrétien, qui quelques jours auparavant assiégeait la ville, et s'en était enfin em-

¹ Psaum. 67, v. 25.

paré de vive force, assiégé maintenant à son tour, par une de ces vicissitudes si communes dans les choses de ce monde, souffrait au-delà de toute expression du malheur de la disette, et supportait d'immenses fatigues, bien supérieures à ses forces. Le glaive brillait au dehors, tandis que l'intérieur était rempli de crainte. Sans parler de la terreur que leur inspiraient, à juste titre, les nombreuses cohortes qui assiégeaient la ville du côté extérieur, comme les ennemis occupaient toujours la citadelle supérieure, et faisaient de fréquentes irruptions dans la place même, de ce côté encore il n'y avait moyen de jouir d'aucun repos ; aussi un grand nombre des assiégés, punis selon qu'ils avaient péché, se livraient au désespoir ; et, ne se souvenant plus de leur foi, méconnaissant les sermens qu'ils avaient prêtés, beaucoup d'entre eux abandonnaient leurs compagnons, descendaient le long des murailles, soit avec des cordes, soit dans des paniers, et s'enfuyaient ensuite vers la mer. Quelques-uns tombèrent dans les mains de leurs ennemis, et subirent une éternelle servitude ; d'autres parvinrent jusqu'à la mer, firent lever l'ancre à ceux qui étaient sur les vaisseaux, et les forcèrent à partir, en leur disant : « Le grand prince qui est arrivé, avec des troupes in-
« nombrables, a repris de vive force la ville que nous
« avions occupée naguère ; il a détruit tout notre
« peuple, et massacré tous nos princes : nous avons
« échappé à leur glaive, avec l'aide du Seigneur.
« Coupez les cordages, hâtez-vous de fuir, de peur
« que les ennemis n'arrivent sur les bords de la mer,
« et que vous ne soyez exposés aux mêmes périls. »
Puis ils montèrent eux-mêmes sur les navires et s'en-

fuirent en toute hâte. Ceux qui se sauvèrent ainsi n'étaient pas seulement des gens obscurs et de la populace; il y avait aussi parmi eux des hommes nobles et illustres par leur grande naissance, tels que Guillaume de Grandménil, homme distingué de la Pouille, qui avait épousé la sœur de Boémond, et Albéric, son frère, Guillaume Charpentier, Gui de Troussel, Lambert-le-Pauvre, et plusieurs autres, dont nous avons oublié les noms; effacés du livre de vie, ils ne méritent pas d'être inscrits sur ces feuilles. Quelques autres (ce qui est bien plus abominable encore), craignant les dangers qui les menaçaient, ne pouvant supporter plus long-temps la famine et les fatigues, se rendirent auprès de l'ennemi, et renièrent dans leur impiété la doctrine et la foi du Christ. Ils informèrent les Turcs de l'état de notre armée, et l'exposèrent ainsi aux plus grands dangers. Parmi ceux qui demeuraient dans la ville, il y en avait d'autres encore qui cherchaient les moyens de s'échapper, et en avaient conçu l'espoir. Cependant le vénérable évêque du Puy et l'illustre Boémond parvinrent à déjouer leurs projets. Ils mirent à toutes les portes des hommes sages, d'une expérience reconnue et d'une fidélité à toute épreuve; les tours furent également occupées par des nobles qui veillaient nuit et jour avec un zèle infatigable, en sorte qu'il devint absolument impossible aux hommes même les plus zélés et les plus adroits de trouver aucun moyen de s'échapper. Et, afin que les gardiens pussent exercer plus librement la nouvelle juridiction qu'on venait de leur conférer, tous, depuis le plus grand jusqu'au plus petit, jurèrent d'obéir fidèlement et religieusement à Boémond, jusqu'à la conclusion du siége d'Antioche et des combats qu'on attendait avec impatience. De son côté Boémond, toujours accompagné de ses guerriers, de ses serviteurs et de ceux en qui il avait le plus de confiance, veillait nuit et jour; il parcourait les rues, les places publiques, faisait la ronde sur les remparts, visitait toutes les tours, animé de la plus vive sollicitude, sans cesse occupé à prévenir toutes les imprudences, et à empêcher qu'aucune embûche secrète préparât aux ennemis les moyens d'entrer dans la ville.

Il y avait en outre quatre forts principaux qu'il importait de garder avec le plus grand soin. Le fort supérieur, qui avait été établi sur la colline au-dessus de la ville, et contre la citadelle; le fort qui se trouvait plus bas, en avant du fossé que l'on avait creusé pour opposer un obstacle aux ennemis, lorsqu'ils tentaient de faire des irruptions dans la place, en descendant de la montagne; le fort situé à l'issue de la porte d'orient, qui avait été construit avant l'occupation d'Antioche, pour servir de point de défense au camp des Chrétiens; enfin celui qu'on avait élevé en face du pont, et à l'aide duquel on avait dirigé les attaques contre la porte de ce pont. Ce dernier avait été d'abord confié au comte de Toulouse; mais il en était sorti avec ses troupes, pour entrer dans la ville, lorsqu'elle avait été occupée par ses alliés. Le comte de Flandre l'y avait remplacé, et l'avait occupé avec cinq cents hommes vaillans et bien aguerris : il l'avait fortifié avec le plus grand soin, de peur qu'il ne vînt à tomber entre les mains des ennemis, et qu'alors l'accès et la sortie du pont ne fussent beaucoup plus difficiles, ce qui aurait singulièrement empiré la condition des assiégés.

Un jour, cependant, Corbogath jugea que nos troupes avaient beaucoup trop de liberté de ce même côté, pour sortir de la ville et pour y rentrer, et que le fort qui se trouvait près du pont était le principal obstacle au succès de ses efforts. En conséquence, il ordonna à deux mille de ses cuirassiers de prendre les armes et d'aller attaquer ce point avec vigueur. Dociles aux ordres qu'ils avaient reçus, les Turcs allèrent prendre de bonnes positions autour des retranchemens de la redoute ; ils l'attaquèrent bravement depuis la première jusqu'à la onzième heure du jour, lancèrent des grêles de flèches, livrèrent de fréquens assauts et se battirent avec intrépidité; de son côté, le comte résista vaillamment à tous leurs efforts, et défendit avec le plus grand courage le poste qui lui avait été confié. Au soleil couchant, et lorsque la nuit était près d'arriver, les assiégeans, ayant échoué dans leur entreprise, levèrent leur camp et allèrent se réunir à leur armée. Cependant le comte craignit qu'ils ne revinssent dès le lendemain avec des forces plus considérables ; il voyait bien qu'il lui serait impossible de défendre sa position contre de si nombreux ennemis : en conséquence, il profita du calme de la nuit pour mettre le feu au fort et à tout ce qu'il renfermait, et rentrer ensuite dans la ville avec toute sa troupe. Le lendemain, les Turcs qui l'avaient assiégé toute la journée précédente revinrent en effet avec un nouveau corps de deux mille hommes pour recommencer leur attaque, et lorsqu'ils trouvèrent la redoute abandonnée et presque entièrement détruite, ils retournèrent dans leur camp, sans avoir pu accomplir leurs projets.

Vers le même temps, quelques soldats de l'armée ennemie, étant sortis en secret de leurs retranchemens, rencontrèrent par hasard quelques hommes des nôtres, pauvres et misérables, et qui partaient, marchant sans aucune précaution ; ils les firent prisonniers, et les conduisirent devant leur prince, pour lui offrir, comme à leur seigneur, les prémices de leur succès. Le prince vit d'un œil de mépris les armes et les vêtemens de ces captifs : ils portaient des arcs en bois et des épées honteusement couvertes de rouille ; leurs vêtemens étaient déchirés à la suite de leurs longues fatigues, et paraissaient complétement usés de vétusté ; car le peuple pélerin n'avait pas à sa disposition des habits de rechange dont il pût se servir alternativement. On rapporte que le prince turc dit à cette occasion : « Voilà donc le peuple qui poursuit
« la conquête de royaumes étrangers, gens à qui il
« devrait suffire pour toute richesse qu'on leur donnât
« du pain sur un coin quelconque de la terre, comme
« à de vils mercenaires ! voilà donc les armes qui
« doivent servir à frapper les nobles orientaux, armes
« dont les coups feraient tomber à peine un faible
« passereau ! Enchaînez ces hommes, conduisez-les
« chargés de fers, avec les armes et les vêtemens
« que voilà, en présence de mon seigneur qui m'a
« envoyé, afin qu'il juge d'après cela combien il est
« peu difficile de triompher de pareilles gens, et ce
« qu'on doit penser de ceux qu'un peuple si misé-
« rable se glorifie d'avoir subjugués. Qu'il repousse
« toute crainte, qu'il rejette sur moi la sollicitude de

« cette entreprise. Dans peu de temps, ces chiens
« immondes auront cessé d'exister, et, détruits en-
« tièrement, ils ne pourront plus être comptés parmi
« les nations. » A ces mots, il les fit livrer à quelques
hommes qu'il chargea de les conduire prisonniers en
Perse, et de rapporter au grand soudan les paroles
qu'ils avaient entendues.

Le prince croyait qu'il lui serait très-facile de
vaincre ceux dont il n'avait pas encore éprouvé la
valeur. Le ton d'insulte et de mépris par lequel il
avait voulu se faire un titre de gloire auprès de son
seigneur, tourna ensuite à sa plus grande confusion.
Plus étaient méprisables, selon son propre jugement,
ceux qui le renvoyèrent honteux et vaincu, et plus
l'affront qu'il en reçut dut être grand, et ajouter à
son déshonneur ; car, d'ordinaire, c'est pour les
vaincus une consolation qui allége leurs malheurs,
qu'on dise qu'ils n'ont succombé que devant des
hommes forts et valeureux, comme aussi la victoire
remportée par des hommes vils et méprisables augmente la rougeur de leur front, et accroît leur ignominie.

Lorsque la ville se trouva investie de toutes parts,
et que le peuple n'eut plus la possibilité d'en sortir
ou d'y rentrer, après avoir fait ses affaires au dehors,
la condition des assiégés devint beaucoup plus mauvaise. Comme on n'apportait plus de vivres de l'extérieur, la disette ne tarda pas à se faire sentir avec
plus de violence ; et, dans cette absence de ressources, pressé de plus en plus par le besoin, le
peuple chrétien recourut bientôt, pour se procurer
des alimens quelconques, à toutes sortes de moyens

honteux. Plus de choix, même pour les gens les plus délicats, entre les objets dont on pouvait se nourrir; plus de distinction entre les alimens sains et ceux qui ne l'étaient pas ; tout ce que le hasard venait offrir, soit gratuitement, soit à prix d'argent, était aussitôt converti en alimens; ces ventres affamés se rassasiaient de tout ce qui leur était présenté, heureux même d'en trouver en quantité suffisante. Les nobles, les hommes libres ne rougissaient pas de se présenter en convives importuns aux tables des étrangers, de tendre avidement la main devant des inconnus, de demander avec une insistance fâcheuse ce que trop souvent on leur refusait. Aucun respect ne retenait les matrones, les vierges accoutumées auparavant à des habitudes de retenue ; oubliant leur état et leur naissance, elles allaient çà et là, le visage pâle et avalé, la voix gémissante, étouffant des sanglots propres à émouvoir des cœurs de pierre, et cherchant partout des alimens ; celles que la violence de la faim ne pouvait dompter au point de les porter à renoncer à toute pudeur, et à s'abaisser à mendier d'un front endurci, allaient se cacher dans les lieux les plus secrets, et se morfondaient en silence, aimant mieux mourir de misère que de s'exposer publiquement à aller demander quoi que ce soit. On voyait les hommes naguère les plus robustes, que leur valeur insigne ou leur haute noblesse avaient rendus illustres au milieu de l'armée, maintenant appuyés sur des bâtons pour se soutenir dans leur extrême faiblesse, se traîner demi-morts dans les rues, sur les places publiques, et, s'ils ne parlaient pas, se présenter du moins le visage méconnaissable, demandant l'aumône à tout passant. Les enfans encore au berceau, privés de lait, étaient exposés dans tous les carrefours, criant vainement pour demander leur nourriture habituelle; celles qui leur avaient donné le jour leur refusaient les premiers soins de la maternité, ne pouvant même se suffire ni se procurer ce qui leur était nécessaire. A peine, dans un peuple si nombreux, un seul individu pouvait-il trouver à pourvoir à ses propres besoins; et, comme tous manquaient également de vivres, tous avaient pris l'habitude de mendier de tous côtés. Ceux-là même à qui il restait des ressources de fortune, ne pouvant trouver à acheter ce dont ils avaient besoin, n'en étaient pas moins dans l'indigence. Des hommes renommés auparavant pour leur générosité à donner à d'autres une abondante nourriture, cherchaient maintenant les retraites les plus cachées, les lieux les plus inaccessibles, pour y prendre leurs repas tant bien que mal, se précipitant avec avidité sur tout ce qu'ils avaient pu ramasser de côté ou d'autre, et ne faisant part à personne de ce qu'ils avaient rencontré. Toutes les fois qu'ils pouvaient trouver des chameaux, des chevaux, des ânes, des mulets, cadavres immondes d'animaux étouffés ou déterrés (chose horrible à raconter), ils les dévoraient avec délices, et, dans l'emportement de leur insatiable faim, ils employaient toutes sortes de moyens pour soutenir leur misérable existence. Et ce n'étaient pas seulement la populace et les hommes de la classe moyenne qui se trouvaient livrés à cette épouvantable calamité; les princes les plus considérables en étaient également atteints; elle leur était d'autant plus insupportable qu'ils avaient à pourvoir au sort d'un plus grand nombre de personnes, que leurs besoins se trouvaient ainsi beaucoup plus étendus, et qu'il leur était impossible de refuser les témoignages de leur munificence à ceux qui les imploraient. Il serait trop long de rapporter ce qui arriva à chacun des plus grands seigneurs : les hommes âgés en conservent encore la tradition ; mais il faudrait écrire un traité séparé pour dire toutes les misères qu'eurent à supporter les princes pour l'amour du Christ. Qu'il nous suffise d'ajouter qu'on trouverait avec peine dans l'histoire un autre exemple d'aussi grands malheurs supportés aussi long-temps et avec autant de patience par des princes aussi illustres et une si grande armée.

Pendant ce temps, Corbogath et les siens continuaient de bloquer la ville avec le plus grand soin, ceux qui s'y trouvaient enfermés n'en pouvaient sortir, et nul n'avait accès jusqu'à eux. De fréquens assauts, des attaques livrées dans la ville même aussi bien qu'au dehors, épuisaient les forces des troupes chrétiennes au-delà de toute mesure, en sorte que, fatiguées à l'excès, succombant à la continuité de ces travaux ainsi qu'au défaut de nourriture, elles veillaient moins attentivement, et gardaient la place avec moins de sollicitude. Ceux, en effet, qui consacraient presque tous leurs soins à chercher une nourriture pour leurs corps épuisés, ne pouvaient qu'être beaucoup plus négligens pour tout le reste. Aussi il arriva un certain jour que les ennemis furent sur le point de trouver une bonne occasion de rentrer dans la ville par une tour voisine de celle par laquelle notre armée y avait pénétré peu auparavant. Quelques Turcs espérant pouvoir l'occuper à la faveur des ténèbres, et donner ainsi à leurs camarades le moyen de pénétrer dans l'intérieur de la place, de même que les autres l'avaient fait, dressèrent des échelles contre la muraille, vers l'entrée de la nuit, et une trentaine d'entre eux montèrent sur les remparts pour entrer de là dans la tour qui se trouvait déserte. Tandis qu'ils poussaient avec ardeur leur entreprise, celui qui était chargé, de nuit, de la surveillance générale des portes, arriva par hasard vers cette partie des murailles, et ayant reconnu l'invasion des Turcs, il se mit à crier de toutes ses forces, et donna l'éveil à tous ceux qui se trouvaient dans les tours voisines, leur indiquant celle des tours que les ennemis venaient d'occuper traîtreusement. Tous les hommes qui étaient de garde de ce côté de la ville répondirent à cet appel; parmi eux, se distinguait un homme fort et illustre, Henri de Hache, qui accourut en toute hâte, suivi de Francon et Siegmar, ses parens, natifs d'une ville située sur les bords du fleuve de la Meuse. Craignant que quelques soldats n'eussent cédé à la corruption pour tenter de livrer la place par trahison, il se réunit promptement à tous ceux qui arrivaient des tours voisines, et attaqua l'ennemi avec sa vigueur accoutumée. Celui-ci résista quelques momens, et fut ensuite chassé de la tour. Quatre Turcs succombèrent sous le glaive; les vingt-six autres furent précipités du haut des remparts, et tombèrent brisés par morceaux. Henri de Hache perdit en cette occasion son compagnon Siegmar, qui fut percé d'un coup d'épée. Francon, blessé mortellement, fut enlevé par ses ordres, et transporté dans son domicile.

De jour en jour le fléau de la disette augmentait

dans la ville, et le peuple chrétien en était de plus en plus tourmenté : sous le poids de tant de privations et d'une souffrance si continuelle, quelques uns, négligeant le soin de leur vie, sortaient en secret de la ville, traversaient le camp des ennemis, et bravaient mille dangers pour tâcher d'arriver jusqu'à la mer, où il y avait encore quelques vaisseaux grecs et latins, et essayer d'y acheter des vivres et de les rapporter à Antioche. D'autres, cherchant à se soustraire à de si grands périls, s'en allaient pour ne plus revenir, désespérant complétement de quelque heureux changement dans le sort de ceux qu'ils laissaient en arrière, et voulant du moins tenter d'échapper au glaive des Turcs. Mais ceux-ci, lorsqu'ils eurent découvert que les nôtres descendaient à la mer ou erraient dans les environs de la ville, parcourant dans l'obscurité de la nuit les sentiers les plus détournés et cherchant quelques moyens de subsistance, envoyèrent quelques uns des leurs qui connaissaient bien les lieux, pour qu'ils eussent à se tenir en embuscade et à détruire tous ceux qu'ils pourraient rencontrer. Ils y réussirent en effet fort souvent et massacrèrent fréquemment des Chrétiens. Alors les Turcs choisirent deux mille bons cavaliers, qu'ils envoyèrent sur les bords de la mer, avec ordre de massacrer tous les matelots et les marchands, et d'incendier la flotte, afin d'empêcher toute espèce de commerce, espérant qu'en enlevant cette dernière ressource aux Chrétiens, l'armée assiégée se trouverait entièrement dépourvue de subsistances et ne pourrait conserver aucun espoir de salut. Les Turcs, exécutant fidèlement leurs ordres, incendièrent une partie de la flotte, attaquèrent les matelots à l'improviste, en massacrèrent un grand nombre, et mirent les autres en fuite : la nouvelle de cette expédition effraya tous ceux qui venaient habituellement de Chypre, de Rhodes et des autres îles, de la Cilicie, de l'Isaurie, de la Pamphilie, et de toutes les contrées maritimes, pour faire le commerce; ils craignaient de retourner sur ce point, d'y apporter des marchandises et n'osaient plus aborder sur le rivage; le commerce cessa entièrement, et la condition de nos armées, déjà fort mauvaise, empira cependant encore. Tant que les facteurs conservèrent le libre accès du port, ce qu'ils apportaient était peu de chose, comparé aux besoins d'un peuple si nombreux, et ne pouvait à beaucoup près y suffire; cependant il y trouvait encore un motif de consolation et quelques ressources pour soulager son extrême misère. Les ennemis, en revenant des bords de la mer, rencontrèrent quelques uns des nôtres et les massacrèrent presque tous; ceux qui échappèrent à leur glaive se cachèrent dans d'épais buissons, ou dans les profondeurs des cavernes : la nouvelle de ce désastre affligea notre armée autant que toutes les souffrances de la disette; toutes les fois que la renommée, prompte à annoncer le mal, leur apprenait quelque catastrophe de ce genre, c'était un nouveau surcroît à leur douleur. Accablés de tant de calamités, déplorant chaque jour la perte de quelques uns de leurs compagnons, succombant à leur affliction et aux maux de tout genre qui les assaillaient, nos soldats désespéraient entièrement de leur salut; de jour en jour ils veillaient moins attentivement à leur défense et se montraient moins dociles aux ordres de leurs princes.

Cependant Guillaume de Grandmesnil et ceux qui s'étaient enfuis avec lui arrivèrent à Alexandrette. Ils y trouvèrent Étienne, comte de Chartres et de Blois, dont l'armée et les princes attendaient le retour à chaque instant avec la plus vive impatience, et qui feignait toujours d'être malade. Ils lui racontèrent tout ce qui se passait à Antioche; et, pour ne pas paraître eux-mêmes avoir abandonné leurs alliés sans motifs ou sur des prétextes frivoles, et comme des hommes timides, ils exagérèrent encore le tableau des malheurs publics. La situation de l'armée était terrible et n'avait nul terme de comparaison; ils trouvèrent moyen, dans leur relation étudiée, de la charger de plus sombres couleurs et de la représenter encore plus effrayante. Il ne leur fut pas difficile au surplus de faire croire au comte Étienne tout ce qui pouvait augmenter ses craintes, puisque lui-même avait déjà déserté le camp et abandonné ses collègues, sous prétexte de maladie, mais dans le fait pour céder au même sentiment de frayeur. Après avoir tenu conseil à ce sujet, les transfuges se mirent en mer sur les vaisseaux qui depuis long-temps étaient prêts à les recevoir; ils naviguèrent quelques jours et arrivèrent dans une ville maritime : là, ayant cherché à savoir en quel lieu se trouvait l'empereur en ce moment, ils reçurent d'abord des rapports différens les uns des autres; mais enfin ils apprirent d'une manière certaine que l'empereur, conduisant d'innombrables légions de Grecs et de Latins, avait dressé son camp près de la ville de Finimine et qu'il marchait vers Antioche, comme pour porter secours à nos armées, ainsi qu'il s'y était engagé par les traités. Sans compter les troupes qu'il avait levées chez toutes les nations, il avait encore avec lui environ quarante mille Latins. Ceux-ci étaient d'abord demeurés en arrière des autres légions et sur le territoire de l'empereur, soit que la pauvreté, les maladies, ou toute autre cause grave les eussent retenus; mais enfin, ayant repris leurs forces, animés par l'espoir que l'empereur serait au milieu d'eux, et se confiant aux troupes innombrables dont ils suivaient la marche, ils s'étaient remis en route avec le plus grand zèle, et se hâtaient de rejoindre ceux qui les avaient devancés. Le comte Étienne, ayant appris ainsi le lieu de la résidence de l'empereur et sachant qu'il n'attendait que l'arrivée de nouvelles forces pour se porter en avant, prit avec lui tous ceux qui l'avaient accompagné, suivit des chemins raccourcis et dirigea sa marche en toute hâte vers l'armée impériale. Il fut accueilli assez bien par l'empereur, qui cependant lui témoigna son étonnement de le voir. L'empereur avait fait sa connaissance à Constantinople lorsqu'il y avait passé avec tous ses collègues, et s'était lié d'amitié avec lui; il s'informa avec empressement de la santé des princes et de l'état de l'armée, et demanda ensuite au comte par quels motifs il s'était séparé de l'expédition. Étienne lui répondit en ces termes :

« Empereur invincible, vos fidèles à qui votre Gran-
« deur avait naguère accordé un passage dans ses
« États, et que vos largesses avaient enrichis, après
« avoir pris Nicée, se rendirent assez heureusement
« à Antioche, assiégèrent cette ville avec opiniâtreté
« pendant neuf mois entiers, protégés par la miséri-
« corde divine, et s'en emparèrent enfin de vive force,
« à l'exception de la citadelle de la place, qui est

« située sur une montagne d'où elle domine toute la
« ville, et que sa position rend absolument inexpu-
« gnable. Ils crurent alors que tout était consommé
« et qu'ils avaient enfin échappé à tous les dangers;
« mais cette erreur fut la pire de toutes, et bientôt
« ils se trouvèrent en proie à des périls beaucoup plus
« grands. A peine le troisième jour était-il passé de-
« puis l'occupation de la ville, que Corbogath, très-
« puissant prince des Perses, arriva avec ses Orien-
« taux dont le nombre ne saurait être compté, et vint
« investir la place de toutes parts. Il intercepte toutes
« les communications, s'oppose à l'entrée et à la sor-
« tie de la ville ; les princes et le peuple entier sont
« affligés de tant de maux qu'il n'est plus possible de
« rien espérer pour leur salut. L'affluence des assié-
« geans est telle qu'il ne serait pas facile de les comp-
« ter : pour tout dire, en un mot, leurs bataillons ont
« occupé les contrées environnantes comme des ar-
« mées de sauterelles, et l'on dirait qu'il n'y a pas
« même assez de place pour déployer toutes les tentes.
« Cependant le froid, la famine, la chaleur, les com-
« bats, les massacres, ont tellement réduit la force
« de notre peuple qu'il a pu se renfermer tout entier
« dans la ville, et qu'il est presque hors d'état de pour-
« voir au soin de sa défense. Vous saurez aussi que
« les secours qui arrivaient par mer aux Chrétiens tant
« de votre Empire que des îles et des villes maritimes,
« leur ont été entièrement enlevés. Les Turcs ont en-
« voyé un corps de troupes qui a occupé le pays situé
« entre Antioche et la mer : ils ont presque entière-
« ment détruit la flotte; les matelots et les facteurs
« ont succombé sous leurs glaives, en sorte que les

« nôtres ont perdu par là tout moyen de commerce
« et tout espoir de recevoir des vivres et des secours.
« On dit que ce qui reste de subsistances dans la ville
« ne peut suffire à la nourriture de nos troupes pour
« un jour entier. Parvenus ainsi au comble de la mi-
« sère, les Chrétiens ne trouvent pas même dans la
« ville un refuge assuré. Les Turcs montent souvent
« en secret vers la citadelle supérieure, et de là ils
« s'élancent jusqu'au milieu de la ville et livrent de
« fréquentes attaques dans les rues et sur les places
« publiques; de telle sorte que nos soldats n'ont pas
« moins à souffrir de ces combats intérieurs que des
« assauts qui leur viennent du dehors. Aussi les capi-
« taines et les hommes nobles qui sont ici présens, et
« nous-même, voyant que l'entreprise de nos alliés
« ne pouvait réussir, nous les avons invités à plu-
« sieurs reprises, et avec des sentimens fraternels, à
« pourvoir à leur sûreté, à renoncer à la poursuite d'un
« dessein qu'il est impossible d'accomplir et contre
« lequel la Providence s'est prononcée; mais, n'ayant
« pu les y déterminer, nous avons enfin pris soin de
« notre salut, pour ne pas nous trouver par notre im-
« prudence enveloppés dans de semblables calamités.
« Et maintenant, si vous le jugez convenable, et si
« les illustres qui vous entourent sont du même avis,
« cessez de poursuivre de pareils projets, afin que les
« heureuses légions qui suivent vos pas échappent du
« moins aux mêmes périls. Il vaut mieux en effet se
« retirer avec ses forces intactes devant cette multi-
« tude innombrable que l'Orient a rassemblée, sans
« tenter une entreprise impossible, que d'aller témé-
« rairement se livrer à de si grands hasards. Les

« hommes illustres qui sont en votre présence et qui
« ont eu part au même sort, vous attesteront la vérité
« de nos paroles ; et Tanin, cet homme prudent et
« habile, que votre Grandeur avait envoyé à notre
« suite, aura pu vous rendre compte aussi des mêmes
« choses, puisque, connaissant les malheurs de nos
« armées, il s'est prudemment soustrait à tant de ca-
« lamités, sans doute pour venir en informer Votre
« Majesté Impériale. » Il y avait alors dans l'armée de
l'empereur un nommé Gui, frère du seigneur Boémond, qui devint presque fou en entendant le récit
du comte de Blois, et déplora amèrement les infor-
tunes de son frère et de ses amis. D'abord il voulut
contredire les rapports du comte, et lui reprocha d'a-
voir cédé à un sentiment de crainte, en abandonnant
imprudemment une réunion de princes si illustres ;
mais Guillaume de Grandmesnil, qui avait épousé la
sœur de Boémond, homme illustre selon la chair, et
non selon les œuvres, parvint enfin à le calmer.

L'Empereur, après avoir entendu ces récits, assembla tous les princes et mit en discussion s'il y avait
lieu de poursuivre la marche ou de rappeler les troupes.
La délibération fut longue et animée, ainsi qu'il
convenait en une affaire de cette importance. Enfin
l'on décida qu'il était plus sage de rappeler les troupes,
que de soulever tous les royaumes de l'Orient et de
se livrer inconsidérément aux chances toujours incertaines de la guerre. L'Empereur se fia entièrement
aux rapports du comte et crut que les choses étaient
précisément dans l'état qu'il avait dépeint ; il craignait
même que le prince Corbogath, après avoir détruit nos
armées, ainsi qu'on l'affirmait, ne marchât à la tête de

ses troupes innombrables, ne pénétrât sur le territoire de l'Empire et ne lui enlevât une seconde fois la ville de Nicée et toute la Bythinie, qu'il avait reconquises par les soins et les armes des princes pélerins. En conséquence, et pour se préserver de ce danger, il ordonna dans sa retraite de dévaster, par le pillage et par l'incendie, toutes les provinces situées à droite et à gauche de sa route, depuis Iconium jusqu'à Nicée, afin que les ennemis, s'ils avaient par hasard le projet de pousser leurs courses vers le territoire de l'Empire, ne trouvassent devant eux qu'un pays dévasté, sans ressources et dégarni d'habitans, et rencontrassent dans leur marche de nouvelles difficultés. Ainsi, et par suite des démarches du comte de Blois, l'armée des Chrétiens fut privée, au moment où elle en avait le plus grand besoin, des secours que l'Empereur avait fait préparer, en exécution des traités qui l'engageaient.

Sans vouloir excuser en aucune façon la conduite de ce comte, car elle provenait d'un principe vicieux et d'une cause véritablement malhonnête, il est certain cependant, à considérer la chose de plus près et dans ses derniers résultats, que les événemens qui suivirent tournèrent par ce moyen à la plus grande gloire des princes et de leurs armées, par l'aide de celui qui seul peut et sait donner aux affaires le meilleur dénoûment possible, quand même elles ont été mal commencées dans leur origine. Il était juste en effet que ceux qui avaient supporté le poids et toutes les fatigues de cette entreprise, qui avaient abandonné leurs femmes et leurs enfans, pour se dévouer en pélerins à l'accomplissement de leur vœu d'aller combattre pour le Seigneur, recueillissent la gloire qui leur revenait pour prix de leurs travaux. Si l'Empereur eût été présent, il eût enlevé cette gloire à tous les autres. Dans le cas où il les aurait rejoints avec toutes ses troupes, comme il aurait exercé l'autorité supérieure, à la tête d'une armée plus considérable que celle des princes, on eût jugé que lui seul avait fait réussir l'entreprise, et il eût pu prétendre avec justice à remporter la palme de la victoire. Aussi l'on a cru que le Seigneur lui-même avait voulu par ces événemens accorder l'honneur et les récompenses de tant de travaux à ceux-là seuls qui avaient péniblement accompli leur entreprise avec autant de fidélité que de dévouement, et à travers d'innombrables dangers.

De nombreux rapports annoncèrent bientôt à Antioche la retraite de l'Empereur. Cette nouvelle mit le comble aux maux de tout genre sous lesquels notre armée avait à gémir, et la précipita dans l'abîme du désespoir. Tous condamnèrent à jamais et eurent en horreur la mémoire du comte de Chartres : on chargea d'exécrations Guillaume de Grandmesnil et tous ceux qui avaient participé aux mêmes actes d'impiété; on invoqua contre eux la malédiction des feux éternels qui dévorent le traître Judas, puisque, non contens de se soustraire aux travaux et aux périls communs, ils avaient encore, par leurs artifices, privé le peuple de Dieu des secours que le Seigneur même semblait lui avoir préparés.

Corbogath cependant, ainsi que les plus grands princes de son armée, éprouvèrent d'abord quelque trouble lorsqu'ils apprirent par leurs espions la prochaine arrivée de l'Empereur ; ils redoutèrent, non sans de justes motifs, les forces de ce nouvel ennemi et l'attaque de l'Empire ; mais, lorsque leurs éclaireurs leur rendirent compte de la retraite de cette armée, ils devinrent plus insolens que jamais, et, se croyant désormais assurés de la victoire, ils poussèrent leurs ennemis avec plus d'ardeur et les serrèrent de plus près. Ainsi les fidèles enfermés dans la ville se trouvèrent en proie à de plus grandes calamités, à une misère plus pressante, et il semblait qu'il ne leur restât plus aucun espoir de salut, aucun moyen de consolation. Le désespoir se répandit de toutes parts et accabla tous les esprits. Lorsque Boémond, à qui l'on avait confié la surveillance générale de l'armée, parcourait la ville pour exercer ses fonctions, il ne pouvait plus parvenir, soit par les paroles, soit même par les coups, à arracher un seul homme des maisons dans lesquelles chacun se cachait ; en sorte qu'il n'avait plus personne pour le service des postes de garde, ou même pour opposer aux ennemis, dans leurs attaques réitérées à l'intérieur et dans celles du dehors. Un jour les hérauts et les appariteurs s'étaient épuisés à appeler à grands cris les soldats, et n'avaient pu réussir à les rassembler ; Boémond voyant l'inutilité de leurs efforts et des siens, pour faire sortir les troupes de leurs retraites, envoya ses agens sur divers points de la ville, et y fit mettre le feu, afin de les forcer, du moins par la crainte, à se montrer en public, puisque d'ailleurs ces cœurs endurcis refusaient toute coopération pour le service de Dieu. Il réussit en effet dans son projet, et dès ce moment ceux-là même qu'il n'avait pu naguère réunir se précipitèrent à l'envi, et s'empressèrent de reprendre leur service. On assure encore que les princes, désespérant de tout moyen de salut, tinrent entre eux un conseil secret, dans lequel ils résolurent d'abandonner l'armée et tout le peuple, de prendre la fuite au milieu de la nuit, et de se retirer vers la mer. Le duc et le vénérable évêque du Puy en furent cependant informés : ils convoquèrent alors tous les chefs, leur adressèrent de justes réprimandes, et représentèrent à tous les nobles rassemblés qu'ils se couvriraient à jamais d'infamie, eux et leur postérité, si, méconnaissant les titres glorieux de leur naissance et oubliant tous leurs devoirs, ils tentaient de s'échapper du milieu de cette immense réunion de fidèles dévoués au Christ.

Pendant ce temps, le peuple de Dieu ne cessait d'être en proie à toutes les misères et à la famine ; les ennemis l'attaquaient sans relâche dans la ville même aussi bien qu'au dehors, et l'on ne pouvait trouver aucun soulagement, aucun remède à tant de maux. Les grands et les petits, enveloppés dans les mêmes calamités, n'étaient plus en état de se prêter mutuellement aucun secours ; tous rappelaient alors à leur pensée les femmes et les enfans qu'ils avaient laissés chez eux, les riches patrimoines qu'ils avaient abandonnés pour l'amour du Christ; tous allaient presque jusqu'à accuser l'ingratitude du Seigneur, qui ne tenait plus aucun compte de leurs longues fatigues, de la sincérité de leur dévouement, et souffrait qu'ils fussent livrés aux mains de leurs ennemis comme un peuple qui lui eût été étranger.

Et cependant, lorsqu'ils étaient ainsi affligés, le Seigneur entendit leurs gémissemens, jeta sur eux un regard de compassion et leur envoya des consolations du lieu même où il siége dans sa majesté. Un certain clerc, nommé Pierre, originaire, à ce qu'on dit, du pays qu'on appelle la Provence, alla trouver l'évêque du Puy et le seigneur comte de Toulouse, et leur affirma que le bienheureux apôtre André lui était apparu en songe, et l'avait invité, par trois ou quatre avertissemens consécutifs, à aller parler aux princes en toute hâte, et leur annoncer que la lance dont Notre-Seigneur Jésus-Christ avait été percé dans le côté, était déposée en secret dans l'église du prince des Apôtres, qu'il fallait l'y chercher avec le plus grand soin, et qu'à cet effet il lui avait désigné d'une manière certaine la place où on la trouverait. Cet homme alla donc se présenter devant les princes agréables à Dieu, affirma la sincérité des paroles qu'il lui avait été enjoint de rapporter, les exposa avec ordre, et déclara que le même apôtre l'avait contraint à cette démarche, en le remplissant de terreur. Il dit que, pauvre et ne se croyant doué d'aucune sagesse, il avait à plusieurs reprises refusé d'accomplir cette mission, mais qu'enfin il lui était impossible de se soustraire plus long-temps aux ordres impérieux de l'apôtre, fût-ce même au péril de sa vie. Ceux qui avaient reçu cette confidence la communiquèrent aux autres princes, et leur présentèrent le clerc, afin qu'il pût faire les mêmes déclarations devant eux, et leur transmît dans la même forme les ordres qui lui avaient été donnés. Tous eurent foi à ses paroles, et se rassemblèrent dans le lieu qu'il leur désigna, au dessus de l'enceinte de l'église ; on creusa assez avant dans la terre, et on y trouva la lance, ainsi que le clerc l'avait annoncé. Le peuple,

dès qu'il eut appris cet événement, qui annonçait un
secours envoyé par le Ciel même, accourut en foule à
l'église ; on fit des offrandes pour reconnaître honorablement la découverte de ce précieux objet; chacun
commença à éprouver une sorte de soulagement à ses
anxiétés, et se sentit animé d'une nouvelle force pour
poursuivre une entreprise toute divine. Il se trouva
aussi quelques hommes qui dirent avoir eu des visions
d'anges et de saints apôtres ; la similitude de leurs
récits accrut la foi publique et tira le peuple de son
profond abattement. D'après les conseils secrets des
hommes vénérables et remplis de la crainte de Dieu,
tous les princes renouvelèrent leur vœu et s'engagèrent par serment, corps pour corps, les uns envers
les autres, si le Seigneur, dans sa clémence, daignait
les arracher aux maux présens et leur accorder avec
bonté la victoire sur leurs ennemis, à ne point se séparer jusqu'à ce qu'avec l'aide de Dieu ils eussent
occupé la ville sainte et le glorieux sépulcre, et les
eussent rendus à leur antique liberté et aux ardens
desirs de la foi chrétienne.

Le peuple avait gémi pendant vingt-six jours consécutifs sous le poids intolérable de cette affliction,
lorsque cet événement vint ranimer son courage ;
chacun ceignit ses reins d'une force toute nouvelle,
et se trouva doué d'une ardeur plus qu'ordinaire,
mettant sa confiance dans l'espoir que le Ciel même
avait envoyé; tous, depuis le plus grand jusqu'au plus
petit, disaient d'une commune voix qu'il était temps
de mettre un terme à tant de souffrances, et de combattre les ennemis ; tous, comptant avec foi sur la
puissance de l'intervention divine, voulaient sans re-

tard repousser loin d'eux ces adversaires si confians dans leurs propres forces, et délivrer de ce voisinage la ville que le Seigneur leur avait livrée. Ils pensaient unanimement qu'il valait beaucoup mieux tenter la fortune des combats que se consumer sans relâche dans la misère et la famine, et demeurer continuellement en proie aux attaques et aux violences des ennemis. Ces paroles étaient dans la bouche de tout le monde : tous disaient à l'envi qu'il fallait sortir des murailles et aller attaquer les Turcs ; les princes répétaient de tous côtés les mêmes choses, et les gens du peuple, enflammés des mêmes espérances, se plaignaient déjà de la lenteur des chefs, et leur reprochaient tout retard.

Ils se rassemblèrent alors, et, s'étant bien convaincus du zèle extraordinaire que le ciel même avait répandu dans l'armée, ils résolurent, dans le conseil tenu à ce sujet, d'envoyer une députation au prince qui commandait les ennemis, et de lui faire proposer ou de se retirer et d'abandonner la ville pour que les Chrétiens la possédassent à perpétuité, ainsi qu'ils en avaient le droit dans le principe, droit qu'ils venaient de recouvrer, avec l'aide du Seigneur ; ou bien de se préparer à la guerre et de se tenir prêt à subir le jugement du glaive. Pierre l'ermite, homme vénérable dont j'ai déjà beaucoup parlé, fut élu pour cette mission ; on lui donna pour associé et pour compagnon un certain Herluin, homme prudent et sage, qui avait quelque habitude de l'idiome des Perses et de la langue des Parthes : on les chargea de rapporter au prince turc la résolution du conseil, en y ajoutant, comme proposition subsidiaire, que si le prince préférait la voie des armes, il aurait encore à choisir ou de se présenter seul, pour soutenir un combat singulier contre l'un de nos princes, ou de désigner un certain nombre des siens, auxquels on opposerait un nombre égal d'hommes choisis dans notre camp, ou bien enfin d'accepter un combat général, et de faire préparer les deux armées à se livrer bataille. On fit d'abord demander une suspension d'armes, en annonçant qu'on allait envoyer une députation à l'armée turque, et, lorsque cette trêve fut convenue, les deux députés chrétiens se mirent en marche avec l'escorte qui leur fut assignée, et se rendirent à la tente du prince ; ils le trouvèrent entouré de ses chefs et de ses satrapes. Pierre l'ermite, le cœur plein de force et de courage, quoiqu'il fût frêle et petit de corps, s'acquitta de sa mission avec autant de fidélité que de vigueur. Il se présenta devant le satrape des Perses, sans lui donner aucune marque de respect, sans se troubler aucunement, et lui adressa ce discours d'un ton ferme et assuré :

« L'assemblée sacrée des princes agréables à Dieu
« qui sont à Antioche m'envoie auprès de ta Grandeur
« pour te donner avis que tu aies à renoncer à tes im-
« portunités, et que tu abandonnes le siége d'une ville
« que le Seigneur leur a rendue dans sa divine clé-
« mence. Le prince des Apôtres, fidèle et sage dispen-
« sateur de notre foi, arracha cette ville à l'idolâtrie
« par la vertu de sa parole, par cette grâce de per-
« suasion dans laquelle il excellait, et enfin par la
« grandeur de ses miracles ; il l'a convertie à la foi du
« Christ, et nous l'a rendue ainsi particulièrement
« précieuse. Vous l'aviez occupée de vive force, mais

« injustement : le Seigneur, fort et puissant, nous l'a
« rendue ; aussi ceux qui sont animés d'une sollici-
« tude bien légitime pour cet héritage de leurs aïeux,
« cette résidence habituelle du Christ, te font deman-
« der de choisir entre plusieurs propositions, ou de
« renoncer au siége de la ville, et de cesser d'inquiéter
« les Chrétiens, ou d'éprouver la force de nos armes
« d'ici à trois jours. Et afin que tu n'évites sous aucun
« prétexte le combat qui t'est proposé, afin que tu ne
« cherches aucun subterfuge, même légitime, ils t'of-
« frent encore d'opter entre plusieurs déterminations,
« de te présenter seul pour combattre contre l'un de
« nos princes, afin que vainqueur tu obtiennes tout
« ce que tu peux demander, ou que vaincu tu de-
« meures en repos ; ou bien encore d'élire plusieurs
« des tiens, qui combattront aux mêmes conditions
« contre un même nombre des nôtres ; ou enfin de
« convenir que les deux armées tenteront l'une contre
« l'autre la fortune des combats. »

On dit que Corbogath, méprisant ces paroles, répondit alors : « Il ne semble pas, mon Pierre, que les
« affaires des princes qui t'envoient soient dans une
« situation telle qu'ils puissent m'offrir ainsi de choi-
« sir entre diverses propositions, ou que je doive du
« moins être tenu d'accepter celle qui pourrait me
« convenir le mieux. Mon glaive les a déjà réduits à
« ce point qu'eux-mêmes n'ont plus la faculté de choi-
« sir librement, et qu'ils sont contraints de se faire
« une volonté, ou d'y renoncer, selon mon bon plai-
« sir. Va donc, dis à ces imprudens, qui ne compren-
« nent pas encore leur situation, et qui t'ont chargé
« de venir vers moi, que tous ceux des deux sexes

« que je pourrai trouver en pleine possession de
« toutes les forces de l'âge mûr, conserveront la
« vie et seront réservés par moi pour le service de
« mon maître ; que tous les autres tomberont sous
« mon glaive, comme des arbres inutiles, en sorte
« qu'il n'en restera pas même un faible souvenir. Si je
« n'eusse jugé plus convenable de les détruire par la
« rigueur de la famine que de les frapper du glaive,
« j'aurais déjà renversé les murailles, je me serais em-
« paré de vive force de la ville, et ils eussent recueilli
« le fruit de leur voyage, en subissant la loi de ven-
« geance. »

Après avoir ainsi appris les intentions de celui auquel on l'avait envoyé, reconnaissant que ses nombreuses troupes et ses incomparables richesses remplissaient son cœur d'un orgueil démesuré, Pierre l'ermite prit congé du prince, et retourna auprès des Chrétiens. A peine était-il rentré dans la ville, comme il se hâtait d'aller rapporter, aux princes dont il tenait sa mission, la réponse qu'il avait reçue, le peuple et les grands coururent au devant de lui, empressés de connaître les paroles qu'il avait à dire et le résultat de son ambassade. Pierre se disposait déjà à raconter dans le plus grand détail, en présence de tout le peuple, la réponse qu'il avait recueillie de la bouche même du prince, à dire quels étaient son orgueil, ses menaces et le faste immodéré qui l'entourait. L'illustre Godefroi, craignant que la multitude, déjà accablée sous le poids de ses maux présens et près de succomber à ses longues souffrances, ne fût frappée d'une nouvelle terreur, en entendant le récit complet que Pierre se préparait à lui faire, l'arrête au moment où il allait prendre la parole, et le conduisant à l'écart, hors de la foule assemblée, il l'invite à laisser de côté toutes les circonstances de son récit, et à dire en peu de mots le résultat de sa mission, savoir, que les ennemis demandent la guerre et qu'il faut s'y préparer sans retard. L'ermite annonce donc au peuple que les Turcs veulent combattre ; tous aussitôt, depuis le plus grand jusqu'au plus petit, enflammés d'un zèle ardent, écoutent avec joie la réponse qu'on leur rapporte ; ils témoignent eux-mêmes le plus vif désir de se mesurer avec les ennemis, ils appellent la guerre de leurs vœux, et semblent avoir complétement oublié toutes leurs misères et compter sur la victoire. De toutes parts on n'entend que de bruyantes acclamations ; tous témoignent à l'envi, de la voix et du geste, qu'ils accueillent avec joie les propositions qu'on leur adresse, et qu'ils seront prêts à combattre dès le lendemain. Chacun rentre gaiement dans son logis, et tous, dans l'ardeur qui les presse, passent cette nuit sans goûter les douceurs du sommeil. Ils reprennent leurs armes, préparent leurs chevaux, leurs cuirasses et leurs casques, leurs boucliers et leurs glaives, et ne se donnent aucun moment de repos. On fait en outre publier dans toute la ville, par les hérauts, que dès le lendemain matin, avant le lever du soleil, chacun ait à prendre les armes, à se préparer au combat et à se réunir à sa légion pour suivre fidèlement la bannière de son prince.

Le lendemain, au premier crépuscule, les prêtres et les ministres du Seigneur célèbrent le service divin dans les églises, consomment le sacrifice, et invitent le peuple à faire, selon l'usage, sa confession en

tout esprit d'humilité et de contrition, afin que chacun se puisse fortifier, par le corps et le sang de Jésus-Christ, contre les périls du monde. Ils exhortent à pardonner toute offense, à déposer toute haine, à renouer tous les liens d'amour et de charité, afin que chacun marche avec plus d'assurance au combat, et que l'on puisse dire de tous ces guerriers qu'ils sont vraiment les disciples et les membres de celui qui a déclaré : « Tous connaîtront que vous êtes véritable-
« ment mes disciples, si vous vous aimez les uns les
« autres. »

Après la célébration du service divin, lorsque tous les fidèles furent rassasiés des dons célestes, ils se sentirent pénétrés de la grâce d'en haut. Des hommes qui, la veille et l'avant-veille, mous et abattus, maigres, décharnés et sans force, pouvaient à peine lever les yeux et marcher la tête haute, des hommes qui, exténués naguère par le jeûne, vaincus par de longues fatigues, cherchaient où se cacher, et avaient oublié leur antique honneur, se montrent maintenant, et de plein gré, en public, renoncent à toute faiblesse, et comme doués de nouvelles forces, portent leurs armes en guerriers intrépides; leur courage est ranimé; ils ne craignent plus de s'occuper des apprêts de la guerre; ils se promettent déjà la victoire. On ne voyait personne, au milieu d'un peuple si nombreux, quelle que fût d'ailleurs sa condition ou son âge, qui ne s'empressât de prendre les armes, qui ne méditât de beaux exploits, et ne portât dans son cœur le présage du succès. Les prêtres, revêtus de leurs habits sacerdotaux, parcouraient les rangs, se portaient sur tous les lieux de rassemblement, tenant en main la croix du Seigneur, et se faisant précéder des images protectrices des Saints; ils promettaient indulgence pour les péchés, et rémission entière des fautes à tous ceux qui se montreraient vaillans dans la mêlée, et défenseurs intrépides des antiques traditions de la foi chrétienne. En même temps les évêques encourageaient par leurs paroles les princes et les chefs de l'armée, s'adressant à eux en particulier aussi bien qu'en public, les sollicitant vivement avec la grâce de langage qui leur était inspirée par le ciel même, bénissant aussi le peuple et le recommandant aux bontés du Seigneur. On remarquait surtout parmi eux le premier des serviteurs du Christ, l'évêque du Puy, qui insistait avec ardeur dans ses pressantes exhortations, et qui par ses jeûnes et ses oraisons, par ses largesses et ses abondantes aumônes, s'offrait lui-même en holocauste devant la face du Dieu vivant.

Le 28 juin, les troupes se rassemblèrent de grand matin devant la porte du pont, et invoquant les secours d'en haut, elles se rangèrent en bataille, avant de sortir de la ville. On régla en même temps l'ordre de la marche, et le rang de chaque corps d'armée. Le premier était commandé par Hugues-le-Grand, frère du roi de France, à qui furent confiés les étendards; on lui adjoignit un homme recommandable en tout point, Anselme de Ribourgemont, et d'autres nobles, dont le nombre et les noms nous sont également inconnus. Le second corps était sous les ordres de Robert, surnommé le Frison, comte de Flandre, conduisant tous ceux qui dès l'origine avaient suivi son expédition. Robert, duc de Normandie, reçut ordre de se mettre à la tête du troisième corps : il avait avec lui un homme illustre, son neveu, le comte Étienne d'Albemarle, et d'autres nobles encore qui l'avaient toujours accompagné. L'évêque du Puy, le noble Adhémar, de précieuse mémoire, était à la tête du quatrième corps, composé de sa suite et de celle du comte de Toulouse; il portait avec lui la lance du Seigneur. Renaud comte de Toul, et son frère Pierre de Stenay, le comte Garnier de Gray, Henri de Hache, Renaud d'Ammersbach, Gautier de Dommédard conduisaient le cinquième corps. Le sixième, en vertu des ordres des princes, fut mis sous le commandement de Raimbaud comte d'Orange, qui avait avec lui Louis de Moncons, et Lambert fils de Conon de Montaigu. L'illustre et magnifique seigneur de Lorraine, le duc Godefroi commandait le septième corps, et avait avec lui Eustache, son respectueux frère; il disposa son armée selon toutes les règles de l'art militaire. Tancrède, fort dans les combats, autant que distingué par la générosité de son caractère, commandait le huitième corps. Le neuvième était sous les ordres du comte Hugues de Saint-Paul et d'Enguerrand son fils, et on leur adjoignit Thomas de Feii, Baudouin du Bourg, Robert fils de Gérard, Renaud de Beauvais, et Galon de Calmon. Rotrou, comte du Perche, Évrard de Puysaie, Drogon de Monci, Raoul fils de Godefroi et Conan le Breton furent préposés au commandement du dixième corps. Le onzième obéissait à Isoard, comte de Die, qui avait avec lui Raimond Pelet, Gaston de Beziers, Gérard de Roussillon, Guillaume de Montpellier et Guillaume Amanjeu. Enfin le douzième corps, qui était le plus récemment formé et en même temps le plus considérable, reconnaissait le seigneur Boémond pour chef supérieur. Celui-ci reçut ordre de marcher le dernier, afin de pouvoir, en temps opportun, fournir des secours à ceux qui en auraient besoin, et s'occuper avec sollicitude de renforcer les corps qui se trouveraient accablés par l'ennemi. Le comte de Toulouse, qui était dangereusement malade, demeura dans la ville, pour veiller à sa sûreté et la défendre contre ceux des ennemis qui tenaient encore dans la citadelle, de peur qu'ils ne cherchassent à profiter de l'absence des princes et des troupes, pour faire une nouvelle irruption et attaquer les faibles et les infirmes, les vieillards et les femmes, et tout le peuple enfin qui ne prenait pas part aux combats. On fit construire aussi sur la colline qui était en face de la citadelle, une muraille de pierres et de chaux, revêtue de fortifications sur lesquelles on établit quelques machines propres à lancer toutes sortes de matériaux, et on confia la garde de cette position à deux cents hommes pleins de vigueur et habiles dans le maniement des armes.

Après avoir ainsi disposé et rangé en ordre de bataille tous les corps d'armée, les princes arrêtèrent dans le conseil que Hugues-le-Grand et le comte de Normandie marcheraient en avant ; ils firent ordonner en même temps dans tous les corps de se former selon le même mode, de mettre les fantassins en première ligne, et de faire suivre la cavalerie, qui veillerait attentivement à leur défense. Enfin on fit aussi publier de toutes parts que les soldats eussent à s'abstenir de tout pillage ; qu'ils songeassent uniquement à attaquer et à tuer les ennemis jusqu'à ce que la victoire fût assurée et l'ennemi mis en déroute, puisqu'il serait temps alors de revenir en toute liberté s'enrichir de ses dépouilles.

Corbogath, depuis son arrivée, avait toujours redouté une irruption subite de nos troupes dans son camp, et il la craignit bien plus encore après que Pierre l'ermite se fut acquitté auprès de lui de sa mission. En conséquence il était convenu, avec ceux de ses alliés qui occupaient toujours la citadelle, qu'ils auraient soin de l'avertir par des signaux, dès qu'ils reconnaîtraient que nos chefs ordonnaient des préparatifs militaires et se disposaient à tenter une sortie. A la première heure du jour, tandis que les divers corps de l'armée chrétienne se mettaient en mouvement, les Turcs qui se trouvaient dans la citadelle, ayant eu connaissance de leurs dispositions, se hâtèrent de faire les signaux convenus, et donnèrent ainsi l'éveil dans le camp de Corbogath. Ce prince voulant s'opposer aux desseins des nôtres, envoya deux mille hommes environ de son armée, avec ordre de se porter à leur rencontre aux abords du pont et de leur disputer le passage; ceux-ci, en effet, afin de pouvoir mieux combattre et lancer leurs flèches avec plus de liberté, descendirent de cheval, se mirent à pied et occupèrent la tête du pont, du côté de la plaine. Les nôtres, lorsque tous les corps d'armée furent formés et disposés en ordre régulier, selon les principes de l'art militaire, firent ouvrir la porte et sortirent successivement, en observant avec soin leurs rangs et les distances qui séparaient chaque corps. L'ennemi les attendait de pied ferme, résolu à s'opposer de toutes ses forces à leur passage. Hugues-le-Grand, qui commandait le premier corps, envoya en avant ses fantassins et ses archers et les lança avec vigueur contre les Turcs; d'abord ceux-ci essayèrent de tenir ferme; mais ne pouvant résister au premier choc des nôtres, ils se trouvèrent bientôt en pleine déroute, et prirent la fuite, pressés en même temps si vivement qu'ils eurent grand'peine à retrouver leurs chevaux : tandis qu'ils s'ébranlaient, tout prêts à se sauver, Anselme de Ribourgemont, qui faisait partie du premier corps d'armée, s'élança sur eux avec ardeur, et fit preuve d'une bravoure à jamais mémorable. Oubliant tout soin de sa vie et se précipitant audacieusement au milieu même des rangs ennemis, il perçait les uns de la lance, renversait les autres sur la poussière, abattait tous ceux qui s'offraient à ses coups, et s'attirait, par cette brillante conduite, les regards et la bienveillance des hommes de toute condition. Animés à cette vue, Hugues-le-Grand, Robert comte de Flandre, Robert comte de Normandie, Baudouin comte du Hainaut, Eustache frère du duc, pleins d'admiration pour le courage de ce noble guerrier, s'élancent avec ardeur pour lui porter secours; ils réunissent leurs forces, et renversent vigoureusement tout ce qui oppose encore quelque résistance; puis se jetant à la poursuite des fuyards, ils les chassent devant eux et les suivent presque jusque dans leur camp.

Au moment où nos troupes sortaient de la ville, il arriva aussi un événement qui mérite bien d'être consacré dans la mémoire des hommes. Les corps d'armée s'étaient mis déjà en mouvement et franchissaient la porte d'Antioche; déjà les ennemis qu'on avait envoyés à la tête du pont pour s'opposer à leur passage, avaient péri sous le fer, ou s'étaient mis en fuite, lorsqu'une suave rosée envoyée par le ciel même, légère et agréable, descendit sur notre armée, et tomba avec une telle douceur qu'il semblait que le Seigneur répandît sur nos troupes sa bénédiction et sa grâce. Quiconque fut arrosé de cette pluie céleste sentit son corps et son ame se remplir à la fois d'une douce hilarité, et retrouva l'usage de toutes ses forces, comme s'il n'avait souffert aucune peine, aucune fatigue durant tout le cours de cette expédition; et ce ne furent pas seulement les hommes qui reprirent toute leur vigueur par ce bienfait divin : les chevaux mêmes qui, pendant plusieurs jours, n'avaient eu pour toute nourriture que des feuilles et des écorces d'arbres, furent animés d'une ardeur toute nouvelle, et se montrèrent pendant toute cette journée supérieurs en vitesse et en force aux chevaux des ennemis, nourris cependant jusqu'alors d'orge et de paille. Cette rosée de bénédiction confirma dans nos soldats l'espérance de la victoire, et les remplit d'une telle vigueur qu'il semblait que ce fût d'eux que le roi-prophète eût dit ces paroles : « Vous séparerez, ô Dieu, et vous destinerez pour les peuples qui sont votre héritage une pluie toute volontaire [1]. » Aussi tous furent-ils intimement convaincus que la grâce du Saint-Esprit s'était répandue sur eux.

Lorsque toutes les légions furent sorties de la ville, les princes jugèrent convenable de les ranger en bataille en face des montagnes qui sont à deux milles environ d'Antioche, et d'occuper ainsi toute la plaine,

---

[1] Psaum. 67, v. 10.

de peur que l'ennemi ne tentât, selon sa coutume, de s'établir de vive force ou par ruse entre notre armée et la ville, pour envelopper nos troupes, et intercepter leurs communications avec la place. Les Chrétiens s'avançaient lentement et progressivement, en sorte que les corps d'armée pussent demeurer toujours bien séparés, et que la distance des rangs fût observée. Par la vertu de la faveur divine qui les protégeait, ceux qui, renfermés dans l'enceinte de la ville, semblaient en petit nombre et comme rien, en comparaison de leurs ennemis, parurent maintenant plus ou tout au moins aussi nombreux que ceux qui occupaient les positions du dehors. Celui, en effet, qui avait su jadis, pour apaiser la faim de cinq mille personnes, multiplier les cinq pains, et les couper en un nombre infini de morceaux, voulut encore, par un miracle non moins grand et pour la gloire de son nom, accroître le nombre du peuple voué aux bonnes œuvres, et agréable à ses yeux. Parmi ceux qui s'avançaient pour aller combattre, on voyait, en outre, les prêtres et les lévites consacrés au Seigneur, revêtus de leurs étoles blanches, et portant dans les mains la miraculeuse croix. Ceux qui étaient demeurés dans la ville montèrent aussi sur les remparts, revêtus de leurs habits sacerdotaux ; versant des larmes, et récitant continuellement leurs oraisons, ils élevaient les mains vers le ciel, priaient sans relâche pour le peuple fidèle, et suppliaient le Seigneur d'épargner sa race, et de ne pas livrer son héritage en opprobre à toutes les nations.

Cependant le prince ennemi, informé de la sortie de notre armée, tant par les signaux qu'on avait faits du haut de la citadelle, que par les rapports des hommes que les nôtres avaient mis en fuite auprès du pont, convoqua les seigneurs et tous les chefs de ses troupes. Il commençait à considérer plus sérieusement ce qui d'abord ne lui avait paru qu'un jeu, et était bien près de craindre ceux dont il semblait naguère mépriser les armes et la faiblesse. A la suite de son conseil, mettant surtout à profit l'expérience des habitans d'Antioche, il organise ses bataillons, dispose ses corps d'armée, règle avec le plus grand soin la marche de ceux qui doivent s'avancer les premiers, la position de ceux qui les suivront, et s'occupe enfin de toutes choses avec une extrême activité. Entre autres dispositions, et avant que nos troupes eussent occupé toute la plaine qui s'étend entre la ville et les montagnes, il forma un corps d'armée remarquable par les hommes sages à la fois et vaillans qui le composaient; il était commandé, à ce qu'on dit, par l'illustre Soliman, prince de Nicée, dont j'ai déjà parlé fréquemment. Corbogath l'envoya du côté de la mer, afin qu'il pût marcher à la rencontre de nos troupes, lorsque, vaincues et forcées de prendre la fuite, elles tenteraient de se rapprocher du rivage, ou de rentrer dans la ville, voulant ainsi les placer entre deux dangers, et les faire détruire en même temps et par ceux qui les poursuivraient, et par ceux qui leur couperaient le chemin. Il distribua ensuite toutes ses autres troupes sur la gauche et sur la droite, et confia chacun de ces corps au commandement des princes qui avaient obtenu sa bienveillance ; il les encourageait à se souvenir de leur ancienne valeur, à combattre avec ardeur comme de braves guerriers, leur représentant comme frivoles et méprisables toutes les entreprises de ce peuple inhabile à la guerre, de cette race famélique, de cette multitude d'hommes imprudens et dénués de tout moyen de défense.

Lorsque nos troupes eurent occupé toute la plaine, de manière à ne pouvoir être enveloppées par les ennemis, les clairons donnèrent le signal du combat; les porte-bannières marchèrent en avant des légions, et les soldats se mirent en mouvement pour se porter en ordre de bataille contre les rangs opposés. Déjà ils étaient assez près pour que les ennemis pussent les atteindre de leurs flèches, lorsque les trois premiers corps s'élancèrent en même temps, attaquant les Turcs de la lance et du glaive. Nos fantassins, armés d'arcs et de frondes, marchaient en avant des escadrons de cavalerie, et combattaient avec ardeur à l'envi les uns des autres; les cavaliers les suivaient de près, et mettaient tous leurs soins à les protéger autant qu'il leur était possible. Tandis que les premiers corps se battaient vaillamment, ceux qui étaient en arrière arrivaient peu à peu, dans l'ordre de leur marche, s'élançaient sur l'ennemi avec une égale impétuosité, et ranimaient ainsi l'audace et les forces des premiers assaillans. Déjà tous les corps étaient successivement arrivés sur l'ennemi, à l'exception de celui que commandait Boémond; tous combattaient avec la plus grande vigueur, tuaient un grand nombre de Turcs, jetaient le désordre dans leurs rangs, et se voyaient au moment de les mettre en fuite. Déjà le duc, à la tête de sa troupe, avait attaqué une forte colonne ennemie qu'il pressait de toutes ses forces, et qui semblait sur le point d'abandonner le champ de bataille, quand tout à coup Soliman, qui avait conduit son corps d'armée du côté de la mer, ramène ses troupes dans la plaine, s'élance audacieusement et avec la plus grande impétuosité sur le corps de Boémond, et fait pleuvoir une grêle de flèches qui inonde tout le terrain occupé par les Chrétiens. Bientôt les soldats, déposant leurs arcs, et négligeant leur service ordinaire, se précipitent armés de leurs massues et de leurs glaives, et Boémond ne soutient qu'avec peine la vivacité de leur attaque. Les Turcs le pressent de toutes parts : son corps s'ébranle et est sur le point de fuir en déroute, quelles que soient la force et la valeur du chef qui les commande; entouré d'ennemis, demeuré seul avec quelques fidèles serviteurs, il lutte encore péniblement. Mais enfin le duc, averti de son danger, accourt avec sa troupe; il est bientôt suivi de l'illustre Tancrède, et tous deux se hâtent de porter secours au prince d'Antioche. Leur arrivée en un moment si opportun enlève aux Turcs tout leur avantage : leurs forces sont bientôt énervées; leur courage disparaît, et les nôtres, à leur tour, les pressent vivement, et jonchent la terre de leurs morts et de leurs blessés. Se voyant en nombre trop inégal, incapables de supporter plus long-temps les efforts des assaillans, les Turcs cherchent d'autres moyens de défense. Ils tirent aussitôt du feu d'une pierre avec leur adresse accoutumée : il y avait non loin de là une grande quantité de foin extrêmement sec et de grands amas de paille très-propre à un incendie; les Turcs mettent le feu à ce vaste foyer qui le reçoit promptement. Il n'en sort que peu de flamme, mais une fumée noire et épaisse s'élève et se répand au loin; elle enveloppe les bataillons chrétiens, et oppose de nouveaux obstacles à leurs puissans efforts : presque aveuglés par ce nuage et par les tourbillons de poussière que soulèvent en même temps les chevaux et les masses des fantassins, ils ne peuvent poursuivre leurs ennemis qu'avec plus de lenteur. Ceux-ci ont soin d'entretenir l'incendie. Quelques-uns de leurs fantassins tombent cependant sous les coups des nôtres. Pendant ce temps, notre cavalerie trouve enfin le moyen d'échapper au nuage qui l'enveloppe : les coursiers rapides l'emportent hors de ce nouveau péril; les cavaliers, soutenus par le puissant secours du ciel, reprennent leurs forces, poursuivent leurs succès, mettent en fuite leurs ennemis, les chassent devant eux l'épée dans les reins, et ne leur donnent aucun repos jusqu'à ce qu'ils les aient contraints de se rejeter dans le gros de leur armée, où déjà les bataillons ébranlés commencent à plier de tous côtés.

Près du champ de bataille était une étroite vallée dans laquelle un torrent, qui durant l'hiver se précipitait avec fracas du haut des montagnes, s'était creusé son lit : les Turcs repoussés par nos soldats franchirent à la hâte cette vallée, et se retirèrent sur une petite colline qui la dominait : ils essayèrent de résister dans cette nouvelle position, et leurs clairons et leurs tambours rappelèrent de toutes parts leurs troupes en désordre. Cependant les Chrétiens se hâtent aussi de les poursuivre, tous les princes accourent avec empressement, le duc Godefroi, Boémond, Tancrède et tous les autres nobles, qui avaient combattu sur les derrières, contre l'armée de Soliman, et dont la victoire avait enfin couronné les généreux efforts, tous ceux encore qui avaient engagé la bataille sur la première ligne, et renversé leurs ennemis, Hugues-le-Grand, le comte Robert de Normandie et le comte de Flandre, beaucoup d'autres guerriers enfin, dignes d'un éternel souvenir, tous se précipitent à l'envi, traversent le lit du torrent, attaquent les Turcs sur leur colline, les chassent de toutes leurs positions, et les mettant en déroute une seconde fois, les contraignent enfin de chercher dans la fuite leurs derniers moyens de salut.

Corbogath, se tenant éloigné de la foule, depuis le commencement de la bataille, s'était placé sur une colline d'où il expédiait fréquemment des messagers qui revenaient ensuite lui rendre compte de l'état des affaires. Il attendait avec anxiété l'issue de cette grande lutte, lorsqu'il vit ses légions dispersées fuyant de tous côtés, et ne résistant plus sur aucun point. Ce spectacle le remplit d'effroi; tous ceux qui l'entouraient l'invitèrent à pourvoir sans retard à sa sûreté personnelle; aussitôt il abandonne son camp, oublie toute son armée, et prend la fuite sans attendre personne; emporté rapidement par la frayeur qui le pousse, il court, changeant sans cesse de chevaux pour accélérer sa marche, arrive sur les bords de l'Euphrate, franchit le fleuve et semble ne pas se croire encore en sûreté. Son armée cependant, privée de la présence de son chef, perd en même temps et la force et le courage de résister; tous ceux que leurs chevaux peuvent enlever au danger qui les presse, suivent les traces de leur chef, et échappent ainsi au fer de leurs ennemis. Nos soldats, n'osant se confier de même à leurs chevaux, ne les poursuivirent pas long-temps. Tancrède seul, accompagné de quelques autres guerriers, s'attacha à leurs pas jusqu'à la chute du jour, et les chassa devant lui, renversant tous ceux qu'il rencontrait, et les repoussant à trois ou quatre milles de la plaine. Les Turcs, frappés de terreur par le ciel même, n'osaient tenter de se défendre, et n'essayaient pas même de résister au petit nombre de guerriers qui s'élançaient à leur suite ; dix hommes d'entre les nôtres faisaient sur eux l'effet de plusieurs milliers de combattans, et il n'y avait là personne qui, dans leur fuite, pût les soustraire aux coups de nos gens. On put alors reconnaître la vérité de ces paroles : « Il n'y a point de conseil « contre le Seigneur [1]. » Notre armée put se convaincre aussi par sa propre expérience, « que le Seigneur « n'abandonne point ceux qui espèrent en lui [2]. » Un peuple pauvre et affamé, s'appuyant sur le secours de Dieu, triompha d'une immense multitude d'hommes vaillans, et, malgré toutes les probabilités, l'Éternel confondit en une seule bataille tout l'Orient soulevé contre ses serviteurs.

Nos princes se voyant alors en pleine possession d'une victoire qui leur était accordée par le ciel même, rentrèrent aussitôt dans le camp des ennemis, et y trouvèrent en grande abondance toutes les choses dont ils pouvaient avoir besoin, ainsi qu'une immense quantité de richesses, en or, en argent, en pierreries, en vêtemens précieux, en soieries, en vases remarquables, autant par la beauté de la matière que

---

[1] Proverbes, chap. 21, v. 30.
[2] Judith, chap. 13, v. 17.

par la perfection du travail : ils s'emparèrent également d'un grand nombre de chevaux, de toute sorte de bétail gros et menu, de denrées et de vivres de toute espèce, à tel point qu'ils n'avaient plus désormais que l'embarras du choix, après avoir, la veille encore, supporté les plus cruelles privations. Ils rassemblèrent aussi les pavillons et les tentes, dont ils avaient le plus grand besoin : celles qui leur restaient se trouvaient tout-à-fait hors de service, tant à cause du long usage qu'ils en avaient fait, que par suite des pluies qui les avaient entièrement abîmées. Ces tentes étaient en outre remplies de trésors, et on les fit transporter à Antioche, en même temps qu'on y conduisit les femmes esclaves et les enfans, que les Turcs avaient abandonnés en prenant la fuite. Parmi ces riches dépouilles, on remarquait une tente, ouvrage admirable, qui appartenait au prince Corbogath : elle était construite comme une ville, garnie de tours, de murailles et de remparts, et recouverte de riches tentures de soie, en couleurs variées. Du centre de la tente, qui formait en quelque sorte le logement principal, on voyait de nombreux compartimens, qui se divisaient de tous côtés, et formaient des espèces de rues, dans lesquelles étaient encore beaucoup d'autres logemens, semblables à des auberges ; on assurait que deux mille hommes pouvaient tenir au large dans ce vaste édifice.

Chargés de dépouilles, enrichis de tant de trésors, les Chrétiens firent tout transporter à Antioche, et célébrèrent solennellement leur triomphe, rendant mille actions de grâces, dans les transports de leur joie, à celui dont la main puissante les avait enfin arrachés à tant de fatigues et de souffrances, pour leur accorder une glorieuse victoire. Les Turcs qui occupaient encore la citadelle, voyant l'entière défaite de leurs alliés, et désespérant désormais de recevoir aucun secours, capitulèrent à condition de sortir la vie sauve, d'emmener librement avec eux leurs femmes, leurs enfans, et tout ce qui pouvait leur appartenir; puis, ils remirent la citadelle à nos princes, qui firent aussitôt arborer leurs bannières sur les tours les plus élevées. Ainsi fut occupée cette position importante, par un effet de la grâce surabondante du Seigneur; la victoire fut complète dès ce moment, et ceux qui naguère paraissaient faibles et exténués par la faim, purent désormais jouir en toute sûreté des immenses richesses qu'ils venaient d'acquérir.

Avant cet heureux événement, les plus puissans parmi les Chrétiens, ceux qui portaient les plus illustres noms, s'étaient vus réduits à la cruelle extrémité de mendier eux-mêmes pour parvenir à leur subsistance. Je ne parlerai point des simples soldats; le comte Hermann, homme noble de l'empire des Teutons, en vint à ce point de pauvreté que le duc fut obligé de lui faire délivrer du pain de sa table comme une solde de tous les jours, et ce présent fut considéré comme très-précieux. Henri de Hache, respectable par sa probité, serait mort d'inanition si le duc ne l'eût engagé à venir s'asseoir parmi ses convives. Pendant le siége, et avant que l'armée sortît pour aller combattre, le duc même se vit réduit à la plus grande misère; il n'avait plus de chevaux, et ce ne fut qu'avec grand'peine et à force de prières qu'il arracha au comte de Toulouse celui sur lequel il monta pour aller attaquer les ennemis. Il avait déjà dépensé, en abondantes aumônes et en œuvres de piété, tout l'argent qu'il avait apporté; les princes se trouvaient également au dépourvu, et avaient consommé jusqu'à leurs dernières ressources dans leur dévouement pour tout ce qui se rapportait à un service d'intérêt public. Aussi l'on vit, au jour du combat, un grand nombre de nobles, illustres dans leur pays autant par leur naissance que par leur réputation de valeur, réduits maintenant à la plus grande pauvreté et n'ayant plus de chevaux, sortir de la ville pour aller attaquer l'ennemi, les uns à pied, les autres montés sur des ânes ou sur de viles bêtes de somme. Le Seigneur laissa tomber sur eux un regard de bonté qui les consola dans leur affliction, et avant le coucher du soleil, il les enrichit des dépouilles du vaincu. On vit ainsi se renouveler l'exemple antique de Samarie, alors que la mesure de fleur de froment et d'orge était livrée pour une faible pièce de monnaie. Tous ceux qui le matin même pouvaient à peine suffire à leur propre nourriture, se trouvèrent le soir en état de fournir à l'entretien d'un grand nombre de personnes. La bataille d'Antioche fut livrée l'an mille quatre-vingt-dix-huit de l'incarnation de Notre-Seigneur, et le vingt-huit du mois de juin.

[1098.] A la suite de ce grand combat, et lorsque toutes choses eurent été remises en ordre dans la ville, le patron de l'armée, le respectable évêque du Puy, avec l'assentiment du peuple et le concours de tous les prêtres, s'occupa de rétablir dans leur antique dignité la grande église consacrée au prince des Apôtres, ainsi que toutes les autres églises d'Antioche, et de recomposer un clergé qui pût se dévouer sans relâche à la célébration du service divin. L'impie race des Turcs avait profané les lieux saints; elle avait chassé tous les ministres du culte, pour employer les églises à des usages profanes; les unes, transformées en écuries, avaient été remplies de chevaux et de bêtes de somme; dans d'autres, on exerçait toutes sortes de trafics, indignes de la majesté des temples. On avait gratté et presque enlevé sur les murailles les vénérables images des saints, qui servent de livres aux gens simples, au menu peuple, serviteur de Dieu et recommandable dans sa pieuse rusticité, et qui sont pour les hommes les plus ignorans une leçon perpétuelle, par laquelle ils s'encouragent aux pratiques de la dévotion. Assouvissant leur colère sur ces images, comme sur des créatures vivantes, les Turcs leur avaient crevé les yeux, et mutilé les narines, ou bien encore ils les avaient couvertes de boue et d'immondices; en même temps, ils avaient renversé les autels et souillé le sanctuaire du Seigneur par d'abominables entreprises. Les Chrétiens résolurent donc dans un conseil commun de rétablir le clergé sans délai, de lui rendre son antique splendeur, et on assigna des revenus destinés à l'entretien de ceux qui composeraient la milice du Dieu vivant. On prit dans le butin enlevé à l'ennemi tout l'or et l'argent qui furent jugés nécessaires pour faire des candélabres, des croix, des calices, pour racheter les livres des saints Évangiles, et tous les ornemens sacrés nécessaires à la célébration du culte; on employa également des étoffes de soie pour faire faire les vêtemens sacerdotaux et les couvertures des autels. Le seigneur patriarche, nommé Jean, véritable confesseur du Christ, qui avait subi des persécutions innombrables de la part des infidèles, surtout depuis l'arrivée de nos armées, fut rétabli dans son siége avec les plus grands honneurs; toutes les villes voisines qui avaient possédé auparavant la dignité d'églises cathédrales, retrouvèrent aussi leurs évêques. On n'entreprit point d'élire ni de consacrer un patriarche Latin, du vivant de celui qui avait été ordonné antérieurement, afin qu'on ne vît pas deux prélats prétendant à la fois à un seul et même siége; ce qui est, comme on sait, manifestement contraire aux canons sacrés et aux constitutions établies par les saints Pères de l'Église. Dans la suite, et deux ans plus tard, le patriarche Jean, reconnaissant lui-même qu'en sa qualité de grec, il était peu utile aux Latins, se retira et alla vivre à Constantinople. Après son départ, le clergé et le peuple d'Antioche se réunirent, et élurent pour patriarche l'évêque d'Artasie, nommé Bernard, qui était né à Valence, et avait accompagné l'évêque du Puy en qualité de chapelain. Les princes, d'un commun accord, concédèrent à Boémond toute l'autorité et le gouvernement de la ville d'Antioche, ainsi qu'ils le lui avaient promis avant de s'en rendre maîtres. Le comte de Toulouse seul persista dans ses refus, et retint avec l'aide de ses troupes la porte de la ville voisine du pont et les tours adjacentes. Cependant plus tard, et lorsque le comte fut parti d'Antioche, Boémond chassa de ces postes les gardes qu'il y avait laissées et s'en rendit maître, ainsi que j'aurai occasion de le dire en son temps. Et comme, en l'honneur de sa nouvelle dignité, Boémond avait été nommé prince par ceux qui composaient son armée, cet usage a prévalu; en sorte que celui qui gouverne la ville d'Antioche est depuis lors appelé de ce titre.

LIVRE SEPTIÈME.

Après avoir ainsi réglé les affaires d'Antioche, les princes résolurent, dans leur conseil, d'envoyer des députés à l'empereur de Constantinople, et de lui faire demander, en vertu des traités par lesquels il s'était lié, de ne plus différer à conduire en personne les secours promis depuis long-temps. Ils arrêtèrent de lui faire annoncer qu'étant sur le point de partir pour Jérusalem, ils espéraient qu'il ne tarderait pas à les suivre, ainsi qu'il s'y était engagé par sa parole, et qu'enfin, s'il négligeait d'accomplir les conditions de son traité, eux-mêmes cesseraient de se croire obligés à l'avenir envers lui. Les princes élurent pour remplir cette mission deux hommes nobles et illustres, le seigneur Hugues-le-Grand, frère de Philippe, roi de France, et le seigneur Baudouin, comte du Hainaut. Dans le cours de leur voyage, ce dernier disparut, à la suite d'une attaque inopinée des ennemis, et l'on n'a jamais pu savoir quel avait été son sort : les uns ont prétendu qu'il avait péri dans le combat livré en cette rencontre, d'autres ont affirmé qu'il avait été pris par les ennemis, chargé de fers et envoyé dans les provinces les plus reculées de l'Orient. Hugues-le-Grand échappa aux mêmes périls, et arriva sain et sauf auprès de l'empereur; mais, parvenu à Constantinople, il y tint une conduite qui obscurcit singulièrement la brillante réputation qu'il avait acquise par ses hauts faits, et qui parut une grave dérogation au titre glorieux de sa naissance. Après avoir, pendant tout le cours de l'expédition, accompli une foule d'actions éclatantes et dignes de perpétuer à jamais sa mémoire, il perdit dans cette ambassade tout le fruit de ses travaux : d'abord il s'acquitta de la mission qu'on lui avait confiée, mais il ne fit aucune réponse aux princes qui l'en avaient chargé, et ne retourna plus auprès d'eux. Cette action coupable fut d'autant plus remarquée, qu'il était lui-même plus distingué par l'éclat de son nom et de son rang, car, ainsi que l'a dit notre Juvénal :

Omne animi vitium tanto conspectius in se
Crimen habet, quanto qui patrat major habetur[1].

Immédiatement après la grande victoire remportée par les Chrétiens sur leurs ennemis, et lorsque toutes choses eurent été rétablies en ordre dans la ville, il s'éleva à Antioche une cruelle maladie, dont les causes étaient entièrement inconnues, mais qui amena une telle mortalité, qu'il ne se passait pas de jour sans que l'on eût à ensevelir au moins trente ou quarante personnes ; les malheureux débris du peuple chrétien se trouvèrent ainsi exposés à une nouvelle destruction, et ce fléau contagieux se répandit de toutes parts, frappant indistinctement sur toutes sortes de personnes. Le vénérable Adhémar, évêque du Puy, digne d'une immortelle mémoire, succomba lui-même au

---

[1] Tout vice de l'âme attire des reproches d'autant plus éclatans que celui qui s'y livre est plus illustre.

sort commun de toute chair ; le peuple, dont il avait
été le père et le principal directeur, déplora sa perte
en versant d'abondantes larmes ; on l'ensevelit avec
les plus grands honneurs, au milieu des gémissemens
de toute l'armée, dans la basilique du bienheureux
Pierre, au lieu même où l'on disait avoir trouvé la
lance du Seigneur. Henri de Hache, illustre par sa
naissance aussi bien que par sa valeur, périt aussi de
la même maladie, dans le fort de Turbessel, et y fut
enseveli. Renaud d'Ammersbach, guerrier que sa valeur signalait autant que l'éclat de son nom, succomba
sous le même fléau, et fut enseveli dans le vestibule de
la basilique du prince des Apôtres. Les femmes furent
plus particulièrement atteintes par cette maladie, à
tel point qu'en peu de temps il en périt environ cinquante mille. Des hommes curieux recherchèrent les
causes de ce mal, et se partagèrent en divers avis : les
uns prétendaient que le germe de ce fléau destruc-
teur était caché dans l'air ; d'autres affirmèrent que le
peuple, long-temps éprouvé par une dure famine, et
cherchant à se refaire, après avoir retrouvé des alimens en abondance, se livrait avec trop d'avidité au
plaisir de manger, et que c'était là l'unique cause de
cette excessive mortalité. Ils faisaient observer, à l'appui de leur assertion, et comme une preuve évidente
de sa vérité, que les hommes sobres et tous ceux qui
prenaient soin de se nourrir avec modération se trouvaient beaucoup mieux de ce régime, et finissaient
par se rétablir.

Cependant, soit pour échapper à ce nouveau péril,
soit pour se hâter d'accomplir l'œuvre du pélerinage,
le peuple ne tarda pas à demander à grands cris l'ordre

du départ. De tous côtés on sollicitait les princes de se préparer à reprendre la route de Jérusalem, et de se mettre à la tête des armées du Seigneur, pour satisfaire aux vœux qu'ils avaient prononcés, en entraînant les peuples à leur suite. Les princes se réunirent alors en conseil, pour délibérer sur une demande qui méritait si bien d'être favorablement accueillie, et l'on proposa divers avis. Les uns pensèrent qu'il serait convenable de partir sans le moindre retard, et de répondre avec empressement aux desirs du peuple; d'autres, redoutant les chaleurs excessives de la saison, et surtout le manque d'eau, craignant de nouvelles calamités pour des hommes affaiblis par une longue disette, et pour les chevaux encore mal rétablis de leurs fatigues, jugèrent qu'il vaudrait beaucoup mieux attendre une température plus douce, et différer jusqu'au commencement d'octobre. Ils disaient que, dans cet intervalle, on acheterait d'autres chevaux, que ceux qui restaient encore dans l'armée auraient le temps de se refaire, que les hommes se rétabliraient aussi par une bonne nourriture et par le repos, et qu'ainsi, lorsque tous auraient à l'envi réparé leurs forces, il serait plus facile de se remettre en voyage. Cet avis fut généralement adopté, et l'on arrêta dans le conseil que l'on attendrait jusqu'au terme proposé. Cependant, afin d'éviter les ravages de la contagion, et pour avoir aussi en plus grande abondance toutes les choses nécessaires à la vie, les princes résolurent de se séparer les uns des autres, sous la condition de se rassembler de nouveau au temps déterminé, et sans le moindre délai. Boémond descendit en Cilicie, s'empara successivement de

Tarse, d'Adana, de Mamistra, d'Anavarze ; il plaça des garnisons dans chacune de ces villes, et occupa bientôt tout le pays. Les autres se répandirent dans tous les lieux environnans, ayant soin de se tenir séparés de la foule, et s'occupant uniquement de leur santé et de leurs chevaux. Un grand nombre de nobles et de gens du peuple poussèrent leur marche jusqu'à l'Euphrate, traversèrent ce fleuve, se rendirent à Edesse, auprès de Baudouin, frère du duc, qui y commandait, et cherchèrent à gagner ses bonnes grâces. Il accueillit tous les arrivans avec beaucoup de bonté, et traita généreusement tous ceux qui demeurèrent auprès de lui ; les autres ne le quittèrent qu'après avoir reçu beaucoup de présens et fort satisfaits de son accueil bienveillant.

Dans le même temps, Rodoan, prince d'Alep, se trouvait en inimitié ouverte avec l'un de ses satrapes, gouverneur du château de Hasarth[1]. Animé d'une vive haine, il avait convoqué toutes les troupes des contrées soumises à son obéissance, et était allé mettre le siége devant ce château. Le gouverneur, voyant qu'il lui serait impossible de résister long-temps à son maître puissant et irrité, s'il n'appelait les Francs à son secours, envoya en députation au duc Godefroi un Chrétien qui lui était dévoué, le chargeant d'offrir de sa part de riches présens, et de faire tous ses efforts pour lui concilier les bonnes grâces et l'amitié de ce prince ; il lui fit promettre en outre de se dévouer complétement à son service et de se lier par les nœuds indissolubles d'un traité ; et afin que le duc prît une confiance entière en ses propositions, et ne pût douter

[1] Ou Hézas.

de l'accomplissement des promesses qu'il lui adressait, il offrit de lui envoyer son fils en otage, et le fit en même temps supplier de venir l'arracher au danger qui le menaçait, promettant de lui assurer en temps opportun une récompense proportionnée au service qu'il sollicitait en ce moment. Le duc accueillit le message avec bienveillance, s'engagea envers le Turc par un traité de bonne amitié, et lui promit sa protection. En même temps il envoya quelqu'un à son frère le comte d'Edesse, pour lui demander un secours de bonnes troupes, à l'effet de travailler de concert avec lui à la délivrance du gouverneur de Hasarth. Il n'y avait encore que cinq jours que Rodoan était arrivé sous les murs du château avec toute son armée, lorsque Godefroi sortit d'Antioche à la tête d'une multitude de fidèles de sa suite et de beaucoup d'autres de ses compagnons qu'il avait invités à le suivre, et se mit en marche pour porter secours à son nouvel ami. Les messages que ce dernier avait adressés au duc avaient reçu de lui toutes sortes de témoignages de bienveillance qu'ils furent chargés de rapporter à leur maître, et s'estimaient heureux d'avoir réussi dans leur mission, au-delà même de leurs vœux. Mais lorsqu'ils voulurent aller rendre compte à leur maître de ce succès, il leur fut impossible de parvenir jusqu'à lui, car l'armée ennemie avait investi le château de toutes parts, et il n'y avait plus aucun moyen d'y entrer ou d'en sortir. Ils prirent alors deux pigeons dressés à ce genre d'exercice, leur attachèrent sous la queue deux billets dans lesquels ils eurent soin de rendre compte au gouverneur du résultat de leurs négociations et des promesses qu'ils avaient obtenues, et rendirent aussitôt la liberté aux deux oiseaux. Les deux pigeons retournèrent en un instant au lieu où ils avaient été élevés, et furent pris par celui qui les avait gardés et nourris; on alla porter au gouverneur les billets qu'ils avaient apportés. Cette lecture ranima son courage abattu; tout à l'heure il redoutait la multitude des assiégeans, et désespérait de pouvoir leur résister plus long-temps; maintenant il ne craint plus de les attaquer le premier, et les harcèle sans relâche.

Le duc, parti d'Antioche avec toute son escorte, s'était avancé une journée de marche, lorsqu'il rencontra son frère Baudouin qui lui conduisait trois mille hommes bien armés et vaillans. Le duc l'accueillit avec beaucoup de tendresse et lui témoigna les sentimens les plus affectueux; il lui exposa ensuite ses projets et lui rendit un compte exact du traité d'alliance qu'il avait conclu avec le noble gouverneur de Hasarth : Baudouin approuva tous ces arrangemens ; mais, comme les forces que son frère conduisait paraissaient insuffisantes pour atteindre à son but de faire lever de vive force le siége du château, il lui conseilla, avant de se porter plus loin, d'appeler à son secours les princes qui étaient demeurés à Antioche, afin de pouvoir ensuite se livrer en toute assurance à l'accomplissement de son entreprise. Le duc se rendit à l'avis de son frère, et envoya aussitôt une députation à Boémond et au comte de Toulouse, pour les faire supplier, dans les termes les plus pressans, au nom des liens de fraternité qui les unissaient, de l'assister sans délai dans l'expédition qu'il entreprenait pour secourir un ami, les faisant assurer qu'en des circonstances semblables ils trouveraient en lui la même disposition à les obliger. Le duc, avant de partir d'Antioche, leur avait déjà fait la même demande et les avait priés avec amitié de lui prêter leur assistance. Mais ces deux princes, jaloux de la préférence que le gouverneur d'Hasarth semblait avoir témoignée pour le duc en s'adressant d'abord à lui, avaient refusé de répondre à son appel : sur la seconde convocation qu'il leur fit parvenir, ils reconnurent qu'ils ne pouvaient convenablement résister plus long-temps à ses prières; en conséquence, ils convoquèrent leurs troupes, allèrent rejoindre Godefroi et se joignirent à son expédition.

Lorsqu'ils se trouvèrent réunis, ils eurent environ trente mille combattans sous leurs ordres. Rodoan, quoiqu'il eût avec lui quarante mille Turcs, à ce qu'on assure, se méfia de son armée, et craignant l'approche des Chrétiens, aussitôt qu'il fut informé par ses éclaireurs que ceux-ci n'étaient pas éloignés, il leva le siége du château et se retira à Alep. L'armée des princes, ignorant la fuite de Rodoan, continua de se porter en avant : beaucoup de cavaliers et d'hommes de pied sortirent encore d'Antioche, suivant de loin l'expédition et cherchant à la rejoindre. Un assez grand nombre d'entre eux, qui se trouvaient encore fort éloignés du gros de l'armée, tombèrent sans s'en douter dans une embuscade que les Turcs leur avaient préparée; les ennemis fort supérieurs en nombre, et les attaquant de plus à l'improviste, firent quelques prisonniers et tuèrent presque tout le reste. Le duc et les princes qui marchaient avec lui, informés de ce désastre, rebroussèrent chemin tout de suite, se mirent tous ensemble à la poursuite de ces malfaiteurs et les atteignirent avant qu'ils eussent le temps de se cacher dans leurs retraites, ou de chercher quelque autre moyen de leur échapper. Ils les attaquèrent vigoureusement le glaive à la main et les détruisirent en un moment; on reprit les prisonniers qu'ils emmenaient chargés de fers, on tua un grand nombre de Turcs, on en prit encore beaucoup plus, et ceux qui se sauvèrent par la fuite eurent grand'peine à se soustraire à la mort. Cette troupe, qui formait le corps d'élite de Rodoan, et où se trouvaient ses familiers et ses domestiques, était composée d'environ dix mille hommes.

Après cette victoire, l'armée chrétienne se reforma en un seul corps et se remit en marche pour se rendre au lieu de sa destination. Le gouverneur du château s'avança à sa rencontre, à la tête de trois cents de ses cavaliers; là, en présence de toutes les légions et de tout le peuple, la tête baissée, les genoux en terre, il rendit très-religieusement de solennelles actions de grâces, d'abord au duc, ensuite aux autres princes, s'engagea personnellement et par corps envers eux tous et leur prêta serment de fidélité, promettant qu'aucun temps ni aucun événement ne pourraient le détacher de leur alliance et de leur service. Cette affaire heureusement terminée, l'armée chrétienne, après avoir, selon ses desirs, rétabli son allié, reprit la route d'Antioche, et Baudouin retourna de son côté à Edesse.

Cependant le duc, voyant que la peste continuait de régner dans la ville et que le peuple en souffrait de plus en plus, se rendit aux vives sollicitations de son frère, qui l'avait instamment supplié, en le retrouvant, de venir s'établir dans son pays, et d'éviter ainsi les chaleurs du mois d'août et la malignité d'une atmosphère infectée. Il emmena avec lui son escorte particulière et un grand nombre d'indigens, auxquels il se promettait charitablement de fournir tout ce dont ils auraient besoin; il se rendit sur le territoire appartenant à son frère et s'établit dans les environs de Turbessel, de Hatab et de Ravandel [1], vivant à discrétion sur le pays et voyant très-souvent Baudouin. Pendant qu'il demeurait dans ces lieux, il entendit souvent les habitans, et surtout les religieux des nombreux monastères qu'on y trouvait, se répandre en plaintes graves contre les deux frères, Pancrace et Covasille. Ces deux hommes, Arméniens d'origine, illustres par leur condition, mais artificieux au-delà de toute mesure, possédaient, dans ce pays, des places fortes qui leur donnaient une extrême confiance, et ils abusaient de ces avantages pour accabler de leurs odieuses vexations les habitans, et plus particulièrement encore les monastères; ils avaient même poussé la témérité jusqu'à dépouiller sur leur passage des messagers que le comte d'Edesse envoyait à son frère pour lui porter des présens, tandis que l'armée chrétienne était encore occupée du siége d'Antioche; et ils avaient adressé à Boémond les cadeaux destinés au duc, afin de se concilier la protection du premier contre le comte d'Edesse. Godefroi fut saisi d'une juste indignation en recueillant ces plaintes; il envoya contre eux cinq cents de ses cavaliers avec les habitans du pays, fit prendre leurs châteaux de vive force et les fit raser, pour rabattre un peu l'insolence intolérable de ceux auxquels ils appartenaient.

[1] Aujourd'hui *Rawendus*, sur une montagne escarpée.

Tandis qu'il demeurait encore dans ces contrées, presque tous les principaux chefs de l'armée et un nombre infini de gens du peuple, cherchant quelque soulagement à la misère qui les menaçait, accoururent en foule auprès du comte d'Edesse, surtout depuis que le château de Hasarth, situé au milieu de la route, était en quelque sorte tombé au pouvoir des nôtres. Le duc les recevait avec de si grands honneurs, et se montrait si généreux envers tous, que ceux-là même qui venaient le solliciter ne pouvaient assez s'étonner de ses largesses.

Cette continuelle affluence de pélerins attira à Edesse une si grande quantité d'étrangers latins, que les citoyens de la ville commencèrent à en éprouver une extrême fatigue. Reçus avec hospitalité, ils ne laissaient pas d'écraser les habitans par toutes sortes de vexations, et voulaient réduire le peuple sous un joug insupportable. De jour en jour, Baudouin cessait d'employer autant le conseil des nobles par le secours desquels il avait fait une si précieuse acquisition. Ceux-ci, remplis d'une vive indignation contre lui et tous les siens, en vinrent bientôt à se repentir extrêmement de l'avoir choisi pour chef, et craignirent qu'un jour ou l'autre cet homme, qui semblait insatiable, ne les dépouillât de tous leurs biens. En conséquence, ils se lièrent de complot avec les princes turcs du voisinage, et se mirent à chercher quelque moyen de faire assassiner Baudouin secrètement, ou tout au moins de le chasser de la ville; afin de se mieux préparer à l'exécution de ce projet, ils firent transporter leurs trésors et tout ce qui leur appartenait chez leurs amis, dans les châteaux et les villes environnantes.

Tandis qu'ils s'occupaient avec beaucoup d'activité d'assurer le succès de leurs projets, le comte en fut informé par les rapports d'un homme qui lui était entièrement dévoué, et avait pour lui une affection très-sincère. Il trouva en outre beaucoup de preuves qui ne lui permirent plus de douter de la réalité de ce dessein, et expédia aussitôt de tous côtés une troupe nombreuse de satellites, avec ordre d'arrêter tous ces homicides, et de les charger de fers. Les aveux de quelques-uns d'entre eux lui firent connaître encore mieux leurs projets ; il ordonna de crever les yeux aux principaux chefs de la faction ; il confisqua les biens de ceux qui étaient moins coupables, et les chassa de la ville ; d'autres enfin perdirent toutes leurs possessions mobilières. Baudouin s'en empara au profit de son trésor, et leur permit au surplus de continuer à résider dans la ville, se bornant à les punir par des amendes. Il ramassa ainsi vingt mille pièces d'or, dont il se servit pour récompenser largement tous ceux qui venaient à lui, et dont le secours lui aida à soumettre les villes et les forteresses voisines; la terreur de son nom se répandit de tous côtés, et frappa les citoyens d'Edesse, ainsi que tous les habitans des environs. Ils ne songèrent plus qu'à chercher tous les moyens possibles de le renverser. Son beau-père, craignant d'être horriblement tourmenté pour le paiement de la dot qu'il lui avait promise en lui donnant sa fille, et dont il ne s'était pas encore acquitté, prit la fuite en secret, et se retira dans les montagnes, où il possédait des places fortes.

Il y avait aussi dans le même pays un noble, Turc d'origine, nommé Balak, autrefois seigneur de Sororgia, qu'un traité d'alliance unissait avec le comte Baudouin, et qui avait été intimement lié avec lui avant que les Latins fussent venus en foule à Edesse. Soit qu'il y fût poussé par les habitans, soit qu'il suivît uniquement la méchante impulsion de son esprit, cet homme, voyant s'affaiblir chaque jour l'attachement que Baudouin avait eu pour lui, alla lui-même le trouver et le supplier de venir en personne recevoir de sa main l'hommage de la dernière forteresse qui restait en sa possession, déclarant qu'il lui suffisait d'obtenir la bienveillance du comte, et qu'un tel bien valait à ses yeux les plus riches héritages. Il ajouta encore que son intention était de retourner à Edesse avec sa femme et ses enfans, et d'y faire transporter tout ce qui lui appartenait, et feignit de redouter par dessus toute chose l'indignation des gens de sa tribu, par suite des liaisons qu'il avait contractées avec les Chrétiens. Le comte, persuadé par ces paroles, consentit à se rendre un certain jour au lieu convenu, pour satisfaire aux vœux de Balak. Au jour indiqué, Baudouin sortit avec deux cents cavaliers et s'achemina vers la forteresse, précédé par le Turc. Celui-ci avait fait fortifier la place et y avait introduit en secret cent hommes vigoureux et bien armés, qu'il fit cacher avec le plus grand soin, en sorte qu'on ne pouvait voir aucun d'entre eux. Lorsque la troupe de Baudouin se fut arrêtée près du fort, Balak lui demanda de n'entrer d'abord qu'avec quelques-uns de ses plus intimes amis, de peur que si toute son escorte s'établissait simultanément dans le château, il n'eût lui-même à essuyer quelque perte ou quelque dommage dans les choses qui lui appartenaient. Déjà Baudouin avait consenti à cette proposition, lorsque quelques hommes, distingués également par leur noblesse et leur prudence, et qui faisaient partie de sa suite, prévoyant en quelque sorte la trahison, et se méfiant bien justement de Balak, retinrent le comte presque par force, au moment même où il allait entrer : ils jugèrent qu'il serait plus sage d'envoyer d'abord quelques autres personnes pour subir cette première épreuve : le comte adopta ce bon avis et ordonna à douze hommes de sa suite, pleins de vigueur et parfaitement armés, de pénétrer les premiers dans la citadelle. Pendant ce temps, il prit position dans le voisinage du fort, avec le reste de sa troupe, et attendit en repos l'issue de cette première tentative. Ceux qui marchèrent en avant ne tardèrent pas à éprouver les effets de la fraude de Balak. Les cent Turcs qu'il avait renfermés dans la place sortirent aussitôt de leur retraite, se jetèrent sur les cavaliers, qui tentèrent vainement de résister, les firent prisonniers et les chargèrent de fers. Le comte, dès qu'il en fut informé, éprouva un vif regret de la perte de ses fidèles serviteurs, qu'on lui enlevait si traîtreusement : plein de sollicitude, il s'avança sous les murs du fort, essaya de ramener Balak à de meilleures résolutions, lui rappela les sermens par lesquels il s'était engagé à lui demeurer à jamais fidèle, et l'invita à rendre les hommes dont il s'était emparé par trahison, lui offrant même de payer une somme considérable pour leur rançon : le Turc refusa d'accéder à ces propositions, si on ne lui rendait la ville de Sororgia. Baudouin voyant qu'il lui serait impossible de s'emparer d'un fort que sa position sur des rochers élevés, les travaux d'art qui l'entouraient et les troupes qui le défendaient rendaient également inexpugnable, reprit le chemin d'Edesse, le cœur plein d'amertume en songeant à la perte de ses braves soldats, et à la fraude dont il venait d'être la dupe.

La ville de Sororgia était alors au pouvoir d'un certain Fulbert de Chartres, homme très-versé dans la science de la guerre, et qui avait sous ses ordres cent cavaliers bien équipés. Ayant appris l'injure que son seigneur avait reçue, et brûlant du desir d'en tirer une vengeance éclatante, il chercha dans sa tête les moyens d'y réussir. A cet effet, il établit un certain jour une embuscade en un lieu propre à l'exécution de ses projets, et s'avança de sa personne, accompagné seulement de quelques hommes, presque sous les murs de la citadelle de Balak, comme dans l'intention de chercher du butin, et avec le dessein secret de se faire poursuivre par les Turcs : ceux qui occupaient le fort le voyant, au milieu des pâturages, enlever des bestiaux pour les emmener, coururent aux armes, s'élancèrent avec ardeur sur son détachement, le mirent en fuite et le poursuivirent bien au-delà du lieu où il avait mis ses hommes en embuscade. Réunissant alors ses forces et rassemblant ceux qui s'étaient d'abord tenus cachés, Fulbert courut sur les Turcs, les attaqua à son tour, leur tua quelques hommes, repoussa les autres si vivement qu'ils eurent quelque peine à se mettre à couvert derrière les murailles du château, et leur enleva six prisonniers; peu de temps après il les rendit en échange de six hommes de ceux qu'on avait pris sur Baudouin : quatre autres de ceux-ci trouvèrent encore moyen d'échapper à la vigilance de leurs gardes et de recouvrer leur liberté ; les deux derniers des douze qu'on avait retenus captifs dans le fort, furent décapités par ordre de l'impie et scélérat Balak.

Depuis ce jour Baudouin évita de contracter aucune alliance avec les Turcs, et ne cessa de se méfier de leur fidélité : il ne tarda pas même d'en donner la preuve la plus éclatante. Il y avait dans le même pays un homme de cette race, nommé Baldouk, qui avait vendu au comte, moyennant un prix déterminé, l'antique Samosate, ville extrêmement fortifiée. Cet homme s'était engagé par son traité à s'aller établir à Edesse avec sa femme, ses enfans et tous ceux qui composaient sa maison. Il cherchait sans cesse de nouveaux prétextes pour différer l'accomplissement de ses promesses, attendant toujours l'occasion de commettre quelque méchanceté. Un jour qu'il se présenta devant Baudouin, selon sa coutume, et lui allégua de frivoles motifs pour s'excuser de ses retards, Baudouin lui fit trancher la tête, afin de se prémunir contre toute nouvelle tentative de trahison.

Tandis que le duc Godefroi demeurait encore à Turbessel et que les événemens que je viens de rapporter se passaient dans les environs d'Edesse, le comte de Toulouse, jaloux aussi de ne pas s'engourdir dans l'oisiveté, sortit d'Antioche avec son escorte et un grand nombre de pauvres gens du peuple, et alla mettre le siége devant Albar[1], ville très-fortifiée, située à deux journées de marche d'Antioche. Les assiégés, attaqués vigoureusement, furent bientôt obligés de se rendre. La ville étant prise, Raimond soumit également toute la contrée adjacente et les

---

[1] Peut-être *Bir* ou *Al-Bir* sur l'Euphrate.

lieux circonvoisins : il désigna aussitôt pour évêque de ce pays un certain Pierre, de Narbonne, qui faisait partie de son escorte, homme de bonnes mœurs et plein de sentimens religieux, et lui assigna en même temps la propriété de la moitié de la ville et de son territoire, rendant grâce au Seigneur d'être enfin parvenu à donner à l'Orient un évêque latin. Pierre se rendit alors à Antioche, d'après les ordres du comte, pour se faire consacrer, et fut investi de toute la plénitude de la puissance pontificale. Plus tard, lorsque l'église d'Antioche fut réorganisée par le seigneur Bernard, premier patriarche latin de cette cité, l'église d'Albar fut élevée à la dignité de métropole, Pierre reçut du patriarche les honneurs du manteau et devint archevêque.

Il y avait dans le même temps, à la suite du comte de Toulouse, un noble, nommé Guillaume, que le hasard avait favorisé au moment de la prise d'Antioche, en faisant tomber entre ses mains la femme d'Accien, prince de cette ville, et ses deux petits-fils encore enfans, nés de son fils Samsadol. Il les retenait encore en captivité. Samsadol, voulant les racheter, paya une forte somme d'argent à Guillaume, qui rendit aussitôt la mère et les enfans.

A peu près vers la même époque on vit encore arriver au port Saint-Siméon une expédition d'hommes de l'empire Teutonique, venant des environs de Ratisbonne et qui débarquèrent à la suite d'une heureuse navigation, au nombre de quinze cents environ. Ils succombèrent tous en peu de temps à la maladie qui régnait dans le pays. Pendant trois mois consécutifs, et jusqu'au commencement de décembre, cette affreuse peste ne cessa d'exercer ses ravages ; il périt pendant ce temps plus de cinq cents hommes nobles, et il serait impossible de dire tout ce qui mourut dans le menu peuple.

Après la prise d'Albar, et vers le commencement de novembre, tous les princes qui étaient sortis d'Antioche pour échapper à la contagion, s'y étant réunis de nouveau, conformément à leur convention, tinrent une assemblée générale, et résolurent d'aller mettre le siége devant Marrah[1], ville très-forte, située à huit milles d'Albar : c'était pour eux un moyen de calmer le peuple, qui ne cessait de demander à grands cris que l'armée se mît en route pour Jérusalem. Après avoir fait tous les préparatifs nécessaires pour cette expédition, on partit au jour convenu ; les comtes de Toulouse, de Flandre et de Normandie, le duc Godefroi, son frère Eustache, et Tancrède, se mirent en marche et allèrent investir la ville de Marrah. Les habitans se montraient orgueilleux de leurs immenses richesses ; ils témoignaient beaucoup plus d'arrogance depuis qu'ils avaient battu et tué un grand nombre des nôtres dans une rencontre ; ils ne cessaient de se vanter entre eux, affectaient un grand mépris pour notre armée, et se répandaient en outrages contre les princes. Ils plantaient des croix sur leurs tours et sur leurs remparts, et les couvraient de boue et de toutes sortes d'immondices, pour insulter plus vivement aux Chrétiens. Ceux-ci, pleins d'une violente indignation et animés par la douleur que leur donnaient ces horribles sacriléges, attaquèrent la ville à diverses reprises, livrèrent de nombreux assauts, et

---

[1] Entre Hamath et Alep.

il n'est pas douteux qu'ils s'en fussent emparés de vive force dès le second jour de leur arrivée, s'ils eussent eu des échelles en nombre suffisant. Le troisième jour Boémond arriva, amenant de nouvelles troupes, et acheva l'investissement de la place du côté que l'on n'avait pu encore occuper. Quelques jours après, les Chrétiens, indignés de se voir si long-temps arrêtés dans leur entreprise, font tresser des claies, dresser des tours, et disposer des machines en bois propres à lancer des traits; puis, impatiens de tout retard, ils poussent les travaux du siége avec une nouvelle vigueur. Après avoir comblé les fossés à force de travail, ils dirigent leurs efforts contre les murailles pour chercher à les renverser par le pied. De leur côté, les assiégés résistaient avec beaucoup d'ardeur, lançaient des pierres, des matières enflammées, des ruches remplies d'abeilles, de la chaux vive, et faisaient enfin tout ce qui leur était possible pour repousser les assiégeans loin des remparts. Mais la puissance et la miséricorde de Dieu protégeaient les nôtres, en sorte que les ennemis n'en blessaient aucun, ou seulement un bien petit nombre, et cependant l'ardeur des Chrétiens s'accroissait de plus en plus, et ils redoublaient de zèle en voyant combien étaient infructueux tous les efforts des assiégés. Ils avaient déjà livré assaut depuis le premier crépuscule jusqu'au coucher du soleil; les Turcs, excédés d'une si longue résistance, ne se battaient plus avec la même activité, lorsque quelques-uns des nôtres dressèrent leurs échelles contre les murailles et parvinrent de vive force sur les remparts. Le premier qui y arriva fut un noble, originaire de l'évêché de Limoges, nommé Guilfert, surnommé Des Tours : il fut suivi de plusieurs autres, qui s'emparèrent aussitôt de quelques unes des tours ; mais la nuit, survenue fort mal à propos, les empêcha de poursuivre leur entreprise et d'occuper le reste de la ville. Ils remirent donc au lendemain ; mais en attendant, et afin d'ôter aux ennemis tout moyen de sortir de la place, les chevaliers et une troupe des principaux de l'armée veillèrent attentivement autour des murs durant toute la nuit, avec le projet d'y pénétrer dès le point du jour. Cependant la populace, toujours insoumise, fatiguée de ses longs travaux et surtout de la cruelle disette dont elle souffrait depuis long-temps, voyant en outre qu'aucun ennemi ne se montrait sur les remparts et que la ville était entièrement tranquille et sans bruit, se hâta d'y pénétrer sans en prévenir les chefs ; elle trouva la place abandonnée, et chacun s'occupa alors dans le plus grand silence à s'emparer de toutes les dépouilles des habitans. Ceux-ci en effet s'étaient enfuis dans des souterrains, mettant à profit le temps qui leur restait pour sauver du moins leur vie. Le matin, les princes s'étant levés entrèrent dans la ville sans avoir à livrer de combat, mais ils ne trouvèrent plus que fort peu de butin. Ayant appris que les assiégés s'étaient retirés dans des souterrains, ils y firent allumer des feux qui les enveloppèrent d'une épaisse fumée, et les forcèrent ainsi à se rendre. Arrachés de vive force à leur dernière retraite, les uns succombèrent sous le glaive, les autres furent faits prisonniers et chargés de fers. Le seigneur Guillaume, évêque d'Orange, de précieuse mémoire, homme plein de religion et craignant Dieu, mourut dans cette ville. Le duc, après y avoir demeuré quinze jours avec le reste de l'armée, retourna à Antioche, accompagné du comte de Flandre, pour aller prendre soin de ses affaires particulières.

Cependant Godefroi, voyant que le peuple faisait les préparatifs de départ et ne cessait de solliciter les princes pour obtenir les ordres nécessaires, résolut, avant de quitter le pays, d'aller voir son frère et de jouir encore du plaisir de causer avec lui. Il partit donc avec son escorte habituelle et se rendit dans le pays occupé par Baudouin : après l'avoir vu et avoir terminé les affaires pour lesquelles il y était allé, il prit congé de lui et se remit en route pour rejoindre à Antioche les princes qui l'attendaient. Il n'était plus qu'à cinq ou six milles de cette ville, lorsqu'arrivant dans un site agréable et couvert de beaux pâturages, auprès d'une fontaine d'où coulait une eau vive et limpide, le charme de cette position l'engagea à descendre de cheval pour y prendre son repos : le temps et le lieu favorisaient son projet ; ses compagnons, empressés de satisfaire à ses desirs, faisaient déjà les apprêts du dîner, quand tout à coup du milieu des joncs qui s'élevaient sur les bords d'un marais voisin, une troupe de cavaliers ennemis, armés jusqu'aux dents, s'élança sur les Chrétiens. Le duc cependant et les siens saisirent leurs armes et sautèrent sur leurs chevaux avant que les Turcs fussent arrivés jusqu'à eux. Ils se battirent aussitôt, et, soutenus par la protection du ciel, ils remportèrent la victoire, tuèrent plusieurs de leurs ennemis, et mirent les autres en fuite. Le duc reprit alors la route d'Antioche et y rentra avec une nouvelle gloire.

Après que les Chrétiens se furent emparés de la

ville de Marrah, il s'éleva de graves contestations entre Boémond et le comte de Toulouse. Ce dernier avait fait le projet de donner cette ville à l'évêque d'Albar : Boémond ne voulait pas consentir, selon les desirs du comte, à céder à l'évêque la partie qu'il avait occupée lui-même, si le comte ne lui faisait d'abord remettre les tours dont il s'était emparé à Antioche, et qu'il continuait de garder. Enfin Boémond renonça à la discussion qu'il avait d'abord soutenue à Marrah, repartit pour Antioche le cœur rempli d'indignation, s'empara de vive force des tours que le comte de Toulouse faisait garder par ses satellites, chassa tous ceux qui faisaient partie de l'escorte de ce dernier, et se mit en possession exclusive de la ville. De son côté le comte, délivré de son rival et pouvant désormais disposer à son gré de la place qu'il avait occupée, la donna à l'évêque d'Albar, ainsi qu'il l'avait d'abord résolu. Tandis qu'il cherchait avec cet évêque les meilleurs moyens de pourvoir à la sûreté de sa conquête, en la confiant à la garde d'hommes choisis dans les deux ordres, le peuple, instruit de ses projets, commença à en éprouver beaucoup d'humeur. On se plaignait de tous côtés que les princes perdaient leur temps en délais inutiles, et qu'en se querellant ainsi chaque fois qu'une nouvelle ville était occupée, le but principal de leur entreprise paraissait entièrement négligé. Les Chrétiens se concertèrent ensemble, et résolurent de détruire la ville, aussitôt que le comte se serait absenté pour un motif quelconque, afin qu'il ne restât plus aucun obstacle à l'accomplissement de leurs vœux.

Vers le même temps les princes se rassemblèrent à

Rugia, ville située à peu près entre Antioche et Marrah, pour délibérer sur les moyens de satisfaire aux cris du peuple, et de se remettre en route. Le comte de Toulouse ayant été convoqué s'y rendit également. Cependant les princes ne purent s'entendre ni s'accorder, et se séparèrent sans avoir pris aucune bonne résolution. Tandis que le comte était à cette réunion, le peuple qui était demeuré à Marrah profita de son absence, et en dépit des efforts de l'évêque pour s'opposer à ce dessein, il renversa de fond en comble les tours et les remparts de la place, afin que le comte à son retour ne pût avoir aucun motif pour un nouveau retard. Raimond, rentré dans la ville, fut extrêmement affligé de ce qui s'y était passé; mais reconnaissant la ferme détermination du peuple, il jugea prudent de dissimuler. Les Chrétiens cependant continuaient de lui adresser les plus vives instances et ne cessaient de le supplier de se mettre à la tête du peuple de Dieu, et de le conduire dans la route où il se trouvait engagé, lui déclarant aussi que, s'il persistait dans ses refus, ils choisiraient parmi les soldats un chef quelconque, qui marcherait en tête de l'armée et la guiderait dans les voies du Seigneur. Les troupes étaient en proie à toutes les horreurs de la disette, et il y avait une telle rareté de vivres qu'un grand nombre d'hommes, devenus, contre toutes leurs habitudes, semblables à des bêtes féroces, ne craignaient pas de se nourrir de la chair de toutes sortes d'animaux immondes. On dit même (et toutefois est-il permis de le croire?) que plusieurs, dans cette extrême détresse, se laissèrent aller jusqu'à manger de la chair humaine. En même temps le fléau de la peste exerçait aussi ses ravages, et il était bien impossible qu'il en fût autrement, là où le misérable peuple en était réduit à se nourrir de toutes sortes d'alimens mal sains et empoisonnés, si même il est possible d'appeler alimens une nourriture aussi contraire à la nature de l'homme. Ajoutons encore que ce ne fut pas seulement pour quelques momens ou pour quelques jours que les malheureux Chrétiens se virent réduits à ces cruelles extrémités : pendant cinq semaines et plus, qu'ils passèrent sous les murs de Marrah à faire le siège de la ville, ils vécurent sous le poids de cette calamité. Plusieurs hommes nobles et illustres périrent dans cet intervalle, soit dans le cours des combats, soit par suite de maladies diverses; je citerai parmi eux un jeune homme d'un caractère parfait, Engelram, fils du comte Hugues de Saint-Paul, qui mourut victime d'une cruelle maladie.

Affligé et plein d'angoisse à la vue de tant de malheurs, l'illustre comte de Toulouse flottait incertain sur le parti qu'il avait à prendre en ces conjonctures. La détresse du peuple et ses périls le désolaient et l'accablaient à la fois : enfin les clameurs qu'il entendait de toutes parts ne lui laissaient pas un moment de repos, car tous, grands et petits, enflammés des mêmes desirs, l'importunaient sans relâche et exigeaient impérieusement qu'il fît ses préparatifs de départ. Voulant donc chercher un remède aux maux présens et satisfaire en même temps aux vœux de son armée et à sa propre conscience, mais certain d'un autre côté que les princes ne seraient pas disposés à le suivre dans cette voie, il assigna au peuple un délai de quinze jours pour l'époque du départ, et afin que dans cet intervalle son armée pût être préservée des dangers toujours croissans de la disette, il prit avec lui un certain nombre de chevaliers et quelques bataillons de gens de pied, choisis parmi ceux qui paraissaient les plus vigoureux, laissa le reste dans la ville, et se porta sur le territoire ennemi, pour y chercher à tout prix des moyens de subsistance. Accompagné d'une troupe nombreuse, il entra dans un pays très-riche, s'empara de plusieurs villes, mit le feu à quelques bourgs, prit une immense quantité de bétail gros et menu, beaucoup d'esclaves, hommes et femmes, des provisions de toute espèce, suffisantes pour ramener l'abondance au milieu du peuple affamé, et les envoya à Marrah, à ceux de ses compagnons qui étaient demeurés pour garder la ville, afin qu'ils eussent à se les partager par portions égales et par tête d'homme. Lui-même retourna aussi dans cette ville et y retrouva les inquiétudes qu'il avait eues avant son départ, le peuple témoignant les mêmes dispositions, criant de tous côtés que l'époque assignée pour se remettre en route était près d'arriver et repoussant avec force toute idée de nouveaux retards. Le comte reconnut que les Chrétiens soutenaient une cause juste et honorable, et qu'il lui serait absolument impossible de résister plus long-temps à leurs vœux; et quoiqu'il se trouvât seul, quoiqu'aucun des autres princes ne fût disposé à le suivre, il se décida à faire brûler la ville et se remit en marche, après l'avoir réduite en cendres, accompagné de tous ceux qui étaient avec lui.

Comme il n'avait qu'un petit nombre de cavaliers, il demanda à l'évêque d'Albar de vouloir bien le suivre : celui-ci, empressé d'obtempérer à cette invitation, confia le soin de ses affaires à un noble, nommé Guillaume de Comliac, en lui laissant sept cavaliers et trente fantassins. Guillaume se chargea de la défense de ses intérêts et s'en acquitta avec autant de fidélité que de dévouement; en peu de jours il porta le nombre de ses cavaliers à quarante, celui de ses fantassins à quatre-vingts, et fit prospérer à l'infini les affaires de son seigneur.

Au jour fixé pour le départ, le comte de Toulouse se mit en route, sans attendre personne, à la tête de dix mille hommes environ, mais ayant tout au plus trois cent cinquante cavaliers. Le comte de Normandie et Tancrède vinrent bientôt se réunir à lui, amenant chacun quarante cavaliers et un nombre considérable de gens de pied, et depuis ce moment ils marchèrent toujours sans se séparer. Ils trouvèrent sur leur chemin tout ce qui leur était nécessaire, et le peuple vécut dans une grande abondance. Ils traversèrent successivement Césarée, Hamath et Émèse vulgairement appelée Camela : les princes de ces villes leur accordèrent des escortes d'hommes, et leur firent fournir à de bonnes conditions toutes les denrées; les habitans des villes et des bourgs par où ils passaient leur faisaient en outre de riches présens en or, en argent, en bestiaux et en denrées de toute espèce, pour obtenir que le pays fût ménagé. L'armée s'accroissait de jour en jour, vivait au milieu de l'abondance et s'avançait dans l'état le plus satisfaisant. D'abord elle n'avait qu'un très-petit nombre de chevaux; peu à peu elle en recruta beaucoup plus, les uns achetés à prix d'argent, les autre reçus à titre gratuit, en sorte qu'avant de s'être ralliée aux autres princes, elle se trouva en avoir plus de mille, sans compter ceux qui étaient partis de Marrah. Après avoir marché pendant quelques jours, suivant une route au milieu des terres, les princes résolurent dans un conseil de se rapprocher du rivage de la mer, afin de recevoir plus facilement des nouvelles des autres princes, qu'ils avaient laissés en arrière dans les environs d'Antioche, et pour pouvoir aussi se procurer toutes les choses dont ils auraient besoin par le moyen des vaisseaux qui allaient d'Antioche à Laodicée.

Toutes choses avaient réussi au gré de leurs desirs depuis leur départ de Marrah; seulement il arrivait assez souvent que des brigands se précipitaient sur les derrières, attaquaient à l'improviste les vieillards, les malades, tous ceux qui ne pouvaient suivre de très-près la marche de l'armée; et tuaient parfois quelques hommes, ou faisaient quelques prisonniers. Afin de s'opposer efficacement à leurs entreprises, le comte de Toulouse fit marcher en avant de l'armée Tancrède, Robert, duc de Normandie, et l'évêque d'Albar, et se tint lui-même en arrière avec quelques hommes illustres et pleins de valeur, se plaçant en embuscade pour pouvoir attaquer en temps opportun les malfaiteurs qui couraient sur les traînards et cherchaient à les surprendre sans moyens de défense. Ils se présentèrent en effet, selon leur usage, pour attaquer les Chrétiens; mais le comte, sortant aussitôt des lieux qui le cachaient, s'élança sur eux avec impétuosité, les mit en déroute, leur prit leurs chevaux et tout ce qu'ils avaient, fit quelques prisonniers, et alla, plein de joie, porter à son armée les dépouilles qu'il venait d'enlever. Depuis ce moment, le peuple Croisé s'avança en toute assurance, et sans rencontrer aucun obstacle, trouvant partout en grande abondance ce dont il avait besoin. Dans tout le pays qu'il parcourut, il n'y eut pas une ville, pas un bourg, à droite et à gauche de la route, qui n'envoyât des présens à l'armée et à ses chefs, qui ne fît demander aux pélerins et n'en obtînt des traités de bonne amitié. Une seule ville dont les habitans avaient confiance en leur nombre et en la solidité de leurs fortifications, ne leur fit point offrir la faculté d'acheter des denrées, ne sollicita point de traité, et n'envoya point de présens aux princes; elle réunit, au contraire, ses troupes, et fit tous ses efforts pour s'opposer au passage de l'expédition. Animés d'une juste indignation, les nôtres se précipitèrent tous ensemble sur cette armée ; les bataillons furent rompus en un instant ; on fit quelques prisonniers, on s'empara de la place de vive force, et les Chrétiens prirent et emmenèrent avec eux tout le gros et le menu bétail, ainsi que les chevaux qui se nourrissaient en liberté dans les pâturages voisins, et enfin tout le butin qu'ils trouvèrent dans la ville.

Il y avait aussi dans cette armée des messagers expédiés par tous les princes des environs pour venir demander la paix. Lorsqu'ils virent de nouvelles preuves de la force et de l'audace de nos troupes, pressés d'obtenir toute sécurité pour leurs seigneurs, ils retournèrent en toute hâte auprès de ceux-ci pour leur rendre un compte exact de tout ce qui s'était passé, et revinrent bientôt ramenant des chevaux, et portant beaucoup d'autres présens. Quelques jours après, ayant traversé cette contrée en parfaite tranquillité, les Chrétiens descendirent dans une plaine non loin de la mer, où se trouve, dans une position très-forte, une ville antique, nommée Archis[1], et ils établirent leur camp assez près de ce lieu.

Archis, l'une des villes de la province de Phénicie, située au pied du mont Liban et sur une colline très-forte, à quatre ou cinq milles de la mer, s'étend au loin sur cette colline, ayant à ses pieds une plaine riche et très-fertile, où l'on trouve de beaux pâturages et d'excellentes eaux. Elle fut fondée, suivant les traditions antiques, par Aracheus, septième fils de Chanaan, qui lui donna son nom, d'où l'on a fait par corruption celui d'Archis. Ainsi que je viens de le dire, les Chrétiens dressèrent leur camp près de cette ville, et ils le firent de dessein prémédité, par suite des lettres et des avertissemens qu'ils reçurent de quelques-uns de leurs frères qui étaient retenus prisonniers chez les ennemis. Il y avait en ce moment quelques Chrétiens captifs, et gardés de force dans la noble ville de Tripoli, située sur les bords de la mer, à cinq ou six milles d'Archis. Depuis le commencement du siége d'Antioche, et plus encore après la prise de cette ville, les Croisés, pressés souvent par le défaut de ressources et par le besoin d'aller chercher des vivres, avaient pris fort imprudemment l'habitude de se répandre dans le pays, et s'exposaient fréquemment, dans ces courses, à tomber entre les mains de leurs ennemis. Il n'y avait presque pas de ville ou de bourg où l'on ne retînt ainsi quelques Chrétiens en captivité : en ce moment on en comp-

[1] Ou Archas; aujourd'hui Arka.

tait plus de deux cents à Tripoli. Lorsqu'ils furent avertis de l'arrivée prochaine de leurs frères, ils firent dire aux princes de ne pas s'éloigner d'Archis, et de mettre même le siége devant cette place, afin de pouvoir s'en emparer au bout de quelques jours d'attaque, ou du moins pour faire payer fort cher la levée de ce siége au roi de Tripoli, et lui arracher ainsi une grosse somme d'argent, en même temps que la liberté des captifs qu'il retenait. Les princes agirent conformément à cette invitation; ils se rapprochèrent de la ville, dressèrent leur camp tout autour des remparts pour travailler à l'investissement de la place, soit pour tenter d'obtenir les résultats avantageux qui leur étaient promis, soit aussi pour attendre l'arrivée des autres princes qu'ils croyaient disposés à marcher incessamment sur leurs traces.

Cent cavaliers et deux compagnies de deux cents hommes de pied sortirent du camp des Chrétiens sous la conduite de Raymond Pelet, et marchèrent jusqu'à la ville d'Antarados, vulgairement appelée Tortose, située à plus de vingt milles de distance d'Archis, pour chercher à se procurer les choses dont ils pourraient avoir besoin. Antarados est bâtie sur les bords de la mer, environ à deux milles de distance d'une petite île où fut autrefois la ville d'Arados, antique et célèbre pendant plusieurs siècles. Le prophète Ézéchiel en a fait mention lorsqu'il a dit en écrivant au prince de Tyr : « Les habitans de Sidon et d'Arados « ont été vos rameurs [1]. » Et en un autre passage : « Les Aradiens, avec leurs troupes, étaient tout autour « de vos murailles [2]. » La ville d'Antarados reçut son

---

[1] Ézéchiel, chap. 27, v. 8. — [2] *Ibid.* v. 11.

nom de celle qui l'avait précédée, et fut ainsi appelée parce qu'elle se trouve placée en face de l'antique Arados. L'une et l'autre sont situées dans la province de Phénicie; elles ont aussi une origine commune, et furent fondées par Aradius, le plus jeune des fils de Chanaan, fils de Cham, fils de Noé.

Les troupes qui s'étaient détachées de l'expédition du comte de Toulouse étant arrivées auprès d'Antarados, commencèrent à l'attaquer vivement. De leur côté, les citoyens se défendirent avec assez de courage ; et comme les assiégeans ne purent réussir au premier moment dans leur entreprise, la nuit étant venue, ils s'ajournèrent au lendemain pour attendre l'arrivée de quelques-uns de leurs compagnons qui leur avaient promis de les suivre de près, et livrer alors un nouvel assaut avec des forces plus considérables. Pendant cette même nuit, les citoyens de la ville, craignant aussi qu'il ne se rassemblât sous leurs murs un plus grand nombre d'ennemis auxquels il leur serait impossible de résister, sortirent secrètement avec leurs femmes, leurs enfans et toute leur suite, et se retirèrent dans les montagnes voisines, cherchant dans la fuite leur unique moyen de salut. Le matin, au point du jour, les Chrétiens, ignorant le départ des assiégés, s'encouragèrent les uns les autres à reprendre l'œuvre de la veille. Après s'être bien armés pour recommencer leurs attaques, ils se rapprochèrent des murailles, et, voyant la ville dégarnie d'habitans, ils y entrèrent avec intrépidité, et trouvèrent une grande quantité de vivres et toute sorte de butin, dont ils s'emparèrent aussitôt. Ils retournèrent alors au camp de leurs frères, chargés à satiété de riches dépouilles, et racontèrent tout ce qui leur était arrivé à ceux de leurs amis qui s'étaient mis en marche pour venir les rejoindre. Toute l'armée se réjouit beaucoup de ce nouveau succès.

Vers le commencement de mars, le peuple qui était demeuré à Antioche, voyant approcher l'époque fixée pour le départ, recommença à solliciter vivement le duc de Lorraine, le comte de Flandre, et les princes qui se trouvaient encore dans la ville, les suppliant de remplir leur devoir de chefs, et de marcher à la tête de ceux qui desiraient hâter l'accomplissement de leurs vœux. On leur citait pour exemple le zèle et la fidélité qu'avaient montrés le comte de Toulouse, le duc de Normandie; et le seigneur Tancrède; on admirait la bienveillance qu'ils avaient témoignée pour le peuple de Dieu, en le conduisant dans les voies du Seigneur, en avant de tous les autres. Ces discours et d'autres semblables déterminèrent les princes à se mettre en route : en conséquence, ils firent préparer leurs bagages et tout ce qui était nécessaire pour reprendre leur marche, et conduisant la multitude des cavaliers et des gens de pied, qui avaient fermement résolu de se rendre à Jérusalem, ils se réunirent à Laodicée de Syrie, à la tête de vingt-cinq mille hommes, pleins de force et bien armés, et suivirent la trace des princes qui les avaient précédés. Boémond les accompagna jusque-là avec son escorte : il lui était impossible cependant de suivre plus long-temps leur marche, ou même de s'arrêter avec eux à Laodicée, de peur que les ennemis, placés dans le voisinage, ne jugeassent qu'il négligeait la garde d'Antioche, ou qu'il l'abandonnait témérairement; toutefois pour montrer qu'il se souvenait de l'alliance d'amitié qu'il avait contractée avec les autres princes, en marchant avec eux dans les voies du Seigneur, il suivit leurs pas et les accompagna jusqu'à la ville que j'ai nommée, montrant le plus grand empressement à leur rendre tous les bons offices dont il était capable, et leur témoignant beaucoup d'affection, afin de vivre à jamais dans le souvenir de ceux qu'il était près de quitter. Après avoir salué les princes et pris congé d'eux tous, au milieu des pleurs et des gémissemens, Boémond reprit la route d'Antioche, afin d'aller prendre soin de la ville confiée désormais à sa garde.

Laodicée, où le peuple Croisé s'arrêta après le départ du prince d'Antioche, est une ville noble et antique, située sur les bords de la mer, et habitée par des Chrétiens : c'est la seule des villes de Syrie qui reconnaisse la domination de l'empereur des Grecs. Un certain Guinemer de Boulogne, dont j'ai déjà parlé, et qui était d'abord arrivé à Tarse de Cilicie avec sa flotte, lorsque Baudouin, le frère du duc, avait pris possession de cette ville, s'était rendu ensuite à Laodicée, et y avait également conduit ses vaisseaux. Il voulut dans son imprudence attaquer cette place, et tenter de s'en rendre maître ; mais les forces dont il pouvait disposer se trouvant beaucoup trop inférieures en nombre, il fut pris par les habitans de cette ville et mis en prison, ainsi que la plupart de ceux qui l'accompagnaient. Comme il était venu des terres appartenant au père de Godefroi, et avait eu l'occasion d'être utile et de rendre hommage à son frère Baudouin, après la prise de Tarse, le duc demanda sa liberté au gouverneur et aux principaux habitans de la ville; et ceux-ci n'osant le contrarier en rien, lui rendirent Guinemer, ainsi que tous les hommes et les vaisseaux qu'il avait conduits. Le duc lui donna le commandement de sa flotte, et lui prescrivit de le suivre pas à pas, tandis qu'il s'avancerait sur les terres avec l'armée; et Guinemer accomplit fidèlement ses instructions.

Les Chrétiens rallièrent encore à Laodicée ceux de leurs frères qu'ils trouvèrent dans cette ville, et tous ceux qui étaient demeurés en arrière à Antioche, dans la Cilicie, dans toutes les villes des environs, n'ayant pu partir d'abord, afin de terminer leurs affaires particulières. Ainsi réunis, ils suivirent les bords de la mer, et se rendirent à la ville de Gabul, vulgairement appelée Gibel [1], à douze milles de Laodicée. Ils dressèrent leur camp tout autour de cette place, et l'assiégèrent pendant quelque temps. C'était, sur leur route, la première des villes maritimes qui fût soumise à la puissance des Égyptiens. Le gouverneur de cette place, délégué du prince d'Égypte, offrit au duc six mille pièces d'or et de riches présens, pour l'engager à lever le siége; mais comme le duc méprisa ces honteuses propositions, et se montra inflexible, le gouverneur se tourna d'un autre côté, et envoya au comte de Toulouse des députés, dont le

---

[1] *Gabala* dans Strabon et Pline, *Gavala* dans la table de Peutinger, et aujourd'hui *Dschebaïl*. On y voit encore les restes d'un amphithéâtre. M. Michaud se trompe, à mon avis, lorsqu'il conjecture que c'est le *Giblim* de la bible, où l'on embarquait les bois du Liban qu'on envoyait à Salomon. (*Histoire des Croisades*, tom. 1, p. 345.) Ce *Giblim* est beaucoup plutôt, je pense, l'ancienne *Biblos* ou *Biblios*, dite aussi aujourd'hui *Gebal*, *Gebaïl*, *Dschebaïl*, entre Tripoli et Béryte.

zèle et l'habileté lui inspiraient toute confiance, les chargeant de faire les mêmes offres à ce Seigneur, s'il pouvait le délivrer des mains du duc de Lorraine. Raymond, à ce qu'on rapporte, reçut secrètement l'argent qu'on lui proposa. On ajoute qu'il imagina de dire qu'une multitude innombrable d'ennemis descendait en ce moment du golfe Persique, dans le dessein de venger les injures faites à l'armée persane, sous la conduite de Corbogath, devant les murs d'Antioche; que cette nouvelle armée était aussi forte que la précédente, et se disposait à recommencer la guerre; qu'enfin, ces rapports lui avaient été adressés par des hommes dignes de foi, et qu'il était impossible d'élever aucun doute sur leur réalité. En conséquence, il chargea le vénérable évêque d'Albar d'aller de sa part en députation auprès des princes, et lui remit des lettres par lesquelles il sollicitait vivement le duc de Lorraine et le comte de Flandre de renoncer au siége de Gibel, de se remettre aussitôt en marche, et de venir avec des sentimens fraternels se réunir à leurs alliés, et leur porter secours dans ce pressant danger. Les princes, dès qu'ils furent instruits de cette nouvelle, l'accueillirent dans toute la simplicité de leur cœur, levèrent le siége de Gibel, et continuèrent leur route. Ils passèrent d'abord à Valénia [1], ville située sur les bords de la mer, au dessous du bourg de Margat [2], puis à Maréclée [3], la première des villes de la province de Phénicie que rencontrent ceux qui descendent du nord, et arrivèrent

---

[1] La *Balanea* des anciens, *Balanias* d'Abulféda, aujourd'hui Baneas.
[2] Aujourd'hui Merkab.
[3] Aujourd'hui Merakia.

ensuite à Antarados, vulgairement appelée Tortose, ville de la même province, et également située sur les bords de la mer. Ils la trouvèrent entièrement dégarnie d'habitans, et admirèrent en même temps l'île voisine, située en face de la place du côté de l'Occident, et dans laquelle les vaisseaux de la flotte avaient rencontré une bonne station, où ils attendirent l'arrivée de l'armée de terre. De là les Chrétiens prirent des chemins raccourcis, et arrivèrent en peu de jours sous les murs d'Archis, où ils s'arrêtèrent avec tout le reste de l'armée. Tancrède étant allé au devant d'eux, leur raconta avec détail la fraude du comte de Toulouse, et lorsqu'ils en furent instruits, les princes dressèrent leur camp loin des tentes de ceux qui les avaient précédés. Cependant Raymond voyant que les princes avaient perdu toute affection pour lui, leur adressa des présens et fit les plus grands efforts pour se réconcilier avec eux. Il y réussit au bout de quelque temps, et rentra en grâce auprès de tous, à l'exception de Tancrède qui persistait à porter de vives plaintes contre lui : les divers corps d'armée se réunirent, et ne formèrent qu'une seule armée autour de la ville. Le comte de Toulouse avait fait de vaines tentatives pour s'en emparer, avant l'arrivée du duc : il espéra qu'il lui serait facile d'y parvenir avec le surcroît de forces qu'il venait de rallier ; mais ses espérances furent déçues. Après comme avant la concentration de l'armée chrétienne, le Seigneur ne se montra point favorable à cette entreprise. Toutes les fois que l'armée faisait un nouvel effort pour attaquer la place et cherchait quelque nouvelle manière de nuire aux assiégés, soit que l'on tentât de renverser les murailles, soit qu'on livrât un assaut, on rencontrait quelque obstacle imprévu ; les Chrétiens se consumaient en vains efforts; toutes leurs fatigues, toutes leurs attaques demeuraient sans résultat; en sorte qu'il devint évident que la faveur divine s'était retirée, en cette circonstance, de l'armée des assiégeans. Le peuple périssait inutilement, des hommes nobles et illustres succombaient sans qu'on pût retirer aucun fruit de leur mort. Ce fut ainsi que périrent misérablement, frappés chacun d'une pierre, deux hommes nobles et pleins de distinction. Anselme de Ribourgemont, fort dans la guerre et digne d'un éternel souvenir, et Pons de Balasu, ami particulier du comte de Toulouse. Cependant le peuple, dont l'unique désir était de poursuivre sa route, se voyait avec peine retenu sous les murs d'Archis, et agissait sans zèle et sans vigueur, surtout depuis l'arrivée du duc de Lorraine. Ceux même qui avaient suivi le comte de Toulouse, ses domestiques et ses familiers les plus intimes, cherchaient à se soustraire aux travaux du siége, afin que le comte, fatigué et ennuyé, se décidât à partir avec les autres princes, qui de leur côté ne s'arrêtaient que fort contre leur gré, et pour céder, malgré le cri de leur conscience, aux sollicitations de leur collègue.

On renouvela sous les murs d'Archis, les contestations qui étaient survenues à l'occasion de la lance trouvée à Antioche, sur la question de savoir si c'était bien réellement la lance qui avait percé le flanc du Seigneur, et en avait fait sortir du sang et de l'eau, ou si le fait allégué n'était qu'une fable. Le peuple doutait beaucoup de la réalité du récit, et les principaux de l'armée se montraient également incertains. Les uns disaient que c'était bien la même lance qui avait été trempée dans le sang du Seigneur, au moment où on lui ouvrit le flanc, et qu'une inspiration divine l'avait révélée à l'armée des Croisés, pour les consoler dans leur affliction; d'autres affirmaient que c'était une invention faite à plaisir, uniquement par un motif d'avidité, et qui ne faisait que mettre au jour la fourberie du comte de Toulouse. Cette discussion avait été suscitée, et était entretenue principalement par un certain Arnoul, ami et chapelain du comte Robert de Normandie, homme lettré, mais de mœurs dissolues et scandaleuses; j'aurai souvent occasion de parler de lui dans la suite de cette histoire.

Tandis que le peuple s'entretenait diversement sur ce sujet, l'homme qui affirmait avoir eu cette révélation, voulant confirmer la croyance publique et dissiper tous les doutes, ordonna d'allumer un grand bûcher, promettant qu'avec l'aide de Dieu, et en se soumettant à l'épreuve du feu, il prouverait à tous les incrédules qu'il n'y avait eu dans son récit aucune tromperie, ni aucune fausse interprétation, et que tout ce qu'il avait rapporté était bien le fait d'une révélation divine, manifestée pour instruire et consoler les hommes. On disposa donc un grand bûcher, et l'on y mit le feu; sa violence était bien propre à effrayer tous les assistans. Tout le peuple se rassembla, les grands comme les petits, le sixième jour de fête qui précède celui de la sainte Pâque, jour où Notre-Seigneur souffrit pour notre salut; tous se montraient empressés à connaître l'issue d'une si grande entreprise ; l'homme qui devait subir de son plein gré une si périlleuse épreuve, se nommait Pierre Barthelemi ; c'était un clerc, peu lettré, et qui paraissait très-simple, autant toutefois qu'il est permis d'en juger dans cette vie mortelle. Après avoir prononcé une prière en présence de toutes les légions, il prit en main la lance et traversa le feu, sans en être blessé, du moins à ce que le peuple crut voir. Cependant, loin de décider la question, cette action ne fit qu'en susciter une autre encore plus difficile. Barthelemi mourut peu de jours après, et quelques-uns affirmèrent que, comme il avait paru auparavant parfaitement sain et rempli de vie, une mort si prompte ne pouvait provenir que de l'épreuve qu'il avait voulu tenter, et qu'il avait trouvé une occasion de mort dans le feu, pour s'être porté le défenseur d'une fraude. D'autres disaient au contraire qu'il était sorti sain et sauf du bûcher, et qu'après qu'il avait échappé à l'action du feu, la foule, se précipitant sur lui dans son transport de dévotion, l'avait tellement serré et écrasé de tous côtés que c'était là la véritable et unique cause de sa mort. Ainsi cette question demeura encore complétement indécise, et fut même enveloppée d'une plus grande obscurité.

Vers la même époque, nos princes virent revenir auprès d'eux les députés qu'ils avaient envoyés en Égypte, sur l'invitation pressante de ceux qui étaient venus les trouver, pendant qu'ils faisaient le siége d'Antioche, de la part du calife égyptien. Ces députés revinrent enfin, après avoir été retenus pendant un an, soit par artifice, soit de vive force ; ils étaient accompagnés d'une nouvelle députation du prince d'Égypte, chargé d'apporter un message bien différent de ceux qu'il avait d'abord adressés. Dans le principe, il avait fait les plus grands efforts et sollicité nos princes avec les plus vives instances pour en obtenir des secours qui l'aidassent à se garantir des entreprises insolentes des Turcs et des Persans. Maintenant il changeait complétement de langage, et croyait accorder aux Chrétiens le plus grand bienfait, en leur permettant d'aller sans armes à Jérusalem, par troupes de deux ou trois cents à la fois, et d'en revenir sains et saufs, après avoir accompli leur vœu et prononcé leurs prières. Les princes prirent ces propositions pour une insulte, forcèrent les députés égyptiens à repartir sur-le-champ, et leur déclarèrent que leur armée ne marchait point par petits détachemens, ainsi qu'on semblait le penser d'après les propositions qui leur étaient offertes ; que tous les bataillons, au contraire, se réunissaient pour se porter en même temps à Jérusalem, et pour y mettre en péril la domination de leur maître. Ce changement dans les dispositions des Égyptiens était provenu de celui qui arriva dans l'état des affaires publiques, après la victoire que les Croisés remportèrent auprès d'Antioche. A la suite de leur défaite, les Turcs se trouvèrent exposés aux plus grands dangers, et virent briser le glaive par lequel ils avaient étendu leur domination sur tout l'Orient : naguère une gloire éclatante les avait élevés jusques aux cieux, ils tombèrent alors dans la confusion ; sur tous les points où ils avaient affaire à diverses autres nations, ils succombèrent successivement, et essuyèrent autant de défaites qu'ils eurent de rencontres avec leurs ennemis. L'empire d'Égypte, profitant de ces circonstances, s'éleva sur leurs ruines ; un certain Émir, chef de la milice du roi des Égyptiens, leur enleva la ville de Jérusalem, dont ils s'étaient emparés de vive force sur les Égyptiens, trente-huit ans auparavant. A la suite de ces succès, et voyant tombés dans le plus profond abaissement ces ennemis qu'ils avaient tant redoutés, comme les plus forts, et que les armes des Chrétiens avaient dispersés et détruits, les Égyptiens méprisèrent désormais les secours qu'ils avaient recherchés d'abord avec le plus vif empressement.

Les princes avaient reçu aussi des députés de l'empereur de Constantinople, chargés de leur porter plainte contre le seigneur Boémond, qui, disaient-ils, osait retenir la ville d'Antioche, malgré le texte des traités et le serment de fidélité qu'il avait prononcé. Ils dirent, en outre, en présence des princes, que tous ceux qui avaient passé à Constantinople s'étaient engagés envers leur maître, corps pour corps et par serment, la main sur les Saints Évangiles, à ne prétendre retenir pour eux aucun des bourgs, aucune des villes qui auraient fait auparavant partie de l'Empire, et à les restituer au contraire à l'empereur, s'ils parvenaient à s'en rendre maîtres. Quant aux autres conditions, également stipulées dans le même traité, les députés en avaient complétement perdu le souvenir. Il est certain, en effet, que la convention qu'ils rappelaient avait été arrêtée à Constantinople, entre les princes et l'Empereur ; mais on avait ajouté, à la suite du même traité, que l'Empereur s'engageait à suivre lui-même l'expédition des Chrétiens, à la tête de nombreuses troupes, et qu'il prêterait secours aux princes dans toutes les choses dont ils auraient besoin. Ceux-ci tinrent donc conseil à ce sujet, et répondirent ensuite aux députés que l'Empereur avait violé le premier les conventions auxquelles il avait souscrit; que c'était donc avec justice qu'il n'obtenait pas ce dont les princes avaient pu s'emparer en exécution du même traité; car, ajoutèrent-ils, il ne serait pas juste de persévérer à demeurer fidèles envers celui qui a manqué à tous ses engagemens. L'Empereur s'était obligé envers nos princes à rassembler ses armées et à marcher immédiatement à leur suite; il avait en outre promis d'entretenir de continuelles relations avec eux, par mer et par ses vaisseaux, et de leur faire fournir en abondance, sur toute la route, toutes les denrées dont ils pourraient avoir besoin; cependant il avait négligé frauduleusement d'accomplir ses promesses, quand il lui eût été extrêmement facile de les faire exécuter. En conséquence, et quant à ce qui s'était passé à Antioche, comme ils jugeaient qu'ils étaient complétement dans leur droit, les princes voulurent que la chose demeurât ainsi qu'elle avait été réglée, et que celui auquel ils avaient, librement et d'un commun accord, fait la concession de cette ville, en demeurât en possession, pour en jouir lui et ses héritiers à perpétuité. Les députés de l'Empereur insistèrent cependant pour engager les princes à attendre avec leur armée l'arrivée de leur maître, faisant tous ses efforts pour leur persuader qu'il ne manquerait pas d'arriver au commencement de juillet, et ajoutant encore qu'il ferait donner de riches présens à chacun des princes, et que, dans sa libéralité, il accorderait aussi aux gens du peuple une bonne solde, avec laquelle chacun aurait de quoi se soutenir honorablement. Les princes délibérèrent encore sur ces propositions et se partagèrent entre différens avis. Le comte de Toulouse jugea qu'il serait utile d'attendre l'arrivée d'un si grand souverain, soit qu'il comptât, en effet, sur l'accomplissement de ses promesses, soit qu'il saisît avec plaisir cette occasion de retenir ses collègues et le peuple chrétien, jusqu'au moment où il lui serait enfin possible de s'emparer de la ville qu'il assiégeait, car il redoutait la honte et l'ignominie qui pourraient rejaillir sur lui, s'il se voyait contraint d'abandonner son entreprise avant de l'avoir menée à bien. Le parti contraire paraissait de beaucoup préférable aux autres princes, et ils aimaient mieux poursuivre leur route et marcher sans retard à l'accomplissement des vœux pour lesquels ils avaient déjà supporté tant de fatigues. Il leur paraissait surtout convenable d'éviter les fraudes et les artifices de l'Empereur, dont ils avaient eu si souvent à se plaindre, plutôt que de se laisser envelopper de nouveau dans le labyrinthe de sa politique tortueuse, et d'avoir ensuite grand'peine à s'en débarrasser. Cette diversité d'opinions fit naître de vives disputes entre les princes, et il leur fut impossible de s'entendre pour concilier des desirs contraires. Le gouverneur de Tripoli en profita : il avait d'abord offert des sommes considérables pour que l'armée chrétienne levât le siége d'Archis et consentît à s'éloigner de ses frontières ; mais lorsqu'il connut le schisme qui régnait dans le camp, non seulement il refusa de donner l'argent qu'il avait promis, mais, en outre, il fit ses dispositions pour marcher contre nos troupes et tenter le sort des combats. Les princes en furent instruits, et, après avoir tenu conseil, ils laissèrent en arrière l'évêque d'Albar avec quelques autres hommes considérables qu'ils chargèrent de la défense de leur camp, sous les murs d'Archis ; puis ils se préparèrent à la guerre, remirent l'ordre dans leurs bataillons, et, après avoir bien disposé toutes choses, ils conduisirent leur armée du côté de Tripoli.

Arrivés près de la ville, ils trouvèrent le gouverneur qui s'était porté en dehors des murs, à la tête de tous les habitans ; ceux-ci s'étaient organisés en troupes d'infanterie et de cavalerie ; ils tenaient un bon ordre de bataille et attendaient, avec assurance, l'arrivée des Chrétiens. Comme pendant deux mois consécutifs, et même un peu plus, le comte de Toulouse avait perdu son temps sous les murs d'Archis, sans obtenir aucun résultat, les gens de Tripoli commençaient à le regarder d'un œil de mépris ; de jour en jour ils avaient appris à moins redouter notre armée, et pensaient, en voyant des troupes montrer si peu de vigueur, qu'elles avaient perdu ce courage et cette force qu'ils avaient tant entendu vanter. Cependant, aussitôt que les Chrétiens furent arrivés auprès de la ville et se trouvèrent en présence de leurs ennemis rangés en ordre de bataille, ils s'élancèrent sur eux avec ardeur, rompirent leurs cohortes dès le premier choc, les mirent en déroute et les poursuivirent vivement, pour les contraindre à chercher un refuge derrière leurs remparts. Ils leur tuèrent sept cents hommes et n'en perdirent cependant que trois ou quatre de leur côté. Le 9 avril, l'armée célébra les fêtes de Pâques, près de Tripoli.

Après avoir remporté cette victoire, les princes rentrèrent dans leur camp. Le peuple recommença alors à demander à grands cris qu'on abandonnât ce siège funeste, et qu'on se remît en route pour Jérusalem, objet des desirs de tous les Chrétiens. A force d'instances, ils obtinrent enfin ce qu'ils demandaient. On mit le feu au camp; le duc et le comte de Flandre, le comte de Normandie et Tancrède furent les premiers à se montrer favorablement disposés; ils abandonnèrent le siège d'Archis en dépit du comte de Toulouse, qui fit de vains efforts pour les retenir, et dirigèrent la marche de leurs troupes vers Tripoli, pour suivre la route qui devait les mener à Jérusalem. Ceux mêmes qui avaient acompagné le comte dès le principe étaient alors les plus empressés à suivre le mouvement de l'armée. Ils l'abandonnèrent à l'envi les uns des autres, pour marcher sur les pas des princes, et le comte, voyant qu'il lui était tout-à-fait impossible de les retenir par prières ou par promesses, se fit de nécessité vertu, et suivit le mouvement général, quelque regret qu'il en éprouvât.

Après une marche de vingt milles, ils établirent leur camp en face même de la ville de Tripoli. Le gouverneur de cette place, qui faisait dans ce pays les affaires du calife d'Égypte, renonçant aux prétentions arrogantes qui lui avaient persuadé naguères qu'il pourrait traiter de pair avec nos princes, et se connaissant mieux maintenant, leur envoya une députation qui vint offrir quinze mille pièces d'or, apportant en même temps des présens en chevaux, en mulets, en soiries, en vases précieux, et promettant aussi de rendre la liberté à tous ceux des Chrétiens qu'on retenait prisonniers; il obtint, à ces conditions, que notre armée se retirerait de sa province et qu'elle respecterait, sur son passage, les trois villes qui formaient le ressort de son gouvernement, savoir, Archis, Tripoli [1] et Biblios [2], ainsi que leurs dépendances. Il envoya en outre, aux Chrétiens, du gros et du menu bétail et toutes sortes de vivres en grande abondance, pour éviter que le défaut de subsistances les portât à ravager les campagnes ou les propriétés des laboureurs.

Quelques fidèles de Syrie, qui habitaient le mont Liban, lequel domine, du côté de l'orient, toutes les villes que je viens de nommer, et dont la cime s'élève jusques aux cieux, vinrent les féliciter sur leur passage, et leur témoigner de tendres sentimens de fraternité. Les Croisés s'adressèrent à eux comme à des hommes sages et qui, de plus, avaient une connaissance exacte des localités, pour savoir quelle serait la route qui les conduirait à Jérusalem le plus sûrement et le plus commodément. Après avoir examiné sérieusement et de bonne foi les diverses routes, sous le rapport de la commodité et de la direction la plus courte, les Syriens les engagèrent à suivre les bords de la mer, qui leur offraient, en effet, la voie la plus directe, et leur assuraient, en outre, l'avantage d'avoir toujours à leur disposition les vaisseaux qui suivaient la marche de l'armée. Outre ceux que conduisait Guinemer, et sur lesquels étaient montés

[1] Aujourd'hui Tarabolos ou Trablos.
[2] Aujourd'hui Gebaïl ou Dschebaïl.

ses compagnons, venus avec lui de Flandre, de Normandie et d'Angleterre, comme je l'ai déjà dit, la flotte se composait encore de vaisseaux génois, vénitiens et grecs, qui venaient très-souvent de Chypre, de Rhodes et des autres îles, chargés de toutes sortes de marchandises, et rendaient, par là, de grands services à nos légions. Les Croisés prirent aussi avec eux quelques guides, tant parmi les Syriens que parmi les gens au service du prince de Tripoli, et suivirent les bords de la mer, laissant sur la gauche les sommités du Liban, et, après avoir passé Biblios, ils dressèrent leur camp sur la rive d'un fleuve, près d'un lieu nommé Maus. Ils s'y reposèrent un jour entier pour attendre les gens faibles et tous ceux qui, par un motif quelconque, ne pouvaient suivre la marche de l'armée.

Le troisième jour, ils allèrent établir leurs tentes auprès de la ville de Béryte[1], sur les bords du fleuve qui baigne les murs de cette place. Le gouverneur leur envoya de l'argent et des vivres en quantité suffisante, pour obtenir qu'on épargnât les environs et les arbres, et ils y passèrent la nuit. Le jour suivant, ils arrivèrent à Sidon[2] et s'y reposèrent, ayant toujours soin de profiter du voisinage des eaux. Je ne saurais dire par quel excès de présomption celui qui commandait dans cette ville se résolut à ne montrer aucun empressement à bien recevoir les Croisés. Se confiant légèrement aux forces dont il pouvait disposer, il essaya même d'inquiéter les mouvemens de notre armée, et cette tentative ne lui réussit nullement.

---

[1] Aujourd'hui Baïrouth ou Barouth.
[2] Aujourd'hui Saïd ou Seïd.

Provoqués par les excursions des Chrétiens, les ennemis parurent déterminés à ne pas les supporter plus long-temps; mais quelques-uns des nôtres s'élancèrent aussitôt sur eux, leur tuèrent quelques hommes et forcèrent les autres à se retirer à l'abri de leurs remparts. Dès ce moment, ils ne tentèrent plus de troubler les pèlerins, et ceux-ci passèrent tranquillement la nuit dans leur camp. Le lendemain les princes résolurent de demeurer encore, afin de donner quelque repos au peuple, et ils choisirent dans l'armée les hommes les plus intrépides pour les envoyer dans tous les environs chercher les vivres dont ils avaient besoin. Ils ramenèrent beaucoup de gros et de menu bétail, et toutes sortes d'autres provisions, et rentrèrent au camp sains et saufs, n'ayant perdu qu'un seul homme. C'était un noble nommé Gautier de Verra, qui marcha seul en avant pour chercher, sans doute, un plus riche butin, tandis que ses compagnons reprenaient le chemin de la ville. Il ne reparut plus au camp, on n'eut plus aucune nouvelle de lui, et les Croisés pleurèrent sa perte, présumant bien qu'il avait trouvé la mort.

Le lendemain ils se remirent en marche, traversèrent d'abord un pays couvert de rochers, puis descendirent dans une plaine, laissant sur leur droite l'antique Sarepta de Sidon[1], terre nourricière d'Élie, l'homme de Dieu; et après avoir passé le fleuve qui coule au milieu du pays, ils arrivèrent à la belle ville de Tyr, métropole de cette contrée, antique résidence d'Agénor et de Cadmus, et allèrent dresser leurs tentes auprès de cette belle fontaine des jardins, digne de l'admiration de tous les siècles, non loin du puits

---

[1] Aujourd'hui Sarfend.

d'eaux vives, et au milieu de riches vergers qui s'étendaient de tous côtés et leur offraient toutes sortes d'agrémens. Ils passèrent la nuit dans ces lieux ; le lendemain ils poursuivirent leur route, franchirent les dangereux défilés situés entre la mer et les montagnes, dont les rochers s'avancent en saillie sur le chemin, et arrivèrent ensuite dans la plaine, au milieu de laquelle se trouve la ville d'Accon[1]. Les Croisés dressèrent leur camp, non loin de cette ville, sur les bords du fleuve qui l'arrose. Le gouverneur et les habitans leur offrirent des présens, et ils eurent aussi la faculté d'acheter toutes sortes de marchandises, à de bonnes conditions ; le commandant se montra très-bien disposé pour nos princes, et se lia d'amitié avec eux ; il leur promit même, s'ils pouvaient s'emparer de Jérusalem dans l'espace de vingt jours, et s'établir sans contestation dans le pays, ou triompher des forces des Égyptiens, de leur livrer la ville d'Accon sans aucune résistance.

En partant de là, les Chrétiens laissèrent sur leur gauche la Galilée, passèrent entre le mont Carmel et la mer, et arrivèrent à Césarée, métropole de la seconde Palestine, anciennement appelée Tour de Straton. Ils établirent leur camp sur les bords de la rivière qui sort des étangs voisins, à deux milles environ de la ville, et y célébrèrent les fêtes de la Pentecôte, le 28 juin. Après une journée de repos, ils se remirent de nouveau en route, laissant sur leur droite les villes maritimes d'Antipatris[2] et de

---

[1] L'ancienne Ptolémaïs, aujourd'hui Saint-Jean-d'Acre.
[2] Fondée par Hérode, sur l'emplacement de l'ancien bourg de *Caphar-Saba*, et nommée *Antipatris* en l'honneur de son père Antipater.

Joppé[1], et, s'avançant à travers une vaste plaine, ils traversèrent l'Éleuthère[2], et arrivèrent ensuite à Lydda[3], l'ancienne Diospolis, où l'on montre encore aujourd'hui le glorieux sépulcre de l'illustre martyr George, dans lequel on voit qu'il repose dans le Seigneur. Le très-pieux et très-orthodoxe empereur des Romains, Justinien, de célèbre mémoire, avait fait construire une église en l'honneur de ce saint martyr, et avait montré en cette circonstance beaucoup de zèle et de dévotion. Les ennemis, lorsqu'ils furent instruits de la prochaine arrivée des Chrétiens, firent raser cette église jusqu'au sol, craignant que les Croisés ne voulussent s'emparer des poutres qui étaient d'une extrême longueur, et les convertir en machines et en instrumens de guerre pour faire le siége de leur ville. Nos princes ayant appris qu'il y avait dans le voisinage une noble ville appelée Ramla, détachèrent en avant cinq cents cavaliers commandés par le comte de Flandre, avec ordre de se porter de ce côté, et de chercher à s'assurer des dispositions des habitans. Ils se rapprochèrent de la ville, et, voyant que personne ne se présentait sur les remparts, et que les portes étaient ouvertes, ils entrèrent sans obstacle, et ne trouvèrent presque personne. En effet, les habitans

---

Elle est à quelques lieues de la mer, et Guillaume de Tyr la confond ici, comme ailleurs, avec la ville d'*Arsur* ou *Arsuf*, qui est en effet au bord de la mer, et correspond probablement à l'ancienne *Apollonia*. C'est de cette dernière qu'il veut parler.

[1] Jaffa.

[2] Rivière qui se jette dans la mer près d'Arados, et que Guillaume, on ne sait comment, place ici beaucoup plus au sud.

[3] Aujourd'hui Loddo ou Ludd.

de Ramla, ayant appris l'arrivée des Chrétiens, étaient sortis de la ville la nuit précédente, emmenant avec eux leurs femmes, leurs enfans et tous ceux qui composaient leurs maisons. Le comte envoya aussitôt des exprès au camp des princes, pour les inviter à venir le rejoindre sans délai. Après avoir fait leurs prières, selon l'usage, les Croisés se rendirent dans la ville, où ils trouvèrent en grande abondance du grain, du vin et de l'huile, et y demeurèrent pendant trois jours. Ils nommèrent évêque de cette église un certain Robert, originaire de Normandie et de l'évêché de Rouen, et lui conférèrent en toute propriété et pour toujours les deux villes de Lydda et de Ramla, ainsi que leurs dépendances, consacrant en toute dévotion à l'illustre martyr les prémices de leurs travaux.

Cependant les habitans de Jérusalem, instruits fréquemment par leurs exprès de la marche de nos troupes, et sachant bien que cette immense multitude de Chrétiens qui s'avançait vers eux avait principalement pour objet de s'emparer de leur ville, s'occupaient avec le plus grand zèle et avec toute l'activité possible du soin de la fortifier, et faisaient tous leurs efforts pour rassembler de toutes parts et faire ensuite transporter dans la ville de nombreux approvisionnemens en denrées, en armes de toutes sortes, en bois, en fer, en acier, et enfin les divers objets qui peuvent être de quelque utilité dans une place assiégée. Le prince égyptien, qui, dans le cours de cette même année, était parvenu, en s'y donnant beaucoup de peine, à expulser les Turcs de Jérusalem et à s'en rendre maître, ordonna de réparer les tours et les murailles avec la plus grande activité, aussitôt qu'il apprit que l'armée chrétienne venait de quitter Antioche. Afin de s'assurer de la fidélité et de la bienveillance des citoyens, il prescrivit avec beaucoup de libéralité qu'on leur payât une bonne solde sur son propre trésor, et leur remit à perpétuité les tributs et les charges diverses auxquelles ils étaient assujétis. Les habitans, soit pour travailler eux-mêmes à leur propre défense, soit pour mériter les priviléges et les franchises qui leur étaient accordés, s'empressèrent d'obéir aux ordres de leur souverain; ils convoquèrent tous les citoyens des villes voisines, et firent entrer à Jérusalem un grand nombre d'hommes forts et adroits, parfaitement bien armés. Puis ils se rassemblèrent tous dans le vestibule de la mosquée, qui était extrêmement vaste, et résolurent, pour mieux s'opposer à l'arrivée des armées chrétiennes, de mettre à mort tous les fidèles qui habitaient dans la ville, de renverser de fond en comble l'église de la Sainte-Résurrection et le sépulcre du Seigneur, afin que les Croisés renonçassent à leur projet de s'approcher de la ville, ou même d'y entrer, soit pour y visiter leurs frères, soit pour faire leurs prières dans les lieux saints. Cependant, comme ils apprirent qu'une telle conduite exciterait contre eux les haines les plus violentes, et irriterait les peuples Croisés au point de les animer plus vigoureusement à l'entière destruction des habitans, ils changèrent d'avis, et enlevèrent de vive force aux fidèles tout leur argent et tout ce qu'ils pouvaient posséder; en outre ils exigèrent une somme de quatorze mille pièces d'or, tant du patriarche alors existant que des habitans de la cité et des monastères des environs. Les patrimoines des fidèles n'auraient pas suffi à payer une si forte somme : le vénérable patriarche se vit donc obligé, pour se la procurer, et pour soulager d'une manière quelconque sa misère et celle de son malheureux peuple, de se rendre dans l'île de Chypre, et de mendier auprès de ses frères pour en obtenir des aumônes et de pieuses largesses, qu'il envoyait ensuite au peuple de Dieu qui habitait à Jérusalem et dans les environs, pour le défendre de la famine et le secourir dans son affliction.

Nos ennemis ne s'en tinrent pas là ; après avoir enlevé au peuple tout ce qu'il possédait à force de vexations et de tortures, ils chassèrent tous les hommes de la ville, et n'y laissèrent que les vieillards, les malades, les femmes et les enfans. Ces malheureux, exilés jusqu'à l'arrivée de notre armée, vécurent cachés dans les bourgs et villages du voisinage, attendant la mort de jour en jour, et n'osant rentrer dans la ville. Au dehors même, ils n'avaient ni plus de sûreté, ni plus de repos, au milieu d'une population de persécuteurs ; les habitans leur témoignaient la plus grande méfiance sur la moindre de leurs actions, et en exigeaient incessamment toutes sortes de corvées honteuses et intolérables.

Il y avait vers le même temps, dans la cité agréable au Seigneur, un homme vénérable, illustre par sa piété, nommé Gérald : il était chef de cet hôpital, dont j'ai déjà parlé, dans lequel on donnait l'hospitalité aux pauvres qui allaient à Jérusalem pour y faire leurs prières, à quoi on ajoutait quelques secours alimentaires proportionnés aux ressources du temps et du lieu. Les citoyens s'imaginèrent que cet homme avait quelque dépôt d'argent, et, craignant qu'il ne machinât quelque entreprise pernicieuse pour le moment de l'arrivée de notre armée, ils l'accablèrent de coups et le chargèrent de fers, qui lui serraient les pieds et les mains à tel point que les articulations en furent brisées, et qu'il se trouva privé de l'usage de la plupart de ses membres.

Après avoir passé trois jours à Ramla, les princes y laissèrent quelques hommes pour garder la partie de la ville la mieux fortifiée, et la défendre contre toute tentative des ennemis, et se remirent ensuite en marche. Ils prirent avec eux de bons guides qui connaissaient bien le pays, et arrivèrent à Nicopolis[1], ville située dans la Palestine. Elle n'était encore qu'un village au temps où furent écrits les livres des saints Évangiles, dans lesquels elle est désignée sous le nom d'Emmaüs; le bienheureux Luc, l'évangéliste, dit qu'elle est à soixante stades de Jérusalem. Sozomène en parle en ces termes dans le sixième livre de son *Historia tripartita* : « Après la destruction de « Jérusalem et la soumission de la Judée, les Romains « donnèrent à Emmaüs le nom de *Nicopolis,* en com- « mémoration de leur victoire. En avant de cette ville « et sur le carrefour où l'on sait que le Christ se pro- « mena avec Cléophas, après sa résurrection, comme « pour se rendre en un autre lieu, est une fontaine

[1] Aujourd'hui Cubeïb; comme elle portait anciennement le nom d'*Emmaüs*, Guillaume de Tyr l'a confondue avec le village d'Emmaüs de l'Évangile; c'est une erreur grave : Nicopolis ou Emmaüs, ville assez considérable, était à 176 stades de Jérusalem, tandis qu'Emmaüs, simple village, n'en était, comme le dit saint Luc, qu'à soixante stades. Du reste, cette erreur se rencontre dans un grand nombre d'ouvrages anciens et modernes.

« salutaire qui guérit les maladies des hommes et dis-
« sipe également celles des autres espèces d'animaux.
« Pour expliquer ce phénomène, les traditions rap-
« portent que le Christ, sortant d'un chemin voisin,
« arriva vers cette fontaine, accompagné de ses dis-
« ciples, et qu'il s'y lava les pieds; depuis ce moment,
« cette eau acquit une vertu spécifique pour guérir
« toutes sortes de maux. » Les Chrétiens passèrent
tranquillement la nuit dans la ville d'Emmaüs, et y trouvèrent en abondance de bonnes eaux et toutes les
choses nécessaires à la vie.

Vers le milieu de cette même nuit une députation
des fidèles qui habitaient à Bethléem vint se présenter
devant le duc Godefroi, et le supplia avec les plus
vives instances d'envoyer dans cette ville un détachement de ses troupes. Elle dit que les ennemis accouraient en foule de tous les bourgs et les lieux voisins,
et qu'ils se rendaient en toute hâte à Jérusalem, tant
pour s'employer à la défense de la place que pour
pourvoir eux-mêmes à leur sûreté. Les députés annoncèrent que leurs concitoyens craignaient aussi que
leurs persécuteurs ne vinssent de leur côté et ne dé-
truisissent l'église, qu'ils avaient déjà rachetée si souvent, en payant des sommes considérables. Le duc
accueillit avec une tendre piété la demande de ces
fidèles, et leur témoigna une bienveillance toute fraternelle; il choisit dans sa troupe cent cavaliers bien
armés, et leur ordonna de se rendre à Bethléem pour
y porter secours à leurs frères; Tancrède fut mis à la
tête de cette expédition; ils partirent sur-le-champ
avec leurs guides, et arrivèrent au point du jour au
lieu de leur destination. Les citoyens les reçurent

honorablement, en chantant des hymnes et des cantiques sacrés; ils entrèrent dans la ville, escortés par le peuple et par le clergé; on les conduisit à l'église. Ils virent avec des transports de joie le lieu où habita la bienheureuse mère du Sauveur du monde, et la crèche où il reposa, nourriture offerte aux heureuses créatures de cette terre. Là encore les citoyens de la ville, pleins de joie et ivres de l'excès de leur bonheur, chantèrent des cantiques consacrés aux louanges du Seigneur, et, pour célébrer leur victoire, ils firent arborer au-dessus de l'église la bannière de Tancrède.

Pendant ce temps ceux qui étaient demeurés à l'armée s'animaient de plus en plus du desir d'avancer vers le but de leur voyage. Comme ils se savaient tout près des lieux vénérables pour l'amour desquels ils avaient supporté tant de fatigues et bravé tant de périls depuis près de trois années, il leur fut impossible de dormir pendant toute cette nuit. Leurs vœux les plus ardens appelaient l'aurore qui leur ferait voir le terme fortuné de leur pélerinage et leur pourrait faire espérer de toucher enfin à l'accomplissement de leurs vœux. Il leur semblait que la nuit se prolongeait au-delà de son cours ordinaire et qu'elle usurpait injustement sur le jour trop tardif à paraître. Dans l'ardeur qui les animait, tout délai leur paraissait dangereux à la fois et plein d'horreur, et l'on voyait en ce moment se vérifier ce proverbe que rien ne va assez vite au gré d'un cœur qui desire, et que tout retard accroît la vivacité de ses vœux.

Dès qu'on eut appris dans le camp que des députés de Bethléem avaient été introduits auprès du duc de

Lorraine, et qu'il venait de les renvoyer avec des hommes de sa troupe pour aller porter secours à cette ville, les gens du peuple, sans attendre la permission de s'avancer, sans se donner le temps de voir paraître le jour qui eût pu favoriser leur marche, se lèvent au milieu même de la nuit, s'encouragent les uns les autres, se plaignent des retards qu'on leur impose, et se mettent en route, en dépit des ordres des princes. Ils s'étaient déjà portés un peu en avant, lorsqu'un homme noble et vaillant, Gaston de Beziers, prenant avec lui une trentaine de cavaliers et se séparant du reste de la troupe, poussa du côté de Jérusalem ; l'aurore commençait à poindre, et Gaston poursuivit sa marche pour voir s'il ne trouverait pas dans les environs de la ville quelques troupeaux de gros ou de menu bétail qu'il lui fût possible d'enlever et de ramener au camp. En effet, lorsqu'il se trouva arrivé assez près de la ville, il rencontra des bestiaux qui étaient gardés par quelques bergers, et ceux-ci, dès qu'ils virent arriver des hommes armés, prirent la fuite, remplis d'épouvante et se retirèrent à Jérusalem. Gaston, s'étant emparé des bestiaux demeurés sans gardiens, avait repris le chemin du camp, lorsque les citoyens de la ville, avertis par les cris des bergers, coururent aux armes, et s'élancèrent à la poursuite du guerrier chrétien, pour lui enlever le butin dont il s'était emparé. Gaston cependant, redoutant le nombre de ceux qui se précipitaient sur ses traces, et cherchant à leur échapper par la fuite, se sauva vers une colline et s'arrêta sur le sommet avec son escorte : tandis qu'il attendait pour voir le tour que prendraient les choses, Tancrède revenant de

Bethléem avec les cent cavaliers qu'il y avait conduits, et pressant sa marche pour rentrer dans le camp, vint à passer dans la vallée qui se trouvait au pied de la même colline, et Gaston lui raconta aussitôt ce qui venait de lui arriver. Ils réunirent leurs forces, rebroussèrent chemin et se mirent à poursuivre les habitans de Jérusalem, qui emmenaient leurs bestiaux. Ils les atteignirent avant qu'ils eussent pu rentrer dans la ville, les attaquèrent vivement, leur tuèrent plusieurs hommes, mirent les autres en fuite, reprirent une seconde fois leur butin, et retournèrent au camp, remplis de joie. Comme on leur demandait où ils avaient pu trouver l'occasion de s'emparer de ces bestiaux, ils répondirent qu'ils les avaient pris dans la campagne même de Jérusalem. En entendant prononcer le nom de cette cité, pour laquelle ils avaient supporté tant et tant de fatigues, les Chrétiens ne purent se défendre, dans la ferveur de leur dévotion, de verser des larmes et de pousser de profonds soupirs; ils tombèrent la face contre terre, adorant et glorifiant Dieu, dont la bonté avait permis que ses fidèles le servissent honorablement et d'une manière digne d'éloges, qui avait daigné exaucer avec bienveillance les vœux de son peuple, et leur accorder, selon leurs desirs, l'insigne faveur d'arriver enfin dans ces lieux, objet de leurs plus ardentes espérances. Alors s'étant un peu avancés, ils contemplèrent de près la cité sainte, versant des larmes de joie et de piété, poussant de profonds gémissemens, marchant à pied et la plupart d'entre eux sans chaussure; ils poursuivirent leur route avec la plus vive ardeur, s'arrêtèrent tout à coup en face même de la ville, et dressèrent leur camp dans l'ordre que les principaux chefs de l'armée avaient déterminé, et que chacun d'eux leur indiqua. Ainsi se trouvèrent accomplies les prédictions du prophète; ainsi les paroles du Seigneur se convertirent en un événement historique : Isaïe avait dit : « Réveillez-vous, réveillez-vous, levez-vous, Jérusalem. Sortez de la poussière, levez-vous, asseyez-vous, ô Jérusalem : rompez les chaînes de votre cou, fille de Sion, captive depuis si long-temps[1] ! »

[1] Isaïe, chap. 51, v. 17; chap. 52, v. 2.

LIVRE HUITIÈME.

On sait que Jérusalem, la cité sainte et agréable à Dieu, est située au milieu de montagnes très-élevées. Les traditions antiques nous apprennent qu'elle était dans le pays de la tribu de Benjamin. Elle était bornée à l'occident par la tribu de Siméon, le pays des Philistins et la mer Méditerranée. Celle-ci, au point où elle en est le plus rapprochée, près de l'antique bourg de Joppé, se trouve encore à vingt-quatre milles de distance, et l'on rencontre, entre la ville et la mer, le château d'Emmaüs, qui plus tard fut appelé Nicopolis, ainsi que je l'ai déjà dit, et où le Seigneur apparut à deux de ses disciples, après sa résurrection [1]. On y trouve encore Modin, heureuse forteresse des Machabées [2]; Nobé, bourg sacerdotal, où David et ses enfans, travaillés de la faim, mangèrent les pains sanctifiés que leur donna le grand-prêtre Achimelech [3]; Diospolis ou Lydda, où Pierre rendit la santé au paralytique Enée, qui depuis huit ans était couché sur un grabat [4]; enfin Joppé, où le même Pierre ressuscita l'une de ses disciples, nommée Tabitha, femme riche en bonnes œuvres et en aumônes, et la rendit

---

[1] Voyez ce même volume, pag. 398, not. 1.
[2] Macchabées, l. 1, chap. 2; v. 1.
[3] Rois, liv. 1, chap. 21, v. 3—6.
[4] Actes des Apôtres, chap. 9, v. 32—35.

pleine de vie aux saints et aux veuves¹. Ce fut encore là, qu'ayant trouvé l'hospitalité chez Siméon le corroyeur, Pierre reçut le messager de Corneille, ainsi qu'on le voit dans les Actes des Apôtres². A l'orient de Jérusalem on trouve le Jourdain et le désert qui le touche, que fréquentaient les fils des prophètes, et qui en est à quatorze milles de distance environ. On y voit aussi la vallée sauvage, où est maintenant la mer de sel, autrement appelée lac Asphalte ou mer Morte. Avant que le Seigneur eût renversé Sodome, tout ce pays était, comme on le lit dans la Genèse, arrosé d'eaux comme un jardin de délices³. En deçà du Jourdain est la ville de Jéricho, que Josué, successeur de Moïse, soumit plus encore par ses prières que par ses armes. Plus tard, le Seigneur, passant à Jéricho, rendit la vue à un aveugle : on y voit aussi Galgala, lieu de retraite d'Élysée. Au delà du Jourdain étaient Galaad, Basan, Ammon et Moab, qui dans la suite échurent en partage aux tribus de Ruben, de Gad et à la moitié de la tribu de Manassé : tout ce pays est compris aujourd'hui sous la dénomination générale d'Arabie. Au midi de Jérusalem était la tribu de Juda, dans laquelle on trouve Bethléem, résidence ordinaire du Seigneur, lieu fortuné, témoin de sa nativité, et où fut déposé son berceau ; la ville de Thécua, résidence des prophètes Habacuc et Amos ; Ébron, autrement appelée Cariatharbé, où étaient les vénérables sépulcres des saints Patriarches. Au nord de Jérusalem sont Gabaon, célèbre par la vic-

---
¹ Actes des Apôtres, chap. 9, v. 36—42.
² *Ibid.* chap. 10, v. 1 et suiv.
³ Genèse, chap. 13, v 10.

toire de Josué, fils de Nun, et par le miracle du soleil arrêté dans sa course; Sichar, patrie de la Samaritaine, qui s'entretint avec le Seigneur; Bethel, adoratrice des veaux d'or et témoin des péchés de Jéroboam; Sébaste, où se trouvent les tombeaux de Jean-Baptiste, d'Élisée et d'Abdias, autrefois appelée Samarie, du nom du mont Somer, sur lequel elle est située, où fut le trône des rois d'Israël : ce fut aussi ce qui fit donner à toute cette contrée le nom de Samarie, qu'elle porte encore aujourd'hui. On y trouve en outre Neapolis, anciennement appelée Sichem, du nom de son fondateur: ce fut dans cette ville, ainsi que nous l'apprend le livre de la Genèse[1], que les fils de Jacob, Siméon et Lévi, voulant venger l'outrage fait à leur sœur Dina par Hémor, fils de Sichem, enflammé d'amour pour elle, tuèrent de leur glaive Hémor et ses fils, après quoi ils mirent le feu à la ville.

Jérusalem, métropole de la Judée, est située dans un lieu presque entièrement dépourvu de ruisseaux, de fontaines, de bois et de pâturages. Selon les historiens les plus anciens et les traditions des peuples orientaux, elle fut d'abord appelée Salem et ensuite Jébus. Plus tard, David, après en avoir expulsé Jébuséc, qui y habitait et avait régné sept ans à Ébron, agrandit la ville et y fixa le siége de son royaume; elle fut alors appelée Jérusalem. C'est ce qu'on trouve expliqué dans le passage suivant des Paralipomènes : « David, accompagné de tout Israël, « marcha ensuite vers Jérusalem, nommée autrement « Jébus, dont les Jébuséens s'étaient rendus maîtres;

[1] Genèse, chap. 34, v. 25.

« ceux qui demeuraient dans Jébus dirent alors à
« David : vous n'entrerez point ici. Néanmoins David
« prit la forteresse de Sion, qui depuis fut appelée la
« cité de David. Et il fit publier que quiconque bat-
« troit le premier les Jébuséens serait fait chef et gé-
« néral de l'armée. Ainsi Joab, fils de Sarvia, monta
« le premier à l'assaut et fut fait général. David prit
« son logement dans la citadelle, et c'est ce qui la fit
« appeler la ville de David. Il fit ensuite bâtir tout au-
« tour de la ville, depuis Mello et d'un bout jusqu'à
« l'autre ; et Joab fit réparer le reste de la ville [1]. »
Après David, et sous le règne de son fils Salomon,
elle fut appelée Hiérosolyme, c'est-à-dire la Jérusalem
de Salomon. Les deux excellens écrivains et illustres
historiographes, Hégésippe et Josèphe, rapportent
qu'en punition des péchés des Juifs, et la quarante-
deuxième année après la passion du Seigneur, Titus,
fils de Vespasien, empereur magnifique des Romains,
mit le siége devant Jérusalem, la prit d'assaut, et,
après l'avoir prise, la renversa de fond en comble,
selon ce qu'avait dit le Seigneur : « Qu'il n'y demeu-
« rerait pas pierre sur pierre [2]. » Dans la suite, Ælius-
Adrien, quatrième empereur romain après Titus, la
releva et l'appela de son nom Ælia, ainsi qu'on le voit
dans les règlemens du concile de Nicée : « Que l'é-
« vêque d'Ælia soit honoré de tous, etc. » Dans le
principe elle était située sur des revers extrêmement
rapides, faisant face partie à l'orient et partie au
midi, occupant entièrement le flanc de la montagne
de Sion et du mont Moriah, en sorte qu'on ne voyait

---

[1] Paralipomènes, liv. 1, chap. 11, v. 4—8.
[2] Évang. sel. S. Matth. chap. 24, v. 2.

sur le sommet que le temple du Seigneur et la citadelle nommée Antonia. L'empereur Adrien la fit rebâtir en entier sur les hauteurs, et dès lors le lieu de la passion et de la résurrection de Notre-Seigneur, qui s'était trouvé auparavant en dehors de la ville, fut renfermé dans l'enceinte des remparts.

Jérusalem est plus petite que les plus grandes villes et plus grande que les villes ordinaires ; sa forme est un carré long, et de trois côtés elle est enfermée et défendue par des vallées extrêmement profondes. A l'orient est la vallée de Josaphat, dont le prophète Joel fait mention en ces termes : « Lorsque j'aurai fait « revenir les captifs de Juda et de Jérusalem, j'assem- « blerai tous les peuples et je les amenerai dans la val- « lée de Josaphat ; j'entrerai en jugement avec eux « touchant Israël mon peuple et mon héritage [1]. » Au fond de cette vallée a été construite une noble église en l'honneur de la mère de Dieu ; on croit qu'elle y est ensevelie, et aujourd'hui encore on montre le glorieux sépulcre à tous ceux qui viennent visiter ces lieux. Dans les mois d'hiver le torrent de Cédron, enflé par les pluies, roule ses eaux au pied de cette église. Le bienheureux Jean l'évangéliste en a parlé en disant : « Jésus s'en alla avec ses disciples au-delà « du torrent de Cédron, où il y avait un jardin [2]. » Du côté du midi on trouve la vallée nommée Ennom, contiguë à celle de Josaphat, et qui, lors de la séparation des tribus, servit de limite à celles de Benjamin et de Juda ; Josué l'a décrite en ces termes : « Cette « frontière monte, par la vallée du fils d'Ennom, au

---

[1] Joel, chap. 3, v. 1—2.
[2] Évang. sel. S. Jean, chap. 18, v. 1.

« côté méridional du pays des Jébuséens, où est Jé-
« rusalem, et de là montant jusqu'au haut de la mon-
« tagne qui est vis à vis de la ville de Géhennom à l'oc-
« cident¹. » On y montre encore le champ qui fut
acheté par Judas, le plus pervers de tous les acheteurs, avec l'argent qu'il retira pour prix de sa trahison, après avoir livré le Seigneur; ce champ est nommé
Aceldama, et sert maintenant à la sépulture des pélerins. Il est fait aussi mention de cette vallée dans les
Paralipomènes, au sujet d'Achaz : « C'est lui qui offrit
« de l'encens dans la vallée de Bénennom et qui fit
« passer ses enfans par le feu, selon la superstition des
« nations que le Seigneur fit mourir à l'arrivée des
« enfans d'Israël². » Cette vallée tourne ensuite à
l'occident, au point où l'on montre l'emplacement de
l'ancienne piscine qui fut célèbre au temps des rois
de Juda; de là elle se prolonge encore vers la piscine
supérieure, vulgairement appelée aujourd'hui le lac
du patriarche, située à côté de l'ancien cimetière et
dans la grotte dite du Lion. Du côté du septentrion
on arrive à Jérusalem par un chemin de plaine, où
l'on montre encore aujourd'hui le point sur lequel le
premier martyr Étienne fut lapidé par les Juifs et rendit l'ame après avoir fléchi les genoux et en priant
pour ses persécuteurs.

Jérusalem est située sur deux montagnes, ainsi que
David le rappelle, en disant : « Ses fondemens sont
« posés sur les saintes montagnes³. » Les remparts qui
entourent la ville renferment presque entièrement

---

¹ Josué, chap. 15, v. 8.
² Paralipomènes, l. 2, chap. 28, v. 3.
³ Psaum. 86, v. 1.

les points les plus élevés de ces montagnes, séparées par une étroite vallée, qui coupe aussi la ville en deux parties. L'une de ces montagnes, qui se trouve à l'occident, est appelée Sion, et a souvent donné son nom à la ville même, comme on peut le voir par ces paroles de David : « Le Seigneur aime les portes de « Sion plus que toutes les tentes de Jacob [1]. » L'autre montagne, située à l'orient, est appelée Moriah : il en est fait mention dans le second livre des Paralipomènes, en ces termes : « Salomon commença donc « à bâtir le temple du Seigneur à Jérusalem sur la « montagne de Moriah, qui avait été montrée à son « père David, et au lieu même que David avait dis- « posé dans l'aire d'Ornan le Jébuséen [2]. » C'est à l'occident, presque sur le point le plus élevé, qu'est construite l'église dite de Sion, du nom de la montagne, non loin de cette tour de David, ouvrage extrêmement solide, qui sert comme de citadelle à Jérusalem, garni de tours, de murailles et de remparts, et qui domine toute la ville. On voit aussi sur la même montagne, mais au revers qui fait face à l'orient, l'église de la Sainte-Résurrection, construite en rotonde. Comme elle est située sur le penchant de la montagne qui la domine et lui est contiguë, l'intérieur aurait été fort obscur; mais le toit, composé de poutres qui s'élèvent dans les airs et sont entrelacées avec un art merveilleux en forme de couronne, est constamment ouvert et répand ainsi dans l'église une lumière suffisante. C'est au dessous de ce vaste ciel ouvert qu'est posé le monument du Sauveur du monde.

[1] Psaum. 86, v. 1.
[2] Paralipom. l. 2, chap. 3, v. 1.

Avant l'arrivée des Latins, l'emplacement dit le Calvaire, ou Golgotha, lieu où le Seigneur souffrit la Passion, où l'on dit que l'on a trouvé encore du bois de la croix vivifiante, où le corps du Seigneur, après avoir été déposé de la croix, fut, dit-on, frotté de parfums et d'aromates et enveloppé dans le suaire, selon la coutume des Juifs; ce lieu, dis-je, était en dehors de l'enceinte de l'église et ne contenait que de très-petits oratoires. Mais lorsque, par le secours de la clémence divine et par la force de leurs bras, les Croisés se furent emparés de Jérusalem, ils jugèrent cet édifice beaucoup trop étroit. On fit agrandir considérablement l'ancienne église, en y ajoutant un ouvrage vaste et solide dans lequel elle se trouva renfermée et qui enveloppa aussi les lieux miraculeux que je viens de décrire.

Sur l'autre montagne qui est située à l'orient, et du côté du revers qui fait face au midi, est le temple du Seigneur, bâti sur l'emplacement où le roi David, ainsi que nous le lisons dans le livre des Rois et dans les Paralipomènes, acheta l'aire qui appartenait à Aurenne, ou Ornan, le Jébuséen. Ce fut là qu'il lui fut ordonné de construire un autel au Seigneur et qu'il offrit plus tard des holocaustes et des sacrifices expiatoires; il invoqua le Seigneur, et le Seigneur l'exauça en faisant descendre le feu du ciel sur l'autel de l'holocauste. Après la mort de David, Salomon, son fils, fit construire le temple du Seigneur sur le même lieu, d'après les ordres de l'Éternel. Les traditions anciennes nous apprennent quelle était la forme de ce temple, et comment il fut renversé sous Nabuchodonosor, roi des Babyloniens, ensuite réédifié sous Cyrus, roi des Perses, par Zorobabel et Jéhu le grand-prêtre, et enfin détruit une seconde fois ainsi que toute la ville par Titus, prince des Romains. Il suffira donc maintenant de dire quel fut celui qui fit construire le temple actuel et comment.

J'ai dit, au commencement de cette histoire, que cet édifice fut élevé par les ordres d'Omar, fils de Catab, troisième successeur à l'Empire et aux erreurs de l'imposteur Mahomet. Ce fait est attesté d'une manière évidente par les inscriptions monumentales que l'on y trouve encore tant au dedans qu'au dehors. Voici maintenant une description du temple même.

Un plateau, ayant en longueur et en largeur une étendue telle que le trait d'un arc peut à peine porter d'une extrémité à l'autre, et formé de quatre côtés parfaitement égaux, est environné d'une muraille solide et de moyenne hauteur. Du côté de l'occident on arrive à ce plateau par deux portes, dont l'une s'appelle la Belle Porte : ce fut là que Pierre, selon ce qui est rapporté dans les Actes des Apôtres, releva et redressa un boiteux de naissance, qui demandait l'aumône aux passans[1]. Je ne sais pas précisément le nom de l'autre porte. Il y en a une autre du côté du nord, et du côté de l'orient une quatrième qui, aujourd'hui encore, est appelée la porte d'Or. Au midi est la demeure royale, communément appelée temple de Salomon. Au dessus de chacune de ces portes, qui communiquent immédiatement avec la ville, et à chacun des angles du plateau, il y avait des tours fort élevées, sur lesquelles les prêtres qui servaient les superstitions des Sarrasins avaient coutume de mon-

---

[1] Actes des Apôtres, chap. 3, v. 4 et suiv.

ter à de certaines heures, pour inviter le peuple à venir assister aux prières. Quelques-unes de ces tours subsistent encore, d'autres ont été détruites par divers accidens. Personne n'avait la permission d'habiter dans cette enceinte; on ne pouvait même y entrer que pieds nus et après les avoir lavés, et il y avait à chaque porte des gardiens chargés de veiller soigneusement à l'observation de ces ordres. Au milieu du plateau, ainsi environné de toutes parts, était un second plateau un peu plus élevé, formé également de quatre côtés, placés de tous points à égale distance des premières murailles. On y arrivait du côté de l'occident et du midi par deux points, et du côté de l'orient par un seul point, en montant quelques marches d'escalier. Il y avait un petit oratoire à chacun des angles de cette seconde enceinte; il y en a qui subsistent encore, d'autres ont été détruits pour faire place à de nouvelles constructions. Au milieu du plateau supérieur se trouve le temple, construit en forme octogone, orné au dedans et au dehors de plaques de marbre et d'ouvrages en mosaïque : le toit est sphérique et recouvert en plomb avec beaucoup d'art. Le plateau supérieur et le plateau inférieur sont également pavés en pierres blanches, en sorte que, dans les temps d'hiver, les eaux pluviales, qui tombent en grande abondance du faîte de l'édifice, demeurent limpides et exemptes de toute souillure, et vont de là tomber dans les nombreuses citernes construites au dessous de l'enceinte extérieure. Dans l'intérieur même du temple, et au dessous d'un rang de colonnes qui s'élèvent aussi au devant, est un quartier de roc assez élevé et formant dans sa concavité une espèce de grotte : c'est là qu'on dit que se reposa l'ange qui frappa le peuple, à la suite du dénombrement imprudemment ordonné par David, jusqu'au moment où le Seigneur lui prescrivit d'épargner son peuple et de remettre son épée dans le fourreau. Alors David, ayant acheté cette aire au prix de six cents sicles d'or, de bon poids, y fit construire un autel. Avant l'arrivée des Croisés, l'entrée de cette grotte était nue et entièrement à découvert, et elle demeura ainsi quinze ans encore; mais ensuite ceux qui gouvernaient à Jérusalem la firent couvrir d'un marbre blanc, et firent construire par-dessus un autel et un chœur, où un prêtre célébrait les offices divins.

Le pays où est situé la cité servante de Dieu est appelé Judée et aussi première Palestine. Le premier de ces noms lui fut donné après que les dix tribus se furent séparées de Roboam, fils de Salomon, pour suivre Jéroboam, fils de Nabath. Les deux tribus de Benjamin et de Juda restèrent seules fidèles à Roboam, et le pays qui formait le territoire de ces deux tribus fut appelé Judée, du nom de l'une d'elles. Aussi lit-on dans l'Évangile : « Retourne dans la « terre de Juda. » Dès lors Roboam et ses successeurs furent nommés rois de Juda, tandis qu'on désignait sous le titre de rois d'Israël ou de Samarie, les rois qui gouvernaient les dix autres tribus. On dit que le nom de Palestine est dérivé de celui de Philistine, ou pays des Philistins. On dit encore qu'il y a trois Palestines: la première qui est la Judée proprement dite, avec Jérusalem pour métropole ; la seconde a pour métropole Césarée, ville maritime ; la troisième avait d'abord pour métropole Bethséan ou Scythopolis, mais cette dignité a été maintenant transférée à l'église de Nazareth. Quoi qu'il en soit de l'origine réelle ou imaginaire de ces dénominations, il est certain que la Judée fait partie de la Terre-Promise et de la Syrie, ainsi qu'on le trouve attesté par cette homélie, dans laquelle il est dit : « Il est d'usage chez les Syriens, « et principalement dans le pays de Palestine, qui « fait partie de la Syrie, et où le Seigneur daigna ap- « paraître aux hommes en chair et en os, de mêler des « paraboles dans presque tous les discours. »

La Judée est située comme au centre de la Terre-Promise, conformément à la délimitation que Josué en a tracée, en disant : « Vos limites seront depuis le « désert et le Liban jusqu'au grand fleuve d'Euphrate; « tout le pays des Héthéens jusqu'à la grande mer qui « regarde le soleil couchant[1]. »

Le lieu même sur lequel est bâtie la ville de Jérusalem est aride et dépourvu d'eau; on n'y trouve ni ruisseaux, ni fontaines, ni rivières, et les habitans en sont réduits à ne se servir que des eaux pluviales. Pendant les mois d'hiver, ils rassemblent les eaux du ciel dans des citernes qui sont en très-grand nombre dans la ville, et les conservent ensuite pour s'en servir pendant tout le cours de l'année. Aussi j'ai lieu d'être fort étonné que Solin ait dit que la Judée était fort célèbre par ses eaux. On trouve dans son *Polyhistor* : « La Judée est célèbre par ses « eaux, mais elles ne sont pas de la même nature « que les autres. » Je ne puis même m'expliquer cette assertion qu'en pensant ou que cet écrivain n'a pas dit la vérité, ou que ce sol antique a changé

[1] Josué, chap. 1, v. 4.

complétement de face depuis cette époque. Il est juste cependant de dire qu'Ézéchias, roi de Juda, cet ami fidèle du Seigneur, lorsqu'il apprit la prochaine arrivée de Sennachérib, fils de Salmanazar, roi des Assyriens, fit boucher les fontaines qui étaient hors de la ville. On lit à ce sujet dans le second livre des Paralipomènes : « Ézéchias voyant que « Sennachérib s'avançait, et que tout l'effort de la « guerre allait tomber sur Jérusalem, il tint conseil « avec les principaux de la cour et les plus braves « officiers, s'il ne fallait point boucher les sources « des fontaines qui étaient hors de la ville, et tous « en ayant été d'avis, il assembla beaucoup de monde, « et ils bouchèrent toutes les sources et le ruisseau « qui coulait au milieu du pays, afin, disaient-ils, « que, si les rois des Assyriens viennent, ils ne « trouvent pas beaucoup d'eau [1]. » La principale de ces sources était celle qu'on appelait la source de Gion, dont il est fait mention en ces termes dans le même endroit : « C'est ce même roi Ézéchias qui « boucha la haute fontaine des eaux de Gion, et les « fit couler sous terre, à l'occident de la ville de « David [2]. » Gion était situé au midi, dans la vallée d'Ennom, et au milieu même de Jérusalem, sur le lieu où est maintenant une église construite en l'honneur du bienheureux Procope le martyr. Ce fut là, à ce qu'on rapporte, que Salomon fut oint en qualité de roi, ainsi qu'on le trouve raconté dans le troisième livre des Rois : « Prenez avec vous les serviteurs « de votre maître ; faites monter sur ma mule Salo-

---

[1] Paralipom. l. 2, chap. 32, v. 2—4.
[2] Ibid. v. 30.

« mon, mon fils, et menez-le à Gion, et que Sadoch,
« grand-prêtre, et Nathan, prophète, le sacrent vers
« ce lieu pour être roi d'Israël; et vous sonnerez
« aussi de la trompette, et vous crierez : vive le roi
« Salomon [1]! » Il est cependant certain que les choses
furent telles avant le temps où vécut Solin ; et il est
également sûr que cet écrivain exista après que Titus,
empereur des Romains, eut renversé la ville de Jérusalem, et avant le règne d'Ælius Adrien qui la fit relever ; ainsi qu'on peut s'en convaincre d'après ce que
dit cet auteur dans le quarante-troisième chapitre de
son *Polyhistor* : « Jérusalem fut la capitale de la
« Judée; mais elle a été détruite et remplacée par
« Hiéricho (Jéricho), et celle-ci a aussi cessé d'être la
« capitale lorsqu'elle a été conquise dans la guerre
« d'Artaxerce. »

En dehors de la ville et à deux ou trois milles de
distance, il y a quelques fontaines; mais elles sont
peu nombreuses, et ne fournissent d'ailleurs qu'une
très-petite quantité d'eau. Cependant vers la porte
méridionale, au point où se réunissent les deux vallées dont j'ai déjà parlé, et à un mille tout au plus de
la ville, il y a une fontaine très-fameuse, dite Siloé.
Le Seigneur y envoya un homme qui était aveugle
dès sa naissance, afin qu'il se lavât et recouvrât
la vue [2]. La source est peu abondante, et jaillit dans
le fond de la vallée ; elle donne des eaux qui n'ont
point de goût et ne coulent pas toujours ; on assure
que c'est une fontaine intermittente, et qui ne donne
de l'eau que de trois en trois jours.

[1] Rois, l. 3, chap. 1, v. 33, 34.
[2] Évang. sel. S. Jean, chap. 9, v. 7

Les habitans de Jérusalem, dès qu'ils avaient été informés de l'approche de notre armée, avaient fait boucher les fontaines et les citernes qui étaient en dehors et jusqu'à cinq ou six milles de distance de la ville, afin que notre peuple ne pût résister à la soif, et se trouvât forcé par là de lever le siége. Aussi les Croisés éprouvèrent-ils de cruelles souffrances durant tout le cours du siége, comme on le verra par la suite de ce récit. Les assiégés, pendant ce temps, indépendamment des eaux pluviales qu'ils avaient en grande abondance, recevaient encore du dehors les eaux des sources qu'ils faisaient arriver par des conduits et des aqueducs, et qui se jetaient dans deux piscines très-vastes, situées auprès de l'enceinte du temple, à l'extérieur par rapport à celle-ci, et à l'intérieur par rapport aux murailles de la ville. L'une de ces piscines, appelée encore aujourd'hui *piscine probatique*, était employée autrefois pour laver les victimes qu'on devait immoler. Jean-l'Évangéliste dit qu'il y avait cinq galeries, qu'un ange y descendait et agitait l'eau, et que lorsqu'elle était ainsi troublée, celui qui entrait le premier dans la piscine était guéri de ses maux. Le Seigneur y trouva un paralytique, auquel il ordonna de se lever et d'emporter son lit [1].

[1099.] Les légions des Croisés dressèrent leur camp en face de Jérusalem le sept juin de l'an de grâce mille quatre-vingt-dix-neuf. On dit qu'il y arriva environ quarante mille personnes des deux sexes, ainsi que d'âge et de condition divers, dont tout au plus vingt mille hommes de pied, bien équipés, et quinze cents chevaliers, le reste étant composé de gens du

---

[1] Évang. sel. S. Jean, chap. 5, v. 2—9.

peuple dénués d'armes, de malades, ou d'autres individus faibles et incapables de service. Dans le même temps, il y avait dans la ville, à ce qu'on disait, quarante mille hommes vigoureux et très-bien armés. Une multitude immense était accourue des bourgs et lieux circonvoisins, tant pour éviter l'approche de l'armée chrétienne et pourvoir à sa propre sûreté, que pour défendre la cité royale des périls qui la menaçaient, et pour la renforcer en hommes de guerre et en approvisionnemens de toute espèce.

Aussitôt que les princes furent arrivés, ils consultèrent tous ceux qui avaient une connaissance exacte des localités, pour reconnaître les moyens les plus sûrs et les plus faciles de s'emparer de la ville. Ils furent bientôt convaincus qu'il n'y avait rien à faire du côté de l'orient et de celui du midi, à cause de la profondeur des vallées environnantes, et se déterminèrent à entreprendre le siége par le côté du nord. Ils formèrent donc leur camp depuis la porte dite aujourd'hui porte de Saint-Étienne, qui fait face au nord-est, jusqu'à l'autre porte située au dessous de la tour de David, qui est appelée du même nom et se trouve à l'occident. Le duc de Lorraine s'établit le premier; après lui et en suivant cette direction venait Robert, comte de Flandre; ensuite Robert comte de Normandie; la quatrième position fut occupée par Tancrède, qui s'établit avec quelques autres nobles tout autour d'une tour angulaire, à laquelle il a depuis donné son nom. Enfin le comte de Toulouse et les gens de sa suite s'emparèrent du terrain qui s'étend depuis cette tour jusqu'à la porte de l'occident. Plus tard, tant pour éviter la tour qui dominait son camp et protégeait complétement cette porte, que pour franchir la vallée qui le séparait de la ville, et pour quitter une position dans laquelle il avait reconnu qu'il lui serait impossible de concourir utilement au siége, le comte de Toulouse, après avoir pris l'avis de quelques hommes sages et qui connaissaient bien les localités, transporta une partie de son camp sur la montagne même où la ville est bâtie, s'établit entre les maisons et l'église dite de Sion, éloignée de celle-ci de la distance que le trait d'un arc ne franchirait que difficilement, un peu au nord de cette église, et laissa le reste de ses troupes dans sa première position. On dit qu'en faisant ce mouvement, son intention fut de faciliter à ses soldats les moyens d'attaquer la ville de plus près, et en même temps de défendre l'église de Sion contre toute insulte des ennemis. C'est dans ce lieu que le Sauveur avait soupé avec ses disciples et leur avait lavé les pieds; c'est là aussi que son Saint-Esprit était descendu sur les disciples en langues de feu, le saint jour de la Pentecôte; les anciennes traditions rapportaient encore qu'en ce même lieu la pieuse mère du Seigneur avait acquitté sa dette envers les morts; enfin on montre encore sur ce point le sépulcre consacré à Étienne, le premier martyr.

Lorsque les Croisés eurent établi leur camp ainsi que je viens de le dire, la portion de la ville qui n'était point assiégée s'étendait depuis la porte du septentrion, vulgairement appelée porte de Saint-Étienne, jusqu'à la tour angulaire, qui domine la vallée de Josaphat, depuis cette tour jusqu'à l'autre angle de la ville du même côté, dont la vue porte sur le revers qui tombe dans la même vallée au midi, et depuis cet angle jusqu'à la porte du midi, appelée maintenant porte de la montagne de Sion; en sorte qu'il y avait à peu près une moitié de la circonférence de la ville qui n'était pas du tout investie.

Le cinquième jour après que notre armée fut arrivée sous les murs de Jérusalem, les chefs firent publier dans tout le camp, par leurs hérauts, que chacun, depuis le plus grand jusqu'au plus petit, eût à préparer ses armes pour commencer les travaux du siége, et ces ordres furent aussitôt exécutés. Tous se levèrent donc à l'envi et s'élancèrent avec la plus grande vigueur sur tous les points qu'ils pouvaient attaquer; l'assaut fut dirigé avec beaucoup de zèle et une grande bravoure; les ouvrages avancés furent détruits, et les assiégés, contraints de se replier derrière leurs remparts, furent saisis de frayeur et parurent désespérer de l'efficacité de leur résistance. Il est même hors de doute que, si ce jour-là les Croisés eussent eu des échelles ou des machines qui leur eussent facilité l'occupation des remparts, ils seraient parvenus, dans l'ardeur extraordinaire qui les transportait, à s'emparer entièrement de la ville. Après avoir fait tous leurs efforts depuis le premier crépuscule jusqu'à la septième heure du jour, voyant qu'il leur serait impossible de réussir dans leur entreprise sans le secours de machines, ils suspendirent leurs travaux, dans l'espoir de les reprendre plus heureusement, avec l'aide du Seigneur, dès qu'ils auraient fait construire les instrumens nécessaires.

Les princes recherchèrent alors avec la plus vive sollicitude les lieux où il leur serait possible de trouver les bois dont ils avaient besoin, car il n'y avait aucun moyen d'avoir les matériaux convenables dans toute la contrée environnante. Un fidèle, habitant du pays, et Syrien d'origine, conduisit heureusement quelques uns des princes dans des vallons enfoncés, situés à six ou sept milles de la ville, et l'on y trouva des arbres qui n'étaient pas complétement propres à l'usage qu'on voulait en faire, mais parmi lesquels cependant on en voyait un assez bon nombre de grande et belle venue. On fit appeler aussitôt des ouvriers et des bûcherons, autant qu'on jugea devoir en commander pour ce travail, et les arbres abattus furent chargés sur des chariots, et transportés au camp par des chameaux. On rassembla alors des artisans et tous ceux qui avaient quelque connaissance de ces sortes de métiers, et tous se mirent à l'ouvrage avec un zèle infatigable; ils employèrent la hache, la cognée et beaucoup d'autres instrumens propres à façonner le bois, et construisirent successivement des tours mobiles, des balistes, des pierriers, des béliers et d'autres machines pour servir à miner sous les murailles. Les ouvriers qui n'avaient pas par eux-mêmes assez de ressources pour travailler gratis, recevaient une paie qu'on prélevait sur les offrandes que faisait le peuple dans sa dévotion. Aucun des princes, en effet, n'avait plus assez de richesses pour fournir des salaires à ceux qu'il fallait employer, si ce n'est cependant le comte de Toulouse, qui était toujours plus abondamment pourvu que tous les autres. Aussi faisait-il acquitter sur son propre trésor toutes les dépenses des hommes qu'il occupait, sans avoir besoin de recourir au peuple; et il y avait en outre beaucoup de nobles qui, après avoir perdu tous leurs approvisionnemens de voyage, recevaient de lui une solde.

Tandis que les plus considérables parmi les chefs étaient ainsi occupés des choses les plus importantes, d'autres nobles et des hommes distingués sortaient du camp, la bannière déployée, et conduisaient le peuple dans les lieux cachés, dans les taillis que les gens du pays leur indiquaient; ils faisaient ramasser des broussailles et de l'osier, que les chevaux, les ânes et d'autres bêtes de somme transportaient ensuite dans le camp et dont on se servait pour tresser des claies et pour concourir à de plus grands travaux. De toutes parts on se livrait à ces divers ouvrages avec un zèle extrême; on ne voyait pas dans le camp un seul homme inoccupé, ou qui se permît de s'engourdir dans l'oisiveté; chacun faisait quelque chose, et nul ne cherchait à établir une distinction sur les divers genres de travaux qui pouvaient convenir à des conditions diverses. Tout ce qui pouvait être de quelque utilité faisait, à qui que ce fût, une occupation honorable. Le riche et le pauvre mettaient également la main à l'œuvre, on ne connaissait plus aucune inégalité de rang, et partout on trouvait le même zèle, la même assiduité au travail. Celui qui avait plus de mérite montrait plus d'ardeur et produisait plus de choses; celui qui en avait moins ne laissait pas d'être admis et employé à un ouvrage quelconque. Tous enfin regardaient comme nulles les souffrances qu'ils avaient endurées pendant leur voyage, s'il leur était permis de recueillir le fruit de tant de travaux et d'entrer dans cette ville pour laquelle ils avaient supporté tant de maux; tout ce qu'on pouvait leur demander, dans ce but, leur paraissait léger et facile, pourvu qu'ils pussent croire que c'était un moyen de concourir à l'accomplissement de leurs vœux.

Cependant l'armée commençait à souffrir horriblement de la soif. J'ai déjà dit que les environs de Jérusalem sont arides et dépourvus d'eau, et qu'on ne trouve qu'à une assez grande distance quelques ruisseaux, fontaines ou puits contenant des eaux vives. Ces sources même avaient été comblées par les ennemis, peu de temps avant l'arrivée de nos troupes, afin qu'elles pussent tenir moins long-temps à faire le siége de la place ; ils y avaient jeté de la terre ou les avaient bouchées par divers autres moyens ; ils avaient aussi ouvert les citernes et les autres réservoirs des eaux pluviales, qui, par ce procédé, ne pouvaient plus les retenir ; ou bien encore ils les avaient malicieusement cachées, afin que les pauvres malheureux, tourmentés de la soif, ne pussent venir y chercher quelque soulagement. Les habitans de Bethléem et les fidèles qui demeuraient à Thécua, la ville des prophètes, se rendaient souvent à l'armée et conduisaient ensuite les Croisés vers les fontaines qui se trouvaient situées à quatre ou cinq milles de leur camp. Là s'élevaient de nouvelles difficultés ; les arrivans se poussaient les uns les autres et s'empressaient réciproquement de puiser de l'eau ; souvent même ils en venaient à de vives altercations, et enfin, après de longs retards, ils remplissaient des outres d'une eau toute bourbeuse, qu'ils vendaient ensuite fort cher, la distribuant cependant en si petite quantité qu'un homme altéré en avait à peine de quoi satisfaire au premier besoin. La fontaine de Siloé, située tout près de la ville, et dont j'ai déjà donné la description, était loin de pouvoir suffire à tant de monde, d'autant plus qu'elle ne coulait pas toujours, et que ses eaux étaient d'ailleurs fort insipides. La chaleur ardente du mois de juin accroissait encore l'incommodité de la soif et rendait plus pénible à chacun cet état continuel de suffocation, sans parler même de l'excès du travail et de l'abondance de la poussière, qui ne laissaient pas aussi de dessécher le palais et la poitrine. Les Croisés sortaient du camp en secret et se dispersaient dans les environs pour chercher de l'eau de tous les côtés avec le plus grand soin ; ils marchaient par petits détachemens, et, au moment où ils croyaient avoir trouvé quelque filet caché, ils se voyaient aussitôt entourés par une immense multitude de gens occupés aux mêmes recherches ; quelquefois, lorsqu'ils avaient découvert quelque source, il s'élevait entre eux de vives querelles ; ils cherchaient à se repousser les uns les autres, et souvent on en venait à se battre. Ceux qui étaient à pied usaient d'économie lorsqu'ils avaient trouvé un peu d'eau, et parvenaient, de manière ou d'autre, à se donner quelque soulagement ; mais les hommes qui avaient un grand nombre de chevaux se voyaient souvent obligés de les conduire à trois ou quatre milles loin du camp, et ne parvenaient souvent à les faire abreuver qu'à travers mille difficultés. Ceux de ces animaux que l'on négligeait, et que leurs maîtres ne pouvaient suffisamment soigner, erraient dans la campagne à pas lents et perdant toutes leurs forces ; on voyait les chevaux, les mulets, les ânes, les bestiaux de toute espèce, consumés par la soif et par la chaleur, tomber de dessèchement et mourir enfin, ayant tout l'intérieur du corps entièrement brûlé ; leurs cadavres répandaient ensuite dans le camp une odeur fétide et pestilentielle, et l'air s'imprégnait d'exhalaisons empoisonnées. Cet horrible fléau de la soif exerçait dans le camp des Croisés autant de ravages que celui de la famine en avait causé quelque temps auparavant sous les murs d'Antioche. De même que devant cette ville, les Croisés sortaient aussi de leur camp et allaient dans les campagnes environnantes chercher des vivres et des fourrages pour leurs chevaux, ils marchaient sans précaution et parcouraient imprudemment les contrées ; les habitans de Jérusalem, lorsqu'ils furent informés de ces fréquentes excursions, prirent aussi l'habitude de sortir de la ville par l'un des côtés qui n'était pas investi ; ils se présentaient de temps en temps, à l'improviste, devant les Chrétiens, leur tuaient souvent beaucoup d'hommes, emmenaient plus souvent encore leurs chevaux, tandis que quelques autres plus heureux, mais presque toujours blessés, trouvaient cependant moyen de leur échapper par la fuite. Aussi l'armée des Croisés diminuait de jour en jour et perdait chaque jour une portion de ce qu'elle avait cru posséder la veille ; les nombreux accidens auxquelles est assujettie l'infirmité humaine enlevaient d'heure en heure plus ou moins d'hommes, et malheureusement il n'en venait pas d'autres pour prendre la place et remplir les vides que laissaient ceux qui succombaient. Dans le même temps, au contraire, les forces de l'ennemi s'accroissaient journellement ; de nouveaux auxiliaires lui arrivaient de toutes parts, ils pénétraient librement et sans peine dans la ville, par les côtés qu'on n'avait pu investir, et augmentaient le nombre des assiégés au détriment des assiégeans.

Tandis que tous ceux qui faisaient partie de l'armée chrétienne travaillaient avec ardeur à construire des machines, à tresser des claies, à fabriquer des échelles de cordes, et s'adonnaient ainsi sans relâche à leurs diverses occupations; de leur côté, les habitans de Jérusalem ne déployaient pas moins d'activité pour repousser l'adresse par l'adresse, et cherchaient, avec une égale ardeur, tous les moyens imaginables de résister avec succès. Comme ils possédaient une grande quantité de bois et de beaux arbres, qu'ils avaient fait couper et transporter, par précaution, dans la ville avant l'arrivée des Chrétiens, ils faisaient construire aussi des machines pareilles à celles des nôtres, et faites même avec de meilleurs matériaux. Ils mettaient tous leurs soins à ne demeurer en arrière de leurs ennemis dans les travaux de ce genre, ni pour l'art, ni pour la solidité des constructions. Des hommes placés par eux sur les tours et sur les remparts y demeuraient constamment comme en sentinelles et observaient avec la plus grande attention tout ce qui se faisait dans le camp des Chrétiens, principalement ce qui se rapportait aux diverses espèces de construction, puis ils allaient en rendre compte aux principaux habitans de la ville, afin de pouvoir répondre à toutes les entreprises de l'ennemi par des travaux du même genre, et se montrer de dignes rivaux, habiles à tout imiter. Il ne leur était pas difficile de réussir. Ils avaient dans la ville beaucoup plus d'ouvriers, d'instrumens de fabrication, de fer, d'acier, de cordes, et enfin de tous les autres approvisionnemens nécessaires que n'en possédaient les assiégeans : et non seulement les citoyens étaient obligés, en vertu d'un édit, à s'employer à tous ces travaux ; mais en outre ; les fidèles, qui habitaient avec eux et se trouvaient réduits à une condition tout-à-fait servile et déplorable, étaient aussi soumis en ces circonstances à des corvées extraordinaires, et l'on en exigeait toutes sortes de services fâcheux. Non seulement on les exténuait en leur imposant des travaux extrêmement forcés ; mais, de plus, on les chargeait de fers, on les jetait dans les prisons, dans la crainte qu'ils ne voulussent favoriser les entreprises des Croisés et leur faire connaître l'état et les secrets de la ville ; aussi nul fidèle n'osait monter sur les murailles ni paraître en public ; si ce n'est, cependant, lorsqu'on les tirait comme des bêtes de somme, chargés des objets qu'il fallait transporter d'un lieu à l'autre, car c'était là le travail auquel on les employait habituellement ; en même temps, tous ceux qui avaient quelques connaissances pratiques d'un métier étaient contraints à l'exercer pour les besoins publics. Sur la moindre calomnie d'un délateur, on envoyait les fidèles au supplice. On les forçait aussi à donner l'hospitalité aux étrangers accourus de tous les bourgs et de toutes les villes des environs pour chercher un refuge à Jérusalem, et à leur fournir ce dont ils avaient besoin ; et, tandis que le peu qu'ils possédaient ne suffisait pas pour entretenir misérablement eux et les gens de leur maison et de leur famille, on leur imposait encore de force l'obligation de partager avec des hommes venus du dehors, en sorte qu'eux-mêmes devenaient bientôt les plus indigens. Aussitôt qu'on avait besoin de quelque chose pour les travaux publics, on commençait par aller visiter les maisons des fidèles, on enfonçait les portes, et, si l'on y trouvait ce qui était nécessaire, on l'enlevait de vive force à celui qui y demeurait. Si un accident quelconque empêchait ceux que l'on avait convoqués sur un lieu ou en un moment déterminé, de nuit ou de jour, de se rendre sans retard et sur le premier avertissement, on allait les enlever ignominieusement chez eux, on les traînait en dehors par la barbe ou par les cheveux : enfin leur condition était tellement misérable qu'elle eût dû arracher des larmes à leurs plus grands ennemis, et ces malheurs de tout genre, ces fatigues et ces travaux excessifs n'avaient ni trêve ni fin. Excédés de tant de souffrances, ils étaient parvenus au comble de leurs maux, en sorte qu'ils souhaitaient ardemment de mourir dans le sein du Seigneur, plutôt que de vivre en ce monde d'une telle vie. Leur misérable existence ne différait que trop du calme de la mort, car on ne leur donnait pas même, une fois le jour, le loisir convenable pour réparer leurs forces par la nourriture, et souvent encore, dans la nuit, on ne leur accordait qu'un temps insuffisant pour le repos. Tout ce qui arrivait de fâcheux dans la ville leur était constamment imputé; ils ne pouvaient sortir de leur propre maison, se montrer en public, ni rentrer chez eux sans exciter les soupçons, et les calomnies d'un individu quelconque suffisaient pour leur attirer des accusations.

Tandis que ces choses se passaient à Jérusalem et dans le camp des assiégeans, les princes reçurent un

messager qui vint leur annoncer l'arrivée des vaisseaux génois dans le port de Joppé, et leur demander d'y envoyer quelques troupes qui pussent escorter et ramener ceux qui étaient à bord. Solin, dans le trente-neuvième chapitre de son livre *De memorabilibus mundi*, a parlé dans les termes suivans de la ville de Joppé : « Joppé est la ville la plus ancienne du monde
« entier, puisqu'elle fut fondée avant l'inondation géné-
« rale de la terre. On y voit le rocher qui porte encore la
« marque des liens par lesquels Andromède était atta-
« chée, lorsqu'elle fut exposée à la fureur d'un monstre,
« ainsi que la nouvelle s'en répandit fort à propos dans
« le pays. Entre autres choses miraculeuses, je dirai
« à ce sujet que Marcus Scaurus fit connaître à Rome
« les ossemens de cette bête féroce, et que ce fait a
« été consigné dans les Annales. On trouve aussi les di-
« mensions de son corps dans des livres reconnus pour
« véridiques. Les côtes de cet animal avaient plus de
« quarante pieds de longueur, et il était plus haut
« qu'un éléphant de l'Inde; ses vertèbres avaient plus
« d'un demi-pied de longueur. » — Jérôme, dans son épitaphe de Sainte-Paule, parle de Joppé en ces termes:
« Elle vit aussi Joppé, port où Jonas prit la fuite, et
« qui, pour dire un mot des fables des poètes, fut
« aussi témoin de la captivité d'Andromède, liée sur
« l'un de ses rochers. »

Après que les princes eurent tenu conseil pour délibérer sur la demande des Génois, le comte de Toulouse, qui était le plus riche de tous, fit partir aussitôt un noble de sa suite, nommé Galdemar, surnommé Carpinelle, à la tête de trente cavaliers et de cinquante hommes à pied. Mais, lorsqu'ils se furent mis en route, les princes reconnurent qu'ils ne pourraient suffire à remplir une telle mission, et demandèrent au comte d'expédier un nouveau renfort. Il se rendit à leurs vœux, et chargea deux hommes illustres, Raimond Pelet et Guillaume de Sabran, de prendre avec eux cinquante cavaliers et d'aller se réunir à ceux qui marchaient en avant. Galdemar, qui était parti le premier, arriva dans la plaine située entre Lydda et Ramla, et y rencontra un corps d'ennemis fort de six cents hommes. Ceux-ci s'élancèrent aussitôt sur lui et lui tuèrent quatre cavaliers et un plus grand nombre de fantassins. Tandis que ces derniers cherchaient à faire bonne résistance et s'encourageaient les uns les autres à combattre vaillamment, quoiqu'ils fussent fort inférieurs en nombre, les deux nobles, qui avaient marché sur leurs traces le plus rapidement possible, arrivèrent sur le lieu du combat avant que les rangs fussent rompus et prirent part à la mêlée ; tous se réunirent avec ardeur, et, animés d'un courage tout divin, ils chargèrent l'ennemi, lui tuèrent deux cents hommes, et mirent tout le reste en fuite. Cette affaire coûta la vie à deux nobles, Gilbert de Trèves et Achard de Montmerle ; leur mort causa de grands regrets dans le camp des Croisés.

Après avoir obtenu de Dieu cette victoire, les deux détachemens poursuivirent leur marche vers Joppé, et y arrivèrent sains et saufs : les matelots les accueillirent avec de vives démonstrations de joie, et tous se divertirent à l'envi par des témoignages réciproques d'affection et par d'agréables entretiens. Comme ils s'arrêtèrent un peu pour attendre que ceux qui étaient arrivés sur les vaisseaux eussent disposé leurs bagages et tout préparé pour leur départ, la flotte des Égyptiens, qui se tenait cachée à Ascalon pour attendre une occasion favorable de les attaquer, arriva subitement devant Joppé au milieu de la nuit. Aussitôt que les nôtres en furent informés, ils se rendirent sur le bord de la mer, pour essayer de protéger les navires contre les ennemis ; mais ils reconnurent bientôt qu'il serait impossible de résister à leur nombre, et, après avoir enlevé les voiles, les cordes, tous les objets d'armement, les ustensiles et les approvisionnemens, ils se retirèrent dans la citadelle de la place. L'un de ces vaisseaux, qui était parti pour faire quelque prise, revint auprès de Joppé chargé de dépouilles, mais l'équipage ayant appris que la flotte ennemie avait occupé le port, profita d'un vent favorable et alla mouiller à Laodicée. A cette époque, la ville de Joppé avait été abandonnée par ses habitans et se trouvait déserte. Peu de temps avant l'arrivée des Croisés, les citoyens qui n'avaient pas beaucoup de confiance en la solidité de leurs remparts avaient pris le parti de se retirer : cependant nos troupes n'occupèrent que la citadelle.

Lorsque tout fut disposé pour le départ, les soldats d'escorte marchèrent en avant, conformément à leur mission, et tout le convoi se mit en route pour Jérusalem. Les légions qui étaient demeurées dans le camp les reçurent avec des transports de joie, et leur arrivée fut en effet pour tous un grand sujet de consolation. Ceux qui composaient cette expédition étaient des hommes sages et qui avaient, comme tous les marins, une grande connaissance de l'art des constructions ; ils étaient fort habiles à couper le bois, à l'aplanir, à assembler les poutres, et à dresser les machines. Ils apportèrent en outre des moyens de secours de diverses espèces, qui devaient être fort utiles aux assiégeans, en sorte qu'avec leur aide on put faire désormais et très-facilement toutes sortes d'ouvrages dans lesquels on avait presque désespéré de réussir avant leur arrivée, ou qui du moins auraient présenté de grandes difficultés.

Cependant tous ceux qui étaient demeurés au camp avaient fidèlement persévéré dans leurs efforts, et, continuant à travailler avec le plus grand zèle à la confection de leurs machines, ils avaient poussé leur entreprise fort avant. Le duc de Lorraine et les comtes de Flandre et de Normandie choisirent un homme noble et illustre, le seigneur Gaston de Béarn, et lui confièrent la surveillance générale des travaux, avec mission d'employer tous ses soins à la direction des ouvriers, afin d'éviter toute négligence. Pendant ce temps ils sortaient eux-mêmes très-souvent à la tête de forts détachemens, conduisant le peuple à leur suite pour faire couper des bois et les faire transporter ensuite au camp pour les divers ouvrages dont on avait besoin. Les uns coupaient et entassaient ensuite des branches d'arbrisseaux ou de petits arbres et des liens d'osier pour faire tresser des claies destinées à servir d'enveloppe extérieure aux machines. Les autres cherchaient les cadavres des animaux tués ou morts par suite de la sécheresse et du défaut de boisson, prenaient tous ceux qu'ils trouvaient, sains ou malades indifféremment, et les dépouillaient de leur peau pour en revêtir les claies qui devaient être mises sur les machines, et pour les défendre par ce moyen du danger des feux que l'ennemi pourrait lancer. Tandis que du côté du nord de la ville les travaux se poussaient avec activité par les soins du duc de Lorraine et des deux comtes, d'un autre côté et sur toute la ligne qui s'étendait depuis la tour angulaire jusqu'à la porte occidentale, située sous la citadelle de David, Tancrède et les autres nobles qui avaient dressé leurs tentes avec lui déployaient la même sollicitude et pressaient leurs ouvrages avec une égale ardeur. Au midi, l'armée du comte de Toulouse et tous ceux qui servaient sous ses ordres ne montraient pas moins d'empressement à suivre l'impulsion générale. Ils étaient même d'autant plus animés au travail que le comte avait plus de richesses que les autres et qu'il avait reçu dernièrement de nouveaux renforts, tant en hommes qu'en approvisionnemens de tous les objets dont il pouvait avoir besoin. Les gens arrivés des vaisseaux étaient venus se réunir aux troupes qui formaient son camp et lui avaient apporté tous les matériaux ou les instrumens nécessaires pour les constructions qu'il faisait faire. Ils avaient, en effet, des cordes, des marteaux, et beaucoup d'autres outils en fer; de plus, les excellens ouvriers, qui étaient arrivés aussi, avaient une grande habitude de tous les travaux de constructions et de machines, et ils rendirent de grands services aux Croisés, en leur enseignant des procédés plus prompts. Les Génois qui avaient débarqué à Joppé étaient commandés par un noble, nommé Guillaume, surnommé l'Ivrogne, qui avait beaucoup d'habileté pour tous les travaux d'art.

Déjà l'armée entière travaillait depuis quatre semaines avec un zèle infatigable, et les ouvrages étaient terminés dans tout le camp. Les princes tinrent alors conseil et déterminèrent un jour pour livrer l'assaut. Mais comme il s'était élevé de graves querelles entre le comte de Toulouse et le seigneur Tancrède, et quelques autres nobles, à la suite de certains témoignages d'inimitié, les évêques, les princes et le peuple s'accordèrent pour desirer que la paix fût d'abord rétablie entre eux, afin que tous ensemble pussent implorer les secours divins dans toute la sincérité de leurs cœurs.

Au jour fixé, un décret rendu public dans l'armée ordonna des prières générales. Les évêques et tout le clergé, revêtus de leurs ornemens sacerdotaux, et des robes des lévites, portant la croix et les images protectrices des saints, marchant en avant pieds nus et avec une grande dévotion, conduisirent les Croisés sur la montagne des Oliviers. Là, le vénérable Pierre l'ermite et Arnoul, ami du comte de Normandie, et homme lettré, prêchèrent publiquement devant le peuple, et l'exhortèrent, autant qu'il fut en leur pouvoir, à persévérer avec courage dans son entreprise. (La montagne des Oliviers est située à un mille environ de Jérusalem, du côté de l'orient, et en est séparée par la vallée de Josaphat. On lit dans les actes des Apôtres, qu'elle « est éloignée de Jérusalem de « l'espace du chemin qu'on peut faire le jour du sab- « bat[1]. » Ce fut là que notre Sauveur fut enlevé au ciel, à la vue de ses disciples, et qu'un nuage le déroba à leurs yeux.) Lorsque tout le cortége des fidèles fut arrivé en ce lieu, ils implorèrent les secours d'en haut, avec un esprit d'humilité et de contrition,

[1] Actes des Apôtres, chap. 1, v. 12.

poussant des gémissemens et versant des larmes : les princes se réconcilièrent les uns avec les autres, et tout le peuple ainsi réuni par des liens de charité et d'amour, ils descendirent de la montagne et dirigèrent leurs pas vers l'église du mont de Sion, qui est située tout près de la ville, du côté du midi, sur le point le plus élevé.

Pendant ce temps, les assiégés rangés sur leurs tours et sur leurs remparts, s'étonnaient de cette longue marche, et lançaient des traits avec leurs arcs et leurs frondes sur les bataillons des Croisés ; quelques-uns de ceux-ci, qui s'avançaient sans précaution, en furent atteints et blessés. En même temps, ils avaient planté des croix sur leurs murailles, à la vue des Croisés, et, pour leur faire l'affront le plus sanglant, ils crachaient sur ces croix, et se permettaient toutes sortes d'actes irrévérens ; puis, ils se répandaient en invectives, et proféraient d'horribles blasphèmes contre Notre-Seigneur Jésus-Christ, et contre la doctrine du salut.

Le peuple cependant, accomplissant son vœu en toute dévotion, arriva auprès de l'église, enflammé d'une juste colère, telle que doit l'inspirer l'horreur du sacrilége. On renouvela les prières, on annonça à l'armée le jour où l'on livrerait un assaut général, et chacun se rendit ensuite dans son camp, en suivant l'enceinte extérieure. On ordonna de terminer en toute hâte ce qui pouvait demeurer à faire encore pour tous les ouvrages que l'on avait entrepris, afin que l'on ne rencontrât aucune imperfection, aucun obstacle au moment où l'on commencerait les travaux du siége.

Le jour fixé pour la première attaque approchait. La veille au soir, le duc de Lorraine et les deux comtes de Normandie et de Flandre, reconnurent que vers le côté de la ville qu'ils étaient chargés d'assiéger, les ennemis s'étaient extrêmement fortifiés en machines, en armes et en vaillans guerriers, sans doute parce qu'ils pensaient avoir plus de sujet de craindre de ce côté : jugeant avec une admirable prévoyance que ces immenses préparatifs de défense pourraient bien opposer des obstacles insurmontables à leur attaque du lendemain, ils entreprirent aussitôt un travail véritablement étonnant : les machines et la tour mobile qu'ils avaient fait construire n'étaient pas encore complétement assemblées ; ils les firent transporter pièce par pièce sur le terrain qui s'étend entre la porte de Saint-Etienne et la tour angulaire située au nord, et qui domine la vallée de Josaphat, et allèrent en même temps établir leur camp sur ce point. Ils jugèrent avec raison que comme la ville n'avait pas été menacée de ce côté, les assiégés auraient mis beaucoup moins de soin à en assurer la défense. Ils firent donc travailler sans relâche durant toute la nuit, et, avant le lever du soleil, les machines étaient transportées, assemblées sur place à force de bras, et établies dans les meilleures positions. La tour mobile fut dressée aussi contre les remparts, au point où la muraille paraissait moins élevée, et d'un abord plus uni et plus facile, et elle en était si près qu'il sembla que ceux des assiégés qui seraient renfermés dans leurs tours, et ceux des nôtres qui occuperaient la machine, pourraient combattre presque corps à corps. Un tel travail ne se fit pas sans beaucoup de peine. Il y avait presque un demi-mille de distance entre l'ancien et le nouvel emplacement du camp, et avant le lever du soleil tous les instrumens se trouvèrent transportés et parfaitement remis en état de service. Quand le jour parut, les assiégés se présentèrent sur leurs murailles, pour reconnaître les préparatifs des Croisés; ils furent saisis d'étonnement et de stupeur en ne retrouvant plus le camp, et tous les appareils de guerre au lieu même où ils les avaient vus l'avant-veille et la veille encore; ils dirigèrent leurs regards de tous côtés, suivirent le tour des remparts, et découvrirent enfin le camp et les machines du duc Godefroi dans leur nouvelle position.

Durant la même nuit, et sur tous les autres points où les divers chefs avaient dressé leurs tentes dans l'ordre que j'ai déjà rapporté, les Croisés travaillèrent avec la même ardeur, et dressèrent aussi leurs machines. Le comte de Toulouse fit également appliquer contre les murailles, entre l'église de la montagne de Sion et la ville, une seconde tour ou fort mobile qu'il avait fait construire avec le plus grand soin. Les autres princes qui occupaient le terrain au dessous de la tour angulaire, dite aujourd'hui tour de Tancrède, animés d'une égale ardeur, firent aussi dresser contre les murailles une tour en bois extrêmement lourde, presque aussi élevée et aussi solide que les autres. Ces trois machines devaient opérer de la même manière, et étaient construites à peu près selon les mêmes procédés; chacune d'elles était de forme quadrangulaire; le côté qui faisait face aux murailles était revêtu d'une double couverture: il y avait un moyen particulier de déployer la première de ces couvertures, et de l'appuyer contre la muraille, de façon à en faire un pont qui facilitât aux assiégeans l'accès des remparts. Même après cette manœuvre, la machine ne restait point dégarnie de ce côté, et se trouvait défendue suffisamment par la seconde couverture, aussi bien que sur les trois autres faces.

Dès que le jour eut paru, tous les Croisés, revêtus de leurs armes, s'avancèrent, conformément aux ordres qu'ils avaient reçus, pour commencer l'attaque, animés d'un seul et même esprit, et chacun d'eux résolu à périr pour le Christ, ou à conquérir la liberté de la cité chrétienne. Au milieu d'un peuple si nombreux, on ne voyait pas un vieillard, pas un homme faible ou jeune encore, que le zèle de sa cause et la ferveur de sa dévotion n'entraînât au combat ; les femmes mêmes, oubliant leur sexe et leur faiblesse ordinaire, se mêlaient aux travaux des hommes, et se hasardaient au maniement des armes, sans vouloir consulter leurs forces. Tous, s'avançant d'un commun accord pour engager le combat, s'appliquèrent d'abord à rapprocher des murailles les machines qu'ils avaient disposées, afin de pouvoir attaquer plus facilement et avec plus d'avantage ceux qui leur étaient opposés sur les tours et les remparts. Les assiégés cependant, résolus de leur côté à résister de toutes leurs forces à leurs adversaires, lançaient une quantité innombrable de flèches, de traits et de pierres de diverses dimensions qu'ils jetaient avec les mains, ou qui partaient de leurs machines, et tombaient dans les rangs avec un horrible fracas, faisant ainsi tous leurs efforts pour défendre l'approche de leurs murs.

Les nôtres, à leur tour, protégés par leurs boucliers, et portant en avant les claies qu'ils avaient tressées, lançaient une grande quantité de traits avec leurs arcs ou leurs balistes, faisaient rouler dans les airs des pierres grosses comme le poing, et s'avançaient avec intrépidité vers les murailles, ne laissant aucun moment de repos aux assiégés, et cherchant à abattre leur courage. Enfermés dans leurs machines, les uns s'efforçaient avec de longs crochets à faire marcher la tour mobile; d'autres dirigeaient d'énormes masses de rochers contre les murailles pour les ébranler à force de coups, et parvenir ainsi à les renverser : d'autres encore, avec de plus petits instrumens qu'on nommait *manganes*, lançaient de plus petites pierres contre ceux qui garnissaient les remparts, pour arrêter l'activité de leurs efforts contre les assaillans. Cependant ceux qui travaillaient à porter le camp en avant ne pouvaient parvenir à l'exécution de leurs desseins, à cause d'un fossé large et profond qui se trouvait au dessous des remparts, et qui empêchait les machines d'aborder; ceux qui lançaient toutes sortes de projectiles ne réussissaient pas non plus à les ébranler, et les travaux des uns et des autres n'avaient que peu de résultats. Les assiégés avaient suspendu au haut de leurs remparts des sacs remplis de paille, des cordes, des tapis, des matelas garnis de soie, qui portaient un peu en avant des murailles, appuyant sur d'énormes poutres, en sorte que ces objets mobiles et élastiques en même temps défendaient les murs de la violence des chocs qu'on dirigeait sur eux, et rendaient à peu près inutiles les efforts des assiégeans. Ils avaient en outre dressé, au dedans des remparts, des machines en plus grand nombre que n'en avaient les Croisés, et s'en servaient pour lancer une grande quantité de flèches et de pierres qui interrompaient toutes les attaques.

Ainsi, de toutes parts, on combattait avec la plus grande ardeur, et tous faisaient à l'envi des efforts extraordinaires. Cette horriblée mêlée, dont il est difficile même de se faire une idée exacte, dura depuis le matin jusqu'au soir. Une grêle de traits et de flèches pleuvait sans relâche sur les deux armées ; les pierres et les rochers lancés dans les airs s'entrechoquaient fréquemment, et répandaient la mort dans les rangs opposés avec une variété infinie d'accidens. Les mêmes fatigues, les mêmes dangers se rencontraient également et dans le camp du duc de Lorraine, et dans celui du comte de Toulouse, et dans celui où commandaient les autres princes. Sur chacun de ces trois points d'attaque, les Croisés combattirent avec le même zèle et la même ardeur. Leurs plus grands efforts avaient pour objet de combler les fossés à force de les remplir de décombres, de pierres et de terre, afin de pouvoir se faire un chemin, et pousser leurs machines en avant; et, de leur côté, les assiégés s'appliquaient principalement à faire échouer cette tentative, et ne négligeaient rien pour y parvenir. Ils travaillaient avec la plus grande activité à repousser tous ceux qui s'avançaient vers les fossés, lançaient en même temps sur les machines des torches enflammées, des traits trempés dans le soufre, dans l'huile, enduits de poix résine, et toutes sortes de matières propres à entretenir la flamme, afin de détruire par le feu ces instrumens d'attaque. Leurs machines, établies derrière les remparts, lançaient en outre contre les tours mobiles des Croisés une quantité de projectiles dirigés avec tant d'habileté qu'elles en étaient ébranlées sur leurs bases ; leurs flancs résistaient avec peine à tant de chocs ; et ceux qui étaient montés sur la partie supérieure pour livrer l'assaut, en étaient tout étourdis, et se voyaient sans cesse exposés à être renversés par terre. Pendant ce temps, les soldats se précipitaient pour éteindre le feu, et versaient de l'eau en abondance sur leurs machines.

La nuit vint mettre un terme à cette lutte opiniâtre et pleine de dangers, et la laissa même sans résultat certain. Il semblait qu'elle dût apporter quelque soulagement à tant de fatigues, mais les esprits demeuraient agités des plus vives sollicitudes, qui éloignaient toute possibilité de sommeil : on continua à travailler avec la même ardeur. Les Croisés, en proie à toutes sortes d'angoisses, échauffés par le desir d'accomplir leurs vœux, attendaient avidement le retour de la lumière du jour pour recommencer le combat et tenter de nouveau la fortune, espérant que le Seigneur leur accorderait de meilleures chances et leur livrerait enfin la victoire. Leur anxiété cependant était extrême : ils craignaient sans cesse que les ennemis ne parvinssent, de manière ou d'autre, à mettre le feu à leurs machines ; ils veillèrent donc sans interruption, et nul ne se permit de se livrer un moment au sommeil. Dans le même temps les assiégés n'éprouvaient pas de moindres inquiétudes ; des soucis rongeurs les dévoraient aussi ; ils craignaient également que ceux qu'ils avaient vus la veille les presser avec tant d'animosité ne profitassent du silence d'une nuit périlleuse pour renverser une muraille, ou dresser des échelles qui pussent leur fournir le moyen de pénétrer secrètement dans la ville. Ils redoublèrent donc d'activité et de vigilance pour se défendre d'un aussi grand danger; ils placèrent à chacune des tours des préposés aux veilles, et ceux-ci, durant toute la nuit, ne cessèrent de faire des rondes sur les remparts et de visiter toute l'enceinte. Les hommes les plus considérables par leur naissance, ceux qui avaient le plus à cœur les intérêts publics, parcouraient les places, et exhortaient tous les citoyens à veiller sans relâche pour le salut de leurs femmes et de leurs enfans, pour la conservation de leurs fortunes particulières et de l'État, à visiter toutes les portes et toutes les rues de la ville, afin de découvrir les entreprises secrètes des ennemis. Ainsi, des deux parts, assiégeans et assiégés, également remplis de sollicitude, ne se donnaient aucun instant de repos; et quoique le combat fût fini, l'ardeur qui enflammait les deux partis rendait leur condition plus fâcheuse encore qu'elle ne l'était la veille, même au plus fort de la mêlée.

La nuit touchait à sa fin et les premières lueurs de l'aurore annonçaient la prochaine arrivée du jour. Aussitôt le peuple chrétien se précipite au combat avec une nouvelle ardeur. Chacun retourne à son poste, et reprend l'ouvrage qu'on lui avait assigné la veille. Les uns s'établissent au dessous des machines et lancent contre les murailles d'énormes quartiers de roc d'une extrême dureté; les autres se rangent au pied de la tour mobile, et cherchent toutes sortes de moyens pour la mettre en mouvement, tantôt par des procédés ingénieux, tantôt en y employant les efforts de leurs bras; d'autres, établis sur la sommité de cet édifice, attaquent avec un zèle infatigable ceux de leurs ennemis qui occupent les tours opposées, se servent alternativement de l'arc et de la baliste, et leur lancent des projectiles de toute espèce, pour les empêcher de se présenter au dehors et les forcer de se mettre à couvert derrière les murailles; pendant ce temps d'autres s'occupent uniquement du soin de combler les fossés et de détruire les ouvrages avancés, afin de pouvoir pousser la tour mobile et l'appliquer contre les remparts; d'autres enfin, et ce sont les plus nombreux, font pleuvoir sur les assiégés une grêle de flèches et de pierres, cherchant ainsi à les repousser, afin qu'ils ne puissent plus opposer d'obstacle aux efforts de ceux de leurs compagnons qui travaillent à faire avancer la grande machine.

Cependant, plus les assiégés voient croître l'ardeur des nôtres, et plus ils cherchent de leur côté à résister efficacement par les mêmes moyens, opposant la force à la force, et la ruse à la ruse. A leur tour ils lançaient sur les assiégeans des traits et des pierres, et déployaient une admirable valeur pour redoubler les difficultés sous les pas de ceux qui s'efforçaient de faire avancer la tour mobile. Dans l'espoir de mettre un terme par un seul événement à toutes les entreprises des Croisés, ils ne se lassaient pas de lancer des feux sur les machines, se servant de marmites fragiles et de toutes sortes d'autres instrumens qu'ils remplissaient de soufre, de poix résine, de lard, de graisse, d'étoupes, de cire, de petits morceaux de bois sec, enfin de toute matière propre à entretenir et à animer l'activité d'un incendie, et les jetant de tous côtés sur leurs ennemis.

Au milieu d'une telle mêlée, le carnage était grand des deux côtés, et des hommes de toute condition et de tout rang tombaient incessamment, atteints à l'improviste par toutes sortes d'accidens désastreux. Les uns, frappés par quelque projectile lancé d'une machine, étaient brisés en mille morceaux. Les autres, malgré les cuirasses et les boucliers qui les protégeaient, tombaient subitement sous la multitude des traits qui les écrasaient ; d'autres, atteints par les pierres qu'on lançait à la main ou avec la fronde, périssaient sur place, ou se retiraient les membres fracassés, se trouvant ainsi hors de combat pour plusieurs jours, et souvent même pour le reste de leur vie.

Tant et de si grands périls ne pouvaient cependant détourner personne de l'œuvre qu'on avait entreprise, ni affaiblir en rien l'ardeur qui portait chacun des combattans à en venir aux mains avec les ennemis ; il eût été difficile en cette rencontre de décider lequel des deux peuples combattait avec le plus d'acharnement. Je ne crois pas devoir passer sous silence un événement qui arriva, dit-on, ce même jour, et qui mérite bien d'être consigné dans cette histoire. Parmi les machines que les Croisés faisaient jouer contre les assiégés, il y en avait une qui lançait contre les murailles des rochers d'un poids énorme, avec une violence et un fracas épouvantables, en sorte qu'elle faisait beaucoup de mal à ceux qui occupaient les remparts. Voyant que tous les efforts qu'ils dirigeaient contre cette machine demeuraient absolument infructueux, les assiégés firent venir deux magiciennes, et leur ordonnèrent de jeter un sort sur cet instrument, et de le rendre inutile en chantant des chansons magiques. Tandis que ces femmes étaient sur la muraille, opérant leurs prestiges et prononçant les paroles qui devaient favoriser leurs enchantemens, une meule lancée de cette même machine vint les frapper inopinément, ainsi que trois jeunes filles qui les avaient accompagnées, les brisa en mille pièces et les précipita, sans vie, du haut des remparts. On applaudit avec des transports de joie dans tout le camp des Croisés, et les assiégés, au contraire, furent saisis d'une profonde douleur.

Cependant le combat s'était prolongé jusqu'à la septième heure du jour et la victoire demeurait encore incertaine entre les deux partis. Déjà les nôtres désespéraient du succès, et, vaincus par l'excès de la fatigue, ils commençaient à attaquer avec moins de vigueur. Déjà ils formaient le projet de retirer un peu en arrière leur tour mobile, près de se briser sous les coups dont on l'accablait, et toutes leurs autres machines que les feux dont elles étaient sans cesse atteintes faisaient déjà fumer de tous côtés. Ils voulaient remettre au lendemain la suite de leurs travaux; le peuple perdait courage, et ne comptant plus sur l'efficacité de ses efforts, se retirait peu à peu; pendant ce temps les assiégés l'insultaient avec plus d'insolence que de coutume et le provoquaient à persévérer dans ses attaques, quand tout à coup la faveur divine se manifesta d'une manière bien nécessaire dans une situation si désespérée, et vint apporter quelque consolation aux fidèles, en leur faisant entrevoir l'accomplissement de leurs vœux.

On vit sur la montagne des Oliviers un soldat, qui cependant ne reparut plus ensuite dans le camp, brandissant un bouclier resplendissant et donnant un signal à nos légions pour les rappeler au combat et les inviter à recommencer leurs attaques. Ce miracle remplit de joie le duc Godefroi et son frère Eustache: ils s'etaient placés tous deux sur le sommet de la tour, pour se trouver les premiers à l'assaut et veiller de plus près à la défense de leur machine; aussitôt, poussant de grands cris, ils se mirent à rappeler le peuple et les principaux chefs de leur corps d'armée. Tous, marchant sous la conduite de la miséricorde divine, reviennent avec joie sur leurs pas et montrent à l'envi les uns des autres une si grande ardeur, qu'il semble qu'ils vont recommencer le combat avec des forces toutes nouvelles. Ceux qui se retiraient naguère, succombant à la fatigue ou frappés de blessures, ont retrouvé tout leur courage, viennent se présenter volontairement, comme si leur vigueur était redoublée, et demandent à attaquer avec plus d'ardeur qu'ils n'en ont jamais manifesté. Les princes et tous ceux qui étaient considérés comme les chefs et les soutiens de l'armée, marchent à leur tête, et leur exemple ranime encore le courage de tout le peuple. Les femmes mêmes, pour ne point se soustraire à tant de travaux, parcourent les rangs, tenant des vases dans les mains, portant des boissons aux hommes, tandis qu'ils combattent avec le plus d'intrépidité, et les encourageant à la bataille, par des paroles pleines de puissance. La joie était si grande dans tout le camp que tous paraissaient désormais assurés de la victoire. Dans l'espace d'une heure les fossés se trouvèrent comblés, les ouvrages des ennemis renversés et la tour mobile fut appuyée de vive force contre les remparts. J'ai déjà dit que les assiégés avaient suspendu sur les murailles des poutres longues et fortes, pour amortir l'effet des projectiles : ceux des nôtres qui occupaient la tour coupèrent les cordes par lesquelles deux de ces poutres étaient retenues et elles tombèrent aussitôt par terre. Les hommes qui se trouvaient en dessous les reçurent en ce moment, non sans courir eux-mêmes de grands dangers, les transportèrent sous la machine et les dressèrent sans délai pour donner plus de solidité au pont, qu'on jetait dans le même instant du haut de la tour (ainsi que j'aurai occasion de le raconter tout à l'heure), car ce pont était construit de pièces de bois extrêmement faibles et qui n'eussent pu supporter tous ceux qui devaient passer par dessus, s'il n'eût été soutenu par les poutres dont on eut soin de le renforcer.

Tandis que ces grands événemens se passaient du côté du nord, le comte de Toulouse et ceux qui étaient avec lui vers la partie méridionale de la ville, animés d'un même zèle, poussaient leur attaque avec une égale impétuosité : ils étaient enfin parvenus à combler le fossé, après trois jours d'un travail consécutif; leurs bras vigoureux avaient enfin dirigé une autre tour mobile jusqu'aux abords des murailles, en sorte que les assiégés qui occupaient les tours des remparts et les Croisés qui s'étaient établis dans leurs machines se trouvaient presque assez rapprochés pour pouvoir se frapper les uns les autres de leurs lances. Ainsi sur tous les points, le peuple chrétien déployait la même ardeur et agissait avec une égale activité; son zèle était d'autant plus animé en cet instant que c'était le jour même qu'avait désigné en confidence un fidèle serviteur du Christ, qui habitait sur la montagne des Oliviers; il avait promis que la cité sainte serait prise dans le courant de cette journée. On avait vu également dans le camp du comte de Toulouse le signal qui avait apparu sur la même montagne et le bouclier resplendissant qu'avait agité le soldat, et ce spectacle avait enflammé tous les courages, en donnant à tous les combattans l'espoir assuré de la victoire. Dans l'une et l'autre armée, les Croisés poursuivaient à l'envi les mêmes succès, animés les uns et les autres d'un zèle semblable, par celui qui avait résolu de récompenser dignement le fidèle dévouement de ses serviteurs. Enfin le jour était venu où ils devaient recueillir le fruit de tant de travaux et le prix de leurs glorieux services.

Les légions du duc de Lorraine et des comtes de Flandre et de Normandie, marchant sous la protection du Seigneur, étaient parvenues à lasser leurs ennemis, et comme ils résistaient déjà avec moins de vigueur, les Croisés avaient détruit les ouvrages avancés, comblé les fossés et s'étaient établis sans autre obstacle au pied même des remparts : déjà les assiégés n'osaient plus les inquiéter que de loin en loin, à la faveur des lucarnes dont ils s'abritaient. Ceux des soldats chrétiens qui étaient enfermés dans la tour mobile reçurent du duc l'ordre de mettre le feu à un matelas plein de foin et à des sacs remplis de paille, et bientôt le souffle du vent du nord porta une épaisse fumée du côté de la ville. A mesure qu'elle augmentait, ceux dont c'était le devoir de défendre les murailles, ne pouvant plus ouvrir ni la bouche ni les yeux, hébétés et perdant toute présence d'esprit au milieu de ces noirs tourbillons, se virent bientôt forcés de quitter le poste qu'ils occupaient. Dès que le duc se fut assuré de leur retraite, il ordonna en toute hâte d'apporter les poutres qu'on avait prises sur les ennemis, en fit appliquer l'une des extrémités sur la machine, l'autre sur les remparts, et fit aussitôt après abaisser la partie mobile de sa tour : elle fut appuyée sans retard sur les deux poutres et présenta ainsi la surface d'un pont, devenu par ce moyen suffisamment solide. Les instrumens que les ennemis avaient voulu employer pour leur défense, se trouvèrent dès lors dirigés contre eux-mêmes. Après avoir ainsi présidé à l'établissement de son pont, l'illustre Godefroi y passa le premier et entra le premier dans la ville, suivi de son frère Eustache, et encourageant tous les autres à marcher sur ses traces. Après eux s'avancèrent deux hommes nobles, Ludolf et Gislebert, frères de mère, guerriers dignes d'être à jamais célèbres, et qui étaient nés dans la ville de Tournai : ils furent suivis par un nombreux détachement de cavaliers et de fantassins, autant que la machine avait pu en contenir, et que le pont leur permettait de passer. Les ennemis, aussitôt qu'ils virent les murailles occupées par les Croisés et le duc à la tête de ses soldats, se retirèrent de leurs tours et de leurs remparts, et allèrent se réfugier dans les défilés des rues. En même temps les Croisés, voyant le duc et la plupart des nobles maîtres des tours, sans se donner le temps d'entrer dans la machine et de passer par le même chemin, dressent à l'envi contre les murailles toutes les échelles dont ils peuvent disposer; ils en avaient un grand nombre, car on avait publié dans tout le camp un ordre portant que tous les cavaliers eussent à en faire une, de deux à deux; et tous en ce moment, obéissant avec empressement à l'appel de Godefroi, s'élancent sur les remparts et se réunissent à ceux qui y étaient déjà arrivés. Immédiatement à la suite du duc de Lorraine, on avait vu marcher successivement le comte de Flandre et le duc de Normandie, le valeureux Tancrède, homme illustre et recommandable en tout point; Hugues l'ancien, comte de Saint-Paul, Baudouin du Bourg, Gaston de Béziers, Girard de Roussillon, Thomas de Féii, Conan le Breton, Raimbaud comte d'Orange, Louis de Mouson, Conon de Montaigu et Lambert son fils, et plusieurs autres dont les noms nous sont échappés. Aussitôt que le duc les vit tous arrivés sains et saufs, il envoya quelques uns d'entre eux à la porte du nord, dite aujourd'hui porte de Saint-Étienne, avec une bonne escorte, leur donnant l'ordre de l'ouvrir et de faire entrer le peuple qui attendait en dehors. Ils y allèrent en effet en toute hâte, ouvrirent la porte, et la foule des assiégeans se précipita pêle-mêle et sans ordre. C'était le sixième jour de la semaine et la neuvième heure du jour. Il semble que ce moment fut choisi par Dieu même, puisqu'à pareil jour et à pareille heure que le Seigneur avait souffert dans la même ville pour le salut du monde, le peuple fidèle, combattant pour la gloire du Sauveur, voyait s'accomplir heureusement l'œuvre de ses espérances. Le même jour le premier homme avait été formé; le même jour le second homme avait été livré à la mort pour le salut du premier. Aussi était-il convenable que ceux

29.

qui se portaient ses disciples et les membres de son corps triomphassent en son nom de ses ennemis.

Cependant le duc et tous ceux qui étaient entrés avec lui s'étant réunis, couverts de leurs casques et de leurs boucliers, parcouraient les rues et les places, le glaive nu, frappant indistinctement tous les ennemis qui s'offraient à leurs coups, et n'épargnant ni l'âge ni le rang. On voyait tomber de tous côtés de nouvelles victimes, les têtes détachées des corps s'amoncelaient çà et là, et déjà l'on ne pouvait passer dans les rues qu'à travers des monceaux de cadavres. Les princes étaient presque arrivés vers le milieu de la ville, poursuivant le massacre sans interruption, et le peuple, toujours disposé au carnage, se précipitait en foule sur leurs pas, altéré du sang des infidèles.

Pendant ce temps le comte de Toulouse et les princes qui combattaient avec lui auprès de la montagne de Sion, ignoraient encore cette victoire et la prise de la ville. Cependant les cris de nos guerriers, au moment où ils se virent maîtres de la place, les cris plus horribles encore de ceux qui tombaient sous leurs coups, excitèrent l'étonnement des assiégés qui résistaient encore de ce côté; ils ne savaient à quelle cause attribuer ces clameurs inaccoutumées et ce tumulte toujours croissant; enfin ils apprirent que l'entrée de la ville venait d'être forcée et que nos troupes en occupaient déjà une partie; aussitôt abandonnant leurs tours et leurs murailles, et fuyant de divers côtés, ils ne s'occupèrent plus que du soin de leur propre sûreté; et comme la citadelle était peu éloignée du point où ils se trouvaient, ils y coururent en foule, et la plupart d'entre eux s'y renfermèrent. Cependant les Croisés appliquèrent leur pont sur la muraille sans aucune difficulté, dressèrent aussi leurs échelles, et tous entrèrent dans la ville, sans que personne leur opposât le moindre obstacle.

Dès qu'ils furent parvenus sur les remparts, ils allèrent ouvrir la porte du midi, qui se trouvait près de là, et tout le peuple chrétien pénétra facilement par ce nouveau côté. L'illustre et vaillant comte de Toulouse entra dans la place, suivi d'Isoard, comte de Die, de Raimond Pelet, de Guillaume de Sabran, de l'évêque d'Albar et de beaucoup d'autres nobles, dont aucune histoire n'a pu me fournir les noms ni m'indiquer le nombre. Tous se réunissant en troupes, armés jusqu'aux dents, se précipitèrent en même temps dans la ville, faisant de toutes parts un horrible carnage. Ceux des assiégés qui, fuyant le duc et ses soldats, espéraient pouvoir enfin échapper à la mort, en se retirant dans d'autres parties de la ville, tombaient dans de plus grands périls, en rencontrant inopinément les bataillons du comte de Toulouse, et n'échappaient aux rochers de Scylla que pour être précipités dans les gouffres de Charibde. Enfin, de toutes parts, le carnage était si grand, le sang coulait en une telle abondance, que les vainqueurs eux-mêmes devaient en être fatigués, et en éprouver un sentiment d'horreur.

La plus grande partie du peuple s'était réfugiée sous les portiques du temple, soit parce que ce lieu se trouvait placé presque à l'écart, soit parce qu'il était défendu par une muraille, et par des tours et des portes solides. Mais il cherchait en vain un asile, et un point de refuge. Tancrède y courut aussitôt, suivi de la plus grande partie de l'armée : il pénétra de vive force dans le temple, et après de nouvelles scènes de carnage, on dit qu'il emporta une immense quantité d'or, d'argent et de pierreries ; dans la suite cependant, et lorsque le premier tumulte fut apaisé, on croit qu'il rendit intégralement tout ce qu'il avait enlevé.

Les autres princes, après avoir mis à mort dans les divers quartiers de la ville tous ceux qu'ils rencontraient sous leurs pas, ayant appris qu'une grande partie du peuple s'était réfugiée derrière les remparts du temple, y coururent tous ensemble, conduisant à leur suite une immense multitude de cavaliers et de fantassins, frappant de leurs glaives tous ceux qui se présentaient, ne faisant grâce à personne, et inondant la place du sang des infidèles ; ils accomplissaient ainsi les justes décrets de Dieu, afin que ceux qui avaient profané le sanctuaire du Seigneur par leurs actes superstitieux, le rendant dès lors étranger au peuple fidèle, le purifiassent à leur tour par leur propre sang, et subissent la mort dans ce lieu même en expiation de leurs crimes. On ne pouvait voir cependant sans horreur cette multitude de morts, ces membres épars jonchant la terre de tous côtés, et ces flots de sang inondant la surface du sol. Et ce n'était pas seulement ce spectacle de corps privés de vie et dispersés çà et là en mille pièces qui inspirait un sentiment d'effroi ; la vue même des vainqueurs couverts de sang de la tête aux pieds était également un objet d'épouvante, et le signal de nouveaux dangers. On dit qu'il périt dans l'enceinte même du temple, environ dix mille ennemis, sans compter tous ceux qui avaient été tués de tous côtés, dont les cadavres jonchaient les rues et les places publiques, et dont le nombre ne fut pas moins considérable. Tous ceux des Croisés qui n'étaient pas auprès du temple parcouraient la ville pendant ce temps, cherchant dans toutes les rues détournées, dans tous les passages écartés, les malheureux qui se cachaient pour échapper à la mort, les traînant ensuite en public comme de vils bestiaux, et les immolant à leur fureur. D'autres se formant par petits détachemens, entraient dans les maisons, enlevaient le père de famille, les femmes, les enfans, et tous les serviteurs, les perçaient de leur glaive, ou les précipitaient de quelque point élevé, en sorte que les malheureux en tombant sur la terre se brisaient en mille morceaux ; pendant ce temps, chacun s'emparait, à titre de propriété perpétuelle, de la maison dans laquelle il était entré de vive force et de tout ce qu'il y trouvait ; car, avant même qu'ils se fussent emparés de la ville, les Croisés étaient convenus entre eux qu'aussitôt qu'ils s'en seraient rendus maîtres, tout ce que chacun pourrait prendre pour son compte lui serait acquis, et qu'il le posséderait à jamais et sans trouble en toute propriété. Ils se répandaient donc avec activité dans tous les quartiers de la ville, massacraient sur leur chemin tous les citoyens, visitaient tous les tours et les détours, pénétraient de vive force dans les recoins, dans les lieux de retraite les plus cachés, et suspendaient à l'entrée des maisons leur bouclier, ou toute autre espèce d'armes, comme pour donner avis à ceux qui viendraient après eux, qu'ils eussent à ne pas s'arrêter devant un lieu déjà tombé au pouvoir de quelque Croisé.

Cependant la ville étant entièrement occupée, et les ennemis dispersés ou mis à mort, après que le premier tumulte fut un peu apaisé, les princes se réunirent sans déposer leurs armes, et donnèrent les ordres convenables pour pourvoir d'abord à la sûreté générale; ils placèrent des gardes à chaque tour, et désignèrent des hommes honnêtes et sûrs pour veiller à l'entrée de toutes les portes, jusqu'à ce qu'ils eussent pu se réunir en conseil pour délibérer et arrêter d'un commun accord leur résolution sur le choix de celui d'entre eux qui serait chargé de commander dans la ville, de prendre soin des affaires publiques, et de décider toutes choses par le libre exercice de ses volontés; car on redoutait encore avec juste raison les entreprises des ennemis répandus dans tout le pays, et l'on avait toujours lieu de craindre qu'ils ne dirigeassent contre la ville quelque attaque imprévue.

Après ces premières dispositions les princes déposèrent leurs armes, changèrent de vêtemens, purifièrent leurs mains, et, marchant pieds nus, le cœur rempli d'humilité et de contrition, ils se mirent en devoir de visiter les lieux vénérables que le Sauveur du monde voulut illustrer et sanctifier par sa présence : tous s'avancèrent avec la plus grande dévotion, poussant des gémissemens, versant des larmes, embrassant tous les objets de leurs pieux hommages et élevant vers le ciel leurs profonds soupirs. Ils visitèrent particulièrement l'église de la passion et de la résurrection du Seigneur. Le clergé et tout le peuple fidèle qui, pendant tant d'années, avaient porté le joug cruel d'une injuste servitude, rendant grâce au Rédempteur de la liberté qu'ils recouvraient et portant les croix et les images protectrices des saints, allèrent à la rencontre des princes et les introduisirent dans l'église en chantant des hymnes et des cantiques sacrés. C'était le spectacle le plus agréable, et qui inspirait une félicité toute céleste, de voir avec quelle dévotion, avec quelle pieuse ferveur et quel empressement le peuple fidèle s'approchait des lieux saints. Les transports d'une joie divine remplissaient l'ame de tous ceux qui venaient embrasser ces lieux, pleins du souvenir des dons célestes du Seigneur. On ne voyait de toutes parts que des larmes, on n'entendait que des soupirs, non de ceux qu'arrachent à l'homme la douleur et l'anxiété de l'ame, mais tels qu'une fervente dévotion et les pures joies intérieures les excitent dans le cœur des mortels en présence du Seigneur offert en holocauste. Dans l'église même, aussi bien que dans tous les quartiers de la ville, le peuple, rendant grâces à l'Éternel, poussait des cris de réjouissance qui semblaient s'élever jusqu'aux cieux, en sorte qu'on pouvait leur appliquer ces paroles du roi prophète : « Les cris « d'allégresse et du salut se font entendre dans les tentes « des justes[1]. » Tous, embrasés de pieuses pensées, se livraient dans toute la ville à des œuvres de miséricorde. Ceux-ci confessaient devant le Seigneur les actions qu'ils déploraient et faisaient vœu de n'en plus commettre de semblables ; ceux-là répandaient tout ce qu'ils possédaient avec la plus grande libéralité et le donnaient aux vieillards infirmes et indigens, estimant que c'était pour eux le comble de la richesse et

[1] Psaum. 117, v. 15.

une faveur suffisante que celle qui leur avait été accordée par le ciel de voir enfin ce jour bienheureux ; d'autres, fléchissant les genoux, suffoqués par leurs soupirs et leurs profonds sanglots, parcouraient tous les saints lieux, inondant la terre de leurs larmes, comme celui dont il a été dit : « Mes yeux ont « répandu des ruisseaux de larmes [1]. » Enfin il serait difficile de dire à quel degré était exaltée la sainte dévotion du peuple fidèle. Tous cherchaient à l'envi à se surpasser les uns les autres, tous s'adonnaient exclusivement à des œuvres de piété, se souvenant des bienfaits du ciel et ayant sans cesse sous les yeux cette grâce toute divine qui avait daigné les récompenser à la suite de leurs longues fatigues. Quel cœur, eût-il été de fer ou du diamant le plus dur, ne se fût senti amolli au moment où il lui était enfin permis de recueillir le digne fruit d'un tel pélerinage, et de recevoir le prix de ses fatigues? Ceux dont l'ame était plus élevée y trouvaient le gage et comme les arrhes de ces rétributions de la vie future par lesquelles le Seigneur a promis de récompenser les saints ; ils croyaient fermement que cette concession des biens présens les devait confirmer dans leur espérance des biens futurs, et que, par leur pélerinage vers la Jérusalem d'ici-bas, ils arriveraient à la Jérusalem dans laquelle on entre en participation avec le Seigneur. Pendant le même temps les évêques et les prêtres, consommant le sacrifice dans les églises, priaient pour le peuple et rendaient grâce à Dieu des bienfaits qu'il en avait reçus.

Le même jour beaucoup de gens virent dans la ville

[1] Psaum. 118, v. 136.

sainte le seigneur Adhémar, évêque du Puy, homme plein de vertus et dont la mémoire est immortelle, et qui, comme je l'ai rapporté, était mort à Antioche: plusieurs hommes vénérables et dignes de foi affirmèrent alors et soutinrent constamment l'avoir vu aussi de leurs yeux mortels monter le premier sur les murailles de la ville et exciter tous les fidèles à y pénétrer; dans la suite il apparut aussi d'une manière manifeste à un grand nombre de Chrétiens tandis qu'ils visitaient les saints lieux. Plusieurs autres encore, en l'honneur desquels on avait célébré les offices des morts pendant le cours du voyage et qui s'étaient pieusement endormis dans le sein du Christ, se montrèrent à beaucoup de Croisés dans la même ville, entrant avec eux et s'approchant des lieux saints. Ainsi il devenait évident que, quoiqu'ils se fussent retirés de la vie temporelle, appelés à l'éternelle béatitude, ils n'avaient point été frustrés dans leurs vœux, qu'ils obtenaient pleinement ce qu'ils avaient recherché avec une si pieuse ardeur, et tous trouvaient dans ces faits une grande preuve de leur future résurrection. Et comme, lors de la résurrection du Seigneur, beaucoup de saints, ensevelis dans le sommeil, s'étaient relevés et avaient apparu à beaucoup de gens dans la cité sainte, de même, au moment où les fidèles délivraient le lieu de la sainte résurrection des superstitions des Gentils, il était digne d'un si grand événement que les anciens miracles fussent renouvelés et que l'on crût voir ressusciter en esprit ceux qui s'étaient si religieusement consacrés au service du Seigneur, ressuscitant lui-même une seconde fois. Ainsi, et de beaucoup d'autres manières encore, se manifestait dans la cité sainte, en présence du peuple de Dieu, cette surabondance de la grâce céleste, opérant par des voies miraculeuses, mais qui ne causaient plus d'étonnement. Le peuple chrétien se sentait animé de tels transports d'une douce joie qu'il oubliait tous ses travaux, les fatigues infinies qu'il avait eu à souffrir, et s'estimait heureux puisqu'il lui était accordé de prendre part à ces dons divins. Toute la ville retentissait de chants sacrés qui s'élevaient au Seigneur, et célébrait cette solennité comme si elle en eût reçu l'ordre de Dieu même : on voyait s'accomplir littéralement cet oracle du prophète : « Réjouissez-vous avec « Jérusalem, soyez dans l'allégresse avec elle, vous « tous qui l'aimez [1]. »

Cependant les fidèles, habitans de Jérusalem, qui quatre ou cinq années auparavant y avaient vu le vénérable Pierre l'ermite, reconnaissant alors dans la même ville celui auquel le patriarche et d'autres citoyens considérables, tant du clergé que du peuple, avaient remis des lettres pour invoquer les secours des princes des royaumes de l'Occident, fléchissaient le genou devant lui et lui présentaient leurs respects en toute humilité. Ils rappelaient dans leur mémoire les circonstances de son premier voyage, se souvenaient de sa bonté familière et de l'amitié par laquelle il avait daigné se lier avec eux ; ils lui rendaient grâce d'avoir accompli sa mission avec tant de zèle et de fidélité et dans le seul objet de s'acquitter d'une œuvre de piété ; avant tout ils louaient le Seigneur, qui déploie sa gloire par les bras de ses serviteurs, qui avait dirigé les voies de cet homme bien au-delà

[1] Isaïe, chap. 66, v. 10.

de ce que ses frères pouvaient en espérer, qui lui avait donné le pouvoir efficace de la parole et la force de convertir sans difficulté les nations et les royaumes, et de les animer à supporter tant et de si longues fatigues, pour l'amour du nom du Christ. Ainsi furent pleinement confirmées ces paroles du Seigneur, qui a dit lui-même : « Ma parole qui sort de ma bou-« che ne retournera point à moi sans fruit; mais elle « fera tout ce que je veux, et elle produira l'effet « pour lequel je l'ai envoyée [1]. » Soit en particulier, soit en public, tous les fidèles de Jérusalem s'efforçaient de rendre à Pierre l'ermite les plus grands honneurs, et attribuaient à lui seul, après Dieu, le bonheur d'avoir échappé à la dure servitude sous laquelle ils gémissaient depuis tant d'années, et de voir la cité sainte recouvrant son antique liberté. Quant au patriarche, j'ai déjà dit qu'il avait fait voile vers l'île de Chypre, pour aller racheter à grand prix le salut de ses concitoyens, et le bien-être de l'État. Il allait s'adressant à tous les fidèles qu'il rencontrait dans ce pays, leur demandant l'aumône pour acquitter les tributs et les impôts extraordinaires dont on avait surchargé ses frères, de peur que, s'ils n'étaient point payés, les exacteurs n'en vinssent à renverser les églises, ou à faire périr le peuple sous le glaive, ainsi qu'ils avaient coutume de le faire dans les temps antérieurs. Le patriarche ignorait donc complétement tout ce qui se passait dans les environs de Jérusalem, et il craignait d'y retourner, comme s'il eût dû y retrouver les mêmes périls : cependant, dans cet intervalle, le Seigneur lui avait assuré des moyens de

---

[1] Isaïe, chap. 55, v. 11.

repos, bien au-delà des espérances qu'il pouvait concevoir.

Après avoir terminé leurs prières et visité les lieux saints avec toute la ferveur de leur dévotion, les princes, voulant prévenir l'infection de l'air par les cadavres répandus de toutes parts, crurent devoir prendre soin, avant tout, de faire nettoyer la ville et l'enceinte même du temple. Les citoyens qui étaient échappés à la mort et qu'on avait chargés de fers, reçurent ordre d'y travailler; mais comme il parut impossible qu'ils pussent suffire seuls à une aussi grande affaire, on proposa aux pauvres de l'armée de recevoir une solde journalière et de s'employer sans retard à la même opération. Les princes, après avoir fait cet arrangement, allèrent se loger dans les maisons que leurs serviteurs leur avaient fait préparer dans cet intervalle. Ils trouvèrent la ville remplie de toutes sortes de commodités et de richesses, et tous, depuis le plus grand jusqu'au plus petit, commencèrent à vivre dans l'abondance. Toutes les maisons dont les Croisés avaient pris possession de vive force étaient remplies d'or et d'argent, de pierreries et de vêtemens précieux, de grains, de vin et d'huile, et l'on y trouvait aussi de l'eau, dont la disette s'était fait sentir si cruellement aux Chrétiens durant tout le temps du siége. Aussi ceux qui s'étaient approprié ces maisons avaient non seulement de quoi suffire à tous leurs besoins, mais pouvaient encore fournir les secours de la charité à leurs frères indigens. Dès le second et le troisième jour de l'occupation de Jérusalem, on vit abonder sur le marché public des marchandises et des denrées de toute espèce ; les pèlerins les achetaient à de bonnes conditions, et le menu peuple même avait en grande quantité tout ce qui lui était nécessaire. Tous, solennisant ces heureuses journées et se livrant à la joie, ne s'occupaient qu'à réparer leurs forces par le repos et une bonne nourriture ; ils en avaient grand besoin ; en en jouissant ils admiraient la générosité et la bonté de Dieu, et conservaient présent à leur pensée le souvenir des bienfaits dont le Seigneur daignait les combler.

Afin de mieux perpétuer la mémoire d'un si grand événement, les princes arrêtèrent d'un commun accord une résolution, qui fut en outre sanctionnée par les vœux et l'approbation de tous les fidèles. Ils décidèrent que ce jour serait à jamais solennisé et célébré entre les autres jours célèbres ; qu'on rapporterait, à la louange et à la gloire du nom chrétien, tout ce que les prophètes avaient annoncé à l'occasion de cet événement, dans leur prévoyance de l'avenir, et qu'en outre ce jour serait consacré à intercéder éternellement auprès du Seigneur pour les ames de ceux dont les louables efforts, dignes de la bienveillance de tout chrétien, avaient enfin obtenu la liberté de la ville agréable à Dieu, berceau de l'antique foi.

Pendant ce temps ceux des assiégés qui s'étaient retirés dans la citadelle de David, pour échapper au fer de leurs ennemis, ayant reconnu que les Croisés s'étaient emparés de toute la ville, et qu'eux-mêmes ne pourraient soutenir un siége, adressèrent des propositions au comte de Toulouse qui s'était logé dans le quartier le plus voisin de la citadelle, et en obtinrent la permission de sortir librement de la ville avec leurs femmes, leurs enfans, et tout ce qu'ils avaient pu emporter, et de se rendre en sûreté à Ascalon; à ces conditions, ils lui remirent le fort.

Vers le même temps, ceux qui avaient été chargés du soin de nettoyer la ville s'y employèrent avec un zèle extrême; ils firent brûler une partie des cadavres, et en ensevelirent d'autres aussi bien que le permit l'urgence de la nécessité. En peu de jours la ville fut complétement dégagée, et reparut propre comme elle l'avait été auparavant. Dès lors le peuple se porta plus librement vers les lieux saints; on le vit se répandre dans les rues et sur les places, et tous purent se livrer en plein air au plaisir de s'entretenir les uns avec les autres.

[1099.] La cité de Jérusalem fut prise l'an de grâce 1099, le quinzième jour de juillet, le sixième jour de la semaine et vers la neuvième heure du jour, trois ans après que le peuple fidèle eut entrepris ce long et difficile pélerinage. Le pape Urbain II occupait alors le siége de la sainte Église romaine; l'empire des Romains était gouverné par Henri IV; le seigneur Philippe régnait en France, et l'empereur Alexis portait le sceptre chez les Grecs. Au devant des armées chrétiennes avait marché la miséricorde du Seigneur, auquel soient honneur et gloire, aux siècles des siècles ! *amen!*

FIN DU TOME PREMIER.

TABLE DES MATIÈRES

CONTENUES

DANS CE VOLUME.

Notice sur Guillaume de Tyr. . . . . Pag.   iij
Préface de Guillaume de Tyr.   xv

LIVRE Ier.   1

Etat de la Terre Sainte sous le joug des Infidèles. — Traitemens que subissaient les pélerins. — Séjour de Pierre l'ermite à Jérusalem. — Prédication de la Croisade. — Concile de Clermont. — Départ des premiers Croisés. — Expédition de Gautier *sans avoir*, — de Pierre l'ermite, — de Gottschalk. — Leurs désastres en Hongrie et dans l'Asie mineure.

LIVRE II.   78

Départ des Croisés sous les ordres de Godefroi, duc de Lorraine. — Arrivée successive des divers corps à Constantinople. — Leurs débats avec l'empereur Alexis Comnène. — Les Croisés passent l'Hellespont et entrent dans l'Asie mineure.

LIVRE III.   126

Siége et prise de Nicée. — Bataille de Dorylée. — Marche des Croisés dans l'Asie mineure. — Querelles de Tancrède et de Baudouin.

LIVRE IV 178

Occupation d'Edesse par Baudouin. — Arrivée de la grande armée des Croisés devant Antioche. — Siége d'Antioche. — Famine et souffrances des Croisés.

LIVRE V 235

Combats autour d'Antioche. — Intelligences de Boémond dans l'intérieur de la ville. — Prise d'Antioche.

LIVRE VI 288

Arrivée de l'armée turque au secours d'Antioche. — Les Croisés sont assiégés à leur tour. — Famine dans l'intérieur de la place. — Abattement des Croisés. — Découverte de la lance merveilleuse. — Sortie des Croisés. — Défaite et déroute des assiégeans.

LIVRE VII 345

Expéditions des Croisés aux environs d'Antioche. — Voyage de Godefroi de Bouillon à Edesse chez son frère Baudouin. — Querelles de Boémond et de Raimond, comte de Toulouse. — Marche des Croisés en Palestine. — Prise de plusieurs villes. — Arrivée des Croisés devant Jérusalem.

LIVRE VIII 403

Description de Jérusalem. — Les Croisés assiégent la ville. — Leurs souffrances. — Progrès du siége. — Assauts successifs. — Prise de Jérusalem. — Massacre des Infidèles.

FIN DE LA TABLE.